20 世纪中国图书馆学文库·79

参考服务概论

刘圣梅 沈固朝 编著

圕 國家圖書館出版社

前　言

　　图书馆参考服务工作在信息时代的今天,日益显得重要。通过这项服务,可为用户提供广泛而深入的文献信息,以满足用户的各种情报需求,在学术研究、科研活动和经济建设中发挥越来越大的作用。参考服务在理论和实践方面都开始形成独自的体系,并且涉及到许多学科的理论知识和技能的应用,如心理学、社会学、教育学、情报学、传播学、目录学和计算机科学等。它们的原理和某些新的研究成果,将使图书馆参考服务工作更趋成熟和完善。

　　我国图书馆参考服务起步较晚,发展缓慢,其中一个重要因素就是图书馆界和图书馆用户对此项服务的认识还很不够。因此,作为图书馆的工作人员,首先在这方面应该具有足够的专业知识、服务技能和服务意识,以有效的实际工作来吸引用户。

　　鉴于我国图书馆学教育中,培养学生掌握这方面专业技能的重要和必需,我们根据几年来讲授这一课程的讲稿,加以充实,编写了这本《参考服务概论》,作为图书馆学专业高年级以上学生以及图书馆参考服务工作人员的学习参考资料。国家教育委员会高等学校文科教材办公室也很重视这门课程的教材编写工作,将它列入了"七五"期间的全国高等学校文科教材规划。本书共九章,包括参考服务的起源与发展、参考服务的概念和术语的演变、参考服务中各项主要工作内容和方法(共 5 章),其中尤其侧重咨询工作的程序,第八章是关于参考服务的评价,最后一章则是有关参考服务的一些理论和问题的综述与探讨,可供读者在理论方面作进一步探讨时的参考。

由于国外参考服务具有极为丰富的经验(包括成功的和失败的,理论的和实践方面的),资料较为系统,因此我们引用国外的参考资料,尤其是美国学者的著述较多。但对计算机在参考服务情报检索的应用方面,我们采取了从略的处理办法,因有关著述很多,又非本书范围,不作重复。

本书的编写分工为:沈固朝撰写第三至第八章及第九章中第一节的前半部分,刘圣梅撰写第一、第二章、第九章中第一节后半部分和第二至第三节。同时感谢张志伟同志提供他未曾发表过的文章《我国参考咨询服务的历史和现状》作为参考。承南京大学出版社副编审徐雁同志负责审稿、出版科朱培如同志绘图和南京艺术学院孟振林同志设计封面,谨此致谢。由于水平有限,本书定有缺点和不足,敬请读者指正。

编著者

1992 年 1 月

目　　录

第一章 参考服务的起源与发展

　　图书馆的参考服务这项与图书馆用户有着密切关系的工作，它的发生与发展和它所经历的社会、经济、和文化的时代背景是分不开的。参考服务发源于美国，已具有 100 多年的历史，因此，本章用较大的篇幅来描述美国图书馆参考服务的起源与发展。纵观它的经历与演变，具有着极为丰富的实践经验和理论内容，它的发展史包含着许许多多美国的图书馆学者共同付出的劳动和创造的成果。通过对它的起源与发展的了解，我们可以从中认识到，由于参考服务从产生以来一直受到图书馆参考馆员和用户的重视和培育，才使它具有越来越强的生命力，越来越丰富的工作内容。我们还可以从中吸取外国的先进经验，结合我国图书馆的实际，研究发展我国图书馆参考服务的规律，在图书馆工作日趋标准化和国际化的时代，我国图书馆参考服务应该冲破传统的旧观念，改变固步自封的状态，以崭新的姿态，丰富的服务内容，现代化的服务方式，广泛地为用户服务，为繁荣国民经济服务。

第一节 美国 19 世纪后期的时代背景和图书馆

一、美国 19 世纪后期的时代背景

（1）科学研究的兴起

美国图书馆参考服务事业的创建和兴起与这个国家的文化、社会和经济的发展有着极为密切的关系。美国自 1776 年建国以来，直到 19 世纪中叶时，文化教育仍然处于不发达状态，各大学还继承着殖民地时代的文科课程和宗教课程，教育方法是靠注入式地背诵教科书，仅有少数大学开设了自然科学课程，也仅为初级程度。在中叶时，科学研究还只是私人业余的兴趣爱好。

19 世纪以后，由于美国国家经济的需要，迅速发展工业，才使科学研究跃上了重要的地位。当时美国政府意识到了科学研究的重要性，为了鼓励科学的发展，于 1862 年通过了莫里尔（Morrill）土地移让法案，为各联邦辖属的科学、技术、和农业方面高等教育提供用地。

到了 19 世纪末叶，各大学开始进行教育改革，形成了新的局面。这种新型大学为学者提供了研究的基地、培训的手段、调研的助手，同行之间的联系、协作和研究，都以这个基地为中心。这样，科学研究自然地形成了一种专门的职业。

科学研究的职业化使原来业余的科学研究者消失，职业的研究工作者增加了。在研究的条件方面，以前业余研究人员一切都要自己动手，尤其是科学研究资料，只是靠自己的私人藏书，然而，在研究工作兴起以后，文献资料出版量日渐增多，私人的收藏力量再也不能与之抗衡，而实验室的设立，更是私人条件所不能比拟的，科学研究形成职业以后，显示了绝对的优越性。

（2）公共教育的兴起与高等教育的改革

随着美国工商业的兴起,大批移民的社群定居各地,城市繁荣了,各个城市、社区的居民生活逐渐安定和富裕,对文化生活的要求比较普遍,需要补充新的知识和技能;新兴的企业主和商人等暴发户也都为了填补自己学识的不足,或装点自己的风雅,附庸上层社会,而热衷于学习一些知识。因此,成人的自学教育的风气繁衍,形成了社会的追求知识热潮。

19 世纪中叶起,西欧等国的教育思想和方法相继传入。在德国,大学成为先进的学术中心,学校拥有先进的设备和实验室,吸引着许多外国留学生。自德国学成返回的美国留学生带回了新的教育思想和教学方法,全面体现这些思想和方法的就是 1876 年建立的约翰斯·霍普金斯大学。

霍普金斯大学在 1876 年建校始,就完全以德国大学的模式为楷模,废除教科书和填鸭式的教学方法,采用选课学分制,改革课程,举办讲座和研讨会的新方法,启发学生独立思考和学习,建立研究生院,提倡以研究和教学同为大学的中心任务。

其它大学也都在此先后建立研究生院,进行改革。如:耶鲁、哈佛学院也早已建立了研究生院,密歇根大学在 1876 年也采取了同样的措施,但都不如霍普金斯大学的教育改革来得全面和彻底。

当时,这一改革对大学图书馆参考服务的促进,具有深远意义。

二、美国早期的图书馆

美国图书馆早期除了一些私人藏书的图书馆外,主要是大学的图书馆,其它,还有一些学会图书馆。至 19 世纪中叶,公共图书馆才如雨后春笋一般,纷纷建立起来。

但早期各图书馆的藏书数量极少。至 19 世纪末期止,各学会藏书超过 1 万册的,只有 13 个。据 1850 年的统计,美国全国藏书只有 100 万册,那时,甚至国会图书馆的藏书也仅有 5 万册。

管理状况:各馆工作人员很少,常常是设有馆长一人,也只是兼职,下设助理或雇用半日制的学生,而往往这样的助理还要被分派其它的非专业的工作和杂事。对于图书馆的利用很不重视,藏书是封闭的,每周开放时间很少。如阿默斯特学院(Amherst College)图书馆,直到 1852 年,每周只开放一次,作为还书时间,馆内又没有阅览设施。在布朗大学,1843 年时,任何大学生如无馆长特别许可,均不能从架上取借图书。马里兰学院则根本不允许出借,很多图书馆的馆藏还仍然按照著者排架,或是按书型大小排架。

馆员的工作观念也是很保守的,几乎所有图书馆的馆员在 19 世纪后期,还认为馆员的职责是把藏书保管好,不使损坏遗失,就是忠于职守。至于读者方面有何困难和要求,并非图书馆和工作人员的责任。因此,图书馆馆员并不用关心读者的需要。

在这样的情况下,各个大学的教师和学生对图书馆很少有什么要求,因为学生只需依靠教科书,就能满足课程的要求。偶然与图书馆有所接触,也只是出于好奇,因为许多大学图书馆既无阅览设施,又很少开放。

美国图书馆工作的这种落后的"藏书楼"状况与当时的社会、经济和文化的迅速发展极不适应,社会公众与教育和科研事业的需要,向美国图书馆界提出了挑战,首先在藏书数量、检索方式、和开放时间上提出了要求。

三、19 世纪末叶美国图书馆事业

(1)从"藏书楼"过渡到"学者的实验室"

如前所述,科学研究的兴起产生了新的"职业学者"。这些研究人员的工作习惯和职业需要与早期的业余学者迥然相异。工作方法的改变使他们对图书馆的态度也有所不同,他们把图书馆看

4

作是大学的心脏,研究工作一刻也离不开对图书馆的利用,因为这些研究人员没有自己的私人藏书,而随着研究的兴起,出版物日益增多,研究人员,尤其是社会科学和人文科学的研究者,以注重详尽的资料考据为时尚,必须依靠图书馆大量藏书来进行工作。

新形成的职业学者对图书馆最首要的需求是要有更多的图书资料,其次是要求用书的方便。要像学者们利用自己的私人藏书那样,一取即得。

另一个重要的推动力是教学方法的改革,采用选课制,废除以教科书为主的方法,举办讲座和讨论班,启发学生独立思考和指定学生课外大量阅读参考资料。教授们要求图书馆给予他们的学生以极大的便利。于是,学校中遂有"图书馆应该成为人文科学和社会科学家们的实验室"的呼吁和"图书馆再不应该是一个图书储藏室"的指责。由于当时大学图书馆的种种限制,学者们只好求助于公共图书馆,公共图书馆的藏书比大学图书馆的藏书还要多。

这种形势,迫使大学图书馆不得不急速改变传统的规章制度和政策,积极地满足学者们的要求,增加藏书量,并且集中注意考虑分类、编目和图书利用的问题,至19世纪末期止,图书馆已逐渐从藏书楼转向"学者的实验室"。

(2)图书馆管理工作的改进

由于图书资料大量增加,如要照顾读者取阅方便,就会造成混乱,使用起来就会更加不便。因此,图书的详细分类和主题目录的编制问题就提上了日程,一时间围绕着这方面的问题,在图书馆界展开了争论,如:仍然采用书本式目录,还是改用卡片式目录?按分类排列,还是采用字典式排列?图书分类以粗分为宜,还是采用详细的分类法等,都是讨论的中心问题。至19世纪末期,这些问题基本上得到了结论。1876年出版的《美国公共图书馆》一书刊载了杜威的十进分类法和主题索引,还登载了A.斯波福特(Ainsworth Spofford)和查理斯·埃米·卡特(Charles Ammi Cutter)的文章。斯波福特在文章中列出了一些主要的参考工具书,并强调工具书开架陈列的重要性。卡特的文章则着重指出了字典式目录具有便于快速检索的优越性,认为对于不断迅速发展的藏书,唯有采用卡片式目录,才能提供快速查检。而主题标引和详尽的分类法是帮助专家学者们检索专题资料的最好方法。

关于图书馆的利用问题,在一些大学图书馆得到了较好的解决。如:哈佛大学图书馆在 1876 年,每周开放 48 小时,1896 年则增加到 82 小时;耶鲁大学图书馆由原来的 36 小时增加了一倍;哥伦比亚大学图书馆在杜威的主持下,由原来的每周仅只开放 12 小时,提出每天要开放 14 小时。

哈佛大学图书馆馆长贾斯廷·温莎莎(Justin Winsor)于 1877 年对新的教学方法也给予了积极的支持。他提出"图书是要利用而不是储藏"的口号,主张"把图书的监狱变为工场",他还允许高年级学生入库,扩大了指定参考书的书藏,向读者开放参考工具书。

至 19 世纪末,由于美国文化教育、经济和社会各方面的发展和改革,促进了研究性图书馆(大学图书馆和公共图书馆)事业的进步,在扩大藏书、改进技术设施、提供资料的主题检索、开放图书等方面,做出了努力。此外在采购、分类、编目和流通等工作方面的改革取得了巨大的成就,这些都为后来的参考服务工作奠定了基础,创造了极为有利的条件。

第二节　参考服务的源起

在 19 世纪初期,图书馆的历史上也偶然出现过帮助读者的记载,但这种帮助并不能构成参考服务,也不具有参考服务的性质,按照罗斯坦的观点，"只有当这种帮助被确认为图书馆的基本职能，并且把临时性的偶然帮助转变成为帮助读者而精心制订一个计划时，才形成参考服务"。这种有组织、有计划的正式帮助读者的参考服务，在1876年以前是从来没有过的。这是由于前一节中所述的，早期图书馆的状况，不具备产生参考服务的条件，其中，最主要的是，图书馆员们的工作观念，仍然处于保守状态，无视读者的需要。

一、公共图书馆运动

19世纪中叶始，掀起了美国公共图书馆运动，风起云涌，形成了公共图书馆创办热潮，它们的建立和发展一直持续了近半个世纪，许多公共图书馆纷纷建立，在创办伊始，面临着迫切的问题是组织和经费的问题，虽然藏书不多，人员少，缺乏书目资源，对读者还不能提供任何帮助，但这仅仅是在发展过程中的暂时困难。最主要的是，在馆员的思想意识中，没有任何旧的传统观念的束缚，也没有像大学图书馆那样的规章限制。恰恰相反，公共图书馆从建馆开始，就必须在工作中努力表现出他们所以存在的价值，来争取社会的资助，他们以图书馆的利用率和服务的多少来说明自己工作存在的价值，因而公共图书馆的馆员们必须千方百计地寻求新的服务途径，提高读者利用率，这就必然地成为促使产生参考服务的一个重要因素。

二、塞缪尔·格林的倡议

塞缪尔·S·格林在1876年一次图书馆馆员会议上宣读了他的论文，题为《大众图书馆馆员和读者之间建立个人交往关系的必要性》（The Desirableness of Establishing Personal Intercourse and Relations between Librarians and Readers in Popular Libraries），后来以《图书馆馆员与读者之间的个人关系》（Personal Relations between Librarians and Readers)为题名发表在第一期《图书馆杂志》上。这篇论文的主要内容是以伍斯特公共图书馆提供的参考辅导经验为例,指出图书馆的读者在选择图书、查找和利用资料方面都需要帮助,馆员应该在这些方面提供个人服务,仅指引读者去翻查目录是远远不够的,因为读者不会使用目录,不知如何才能找到最适合自己程度的资料。因此,馆员的个人帮助是非常重要的。文章要求馆员应该平易近人地以饱满的热情和对资料的丰富知识为读者提供帮助,使他们获得最大的满足。

另一方面,格林的这一主张也包含着对图书馆本身利益的考虑,因为公共图书馆的建立大都是靠社会公众或赞助者们的资助,为了表现对社会公众的服务日益增多,对读者的帮助就是最切合实际需要的一项新的服务途径。他企图用这样的服务来普遍地加深公众对图书馆的好感,因而可以获得社会的赞誉,以增加对图书馆的资助。

格林提出的这一倡议可以看作是后来图书馆参考服务产生的萌芽。虽然仅仅是一个极为质朴简单的主张,却是非常关键的一步,正是这一倡议,发展成为内容丰富的参考服务工作,为图书馆界做出了重要贡献。

格林的主张得到了美国国内同行的普遍支持,无论是在公共图书馆,还是大学图书馆,都引起了巨大的反响。然而,由于思想基础的不同,理解和看法也不一样,表现出的做法也就各异。

在公共图书馆的馆员中,对格林提出的“帮助读者”的理解和认识逐渐有了发展。开始,只不过是把馆员的“个人帮助”作为提高公众对小说阅读兴趣的一种影响,去改进公众的阅读爱好,后来,逐步认识到公共图书馆还应该努力使读者最大限度地利用图书馆,认为公共图书馆具有着教育的职能。这种看法表明了在思想观念上的一个飞跃,从而导致了公共图书馆馆员们成为为公众服务的积极分子。当时杜威曾把这种新的观念称为“现代图书馆思想"。

这种观念上的转变为公共图书馆参考服务的发展奠定了扎实的思想基础。至 19 世纪的 80 年代，很多图书馆都纷纷制订了名为"帮助读者"的计划，实现教育的职能，满足读者需求。

如格林所在的伍斯特公共图书馆大大地发展和扩大了读者服务，设了专职人员担任这项工作。波士顿公共图书馆对文化较低的读者展开帮助，指导读者使用目录，帮助读者选择书籍，推荐阅读计划，给家长和教师对儿童阅读的需要提出建议，把这项帮助读者的服务由兼职改为全日制的专职岗位。

然而，在大学图书馆的情况则完全不同，尽管一些馆对格林的主张表示支持和赞同，提出图书馆员不仅是图书的保管者，还应该是教育者，认为与读者的这种关系尤其应该建立在大学图书馆馆员与学生读者之间，对学生应该进行图书馆教育，大学图书馆馆员应该成为学生的指导和朋友，但是主流仍然主张应该训练学生学会自己使用图书馆，因为有了主题目录，读者完全可以独立地使用图书馆资源，不需要馆员再提供任何个人服务。

三、杜威在参考服务方面开创性的活动

要特别提到的是当时的哥伦比亚大学图书馆，它在麦尔维尔·杜威的领导下，表现出与众不同的态度和行动。

杜威早在 19 世纪中叶时就已是公共图书馆运动的先驱。1876 年，他又出任刚刚创办的《图书馆杂志》编辑。如前所述，他将指导公共图书馆开展一系列帮助读者的活动的思想，称之为"现代图书馆思想"。对于发展参考服务这一概念，也是积极的奠基人。他最先自觉地把公共图书馆馆员首先阐明的服务原则，应用到哥伦比亚大学图书馆中去，他指出"现代图书馆思想"正在这所大学图书馆中实现。

杜威在哥伦比亚大学期间，全面地发展了他所赋予参考服务

的概念,他曾说:"图书馆决不能满足于有数以万计的藏书,有精细的分类和完善的编目,而是要有对读者的热情帮助,使他们熟悉馆藏的资源,以适合他们多方面的需要,这才是最必需的。"他主张馆员要为学生提供优秀的书目、百科、词典等工具书,直接指导他们,使学生能够熟悉和利用这些工具书,帮助学生在准备论文、口试和辩论时,选择资料。

是杜威首先设置了专职的参考馆员,主持"帮助读者"的服务工作,这是有组织地进行个人帮助的创始,后来又正式成立了参考部。

杜威首创的参考部,具有非常重要的意义,它意味着原来那种临时性的和间断性的帮助已被专门的有组织有计划地开展服务所代替。不久,参考服务的萌芽——"帮助读者",已被赋予了新的概念,形成了咨询工作的雏形。

1891年"参考工作"一词第一次出现在《图书馆杂志》的索引中,说明了参考服务至此已经正式地进入了图书馆事业和图书馆学研究的领域,它经历了近20年的实践和曲折地发展,被列入了图书馆的重要职能之中。

回顾美国19世纪末期,图书馆参考服务产生的因素很多,由于社会、经济、文化和教育各方面的形势变化,促进了产生参考服务的条件和需要。美国建国后,工业蓬勃兴起,各地移民涌入,建起新兴城市,形成了融汇各种文化结构的社群,出现了许多暴发的工商业主,他们成为当地文化教育的兴办人和赞助者。与此同时,教育的改革和学术研究随着经济发展的需要而兴起,这些外在因素对图书馆提出了新的要求,刺激着图书馆内部的变化和改革,首先是思想意识的转变,随之对图书馆的技术设施进行了一系列的改革。尽管改进了采购、分类、编目和流通等各项工作中的设施,如十进分类法、主题目录的编制,字典式卡片目录的采用,按学科分类排架等,但在不断发展的形势下,也不断地产生新的问题。最初,人们认为主题目录的编制和字典式目录会极大地便利读者查检资料,可以解决读者的问题,而后来才又感到,目录本身的复杂性就足以使读者困惑不解,难以使用,这就需要馆员的个人帮助,指导读者如何使用目录,就成为参考服务中最普通的任务了。

另外,由于出版物的激增,使研究人员无法及时了解专业的新的资料,掌握研究的动态和趋势,只有求诸于参考馆员的帮助。

社会公众中自学的热潮,也给公共图书馆的参考服务增添了新的服务内容,在推荐阅读书目、帮助选择适用的图书资料、制订阅读计划等方面积累了经验,而工商界频繁的咨询也成为日常咨询工作的主要部分。

第三节 参考服务的发展

在19世纪末的20多年中,参考服务从"帮助读者"这一弱小萌芽逐渐成长为图书馆的一项重要服务。参考服务是以解答读者的问题而开始的。因此,直到现在,还常常见到"参考服务就是解答读者的问题"这样的解释。但是,我们只要回顾一下它的发展历程,就会比较全面地了解,它实际上包含了许多极为丰富而具有生命力的服务内容,它在进入20世纪以后,从仅仅是解答读者问题的"咨询工作"发展为"参考服务",是这一时期的主要特点。

一、公共图书馆参考服务的发展

(1)参考部和分馆的设立

在19世纪末期参考服务的萌芽时代,公共图书馆在促进参考服务的发展方面,表现最为积极,建立参考部和添设参考馆员,增加晚间和星期日开放,开展电话和函件咨询,设立分馆参考服务制度等一系列措施,都处在领先地位。

到 19 世纪末大部分大型公共图书馆均已雇用专职的参考馆员,参考部的设立使参考服务的内容发展异彩纷呈,服务对象的数量也显著增长,迫使参考馆员的数量也成倍增加。

很多公共图书馆都增设了分馆,分馆的参考工作主要是针对成人夜校、学习班的学员和中等学校的学生,提供比较简单的辅导。因此,公共图书馆在所在的社区内逐渐发挥着教育职能。

与此同时,对研究人员的参考服务也在逐步发展。公共图书馆把比较简单的咨询工作交付给分馆担任,总馆则全力以赴地为学术活动服务,形成了一种服务中心,到 20 世纪初,已有一定数量的公共图书馆在为研究服务。

在 1917—1940 年这一时期的发展比较平稳,然而,自第一次世界大战开始,咨询的读者越来越多,在 30 年代经济萧条时期,咨询读者就更加增多,他们大都是围绕有关战争和经济方面的问题进行咨询。这种情况需要占用很多人力,因而冲击了对高层次的读者服务,为了应付这种困难,公共图书馆采取了一系列的措施来保证高层次咨询服务,其中主要的措施是将专业的学术性资料和学科专家都集中在总馆,各分馆负责处理简单的咨询工作。在战后的年代里,这种办法被普遍采用,在总馆和分馆之间把对学者和大众的参考服务粗略地区分开来。

在总馆则再采取进一步措施:一是设立咨询台,负责向读者介绍图书馆各机构的布局、规章制度,指导使用目录和选择图书资料,解答一些简单的咨询问题。这样,参考部节省下来的人力和时间则用于重要的咨询服务,编制更多的书目,提供情报或情报源,另一措施是设立"读者顾问服务部",按咨询问题来区分服务类型,帮助读者选择阅读或学习的资料,帮助读者制订自学计划,选择资料。当然,这些措施还是消极的办法;目的仅仅是节省参考馆员的时间,以便对那些重要的情报咨询给予更深切的关注。

(2)学科分部与学科专业化

接近 20 世纪 40 年代时，公共图书馆和大学图书馆的参考馆员都认为学科专业化是改进参考服务最重要的手段。然而，对于学科专业化有各种各样的理解，大多数人把划分学科理解成把藏书按学科放置，这样处理，管理人员既可得到学科专业的训练，又有关于图书馆资料的知识和技能，就有可能为研究人员提供高层次的服务。另一种观点是，在普通图书馆内，只需参考馆员具备某一学科领域的书目文献专门知识，并不需要单独建立按学科划分的部，破坏藏书的完整性。这些关于学科专业化的考虑，虽然并不能与许多专业图书馆所提供的服务相媲美，然而，学科专业化却是普通图书馆走向扩大服务一种必要的准备。

公共图书馆通常采取学科专业化的形式是设立"学科分部"。在一个分部内可以包括几个学科，也可以包括全部学科，而普通的参考部则仅具有联系、推荐和咨询台的职责了。采取学科专业化对公共图书馆来说，把藏书和人员分散设置，并不影响行政的统一管理，却给学术性的咨询服务带来很大方便。

大部分公共图书馆虽采用包括几个学科的学科分部，但仍然保留按职能设立的部门；如流通部、参考部等。并且有的还按资料的形式和语种设部的，如期刊部、印本部，或梵文部等。

在理论上来说，按学科设置分部，参考馆员掌管全部知识领域的书藏，由于经常地接触资料和读者，可以增加这方面的学科知识，保证提供高层次的情报服务，而从实践上来看，由于难以获得能够胜任的工作人员，实际服务却低于理论上设想的水平，效果并不理想。一般说来，公共图书馆仍然保持传统的政策，在参考服务内容里，不编制详尽的书目、文摘，不予提供编写文献的综合报告，或文献检索等服务。

总之，公共图书馆在 20 世纪 40 年代以前，在服务范围方面没有大的变化，由于经费资源所限，只能停留在有限度的服务的状况。

40 年代以后,公共图书馆还是认为参考人员只应该在读者不能亲自来馆,或缺乏文化知识时,才提供高层次的帮助,况且,由于每天咨询问题数量太多,也不允许参考馆员把太多的时间,花费在提供高层次的服务上,当时如纽约公共图书馆的每个参考人员每小时要接待 50—60 个问题,因此只能提供最小限度的服务。

（3）研究情报服务部与有偿服务

由于工业研究的活动常常涉及许多领域,但它们的专业藏书和专门的工作人员则嫌不敷应用,只好求助于公共图书馆。由各工业机构给予赞助,在普通公共图书馆的框架内建立一些专业图书馆性质的服务,就成为对科学研究机构的情报服务最有效的一种方式。如底特律公共图书馆就制订了建立一个"工业研究服务部"的计划,专为赞助者提供综合的情报服务:文摘、报告、翻译、出版《情报杂志》、通报有关的新书刊、定期为某些专门学科编制文摘通报、某一领域的印刷型资料记录、编制那些提供专门情报的个人和机构的名录。又如约翰·克里勒图书馆（The John Crerar Library）在 1948 年建立了一个"研究情报服务部",提供服务的范围有:文献检索、有关的现期科学文献的连续性报告和文摘、翻译、和有关领域的动态报告,为任何公司或个人的需求服务,按工作数量计费。

这种由用户付出费用的研究服务,其实与许多公共图书馆早已施行的"附加"服务（如翻译）收费情况一样。这类含有专业图书馆特点的服务已被公共图书馆列为正常服务中的一部分。同时,这个事实也有力地说明了公共图书馆是能够而且应该为科学研究活动提供主动的最大限度服务。

二、大学图书馆参考服务的发展

（1）教育改革对参考服务的影响

大学图书馆在接受参考服务这一项新的工作方面,从意识到行动都比公共图书馆迟缓得多,原有的以"保管图书"为己任的传统根深蒂固,各大学的学校当局对图书馆这块"古老的领地"在改进理论和方法上毫不关心,直到十九世纪80年代,各学院仍然还保持着"藏书楼"式的状态,藏书贫乏,很少利用,图书馆馆员也只是作为图书的保管员,但当学术领域的情况出现了根本性的转变,许多学院改为大学,在原有的教育职能之外,又加上了"研究"这一新的职能以后,图书馆也自然随之具有了这种双重的性质,成为"大学的心脏",如何更好地让学生利用图书馆的问题必然地提上日程。随公共图书馆之后,咨询工作逐渐专门化,偶然也有一些图书馆开始建立了参考部,设了兼职人员对学生提供个人帮助。至第一次世界大战以后,大学图书馆参考服务还处于次要地位,从它所服务的读者类型来看,主要是帮助大学生,当务之急自然是向读者进行书目工具的辅导,常以讲座、开课或参观介绍的方式,进行书目辅导。

哥伦比亚大学的情况,如前所述,则迥然不同,在杜威领导时期,参考服务工作就已奠定了基础,居于领先地位。后来历任馆长如:贝克(G. Baker)、坎菲尔德(Canfield)和约翰斯顿(W. Dawson Johnston)等,不但继承了这种传统,并逐步加以扩大。最重要的一步是在大学图书馆的参考服务工作中,开创了按学科划分的服务。在杜威时期,设立参考部,由乔治·贝克(George Baker)分管法律、政治学和历史方面的咨询;由威廉·G·贝克(William G. Baker)分管自然科学、艺术和连续出版物方面的参考工作。坎菲尔德和约翰斯顿在馆长任内也都极力支持参考服务的推进。坎菲尔德强烈地主张扩大参考服务,为学校各个学科设置参考服务的专门人员。而实际上,该校的参考服务不仅面向本校大学生,并且还对校内外的研究人员提供了帮助。约翰斯顿具有同样的主张,他实行了系图书馆体制,并配备了相应的学科专家,以便有效地提供参考服务。在1911—1912年度和1912—1913的年度任命了有才干的人员分别担任法律学、医学和药学等专业的参考馆员,并任命了专职的人员担任哲学、政治学、应用科学和新闻学等四个研究院的参考馆员。

但是由于人事变动,主张不一,上述的一切扩大参考服务的计划在实行中受到重重阻挠,只好处于暂停状态。这种情况说明了:参考服务在原有传统的组织上,要强行增加新的职能的尝试,必定会经历许多困难。总的来说,旧的私立大学中,参考服务地位的建立,要比州立大学缓慢得多。

各州立大学图书馆在刚一开始接受参考服务的思想和技术以后,就立即积极行动起来,他们很快地成立了参考部,配备受过专业训练的馆员,开辟新的馆舍,这些都为促进参考服务成为单独的机构创造了条件。州立大学图书馆虽然确立了参考服务的职能和地位,但在系图书馆还不能对读者提供什么个人帮助,因为藏书很少,行政上虽属总馆管理,但实际上是有名无实。而系图书馆员仅担任一些不属于图书馆业务的工作,当然更谈不到胜任参考服务了。

总的看来,自19世纪末,至第一次世界大战时期,各大学的参考服务常处在一种进进停停的状态。不过,与以前相比,已有了相当大的进展。参考服务已被看做是大学图书馆必须设立的一项服务;很多大学图书馆成立了参考部;有的还按学科领域开展专业的咨询工作,为研究人员服务,这是一项很重要的进展。当其它类型图书馆已经纷纷走上学科专业化的同时,大部分大学图书馆刚开始实施职能专门化的体制。但是,形势推动着图书馆走向学科专业化,学校进行了课程改革,建立了各个学系,迫使图书馆必须随之适应这种需要。至1905年止,新成立的大学都设立了系图书馆,按学科分置资料。然而,大部分系图书馆还存在许多问题,如各系图书馆的工作人员不属于总馆管理,这使得参考服务在学科专业化方面的实施,不能得到完善解决。其它问题如:①缺乏经费;②设备不足;③缺乏有力的领导和管理;④参考服务在图书馆的地位仍然不受重视,由于学校的研究人员一味强调增加馆藏,迫使图书馆追求购书经费,争相攀比馆藏的丰富,采购工作成了图书馆的工作重点;⑤在大学的社会中,对馆员仍然保持传统的看法和态度,认为馆员是类似文书之类的职务,因此,阻碍了招徕各学科专家来担任参考馆员,影响了开展更为广泛的服务;⑥各系教师与图书馆馆长在图书馆管理问题上,出现意见分歧,使参考服务工作处于进退维谷的处境。

(2)保守论与参考服务

在两次世界大战之间的时期,参考服务的性质和范围是一个争论的中心问题,参考馆员们之间仍旧存在着巨大的分歧。在大学图书馆中,保守观点非常强烈,认为图书馆应该培养读者自立精神,咨询工作主要是训练读者自己具有查找所需资料的能力,仍然强调图书馆的教育职能,而不重视情报作用。即使对教师的服务,也主张同样的政策,认为研究人员并不需要图书馆的情报服务。但是,一些大学图书馆的参考人员还是对提供情报的服务满怀热情,锲而不舍,无视当时保守论者的主张。他们编制书目和索引,实行馆际互借,编制地区藏书联合目录,各大学图书馆也均编制起自己馆藏的各种目录、索引、书目等检索工具,这些工作给予研究人员很大的帮助。

与此同时,学科专业化的形式还在发展,对参考工作人员在学科专业和图书馆技能等方面的培养训练正以各种不同方式开展起来,在学科专业化的形式上,有的大学图书馆为了避免图书资料和人员的分散,就把参考部的人员派去学习某一学科专业。另一种方式是按大的学科领域分设若干个部,每个部包括参考和流通的职能,藏书按学科分置各部,每个部由一个馆员负责,这个馆员在该部某一学科领域方面,受过训练,这种形式称之为"分部计划"(divisional plan)。这是 30 年代以来的发展,一般适用于规模较小的大学图书馆,规模较大的大学图书馆通常则按传统、地区分布和规模的不同,实行"系"图书馆或"学院"图书馆的形式。学科专业化式的参考服务就是在这样的框架内不断地发展着。

(3)"研究图书馆工作"与研究馆员

然而,大学图书馆参考馆员们并没有满足于已有的进展而停止不前。在第二次大战前,公共图书馆和大学图书馆参考服务在实践中最大的缺陷,是缺乏对研究学者提供专门服务。由于一般读者数量大,参考部首先要照顾到大多数读者的利益,把需求各异的学者的服务置于次要地位,而一向认为学者并不需要特别服务的主张又助长了这种"数量论"(argument of numbers)的观点。可是一些参考馆员却是不甘心接受这种限制他们发挥作用的主张,他们认为,学者们应该从组织资料的工作中解脱出来,他们并不能胜任书目工作,只有依靠参考馆员的帮助,才能使他们摆脱繁琐的资料工作。

因此,大学图书馆为研究人员的服务也开始提上了日程。在大学图书馆中最先倡导一项重要的研究服务计划的,是哈佛大学的天文学家哈洛·沙普利博士(Dr. Harlow Shapley)。他发现,在大学中人文科学和社会科学的研究工作组织得最差,学者们必须自己去操持许多不必要的工作。在自然科学的研究工作中,劳动分工的原则早已确定,研究人员通常都有自己的一批实验室,技术人员和研究助手,次要的工作可以由这些人员去做。他认为这种原则对社会科学和人文科学的研究也应该同样适用,任何学科领域的研究程序都包含许多工作,是别人可以替研究人员代做的。譬如:搜集和查找资料、分析数据、确定某些事实等,都可以交给胜任的助手去做,这样就能够节省研究人员很多时间,以便集中精力用在最需要他们的技能的地方上,使他们的才智和精力得到应有的体现。沙普利博士认为实验室的技术人员替自然科学家所做的一切工作,图书馆馆员替人文科学和社会科学的研究人员也能做到。经他的建议和推动,在宾夕法尼亚大学和康奈尔大学的图书馆开始了称为"书目服务研究"的试验,通常称之为"研究图书馆工作",仅限于对从事研究的教师服务,所提出的咨询问题大多是来自教学工作。

担任这种工作的馆员被称做"研究馆员"(Research Libra - rian)。在行政上,与正规的参考工作人员毫无关系,是另外派任的,他们所做的工作包括两种:一种是纯粹的书目辅导工作,一种是为关于某一特定专题的资料编写述评、综述和文摘,完成每一个专题文献的研究都需要花费很多的时间。

对于这种尝试的看法,在教师中持怀疑论者颇多。还有另一种看法是,认为研究人员的工作成果中混杂别人的功绩是不合理的。但是,凡是经历过研究馆员帮助的学者,都消除了疑惑,转为支持这种服务。更重要的是开始形成了这样一种共识:研究馆员的工作是一种重要的增值和节约,他们的工作节省了研究人员的时间,并使研究人员能够查阅到他们自己查不到的情报资料,如研究人员的专业以外有关领域的资料和其它小语种的资料等。

可是,这种有效的服务形式由于各种因素的影响,却没有得到扩大和推广,并且,就是这个试验也没能够延续持久,这主要还是因为:①保守主义和怀疑论的思想一时难以消除;②研究馆员不易物色;③研究馆员每完成一项服务计划都要花费很长时间,因而只能对极少数教师提供这种服务,效率不高;④有人指责这种服务脱离图书馆正规的工作,这种政策形成了以外来力量代替图书馆内部力量;⑤经费又是靠另外的附加津贴来维持,没有固定经费的保证。

(4)"专业图书馆"式的服务

有人建议把这种研究服务作为大学图书馆正规设施的一部分,但可采取不同的形式,同时,研究馆员还应该和科学研究人员的专门小组紧密地联为一体。

研究馆员和科研人员的密切联系，这一点非常重要。这是为研究人员服务的基本条件。在大学里，系图书馆或学院图书馆就具备这个条件。1930年以后，一些系图书馆实际上已像专业图书馆员那样，提供相应的扩大服务了。在1934年，成立了专业图书馆协会的大专院校图书馆组，就足以体现了这种趋势。这些大学的系图书馆都做出了一定的成绩，如：定期地浏览新到期刊，通报新书和专业方面的文章，编制文摘、书目，代译资料，编写现期文献报告，系图书馆馆员密切配合研究人员的需要，提供文献报告的服务。然而，直到1940年止，这种模式的服务仍然是一种不定型的试探而已，大多数的大学图书馆通常是坚持"折衷式"的服务，这是由于一方面参考馆员具有提供最大限度服务的热望，而另一方面，又为时间不足和缺乏一定能力的人员所限，只好采取这样一种方式。

1940年以后，这种"专业图书馆"式的服务在大学里取得了进展，一些系、学院和研究所的图书馆比较普遍地采取这种形式。它们不必依靠大学的正常经费。自1941年起，政府、工业企业和一些基金会，都对那些长期的、半自主的研究计划给予大量资助，于是，在大学图书馆内，也建立起一些专业图书馆性质的服务。这种趋势具体说明了普通研究性图书馆的参考服务在具备了一定条件时，完全可以为科学研究工作提供服务做出贡献，与专业图书馆的情报服务之间并没有什么差异。

三、专业图书馆参考服务的发展

（1）专业图书馆的性质

19世纪的研究图书馆是指普通的研究性图书馆，包括大学图书馆和公共图书馆，那时也有"专业图书馆"，但都是指专门收藏有某一专业的图书资料而已，如医学、法律和历史等学会的图书馆，它们的宗旨和服务方式仍和那些普通图书馆一样，而普通图书馆的参考馆员主要是一种技术人员,能够利用较为复杂的图书馆工具,着重指导读者利用图书馆,解答简单的咨询问题,这就算是直接提供情报了。

这里所讲的新型的专业图书馆则具有另一含义。固然藏书也是限于一定学科范围,但是最主要的区别却是在于专业图书馆参考服务的性质、宗旨和服务方法均不同于普通图书馆。由于读者的兴趣并不在于掌握查阅资料的能力,而在于占有资料,因此专业图书馆在建立伊始,就扩大参考服务的范围,为研究人员提供全面可靠的情报。这就要求专业图书馆馆员必须兼有专业知识和图书馆的技能,他们对每一读者的服务不计时间,总是积极地参与读者的全部调研过程,他不仅能利用他的学科专业知识处理咨询问题,超过一般图书馆馆员的水平,而且还要分析、整理、选择和编辑资料,并写出摘要、一览以及综合报导等,以各种形式提供对学科专业发展动态的连续性预报,来满足读者的需要。

(2)立法参考图书馆与麦卡锡

最先采用专业图书馆这一新的形式的,是立法部门的参考服务。它的基本思想是为议员们提供服务,这在建立州立图书馆时就明确了。然而,这种专门的情报服务的发展还是自 1890 年时开始的,那时,麦尔维尔·杜威在纽约州立图书馆内设立了一个"立法参考组";担任该组工作的馆员水平很高,但是主要力量是着重编制州立法法律的索引,出了一种比较法律评论和一种政府官员通信文摘,并没有开辟任何新的工作。这个立法参考组可以说是立法部门参考服务的先声。

立法部门的参考图书馆真正开端是始于 1900 年。它的创始人是查尔斯·麦卡锡(Charles McCarthy),他创建了威斯康辛立法参考图书馆,为州立法委员们做了大量的情报工作。常常利用电报、函件来收集资料数据、编写文摘,从各种不引人注意的资源中发掘资料。

麦卡锡的工作方法和工作模式为同行所瞩目,引起了建立立法参考图书馆的运动,很快在很多州就都有了立法参考图书馆,如:加利福尼亚、印第安纳、那不拉斯加等州立图书馆,到1915年止,已有32个州建立了立法参考服务的相应机构。1914年,国会图书馆也正式建立了立法参考部,它的职能是:"收集、分类、并以译文、索引、文摘汇编或通报等形式来获得立法资料或与立法有关的资料,并向国会议员提供这些资料。"

这场立法参考运动至20世纪20年代,最后导致了美国全国立法机关的建立。这是在一开始所意想不到的。立法参考图书馆的影响还远远不止这些,受到它的影响,随后又出现了市参考图书馆。

市图书馆于1907年后相继出现,它们的工作目的、方法和范围,与立法参考图书馆相呼应,作为对当地政府提供参考服务的图书馆,其基本工作方法完全来之于威斯康辛的立法参考部。最初起源要归功于巴尔的摩的一个立法参考部,从巴尔的摩开始,建立市参考图书馆的运动迅速展开。它们的管理各不相同,组织的形式也各种各样,堪萨斯城的市参考图书馆与巴尔的摩和芝加哥的市参考图书馆是一样的,都是单独设立的机构。而在圣路易斯、克利夫兰、波特兰、奥克兰和纽约等城市,市参考图书馆则作为当地公共图书馆的一个设在市政厅的分馆,这些馆的藏书虽不多,可是它们的服务却是上乘。馆员们将资料按读者的需要加工整理,以最方便的形式提供给市政议员以至市民们的查阅使用。尤其是能够针对市政管理的需要,如在人口、地区等方面,编制统计资料和提供调查报告等。还有的馆向全国各市发出调查问卷,收集有关问题的最新资料和数据。

(3)工业研究实验室与工业图书馆

立法参考图书馆和市参考图书馆只是专业图书馆的许多类型中的两个,几乎和上述的立法参考图书馆出现的同时,商业和工业图书馆也已兴起。开始时只是为商业和工业公司的行政人员搜集一些有关公司业务需要的情报资料,一旦收藏逐渐多起来了,就要有一套专门程序去收集管理。这就产生了商业图书馆和工业图书馆。这个时期主要是为公司行政人员和为没有经验的查阅资料的人提供帮助。

有些工业图书馆在第一次世界大战前,已经配合工业的研究实验室,不仅提供当时例行的参考服务,并且还具有情报交流的作用:为研究人员找期刊,报导有关的出版物,对研究中遇到的问题,就与各部门之间进行联系,设法寻求解决途径。但是当时的科学文献还没有多得惊人,工业研究范围又很小,实验室数量不多,规模也小,研究人员的观念还只停留在依靠个人的创造性,不重视集体协作。此外,还有一种普遍的看法是专业研究人员都熟悉自己所需的资料,因此对工业研究图书馆的要求不大,这些图书馆的工作在客观和主观上都还没有具备向高层次发展的条件。

第一次世界大战的爆发,极大地刺激了美国的工业研究。由于战争,美国原来依靠从德国供应的化学药品、染料、玻璃制品、医药等很多物品均不能进口了,必须发展自己的工业力量。这种形势必然地促进了工业研究机构迅速扩大发展,出现了数以十倍计的研究实验室和研究人员,形势迫使工业研究走上了集体合作的道路,组织起来的工业研究极大地显现出了它的效能。

工业研究实验室成倍增加,必然需要大量地积累和编制技术情报,于是,各种情报机构、文摘员、索引员、文献编制人员突然遍及全国,各自以高速和狂热建立起情报服务工作。这种迎合战时需要的情报服务,也唤醒了人们情报意识,因此,在战争结束后,仍然陆续有许多新的工业研究图书馆纷纷建立。

在工业研究图书馆中的服务类型,几乎全是高层次的,只有极少数研究所一类的机构里,为了训练年轻的科学家,才需要馆员给予低层次的指导性的帮助。

在有些商业性质的研究实验室,则把参考馆员的服务作为节省研究人员劳力的一项措施,根据研究人员的要求,充分地挖掘资料,然后提供中间层次的服务,如:提供一些事实性情报,编制有关的书目,新到文献通报,或附文摘、或附题录。

高层次的服务,有的称作"文献服务工作",有的称作"情报研究服务"。参考馆员不仅提供情报,而且对所提供的情报的正确性和有效性负责。此外,提供情报评论,指明情报的资料不足之处和可用性,时常有些研究人员还要求关于某一特定领域的综述,"文献专家"则要对有关的出版物做出评论,提出评论书目,或正式的综述报告、动态报导。这种文献检索和分析报道工作常与实验室工作同步进行,提供当代文献所提出的思路,在制订研究计划和方法中不断进行协作。同时,还须尽可能地事先不断编制和散发新的情报资料,预测研究人员的情报需求,每周或每月印发文摘通报。除此之外,还有编译工作,如编写手册、技术报告等,甚至对研究机会和方法提出建议,成为研究过程中的合作者,为实验室工作创造良好条件,奠定扎实基础。

(4)专业图书馆参考服务的发展因素

但是工业研究图书馆为研究人员提供扩大服务的政策,并不是顺利发展的。如前所述,在研究人员的看法上存在着抵制的思想,总认为只有研究人员自己,才能查找他们所需要的情报资料。然而,当各专业图书馆工作人员中,有了具有学科专业知识的"文献专家"时,这种疑虑就顿然消释。自1940年以来,有许多因素促使研究人员不得不依靠专业图书馆来提供这种高层次的服务。主要是:

①自第二次世界大战以来,科研工作规模进入大型的科学研究集体规划,现代科研管理的原则是科研组织的附属服务越完善,科研组织的效能则越大。

②科学文献以惊人的数量激增,战争和工业发展极大地推动

了科学和工业研究,科学研究著作的出版空前增多。不论研究人员如何有经验,也都不能企望凭个人力量去搜罗所有的有关文献。

③科学研究的发展日益相互渗透交叉,本专业或学科以外的学科领域则不能在本专业书目内得到反映。

④传统的掌握文献的工具,如文摘、索引等已越来越不够用,而且收录的科学文献内容多有重复或遗漏,科学家们如仅靠这些工具,则只能获得本专业文献的三分之一。

⑤40 年代以来,许多科学研究著述常以非出版物的形式出现,即所谓"技术报告",有的还是手稿形式或非正式印刷,印数很少,某些科学领域还有保密的规定,这些都是研究人员难以获得的。

从以上情况来看,专业图书馆在图书馆的发展史上,对参考服务工作的发展起了极为重要的推动作用。扩大服务的观念和意识成为专业图书馆显著特点,从而显示了图书馆完全可以有效地作为情报机构,全面地提供科学研究人员以最方便、最可靠的情报服务。

第四节 我国参考服务的历史与现状

一、我国参考服务的历史

(1)我国初期的参考服务(清末—1949 年)

我国初期的参考服务始于近代图书馆的建立。在这之前,19世纪末至 20 世纪初,西学东渐的影响,很多私人藏书楼纷纷向公众开放,最早的是浙江绍兴的徐树兰率先创办古越藏书楼,作为公共藏书楼,开放藏书。由此,中国的公共图书馆应运而生了。继之创办的近代图书馆,如江南图书馆、山东图书馆、京师图书馆、河南图书馆等均于 1909 年前后建立。近代图书馆的读者工作中已包含了参考服务的初级形式,在京师图书馆 1918 年度的年终报告中就有"遇有质问,必婉词答复"的陈述。1919 年中央公园图书馆的年终报告中则已提到陈列工具书供读者参考的设施了。

到了 20 世纪的 20 年代至 30 年代期间,有关参考服务的文章逐渐见诸刊物,如:1922 年,《新教育》杂志发表了朱家治的文章,题为《图书馆参考部之目的》,文章讨论了参考服务的基本概念、参考部设置目的、任务和性质。他提到"图书馆设参考部系组织上要素之一";1931—1933 年,《图书馆学季刊》又发表了李钟履的《图书馆参考论》一文,文中全面地论述了参考咨询的理论、方法和组织。此外还有刘国均、杨鼎甫、程伯群等人也都有探讨参考服务的文章。可见这时图书馆界已日渐重视参考服务的建设和发展。

与此同时,在实践中,也逐渐建立了相应的专门机构,一些图书馆先后设置了参考组、参考部或参考室等,名称不一。如 1929 年,北平图书馆与北海图书馆合并组成国立北平图书馆,对原有机构进行了改组,在阅览部内下设参考组,职责是"答复咨询事项"。这是我国最先设置参考部门的图书馆,标志着我国图书馆的参考服务开始正规化。

到了 30 年代,参考服务的内容日渐丰富,开展了不同形式的服务,已由咨询解答一项,发展到和书目参考两项并举了。如 1933 年,江苏省立镇江图书馆开展的读者工作,主要就是参考服务的工作内容。再如设置参考室,陈列了各种参考工具书和参考资料;编制索引;组织学术研究指导委员会,聘请馆外专家和馆内职员担任委员,为学术研究会、读书会进行指导,作阅读质疑解答;介绍及评论图书等。安徽省立图书馆在 1936 年时已开展参考服务,在组织系统中设研究股,下设参考、编纂、文献征集和指导四个课,从该馆规章制度中的"咨询办法"可以看出,当时这个馆的参

考服务规模和深度已相当标准,现将内容列下:

《本馆咨询办法》

1.本馆为提倡学术研究,增加教育效率,图书与读者发生积极关系起见,特设咨询处,依照本办法办理咨询事宜。

2.咨询范围,自阅书手续,至问题研究,均在咨询之列。略如:(1)本馆设备;(2)本馆阅书手续;(3)本馆图书分类方法;(4)本馆卡片排列方法;(5)文字词句之解释;(6)学术问题之考查;(7)学科研究之抉择;(8)参考材料之搜集等。

3.咨询之法分为口头与书面两种。如系本馆同人能力可及者,当立为解答。遇有学术上之疑难问题,当代请专家解答之。惟以函札见询者,除将问题详细提出外,务请注明详细住址,以便作答。

4.遇有非本馆同人学力所可解答之问题,而咨询又不愿由本馆代为另请专家解答时,得谢绝其答复。

5.学术问题之有价值者,得征请咨询者之同意,在本馆出版之《学风》或他种刊物发表之。

上述内容包括了参考服务的宗旨、咨询范围、方法等,咨询范围则包含了从最低层次的指导读者使用图书馆,直到提供有关学科研究资料的高层次服务,无不尽收在内,同现代图书馆参考服务内容已很接近,在当时这种例子还是难得的,并不普遍。

(2)新中国以来的参考服务(1949—1976年)

建国初期,我国图书馆参考服务从长期停顿中逐渐恢复起来,但仍不普遍,仅有国内几家大型公共图书馆、专业图书馆、科研机构图书馆和少数的大学图书馆开展了这一工作。由于当时政治、经济形势的需要,参考服务的工作内容有所侧重,主要是着重在书目参考方面,做了不少工作,编制了许多专题书目和资料索引,为当时的科学研究服务。据不完全统计,1951—1955年,各图书馆出版的书目就有200余种。这一阶段,尤以北京图书馆的成绩最著,至1956年止,根据馆藏情况,配合国家经济、文化建设的需要,主动地编制了 260 余种专题书目。

1956 年,提出了"向科学进军"的号召,周恩来同志指出:"具有首要意义的是使科学家得到必要的图书、档案资料、技术资料和其它工作条件。"《人民日报》、《光明日报》分别发表了评论和社论,提出了图书馆要利用现有图书资料,努力为科学研究服务。在中央的这一号召下,全国图书馆纷起响应,很快地都建立了参考部、书目参考部或文献检索室,开展参考服务。这时参考服务虽然工作面扩大了,但在服务内容上,仍然是以书目参考为基础,其它形式的服务还极少。

中国人民大学图书馆自 1953 年开始从事参考服务以来,一直是以专题书目和专题索引工作为重点。与此同时,也开展了读者咨询工作等。

中国科学院图书馆于 1956 年成立参考组,以后,开展了咨询解答工作。其中大部分是以编制书目资料来作答的。

这一时期内,参考服务主要以书目参考形式,针对当时科学研究课题的需要,为研究人员提供专题资料服务,也说明了我国参考服务在发展过程中,服务形式单一,不够深入的缺陷,没有更进一步地为用户开发利用书藏的情报资源,满足用户的需要。

1966 年起,十年浩劫中,图书馆事业遭到极大的破坏,原来正在蓬勃发展的参考服务随之陷于瘫痪。

二、我国参考服务的现状(1976 年以来)

1976 年后,尤其是自改革开放以来,我国科学技术迅速发展,呈现繁荣景象,对图书资料、科技信息的需求越来越多,要求也越来越高,推动了图书馆参考服务进入一个新阶段,许多图书馆重新恢复了参考服务,或增设了参考服务的工作。

(1)参考服务的组织情况

综观我国现阶段图书馆参考部门的组织形式,由于图书馆的性质、规模不同,根据各馆的历史沿革,因之各不相同。公共图书馆及综合性大学图书馆的参考服务机构大致有三种:①参考部和图书馆其它业务部门平行。下设社会科学参考阅览室及文献检索阅览室等。如北京图书馆、浙江图书馆、南京大学图书馆、华东师范大学图书馆等。②按社会科学和科学技术两大学科分别成立参考服务部,与图书馆其它业务部门平行。如天津市人民图书馆设社会科学部和科学技术部,分别从事这两方面的咨询工作。辽宁省图书馆也是如此,但称作社会科学服务部和科技服务部。③隶属在阅览部,设置参考咨询组,组下分设社科参考阅览室和文献检索室,分别从事社会科学和自然科学的咨询解答,如南京图书馆、上海图书馆等。

高等学校中多科性文科或理工科大学图书馆和专科性大学图书馆一般是单独成立参考部,属于上述第一种类型。如大连工学院图书馆、东南大学图书馆、武汉水运学院图书馆等。中国科学院系统的图书馆有的单独设部,名称则不一,如科技信息咨询部、情报研究室等。

(2)参考服务的业务情况

①公共图书馆的参考服务　公共图书馆的参考服务,随着读者需求的不断增加,内容逐渐扩大,除一般咨询和指导外,已开始向情报服务发展,有的公共图书馆根据馆藏和人力设备等条件,跟踪科研的重大课题,开展定题服务。如:辽宁省图书馆1980年共解答读者咨询1944件,定题服务项目60个;湖南省图书馆1980年解答读者问题1600余个;其中难度较大,提供书刊资料较多的有65件。此外,各公共图书馆也开展了书目索引的编制工作,配合各地的科研和生产项目,报导馆藏,为了解决读者阅读外文资料的困难,还从事代译服务。如:山西省图书馆组织代译网,为读者有偿代译资料,1980年共代译资料计20多万字。云南省图书馆1980年为60多个单位代译了80余万字外文资料;黑龙江省图书

馆也组织了业余翻译网为读者代译。

②高等院校图书馆的参考服务　与公共图书馆相比较，高等院校图书馆的参考服务的开展，远不如前者活跃，步伐较慢，大多数图书馆仅停留在一般咨询工作的层次上。即主要是帮助和指导读者使用检索工具；帮助读者鉴别和选择与情报要求有关的资料；提供简单的便捷型事实情报等。天津大学图书馆咨询问题类别表内的数据（见表1），就反映了这一状况。

1981年10月《中华人民共和国高等学校图书馆工作条例》中指出："高等学校图书馆应努力开展参考咨询和情报服务工作，配合教学和科学研究任务，编制各种专题书目索引，辅导读者查阅文献资料，并进行有关方法的基本训练，开展定题服务、回溯检索和情报分析"。从理论上讲，条例中所指这些服务内容，确是高等学校图书馆参考服务的职责，但在实践上，由于种种因素，还不能全部做到，只能逐步向这个目标迈进。

表1　天津大学图书馆咨询问题类别统计

	类别	数目	百分比
一般性问题	查找具体书刊文献	1116	59.04%
	查找字典及翻译词汇	282	14.92%
	查找数据及手册	243	12.86%
专门性问题	专题文献参考	222	11.70%
	文献翻译	17	0.90%
	其它	10	0.53%
	共　　计	1890	100.%

（摘自《高等工科学校图书馆咨询工作初探》一文）

1984年2月，教育部又印发了《关于在高等学校开设〈文献检索与利用〉课的意见》，提出"各高等学校（包括社会科学和理工农医各专业院校）应当积极创造条件，开设《文献检索与利用》课"。

要"让学生具有掌握知识情报的意识,具有获取与利用文献的技能。"此后,全国各高等院校图书馆根据各自的条件,陆续向学生开出了《文献检索与利用》的必修课、选修课或专题讲座,取得了一定的成绩,培养了学生的能力,收到了较好的效果。同时,由于图书馆的参考部门必须密切配合这门课程的教学工作,作为本课的教学基地,建立检索实习室,充实检索和参考工具书,还要配备和培养从事本课的教学和实习辅导工作的人员,也促进了参考服务的各项工作。

这里还应该提到的是,中国人民大学图书馆自 50 年代以来,一直重视配合教学和科学研究,开展了多项服务,该馆做到了编制专题书目和专题索引、为教师撰写科研论文和学生写作毕业论文提供服务、对学术动态进行报导和读者咨询工作等,完成了大量工作,同时也出了不少成果,是高等学校图书馆参考服务的佼佼者。

(3)专业图书馆的参考服务 专业图书馆的参考服务在实践中一直是正常地进行着,服务对象比较单一,都是科研单位,读者的需求也多为集中在某一特定范围的专题,所以比较普遍的做法是开展二次文献服务和定题服务。近年来,有逐渐向纵深发展的趋势,有些专业图书馆已将服务内容扩展到除编制专题性检索工具等二次文献外,也从事代查、代译、撰写三次文献的工作。如中国科学院兰州分院图书馆,自 1980 年成立科技信息咨询部以来,即重点开展定题服务,以二次文献工作为主,编制专题检索工具,而以撰写三次文献为辅。

多年来,我国图书馆参考服务配合国家经济建设、科学研究、教育、生产等各项事业的需要,做了大量工作,取得了成绩。但从总的形势来看,还不能令人满意。参考服务的各项工作还存在许多问题,有待我们去探索、研究,求得改进与发展。各种类型图书馆的参考服务发展也很不平衡,在已进入信息社会的今天,我国图书馆参考服务的现状,显然远不能满足社会对情报信息的需求,客观形势迫使我们必须正视现实,迎头赶上,在不懈地拼搏中求得生存与发展。

参考文献

1. Rothstein,Samuel. The development of reference services through academic traditions,public library practice and special librarianship. Chicago:Association of College and Reference Libraries,1955.

2. Kaplan,Louis. The early history of reference service in the United States. Library Review,83:286 – 290 (Autumn 1947)

3. Green,Samuel S. Personal relations between librarians and readers. American Library Journal v. 1. (1) 74 – 81,1876.

4. Kaplan,Louis. Reference services in university and special libraries since 1900. College and Research Libraries May 1958:217 – 220.

5. Miller,Richard E. The tradition of reference service in the liberal arts college library. RQ. Summer 1986:460 – 467.

6. 约翰·Y·科尔编(美);姜炳炘等译. 美国国会图书馆展望.北京:书目文献出版社,1987

7. 李希泌,张椒华编. 中国古代藏书与近代图书馆史料(春秋至五四前后).北京:中华书局,1982

8. 杨宝华,韩德昌编. 中国省市图书馆概况(1919 – 1949).北京:书目文献出版社,1985

9. 谢灼华主编.中国图书和图书馆史.武汉:武汉大学出版社,1987

第二章　参考服务的概念、性质和内容

"参考服务"一直被人们看作是图书馆读者工作中一项最重要的工作。它是图书馆工作的一个重要组成部分,是图书馆为教育、科学研究和生产服务的重要标志。当代社会发展的一个突出的重点就是信息社会化、社会信息化。在这个信息时代里,时代和社会的需要迫使图书馆参考服务必须奋起直追,迎头赶上,跟上时代的步伐,千方百计地满足社会对情报信息的需要。现今,国外图书馆对这项工作都倍加重视。随着科学技术的迅速发展和社会的情报需求日益增加,图书馆作为当代社会重要的情报机构,参考服务的地位就越来越显得重要。它的服务内容的发展日益丰富多彩,服务的方式方法也更加多种多样,采用各种现代化的技术和方法为各种用户提供服务,它的发展有着广阔的前景。然而,在参考服务的发生与发展的历程中,并不平坦顺利,在今后的发展实践中,也仍然会遇到许多理论和实际的问题,有待于我们要像图书馆界参考服务的前驱者们那样孜孜不倦地去探索,使图书馆参考服务这项工作更臻完善,发挥它无穷尽的重要作用,为人类社会的建设做出更大贡献。

第一节　参考服务概念的演变

一、国外参考服务术语的发展与演变

从历史发展来看,参考服务的术语、概念和定义几经变化,一直很少有人对它们作出明确的阐述,看来似乎怎样解释和定义都无所谓,对图书馆界来说,已是约定俗成。但是,每一门学科知识的专门用语,都有它们的严格规定的意义,是不容许既可这样理解,又可那样理解的,否则就会造成概念混乱,影响这门学科的研究、实践和发展。除非是一门新兴学科,如信息科学,科学家们对"信息"的定义还处在众说纷纭、莫衷一是的状况,而对图书馆学来说,情况则不应该是这样。一百多年来,参考服务的用语在国外虽然屡见更迭,但是经过英美各国图书馆学家们的不懈地探讨研究,从文献中的反映看来,基本上已逐渐趋于一致。而我国在20世纪20年代才设立的参考服务这项工作,长期以来,并没有得到应有的重视,更谈不上正规地发展和深入地研究。因此,一直存在概念混乱不清的问题,极有必要加以阐明和取得一致,以便得出一个统一明确的概念和定义,有利于使这项工作的理论和实践进一步发展和提高。

作为一门学科的专门用语必须具有严格规定的意义,也就是说,要有清晰明确的定义,揭示出该用语所代表的概念。这样,在学科的专业交流中,才能有统一化的术语,术语和概念之间的关系才能固定。然而,概念和表现概念的术语(词或词组)都是随着学科实践的发展而不断发展变化的。因此,对于某一学科中的专业用语的变化,就不能草率处之,必须要明确其来龙去脉,研究其中变化的原因始末,这样才能从中得出比较适合于现实的统一认识。

对于图书馆学中参考服务这方面的研究,也毫不例外。这里我们不妨回顾一下自从 1876 年美国塞缪尔·格林(Samuel S. Green)的文章发表以来,将参考服务的用语和定义方面在文献中出现过的一些观点,来仔细分析比较,就可以看出它们的发展和演变,同时也可以使我们认识到,参考服务的专业用语和定义,是不能仅从表面现象来看,可以任意使用一些词汇名称和解释的。

这里举出所用的术语和定义,按年代顺序列出,并与当时的背景相联系,以便我们可以从它们历史的发展变化中,得出比较全面又合乎实际的认识。

从所用术语词汇的迭经改变来看参考服务的发展:

1876 年

(1)帮助读者(Aid to the reader, Assistance to the reader)

①1876 年格林在他的"图书馆员和读者之间的个人关系"一文中,列举了各种情况的例子,来说明读者在利用图书馆过程中,需要馆员给予各种不同的帮助。自此,"帮助读者"(Aid the reader, Assistance to the reader)这一词汇在图书馆界逐渐形成了"参考服务"这一项工作概念的雏形。格林在他的文章中,列举的各例,如:图书馆员应该帮助读者选择适合所需的资料;指导使用工具书;为读者提供检索资料的线索;推荐读者所需的工具书和新书;帮助读者检索资料;和读者接谈并给予指导;解答咨询问题;提供所需的资料;甚至递送到读者面前、并且翻到他要查阅的资料所在的书页。这是非常详尽地描述了一个图书馆员对读者应该做到的服务。但是,在后来"帮助读者"这一词汇的提出,则完全抽去了这些具体的内容,帮助些什么? 如何帮助? 由谁来帮助? 都没有给予表达,成为一个抽象的模糊概念,因此各人的理解和认识各有不同。

其后,这个概念在不同的实践中,就被赋予了各种各样的内涵,而且不断地演变。

②贾斯廷·温莎(Justin Winsor)主张帮助读者是训练学生养成查阅工具书和学会使用它们的习惯,后来新泽西州纽瓦克公共图书馆馆长约翰·科顿·戴纳(John Cotton Dana)也支持这种主张,认为图书馆的主要职责不是去解答问题,而是去训练咨询者使用资料,使得他自己去找到解答。

1891 年

(2)参考工作(Reference Work)

参考工作这个词起初原是指大学里教师让学生到图书馆去阅读那些在讲课中或讨论会上提到的书刊资料,或是查找专题资料的活动。对于大学生的这种活动,不便用"研究"这个词汇,因而采用了"参考工作"来代替。

1891 年"参考工作"才作为图书馆学的一个术语,第一次出现在《图书馆杂志》(Library Journal)的索引中,有很多公共图书馆馆员所写的关于参考工作的早期文献,反映它的定义是:"为某些特定的目的而很好地利用图书馆的资源。"

③当时,高等院校的图书馆馆员把这个词看作是"在向读者介绍复杂的目录的情况,或者解答读者问题时,馆员给予读者的帮助,即:在他的职权范围之内,为了便于检索他负责管理的那部分资料所做的一切,均称之为参考工作。"

从以上的例子看来,"参考工作"这个词汇被使用的初期,对它的概念还很模糊,且不具体,并没有说明任何限定的条件和内容,还存在着很大的随意性,并含有被动性质。

1902 年

④艾丽斯·克勒格尔(Alice Kroeger)认为"参考工作就是指从事帮助使用图书馆资源的读者的行政部门。"

这只是侧重行政的分工,丝毫没有触及参考工作本身的说明。

1915 年

⑤威廉·沃纳·毕晓普（William Warner Bishop）认为："参考工作就是馆员在帮助某种研究时提供的服务,也就是对从事任何研究的读者给予的帮助,我们称之为参考工作。"

在这里,毕晓普强调了被帮助的对象,反映出在短短的四十年里参考工作已获得较大的进展,服务层次已涉及到对研究人员的服务。可是,如果把这样一个定义作为参考工作的界说,就嫌太偏颇,缺乏普遍性了。何况,关于服务层次问题,直到七十年代,还仍然是一个争议的问题,但也反映了在当时服务层次的问题已是一个敏感的问题了。

1930 年

⑥詹姆斯·英格索尔·怀尔（James Ingersoll Wyer）认为参考工作是"针对学习和研究所需,而对馆藏进行说明时,给予富有同情的和知识性的个人帮助。"

这里所指的"对馆藏进行说明"无疑是对反映馆藏的目录的说明,与1891年以后高等院校图书馆员们看法有些相似,但引人注意的是怀尔提出了对于个人帮助的性质和要求,强调了知识性和同情心。

1943 年

⑦《美国图书馆协会图书馆术语词汇》中,"参考工作"这一条目的解释是:"直接从事帮助读者在学习和研究中,获取资料和利用图书馆资源的那方面的图书馆工作。"

这是比较正式的一个定义。阐明了参考工作的目的,是帮助读者获取资料和利用图书馆资源。

1944 年

⑧玛格利特·哈钦斯（Margaret Hutchin）在《参考工作概论》一书中的解释是:"'参考工作'指在馆内,对于汇求知识者,均予以直接的个人帮助,也包括旨在尽可能地使情报易于获得的各种活动在内。"

哈钦斯的解释显得过于限制,她把服务的方式仅限在馆内,这与后来参考服务的发展相比,则远不能适合了。所指的服务内容很含蓄,毕竟较之怀尔的说法又有所补充。根据王振鹄"美国公共图书馆之制度"一文的解释,是:"具体地说,这项工作包括以下四种:

A. 协助读者借助书目索引等工具查寻资料的下落。

B. 解答所提出的各项问题。

C. 指导读者善于利用工具书。

D. 从事索引、目录,摘要及翻译工作,以增加资料利用之便利。"

1951 年

⑨露西·I·爱德华兹(Lucy I. Edwards)提出了一种解释:"参考工作不仅是如这么一句话所指的:限在馆内使用图书,不得携出阅读,而且还指对每一个读者提供单独的个人服务,以使他毫不费力地尽快获得所需要的资料"。

爱德华兹的解释前一部分所说的参考工作指需要资料的读者在馆内可使用参考工具书,也就是说图书馆为读者设置了参考藏书;而后一部分则是说明另一个服务内容和目的,即帮助读者获得所需资料。这里反映了它的背景是依靠工具书藏来帮助读者为主要的服务形式。所指属于低层次的服务。

1953 年

(3)参考服务(Reference service)

⑩塞缪尔·罗斯坦(Samuel Rothstein)指出:"在给'参考服务'下定义时,必须超过'参考工作'的那些定义范围。因为参考服务不仅包含图书馆员对寻求资料的各个读者给予的个人帮助,而且还包含图书馆认识到有责任这样做,并为了这个目的而建立一个专门机构。……只有当这种帮助作为图书馆的一种基本职能被承认了,把偶然性的非正式的帮助转变为一种审慎考虑的帮助

计划,并由专门为了这个目的选择和培训的人员来实现时,那才是现代的参考服务。"

他在上一段话中还认为"参考服务的准则可以概括如下:

A. 图书馆对寻求资料的各个读者提供帮助。

B. 图书馆承认这种帮助是作为一个教育机构的图书馆完成职责不可缺少的重要手段,同时还明确地承担提供帮助的责任。

C. 设有一个由受过参考工作专门技术培训的人员组成的专门机构来提供这种帮助。"

最早使用"参考服务"这一术语,是在 1919 年,当时大多沿用"参考工作"一词,看来,罗斯坦已有感于这种术语混乱的情况,首先提出这两个术语的定义问题,他很明确地说明了参考工作和参考服务这两个词的区别。

1960 年

⑪罗斯坦又在他的一篇文章里再次申明他的论点:"……我认为参考工作(Reference Work)是图书馆员给予寻求情报的各个读者的个人帮助;而参考服务(Reference Service)则还包含着图书馆对于这项工作承担责任的明确的认识,还包含着为了这个目的而建立的一个专门机构。"

罗斯坦的论点是再清楚不过的了,他认为"参考工作"是对读者寻求情报时,图书馆员所给予的一切帮助的本身。而这种帮助本身不应是随意性的、偶然性的,可以这样做,也可以那样做,不是由任何一位图书馆员在他愿意的时候提供这种帮助;必须是由图书馆把这种帮助作为是它的职能之一,并有一个专门机构,由这机构中经过训练的专职人员来实现这项计划。整个这一切工作就称之为"参考服务"。从意识到组织,到具体工作,都包含在内。

1961 年

⑫阮冈纳赞的说法是:"适当的联系"即指"在恰当的时候,以适当的个人方式,使适当的读者与适当的图书之间发生联系。"他

把这种方法称作"参考服务"。并补充说:"参考服务就是通过对每个用户的个人服务,以帮助他去找到他所需要的文献,来建立起读者与图书之间的联系。"

阮冈纳赞的论点揭示了参考馆员、读者与图书三者之间的关系。在这里,图书馆员是读者与图书之间的媒介。

1978 年

⑬詹姆斯·雷蒂格(James Rettig)认为:"参考服务是人际交流的程序,其目的是为需求情报的人提供情报,或直接从适当的情报源中挑选出所需要的情报,或间接地:

A. 向他提供适当的情报源或者

B. 辅导他如何在适当的情报源中去寻找所需要的情报。"

雷蒂格给的定义中,阐明了参考服务的目的是提供情报。突出了提供情报这一作用。七十年代正是对参考服务的作用进行论战的时代,一般论点是倾向于提供情报,这一定义反映了当时的倾向。

⑭托马斯·高尔文(Thomas Calvin)指出:"图书馆的参考服务大多数被定义为直接对寻求资料的读者的个人帮助。如果图书馆的工作是情报的搜集、组织和传播,参考服务则是后者,即传播作用。"

这里,高尔文明确指出参考服务的性质和作用是传播情报。

1979 年

⑮丹尼斯·格罗根(Denis Grogan)在他著的《参考工作实践》一书的导言中说明该书内容范围时指出:"这本小书只是谈谈严格意义的参考工作(Reference Work)。塞缪尔·罗斯坦所下定义是'图书馆对寻求情报的单独读者给予的个人帮助'。这里不讨论一般的参考服务(Reference services),如威廉·A·卡茨所下定义'参考馆员所做的一切'那样,虽然参考工作是他们的主要任务,但是他们还做了许多并不是参考工作的事情。因此这里完全

没有论及参考工具书的研究和评价,或是论及书目编制,或是关于参考部或情报服务部的组织和管理问题。同样,时常被看作是参考服务的用户培训和馆际互借,这里也不作叙述。"

从上面这段话,可以看出,格罗根已接受了罗斯坦和卡茨为参考工作和参考服务这两个词所给的定义。他的这部著作就正是从这些定义出发而确定的内容。他的这段说明使得罗斯坦和卡茨的定义更加明确具体。

从这点出发,格罗根又说道:"……'参考服务'这个术语常常出现在文献中,和为图书馆所使用,而严格说来,如果这些地方使用'参考工作'这个狭义词,倒会更确切一些。"

这里,格罗根的这段话表明,在英国的图书馆界和文献中对这两个术语的概念和定义的理解和用法与罗斯坦和卡茨所赋予的定义和概念正好相反。因此,格罗根在他的导言中提出他的看法:凡用"参考服务"之处,实际上应作"参考工作"则更确切。

关于上述的这一点,请看下面英国的戴文森的一段话,也说明了这种情况。

1980 年

⑯唐纳德·戴文森(Donald Davinson)指出:"按照卡茨的观点,参考服务包括参考部在选书、采购、书库的保管,与详细的登记和管理等幕后活动"。而另一方面,他把参考工作看作是寻求帮助的图书馆用户间的实际接触。又说:"未经深究,在英国,对于这两个词的理解则可能与卡茨所描述的美国一般用法却正相反。"

他在确定他的书中术语定义时又说:"参考和情报服务(Reference and information service)也是一个难下定义的概念,但这里是指对来参考部请求工作人员帮助的人们提供情报和资料的解释。

为了方便起见,把'参考服务'用作描述各种图书馆进行的情报工作这样一个包罗万象的术语。"

看来,戴文森在他的《参考服务》一书中,对参考服务工作的定义的看法基本上也接受了美国的用法。他把参考服务一词"用作描述各种图书馆进行的情报工作这样一个包罗万象的术语",也就相当于卡茨的观点:"参考馆员所做的一切。"

可以看出,至此,美国图书馆界已为"参考服务"做出了统一的定义,而且已得到了其它国家图书馆界的认可。

1983 年

⑰《美国图书馆协会图书馆和情报学词汇》中的"参考服务"条目见"情报服务"。后者的释文是"参考人员对寻求情报的图书馆用户提供的个人帮助,与参考服务同义"。

该《词汇》对这两个条目的安排使我们可以看出一个趋势,即参考服务的发展趋势,逐渐倾向于提供情报为中心,而名称也在发展。

1984 年

⑱《哈罗德图书馆员常用词汇》第五版中"参考服务"条目的释义是"包括一个图书馆提供参考工作的职责和它的机构组织"。而参考工作条目的第四个义项则释作:"馆员给予需求情报的个别读者的个人帮助"。而第一个义项是"包括对在各种学科方面寻求情报的读者们给予帮助在内的图书馆服务的部门"。第一条和第四条合起来刚好相当于"参考服务"条目的释义。

这条释义可以追溯到1960年罗斯坦的定义,虽被简化,但主要内容却都包含在内了。看来,英国的图书馆界已越来越广泛地接受了美国的概念和用法。

1983 年

(4)参考/情报服务(Reference/information service)

⑲玛利·乔·林奇(Mary Jo Lynch)在"图书馆参考/情报服务的研究"一文中,给图书馆参考/情报服务定义为"图书馆员以

介绍适当的情报源的形式,或以情报本身的形式给予的个人帮助。"

林奇的定义也是强调情报的提供。

从以上19例所做的各种解释,加以综合可以从以下两个方面分析。

(1)从定义本身内容来分析,可以看出:

①从概念模糊逐渐较具体而明确完整,开始只提出给予读者帮助,然后补充了帮助的内容,并补充了对帮助的要求,如富有同情的、知识性的、快速的、详尽的等等。对于帮助的目的也是日益明确具体,从泛谈帮助到解答问题、训练读者利用馆藏,终于指出给读者提供所需求的情报。

②随着实践的发展,从随意的个人帮助,到提出有意识、有组织、有计划地主动地开展工作。我们必须注意到:美国图书馆的参考服务,历经百余年的发展,每进一步,均是和当时的时代背景、馆员们的理解程度、读者的需要和要求、物质条件等分不开的,虽然格林在1876年撰文中已把对读者的帮助列举得非常详尽具体,但当时人们的认识和条件却远远地跟不上这一先进的倡议。因此,开始只能是一种随意的笼统的个人帮助,仅靠馆员的礼貌和同情心来推动这一项活动。经过半个多世纪的实践历程,才逐渐为人们所明确,罗斯坦和卡茨两人所提出的解释是最明确完整的。

③在各例中收集的英美图书馆学家的观点,可以看到,在国际间,对"参考工作"和"参考服务"这两个术语表达的概念已得到统一。无论是本专业的个人著作,或是词典类的工具书,都已趋向一致。有了非正式的共同的用语,这就大大地便于国际间对这项工作在理论上和实践上的交流。

(2)从术语本身的发展和演变来分析:

1891年美国图书馆协会出版的《图书馆杂志》的索引中采用了"参考工作"一词做标目,由此,就表明了这项工作已进入了一个新的阶段。那时有一些图书馆已设置了参考部或咨询台,配备了专职的参考馆员,在形式上,较之"帮助读者"时期有了一定的进展。当然,新旧交替总有一个过渡时期。1893 年时,仍有著者撰文使用"帮助读者"一词,威廉·E·福斯特(William E. Foster)的一篇文章题名就是"帮助读者"(Assistance to readers)。

同样,"参考服务"一词第一次出现是在 1919 年,玛利·E·黑兹尔坦(Mary E. Hazeltine)撰文就是题为"参考服务基础"。看来一直是与"参考工作"同时交叉使用,出现了暂时的混乱,但当时大多数是用"参考工作"一词。从罗斯坦对这两个术语作出了明确的解释以后,虽然没有任何正式的规定,却约定俗成,由"参考工作"改用"参考服务",而把馆员对需求情报的读者直接的咨询技术称之为"参考工作",正像卡茨所指出的一样:"参考服务"是指参考馆员所做的一切,而参考工作则是馆员与寻求帮助的图书馆用户之间的实际接触。实际上,也就是指咨询解答工作,这也正是参考工作一词最原始的涵义。

在英国,对这项工作的两个名称恰恰和卡茨所描述的美国用法相反,而在英国图书馆学家戴文森和格罗根的著作中,却具体地体现了英美两国对于"参考服务"和"参考工作"这两个术语的理解至八十年代已取得了一致。同时,在英美各种主要文献资料的标目和有关的专业词典中大多只设"参考服务"条目,而查不到"参考工作"的正式标目了。如《图书馆文献》(Library Literature)和《美国图书馆协会图书馆和情报学词汇》等即是。英国《哈罗德图书馆员词汇》第五版中,虽设有"参考工作"条目,但在它的第四条定义中释作"图书馆员给予需求情报的读者的个人帮助",则与美国的定义一致。

此外,必须指出,在 50 年代初,正当"参考服务"一词的概念逐渐为人们所认同之际,又有人提出了"情报服务"的术语。此后,在英国,有人还使用了"参考和情报服务"(Reference and information service）这个词组，从此又形成了术语的新的交叉。很明显地看出，这两个术语的出现与现代的科学技术的发展和参考服务工作本身的发展是分不开的。首先是参考服务本身自一开始形成就存在着是教育作用还是情报作用的问题。70 年代期间，这个问题是讨论的一个焦点。但不管各自的主张如何，实践的历史是无情的，情报学的建立，电子计算机的应用闯入了图书馆学的领域，这使得参考服务提供情报的作用已成为众所瞩目的问题。如上例⑰所示，至 80 年代"情报服务"列为词汇的正式条目，而"参考服务"却变成了同义词，"参考和情报服务"也于同时为图书馆学家们所使用，有时写作"参考/情报服务"（见例⑲）。看来已形成参考服务的又一新的术语形式。这种情况可以参看马乔里·E·默芬（Marjorie E. Murfin）和卢伯迈尔·R·怀纳（Lubomyr R. Wynar）编著的《参考服务：解题书目指南，1976—1982 补编》（Reference Service：an annotated bibliographic guide，supplement 1976—1982），就可发现在目次表中的章节标题，凡在正编中采用"参考服务"一词的，这里都改作"参考/情报服务"。《补编》的导言中指出本编反映现代图书馆参考服务的趋势，尤其侧重在参考/情报过程中电子计算机技术的应用。这表明着图书馆参考服务正在逐渐与情报科学揉合为一体。在很多方面，二者在发展的实践中，将有分久必合的趋势。不过，尽管如此，参考服务工作中，为读者提供情报的活动，尚存在着很多问题，情报作用与教育作用，谁为主次的问题无论在理论上或在实践上，也还没有很好地解决，有待于进一步探索。然而，就目前来说，在国外，普遍采用的术语仍然是"参考服务"一词。

从以上的分析，可以知道由"帮助读者"——"参考工作"——"参考服务"——"情报服务"——"参考/情报服务"这些术语发展和演变的历程。由于这项工作的基本内容随着社会需求不断向前推进而逐步丰富起来，因此，表达这一发展了的概念的术语也就随着实践而演变,这是不能任意地或笼统地认为彼此可以互相代替的。

二、我国对参考服务术语的探讨

在我国图书馆界通常对参考服务工作所用术语有参考工作、参考咨询工作、咨询工作、咨询服务或情报服务等名称。名称虽多,但均无一定使用规律,概念混乱,界限不清。我国参考服务工作开展较晚,自 20 世纪 20 年代才自国外引进,开始也只是按照国外原文 Reference work 翻译过来而命名的,在近年一些有关著作中,虽然大部分用"参考咨询工作"一词,但从给予的定义来看,则各执一说,形成混乱。例如:

1938 年《图书馆学辞典》中设条目"参考咨询工作"解释为:"图书馆的'参考咨询工作'主要为根据读者的要求,答复读者的咨询问题,并通过各种书目向读者介绍书刊直接为读者服务。"

又说:"参考咨询工作的内容具有两方面:其一为咨询解答,即解答读者所提出的问题;一是书目参考,即编制书目介绍书刊。图书馆员应尽可能介绍与问题有关的书刊资料给读者阅读,寻求问题的答案。一般说,图书馆员可以不必对读者的咨询问题直接作出具体的解答,事实上亦系条件所不允许的。"

这是从任务和内容方面来说明"参考咨询工作"的定义。很明确地指出了"参考"和"咨询"的内涵概念。

我国图书馆学家王重民先生在 50 年代也曾指出"图书馆的参考工作就是根据读者的要求,积极地答复读者们所提出的问题,并有选择地推荐有助于读者工作、学习的参考资料和书籍,实现图书馆为读者,为科学研究,为国家建设服务的一项工作"。

1981 年北京大学图书馆学系与武汉大学图书馆学系合编的《图书馆学基础》对参考咨询工作的诠释是:"图书馆的参考咨询工作,应当围绕文献资料进行。读者要求图书馆解答的问题,一般都是通过文献资料的提供使读者获得知识或情报。所以,参考咨询工作的实质是以文献为根据,通过个别解答的方式,有针对性地向读者提供具体的文献、文献知识或文献检索途径的一项服务工作。"

在谈到工作范围时,又说:"参考咨询就其大的范围来说,包括两部分,即:书目工作和咨询工作。书目工作主要是根据科学研究的课题,收集、编制各种通报性和专题性的书目、索引、文摘、快报等检索工具,供读者参考。咨询工作,主要是以口头或书面形式解答读者提出的问题,咨询工作要利用书目的成果,书目工作也要适应咨询的需要。"

可以看出,该书的解释和 1958 年《图书馆学辞典》的解释是一脉相承,是从该术语的字义析出而来,仍未脱其窠臼,这是汉语的好处,恰恰把 Reference 这一个词的两个原义都表达了出来。但是却不能包含已发展了的新的概念内涵。

1988 年戚志芬先生编著的《参考工作与参考工具书》中,用的术语是"参考工作"一词,在谈到参考工作的定义时,说:"至今,参考工作和咨询工作往往被人混为一谈,是可以明显看出它的历史痕迹的,甚至有人在同一篇文章中,参考工作、参考咨询工作、咨询工作三种提法交替使用,使人感到概念不清。"又说"我认为咨询工作只是参考工作中的一种方式,一部分内容,图书馆事业发展到今天,参考工作的内容和方式远远不应只是被动地答复读者的咨询,这与客观现实也不符,因此参考工作有一个正名的问题。"

戚志芬先生还给参考工作下了一个新的定义:"参考工作是图书馆为读者服务工作的一种,它是以客观社会需要为契机,以文献为纽带,通过各种方式为读者搜集、存储、检索、揭示和传递信息的业务过程(文献,是指存储在载体上,按一定逻辑组织的任何知识内容的信息记录,记录文献的载体包括图书、期刊、报纸和各种视听资料,如缩微胶卷(片)、录音带、计算机磁带等)。"

我们非常同意戚志芬先生的这一观点："需要为参考工作正名。"但是对如何正名的问题，这里提出我们的意见。如前所述，国外已趋向于使用参考服务来概括包含咨询工作在内的各项参考服务的工作，而参考工作原本就是指咨询工作。我国目前正如戚先生书中所说，几个术语混淆使用，"概念不清，界限不明"。此外，参考工作与参考服务二词也因为引自英文，未作深究，竟作为同一种含义使用，增添了新的混乱，为了便于国内外的学术交流，使用一种共同语言起见，应统一术语名称。如将原来我国称作"参考工作"的统一称为"参考服务"（Reference Service），而将解答读者提出的问题的工作统称为"咨询工作"（Reference work），包括在参考服务的各项工作内容之中。这样，术语、定义、概念就都可以名实相符了。

戚志芬先生所给的定义，相当概括而全面，反映了现代国内外参考服务的全貌。如将定义中的"参考工作"改为"参考服务"，则可更加明确，避免混淆了。

本书以下各章，当表达参考部门各项工作的总称时，则一律称为参考服务（Reference service）。凡专指参考馆员解答读者问题的工作时，统称为咨询工作（Reference work）。

第二节　参考服务的意义、性质和作用

一、参考服务的意义

参考服务在现代图书馆各项工作中占有极为重要的位置，它的服务直接关系着人类社会文明的发展过程，也关系着图书馆自身的发展。因为它将作为信息交流体系的一部分，使图书馆与社会需要紧密联系起来，并随着社会需求的扩大而发展。

图书馆参考服务的开展和进化具有下列几重意义：

（1）开发文献资源，促进人类文明进步，传播文化遗产。由于科学技术的飞速发展，各种文献资料中所包含的数据、情报和知识的增长速度，已经远远超过了读者的加工和处理能力。出版物的数量增长过快、过多，使得"组成知识宝库的科学文献中很大一部分成为'死婴'"，并不能把它们添加到人类的知识宝库中去，这些文献只能是可望而不可及，要想从中找到自己有用的知识，无比困难。

此外，社会科学文献也是类型繁多，数量庞大，由于它的一个特点是积累性和继承性强，老化速度慢，知识的废旧率低，这就使得形成了越来越丰富、庞大的文献资源。随着科学研究的日益深入，学科之间互相交叉渗透，社会科学与自然科学文献之间也因之难以有什么固守的界限。社会科学各学科之间，更是相互为用，错综复杂。从文献来看，往往是"你中有我，我中有你"，彼此相互包容，融汇一起，这就造成了检索的复杂性，相应地增加了查阅利用的难度。

美国著名图书馆学家杰西·豪克·谢拉（Jesse Hawk Shera）曾指出："作为交流体系的一部分，图书馆的传统作用就是保存和传播文化遗产。"又说："传播知识是图书馆员义不容辞的艰巨任务。"图书馆的参考服务就正是赋有这个使命的重点部门。针对当代文献资料的泛滥成灾，需要知识和情报的各种用户都感到难以如愿地、顺利方便地使用它们，从中找到自己所需求的文献情报。参考馆员们能够利用自己的专业特长，从浩如烟海的文献宝藏中，奋力开发出现代社会建设需要的知识情报，为人类文明进步做出应有的贡献，使得埋藏在卷帙浩繁之中的情报资源，为今日人类社会建设所用，那将是具有深远意义的成就。这种开发和传播知识情报的工作必须是主动、及时和深入的服务，应该不遗余力地开展和加强，这就要求图书馆本身和参考馆员首先在意识上跟上时代和形势的要求。必须清醒地重新审查本身的职责和业务,明确社会对自己的要求,继续不断地满足社会的需要,这项任务确是很艰巨,但对参考馆员来说,正如谢拉所说,却是"义不容辞"的。

(2)为四化建设服务所需要。参考服务发展到今天,它的概念内涵和工作内容早已远远超过它起初的原始形态。在国外图书馆很早就开始重视参考服务,而加以充分利用,赋予它越来越多的职能,从帮助读者开始,发展到为政府机构、社区公众、工商企业,以至残疾人,甚至犯人等服务。它所起的作用有决策的参谋,宣传教育、科研的助手,精神医疗等多方面。各大型公共图书馆的参考服务均较深入,在美国尤以国会图书馆的参考服务最为出色,也是它始终视为重点,极为重视的工作,并且正在日益改进。据1976年由该馆馆长丹尼尔·J·布尔斯廷建立的"目标、组织及规划特别工作组"的报告中提出"应当把重点放在它(注:指国会图书馆)作为一个情报交换中心和咨询中心的任务上"。该报告中放在主要地位的工作就是参考服务。国会图书馆的一个任务是由它的国会研究处负责,专门为国会议员和各委员会提供参考及研究咨询服务,包括策略性的深入分析、法律研究、立法沿革及特定项目研究;提供基本知识如统计数字、传记、引言、书籍、杂志文章、报告等;或提供某一学科的知识和书目;有时提供特殊翻译等。另一任务就是为全国服务,在特别工作组的报告中建议全馆建立一个指导国会图书馆读者的合理的参考服务系统,目的是改进参考服务。美国国会图书馆的参考服务经常性地为国会各委员会和所有议员们,以及一般的读者们解答咨询问题,指导读者利用该馆极为丰富的馆藏资源,如1980年一年中,国会研究处要回答三十多万个国会咨询的问题,而其中约百分之六十是当日回答。由此看来,图书馆的参考服务可以直接为国家政事服务,并且能够发挥其取之不尽,用之不竭的资源潜力。

在我国,正当改革开放时期,四化建设正在蓬勃展开,各种新的事物和新的问题层出不穷,科学家们对文献资料的需求则更是迫切,如果各种类型图书馆的参考馆员能够主动发挥助手作用,把参考服务深入地展开,努力开发文献资源,准确、迅速、及时地解答咨询、帮助检索、提供有用的情报,必然可以为党、政领导,科研工作者们节省了大量搜集资料的时间和精力,而且可以由此获得必需的情报,因而会有力地支援四化建设各方面的工作。此外,现代参考服务的范围很广泛,它已发展到从参考室和咨询台走出图书馆,面向社会的新阶段。它作为图书馆,这个改进社会的工具的一个重要组成部分,应该积极地扩展新的读者群,深入了解社会的需要,对社会共同关注的事务要具有敏感性,才能主动地作出最有效的服务。例如在扫盲、进行法制教育、推广科学技术、提供各类信息、净化精神文明等方面,图书馆参考服务还大有可为。这些方面都是直接或间接地影响着四化建设。如果在参考服务的工作中有所安排,对加速四化建设、人民素质的提高、国家的文明进步,则具有一定的重要意义。现在的问题是我们必须在意识上重新审视我们的参考服务,抛弃旧的观念,冲破参考服务的传统范围,为适应现代社会的新的需要而设计出新的服务内容和服务方式,这就要求参考馆员能够深入读者群,了解他们的各种需要,各种愿望,才能使参考服务有的放矢,收到良好的效果,正如谢拉所说"社会如何认识它所要认识的事物? 知识又怎样影响整个社会环境? 这一问题恰恰是图书馆员在社会中所起作用的中心问题,是作为社会工具的图书馆所起作用的中心问题"。参考服务则是图书馆所起作用的中心的中心。

(3)现代参考服务的深度和广度决定着自身的存在与发展。参考服务自开创以来,已有 100 多年的历史,走过了曲折的道路,逐步积累了许多成功的经验和失败的教训,在这个基础上不断发展,才具备了今日的规模。但这是一项服务性很强的工作,它必须是以能切合读者对文献资料的实际需求为出发点,为解决读者或读者群的难题获得情报资料,或提出情报线索和途径,来满足他们的要求。更深入的服务则是提出情报资料的分析报告、综合动态、策略研究等。因而它的工作本身又是具有学术性的。图书馆参考服务开展的深度和广度如何关系着本身的存在和发展。目前由于科技日新月异,科技情报急剧增加,而商品经济日益发达,改革开放逐步深化,科技情报已不再是用户关心的唯一重要的情报,而金融情报、市场情报、经济情报等已成为用户关心的新热点,各种情报咨询机构以不同形式出现在社会市场,电脑的应用使得情报事业形成了工业,情报则成为商品,各种系统的文献资料数据库正越来越多,情报经纪人也应运而生,这种种情况对图书馆参考咨询形成了强大的挑战。因此,处于信息时代的现代图书馆的参考服务正面临着一个大发展的契机,尽管图书馆的参考服务有着浩如烟海的文献资料的优越条件,但是受着传统意识的影响和人力、财力的制约,与社会上的情报业相比,它的发展比较缓慢。虽然很多图书馆的这项工作已经急起直追,利用一切现代化设施,尤其是电子计算机的应用,开展了联机检索与网络服务,把情报职能提上日程,还远远不能跟上日益增加的社会和读者的需要。参考馆员一方面拥有着一座座卷帙浩繁的"智力建筑",组织得如同一部巨大得无与伦比的"百科情报的巨书",皮尔斯·巴特勒(Pierce Butler)把这组织起来的整个藏书称之为"Superbook",而另一方面,面对的是被各种问题困惑着的用户。参考馆员作为中间媒介,必须首先在意识上更新,认识到现代参考服务已经远远超出了仅仅是帮助读者查找一些文献,回答一些简单的问题的传统范围了。参考馆员是传递有用情报的桥梁,他们必须奋力开发知识宝库,把社会用户所需求的知识情报从中释取出来,并且按照不同用户的不同要求进行加工分析整理,然后传递到用户手中。只有这样,才能以无可辩驳的事实使图书馆参考服务获得社会认同,这是在信息时代里争取存在的先决条件。

图书馆参考服务要在工作中求发展,它的工作本身在促进和完善着它所存在的社会环境,同时,反过来社会环境又促进着它本身的发展。一百多年来的历史证明了参考服务能否发展,决定了它本身能否存在,随着时代的变迁,参考服务为了适应用户的需要,而不断地进行自我调整。从服务的内容范围、形式方法、到服务的条件、深度和广度均有了较多的变化,现代参考服务已发展成吸收和渗入多门学科知识的一项综合技术工作。检索工作运用计算机科学技术自不必谈,就是咨询接谈也从过去的对读者咨询的有礼貌地回答到现在运用心理学、传播学、教育学的研究方法,来提高接谈效果。除此以外,参考服务是以文献资料为基础的。文献资料在这里是泛指凡以文字、图形、符号、声频、视频等手段,记载一切知识的各种载体,包括图书、期刊、报纸、地图、政府出版物、视听资料、数据库等,也包括所谓"灰色文献"的未公开出版物,如会议文献、厂刊、非正式文献等,还包括档案在内,都是参考服务要应用的工具。总之,凡是可以提供情报信息的文献载体都是必需开发的对象。目前,国内对图书、情报、档案工作一体化的呼声很高,实际上,有的图书馆由于历史的原因,也收藏有档案资料,而情报工作本身就是从图书馆参考咨询工作的基础上发展起来,又分化形成另一工作的,三者关系极为密切。因此,通过图书馆参考服务的调整与发展,必然会促进三者一体化的进程。参考服务可以应用档案为开发情报的资料源,扩大为用户提供情报的渠道;另外吸收情报工作的技巧方法,加深为用户提供情报的深度。这样,参考服务就会加速发展,为传播知识和为四化建设发挥助手作用,做出更大贡献。图书馆参考服务吸收情报工作的技巧方法并不是什么难事,而是顺理成章,只是事在人为而已。

此外,旧的观念也还在影响着图书馆参考服务的发展。那就是总把参考服务局限于参考室内的工作范围,"画地为牢"似地把自己限制在咨询台内,坐等读者上门咨询。其实,丹尼斯·格罗根对此早已提出了批评，认为这是一种错误的观念。现在国外有的图书馆馆员和情报专家到馆外开展工作，人们称之为"流动参考馆员"（Floating reference librarian）。他们活动于读者社区之中，藉以了解读者和非读者学习的问题，利用图书馆给予帮助。前面所述美国国会图书馆的例子也可该说明，现代图书馆参考服务已开始打破传统的概念和服务方式。自1976年后，该馆重新调整了参考部的组织，将全馆有关部门形成整体化的新参考部。目的都是为了迎合一般读者的需要，使服务收到更好的效果。自读者一进该馆大门起，直到读者使用电子计算机和复印机止，参考服务安排了一系列为读者服务的活动。以上两种情况都说明参考服务已突破参考室的范围，甚至走出图书馆。

另外还有一种看法也受到了格罗根的批评，那就是有人把咨询工作误解为只不过是发挥使用工具书的技巧，而实际上，使用工具书仅仅是咨询工作的一个方面，而咨询工作的目的是提供读者以有用的情报，这就不是仅用工具书所能完成的了，应该在服务的深度和广度上下功夫。

总之，参考服务的开展，既关系到能否更好地为读者服务，也关系到自身的存在与发展。

二、参考服务的性质

参考服务这项工作的意义深远而工作性质则是多维的。首先我们应该强调它的服务性。服务性既是参考服务的出发点，也是它的归宿，顾名思义，就可知道，它是为图书馆的读者服务的，图书馆事业就是服务性事业，自创立之日起，始终是这样。参考服务作为图书馆工作的一个重要组成部分，当然也是这样。在这项工作中，它的服务性体现在读者需要至上，凡是规定允许查阅范围内的文献资料，参考馆员就要千方百计地设法获得，凡是读者提出的咨询问题，都应该尽量给予满意的解答。另外，也体现在服务态度方面,参考馆员接待咨询读者时的言谈举止、声调、姿势、举手投足、乃至接谈环境的氛围都足以影响咨询者的心理情绪的变化(详细论述见第三、四章)。因此,参考馆员对服务性的理解和认识是首要的,而且应始终身体力行,由里及表,不能稍有疏忽怠慢。再有,就是体现在参考服务的深度及广度上,对于参考服务的深度问题,历来存在着争议。1930年,詹姆斯·I·怀尔(James I. Wyer)提出了参考服务的三种级次,即:保守的(Conservative),指仅对读者使用图书馆目录或工具书遇到问题时,给予指导,训练读者掌握这些工具,自己来查找出问题的解答,而参考馆员只须预备好一套准确的目录,建立专门需要的书藏,保存准确的借书记录就行了。另一种是开放的(Liberal),即参考馆员尽力满足读者的需要,尤其对科研人员的情报需求,提供深度的服务,不仅提供情报资料,甚至进行文献研究、加工、提出综合的文献产品。这种服务费时费力,并要求参考馆员既要具有图书馆学的专业知识和技能,又要懂得某些学科知识,才能胜任。这种论点是以每个图书馆都愿意给予咨询者以一切可能的帮助来满足他们的需求为假设的,它承认图书馆有义务提供无限度的服务。第三种称为适度的(Moderate),是保守服务的扩展,这种服务是解答读者简单的咨询问题,查找事实资料,或检索资料,较之保守派的主张,前进了一步。

图书馆学者及参考馆员们曾经对于这个所谓"参考服务的理论"发表过一些各自的意见,直到现在,还没有一致的看法,在实践上各有不同的经验,关于这个问题将在本书最后一章中讨论。我们这里是指对需求不同的读者尽量给予深度适宜的服务。这种"适宜的深度"应该以符合读者的文化水平、要求和问题内容的复杂程度而定,而不是用千篇一律的方式来解决。例如:同样一个问题,咨询者的要求不同,解答方式就不必一样,有的提供有关该问题的书目,对另外的咨询者要求更深度的服务,就应该根据需要提供有关该专题的文献情报,甚至要予以情报加工,写出综合报告等.

文献产品。标准是以解决了疑难问题,读者满意为止,则算达到了应有的深度。广度是指参考服务的内容范围(常常和深度联系在一起来衡量)。从参考服务整体来看,其服务内容项目是否全面,服务对象是否广泛。但是不同类型的图书馆自然要有不同的侧重,主要在于整体的计划是否把服务性置于首要地位。我们还认为更重要的是参考馆员应具有非常强烈的服务意识,有了服务意识,才能更好地在工作中体现参考服务的服务性,否则,只能是被动地应付而已。

其次,参考服务具有开放性。参考服务是属于图书馆这个整体系统的一个子系统,但它本身又是一个独立的开放系统,具有一般系统的特性,它的工作主要是不断地把图书馆储存的知识情报通过整理、开发,传播给读者,再通过反馈,对工作进行评估,这里要强调的是它必须是开放性的,其开放性寓于两种形式之中,一是对文献开发而言,参考服务的基本属性是开发和传播,参考馆员的任务是要根据外界的需要,把隐含于大量文献中的有用情报开发释取出来,用各种不同的方式方法传递到用户手中。通过这种开发和传播行为,把封闭在知识宝库中的知识挖掘出来,使它们成为活的财富,为现代社会文明服务。另一种是指人际的交流,参考服务的咨询工作的过程就是参考馆员与咨询读者的交流过程。读者把疑难问题提给参考馆员,参考馆员要首先对读者问题理解准确,就必须进行咨询接谈,直至最后完成情报的传递,都需要与读者进行不断交流,以保证服务的准确、及时。关于人际交流,伯纳德·瓦夫雷克(Bernard Vavrek)认为这是参考服务的核心,应该深入研究。参考服务的本质和工作方式决定了它的这种特性。如果它的工作没有任何形式的交流或传播,就不能保证服务性的实现。

再次,则是具有教育性。参考服务通过多种方式,给人以需要的知识,这本身就富有教育性质。从它的服务方式和服务项目来看,也是起着教育的作用。参考服务是一种多方式的工作,随着社会的需要而发展着,从训练和指导读者使用图书馆,利用参考工具开始,到指导阅读,以至图书医疗和对监狱犯人的帮助,都是蕴含着教育的意义。可以说是寓教于书。正是这样,参考馆员曾被看作是教师,图书馆也被看为是"人民的大学"。它的教育性存在于潜移默化之中,它使各类型、各层次的读者通过参考馆员的工作而受到启迪和诱导,获得不同形式的文化陶冶,提高文明素质,身心受益。图书馆参考服务越是开展得深入,则国家公民的文化素养的提高也就愈是普遍。

参考服务在各种不同类型的图书馆也还具有它们各自不同的特性,但以上三种是一般共有的性质,服务性是首要的,没有了服务性,其它也就不存在了,而如果无开放性,则服务性、教育性就无法实现。三者是互相依存的关系。

三、参考服务的作用

参考服务的作用则由于它的性质所决定。共有两个:一是教育职能,一是情报职能。这两种职能有其发展的过程,回顾历史就可知道,无论是给读者以教育也好,或是为读者提供情报也好,目的均是为读者服务。开始提出"帮助读者"的口号,当时还只是着眼于读者在使用图书馆目录时遇到的困难,出于同情和礼貌,而给予帮助,由于馆员们对参考服务的意识的转变和加深,逐步发展为一种职责,就在这种意识的萌芽阶段,仍然是体现教育职能,所起的作用着重在指导读者使用图书馆和使用参考工具。但在第二次世界大战以后咨询问题日益增多,因而解答咨询问题的工作逐渐突出,自50年代以来,一方面由于知识情报源出版发行数量急剧增多,一方面电子计算机的应用进入图书馆事业领域,在需要和可能的条件上有了改变,情报信息与能源、材料已成为现代社会发展的三大支柱,情报科学和情报信息业迅速崛起,提供情报遂成为读者对参考服务的日益强烈的要求,于是,情报职能也就被刻不容缓地提上日程。虽然,是教育职能,还是情报职能的问题,一直有看法分歧,但实践却越来越趋向于后者。然而,自70年代后期,对前者的呼声又形甚嚣尘上,这当然是由于许多因素所引起。关于两个职能问题的争议,在最后一章还将加以评述。毕竟,参考服务在现代的实践中具有两种作用——教育职能和情报职能。

第三节　参考服务的内容范围

图书馆参考服务的工作内容范围是随着社会需要的增加而逐步发展扩大的。一方面是客观需要的社会因素,另一方面,则是图书馆和参考馆员的主观意识在不断演进变化,因而形成了多种多样的工作内容。长期以来,国外图书馆的参考服务发展日新月异,深得社会和读者的重视和信赖。一般说来,参考服务的内容范围分为直接服务和间接服务。

一、直接服务

(1)用户教育:这项服务目的是帮助读者熟悉图书馆的各部门的布局、职责和各种藏书的组织情况,以便读者充分利用。为了达到这种目的,开展多种不同的活动。在国外尤以各大学图书馆提供的辅导计划内容更较多样,这项服务在20世纪的上半个世纪是比较普遍地推行的。60年代曾一度展开了参考服务是着重情报作用,还是着重辅导培训的教育作用的争辩。而进入70年代后,后者观点又再次兴起(见第九章)。1977年美国图书馆协会还成立了图书馆辅导圆桌会议,各大学图书馆也建立了书目辅导部,发布了"大学图书馆书目辅导规则"。

辅导读者利用图书馆的活动主要有三种形式:

①单独设置课程。通常是情报资料与书目工具的检索与利

用,与大学图书馆的藏书资源相结合,涉及书目知识和技巧较深。

②结合某一特定课程的书目辅导。这是一种有效的形式,辅导是与课程的教师协作下进行的,使学生学到书目方法和图书馆资源的利用技能,可以是共修课,也可以是研究生的研究方法课的一个部分。

③在使用中辅导。当图书馆用户在利用图书馆遇到难题时,提供辅导和帮助。如使用某些专题的书目(Library pathfinder)以探索查找有关文献的途径,或印制一种路线图,作为宣传手册,发给读者。

在辅导的活动中还包括许多其它形式,如:

· 散发专题书目

· 参观整个图书馆

· 印发介绍图书馆手册,其中可详列图书馆的设施和服务项目

· 电脑情报系统的演示

· 印制专门工具书的使用说明

· 辅导读者制定学习计划

· 编制图书馆的读者指南

· 单独开设图书馆使用技巧课程

· 计算机辅导训练

· 视听资料演示

· 举办讲座

(2)读者指导:这项服务目的是指导读者如何阅读和选择优秀书籍,促进阅读能力、鉴别适合读者自己需要的读物。

20世纪早期,国外图书馆参考服务就已经注意如何引导和改进读者的阅读兴趣,尤其是对文学作品的阅读。很多公共图书馆在1920年起,建立"读者顾问"服务,引导读者阅读优秀著作。后来,在美国,由于成人教育运动的兴起,形成了一项专门服务技术。

读者指导的活动有：设计一系列的阅读书目和开设阅读课、编制带有题录的书目单和阅读指南、举行读书座谈会、开展书评活动、举办书展等来刺激读书兴趣和推荐图书。至 50 年代时，公共图书馆的成人教育活动内容，阅读计划和读者顾问服务变成为群体服务的项目，由参考馆员提供阅读指导。

而到了 70 年代时，针对"特殊公众"的提法，指导阅读方面又有了新的发展。所谓"特殊公众"，包括经济和教育方面处境不利的人、老年人、行为和心理有缺陷的人，以及那些希望再受教育深造的人们。对这种类型的读者阅读的指导有两种专门方式，一种是图书治疗，一种是学习顾问。

图书疗法（Bibliotherapy）是利用选择出来的特定的阅读资料，来帮助行为和心理方面有缺陷的人，重获身心健康或培养必需的行为。近年来，论述图书疗法的文献资料主要是针对从医院和监狱回到家中后的人们，侧重对他们的情绪、心理和行为问题的图书治疗方面。

学习顾问则是由参考馆员作为学习顾问，和学习的读者共同制定学习目标与学习计划。

从早期开始的读者顾问服务这项工作，到现代已逐渐发展为情报与中介服务。

（3）情报与中介服务（Information and referral serivices，简称 I&R）：这是一项现代才兴起来的服务。自 1977 年美国图书馆和情报服务白宫会议建立以来，根据公法规定，它的宗旨和目标是面向全国公众。由此，美国图书馆的参考服务开展了新的计划和设想，把注意力投向"个人化服务"，着重向个人提供"小情报"（Microinformation）服务，针对特定用户的特定需要服务，情报与中介服务是这种"个人化服务"的一种。它以许多不同的形式出现，它的机构名称也不统一，这些情报与中介服务中心的工作，主要是把参考服务送到群众面前，为用户和非用户服务，改变坐等公众到图书馆的传统。这些中心一般设在城市非图书馆用户不靠近图书馆的地区,这种服务内容一方面是解答问题,一方面是在必要的情况下,将咨询者介绍给有关的个人或机构,使该咨询问题可以得到进一步满意的解答。这种中介工作是利用图书馆建立起来的当地人名档和机构档来查找有关可给予解答的个人或机构。情报与中介中心一般是由公共图书馆设立的,这种服务中心要做的有两点:一是向当地社区提供最新情报和数据;一是要经常更新人名档和机构档的资料。在美国有一些图书馆在这项服务中,还开展了专门服务,集中在特定的公众的特别需要方面,如:职业情报服务,为失业者与为失业人口工作的人员提供雇用和职业情报。还有专门提供关于医药和有关医药问题的情报等。

然而,这项服务在实践中,也存在一些问题,据有人调查,实际上,为用户中介的情况并不常用。另外,在参考馆员之间,对此项工作中的具体问题还存在着矛盾,后两种咨询问题则必须经过综合、研究后,才能进行解答。除提供文献情报外,有时还要求高层次的服务,如:编制专题书目、索引、提出动态综合报告、专题述评、编写专题研究报告等各种深度的情报服务方式。

(4)咨询工作:是参考服务中的重点工作,由咨询接谈、检索和提供答案三大环节组成(见第三、四章),它的服务方式有口头咨询、电话咨询和函件咨询三种,一般以口头咨询为主,主要过程是通过咨询接谈,参考馆员准确地理解用户要求,把握住用户的真实需求,才能保证文献检索阶段中获取所需情报或情报源;文献检索这个环节是参考馆员为了解答用户咨询,必须依靠的一种途径,同时也可以是根据用户的情报需求,代为查找文献的一项服务,是科学研究的前期劳动,无论是哪一种性质的文献检索,用哪一种方式(手工检索或用计算机检索),都是一种专门的技能,包含着对检索工具的了解和使用检索工具的途径、方法和经验。在检索之后,将获取的文献资料,按照一定的方法组织起来,采用各种不同方式,提供给用户。这种服务的深度、广度和类型因参考政策、工作人员、咨询问题的性质,以及其它因素的不同而异。大量的咨询问题一般可归纳为:方位型、便捷型、特定主题或专题型和研究型四类。前面两种问题属于即时咨询,熟悉图书馆环境布局即可回答方位型问题,而熟知百科全书、年鉴、手册、传记等工具书也可在几分钟内回答读者需要的诸如人名、地名、机构情况、统计数字等这一类便捷型问题。

二、间接服务

除以上四种直接服务外,还有下列各项工作:

(1)建设和保管参考书藏:参考服务工作以文献为工作基础,必须具备有一定数量的参考藏书,才能开展好咨询工作。因此,参考馆员要注意添置和剔除参考藏书的工作,以保证参考服务的顺利进行。

(2)馆际互借:为了充分满足用户的情报需求,如有所需要的情报资料是本馆缺藏的,就需要向其它有该藏书的图书馆、情报所或档案馆等处,以馆际互借形式取得情报原件或复制品,以补充馆藏的不足,有条件的还可利用计算机联机网络取得情报。

(3)协作咨询服务:近年来,从原有的馆际互借发展到以协助回答咨询问题的形式开展合作,形成了馆际合作和资源共享的一个重要方面。

(4)书目文献工作:针对不同用户的需要,编制各种类型的书目、索引或文摘,形成了书目参考工作,是传统的参考服务的一个主要部分。有的图书馆把这项工作从参考部门分出来,专设书目参考部或书目方法部等,也有的馆与咨询工作同属参考服务部门。书目文献工作主要是根据用户研究课题的需要,广泛搜集、编制各种专题性和通报性的书目、索引、文摘和快报等二次文献,及时地提供给咨询用户。而另一方面,书目等的编制必须符合研究课题咨询的需要,通过咨询工作,了解用户的需要,使得书目选题有所依据。因此,在实践中两项工作具有极为密切的联系。

(5)最新资料通报:是把最新资料用不同方式及时地报道给图书馆用户。一般有下列几种方式:编印情报通报、定题情报服务、述评报告、新刊资料目录页、报纸消息栏目汇编等。

①情报通报是期刊中文章的文献参考书目,但也可能包含资料的摘要,有时还收录期刊文章等其它类型文献。

②定题情报服务,又称定题情报选报(Selective Dissemina-tion of Information 简称 SDI)。这是一项可以电子计算机为辅助工具的情报服务。在我国目前仍以手工操作为主,服务前必须对某一地区的各个科研单位的科研情况进行深入的调查研究,再着手选择确定重点服务的科研项目,按照用户兴趣提问档的"长期情报提问"与新到文献数据的文献记录相匹配,筛选出与用户课题需求相吻合的文献,定期地向用户提供最新的文献参考书目。

③新到资料目录页是将新到的期刊,按其学科,原页复印,汇集起来,及时提供给用户参考。用户还可将其中所需的文章圈点出来,寄回参考部门或情报机构,代为复印原文寄给用户。

④报纸消息栏目汇编则是将有关某一业务的消息报导栏目集中汇编,定期向用户报导。这项服务多是关于商业方面的消息,摘自报纸或商业杂志。

⑤述评报告(见文献研究工作)。

最新资料通报服务以快速及时为主,且针对性强,节省用户浏览文献时间。上述几种方式中,定题情报服务较之其它更受用户欢迎。而其它几种方式现均有所发展,形成了专门编印定期出版的报导性文献刊物。我国这类文献刊物,由于科技发展的需要也日益增加。大致分为三类:检索类(包括题录、索引、简介、文摘等);译报类(包括译丛、快报、消息等);研究类(包括综述、评述、动态等)。

(6)书刊展览:将馆藏书刊等文献资料经过选择,陈列展览,供用户直接浏览、参考。这种方式可有新书展览,也可有旧书陈列;可以是综合性展览,也可以是专题性展览;可以是馆藏书刊,也可以组织多馆藏书展览。可使用户在较短的时间内,发掘、利用自己需求的文献资料,尤其是各种最新的文献资料,能够及时展示给用户,更为用户所欢迎。书刊展览的内容与形式灵活多样,宣传范围广泛,可收到显著的直接效果。在展览的同时,还常常配置复制服务。这样,将文献资料的宣传、阅览、复制、咨询、参考等各项服务结合起来,使参考服务这一服务系统的影响会更加扩大。

(7)文献研究:情报部门则称之为情报研究,或情报调研服务,是一项高级形式的文献加工服务,也是一项学术性、专业性、政策性很强的情报服务。前面所列的各项服务中,大多是属于二次文献的服务,向用户提供有关的书目、索引、文摘等。而文献研究则是根据用户的特定需要,为用户搜集、处理、研究和提供情报信息,将搜集的大量的一次和二次文献进行分析研究,归纳整理,用综述、述评、专题总结、研究报告、预测等形式的研究成果提供给用户。文献研究的范围很广,举凡科学技术、政治、经济,以及军事国防等均可涉及,文献情报类型包括战略情报和战术情报,战略情报为用户提供研究课题、方向等参考信息;战术情报则为用户提供改进研究方法的信息。

(8)正在进行的科研项目情报服务(Ongoing Research Information):是为用户搜集、分析、报导关于国内外正在进行的科学研究项目的情报,使用户可以随时了解某一特定科研领域的有关研究课题、研究单位或个人,投入的资金、人力、设备,以及进展情况、研究目标等各方面的情报。这项服务对于有关部门和科研机构在制定政策、确定研究项目,安排人力和资金,避免重复浪费等方面,均可及时提供有关的研究动态信息。

(9)代译服务和译文情报:图书馆参考服务部门根据用户需

要,接受代译服务。大量文献中,各种语种形成文献传播利用的语言障碍,代译服务遂成为图书馆参考服务部门的一项重要工作内容。代译服务是由用户申请登记,提出具体的翻译材料和交付译文的期限;图书馆参考服务部门根据译文要求,可安排本馆人员进行翻译,也可组织馆外人员代译。

由于文献交流活动日益频繁,尤其国际间各种学术会议、文化和贸易往来等增多,代译服务工作也与日俱增。因此翻译工作也存在避免重复的翻译劳动问题,需要有统一管理和协调的中心机构。鉴于这种情况,已有许多国家建立了这类组织,开展了统一管理、协调和报导的工作。对译文进行登记、报导,例如联合王国的专业图书馆和情报所协会(The Association of Special Libraries and Information Bureaux 简称 Aslib),保存着一部"未出版译文索引",仅提供译文资源线索,例如:收藏有某一特定译文的机构名称;还编纂了翻译专家的名册;出版《技术译文通报》(Technical Translation Bulletin),每年三期。英国图书馆借书部也保存一套译文收藏的卡片索引,其中包括获自美国全国翻译中心的译文。此外,该借书部也有自己的翻译计划,一年约有五百篇译文入藏。每个年度收自各个来源的译文约计 16000 篇,其中四分之一出自英国机构。美国芝加哥的约翰·克里勒图书馆长期以来一直开展翻译工作,全国翻译中心就是发源在这里,该中心出版两种重要出版物:《英译文献综合索引》(Consolidated Index of Translations into English,简称 CITE),1969 出版,和《译文登记索引》(The Translations Register - Index),自 1953 年起出版。此外,在美国还有另一种译文情报源是联合出版物研究服务部出版的出版物,它专门研究来自中国、前苏联和东欧等国的资料,而资料的学科范围是经美国国家技术情报处预订的,提供美国政府以所约定的译文。此外,还出版一种月刊"Transdex"索引,提供联合出版物研究服务部的译文书目和索引。在荷兰,设在德尔福特(Delft)的国际译文中心,将各个科技领域的译文编制索引,尤其注重把亚洲和东欧语种译成西方语言的译文,它的主要报道服务是出版《世界译文索引》(World Transindex),自1960年出版以来,现已可以联机检索。

　　翻译服务从根据委托代译个别篇章文献逐渐发展,在大量的译文中,发现对某些出版物具有被连续使用的要求,因而由选择单篇的文献改为整本翻译。在英国有十一种选定全译的杂志,是英国图书馆借书部所主持的。该部和国际译文中心联合编制了《在译杂志》,列出数百种杂志,其中大部分是把俄文和日文刊译作英语,但不都是全文翻译,对某些专著和其它著作也采用了从头到尾的全文翻译。自1948年起,联合国教科文组织已编纂了《译文索引》(Index Translationum),使得查寻译文者可以逐年地从一个个国家或地区去查寻全书的译文,还可跟踪查找某一著者的著作译本。

　　在我国,由于改革开放,代译和译文通报的工作迅速开展起来。1980年中国科技情报研究所成立了"中国科学技术文献翻译公司",开展代译服务工作,并出版《科学技术译文通报》报道译文情报。图书馆方面如辽宁省图书馆,自1980年起建立了"业余代译网",聘请大专院校和科技单位中级以上的翻译人员,组成了一支翻译队伍,每年为用户代译文献,编译的材料则在各有关杂志、学术汇编、译文论丛等出版物中刊载,作为学术成果,进行研究交流,并为用户查阅参考。

　　译文服务对于情报交流传播的作用是巨大的,尤其对科技等各方面的论文和专刊等文献情报来说,价值更大,它的发展前途将会日新月异。

　　(10)宣传工作:图书馆参考服务工作项目繁多,对用户的服务无论有多么巨大的作用和意义,如果不为用户所熟悉了解和付诸使用,则一切都是白费。因此,首先必须设法使用户知道图书馆设有的参考服务这项工作是什么、有些什么内容,并且要千方百计地引起用户的兴趣,吸引用户产生使用参考服务的意识和要求,利用这种服务。为了达到上述的效果,就要主动开展宣传工作,对参考服务的内容、设施、活动、作用和使用的方式方法、规章制度等,通过口头、文字、声像和现场等不同方式,进行广泛的、长期的和形式多样的宣传。

(11)参考服务的评价:参考服务的评价是指对参考服务工作做出定性或定量的评估,以检查发现参考服务中的问题,促进该项工作的改进,保证服务的质量,是参考服务部门的一项重要行政工作。评价工作通常针对参考书藏、参考馆员和咨询工作三个方面进行。评价工作与参考服务的日常记录和统计有密切关系,常以这种数据资料为分析参考依据。国外对参考服务评价非常重视,因此把它作为图书馆参考服务部门行政管理的一项重要工作。由于图书馆的类型、参考馆员的结构、开展参考服务的项目均有不同,评价的方法也多种多样。在国外,对参考服务的评价有一些标准,但从实践看来,评价工作是一个十分复杂的问题。许多图书馆学专家对这项工作曾做过各种方法的实验研究。但至今仍然还没有一种较好的评价方法。目前,在我国图书馆,评价工作还没有提上日程,估计困难会更多。

以上均是参考服务范围内的工作。由于图书馆类型不同,各馆的具体条件也各异,如设备、藏书、馆员人数和素质结构,以及经费的多寡等。另外,服务的用户也各不一样,开展的服务内容应按具体情况而定。

参考文献

1. Green, Samuel Swett. Personal relations between librarians and readers. American Library Journal, 1876, 1(1):74 – 81.

2. Winsor, Justin. Library questions and answers. Library Journal, 1878, 3 (June):159.

3. Dana, John Cotton. Misdirection of effort in reference work. Public Libraries, 1911, 16 (March):109.

4. Child, William B. Reference work at the Columbia College Library. Library Journal, 1891, 16(Oct.):298.

5. Kroeger, Alice. Guide to the study and use of reference books. Boston: Houghton Mifflin, 1902.

6. Bishop, William Warner. The theory of reference work. Bulletin of the American Library Association, 1915, 9(June):134 – 139.

7. Wyer, James Ingersoll. Reference work. Chicago: American Library Association. 1930.

8. ALA Glossary of library terms. Chicago: ALA, 1943.

9. Hutchins, Margaret. Introduction to reference work. Chicago: ALA,1944.

10. 王振鹄. 美国公共图书馆之制度(中). 教育资料科学月刊,1978,14(3)

11. Edwards, Lucy I. Reference work in municipal libraries. In: Stewart, James D. ed. The reference librarian in university, municipal and specialized libraries. London: Grafton, 1951.

12. Rothstein, Samuel The development of the concept of reference service in American libraries, 1850 – 1900. The Library Quarterly,1953, 23(1): 2 – 3.

13. Rothstein, Samuel Reference service: the new dimension in librarianship. 1960. In: Rowland, Arthur Ray ed. Reference service. Hamden: The Shoe String, 1964.

14. Ranganathan, S. R. Reference service. 2nd ed. Bombay: Asia Publishing House, 1961.

15. Rettig, James R. A theoretical model and definition of the reference process. RQ, 1978. (Fall):19 – 29.

16. Encyclopedia of Library and Information Science. v. 25, 1978:210 – 214.

17. Grogan, Denis Practical reference work. Londeon: Clive Bingley, 1979.

18. Davinson. Donald. Reference service London: Clive Bingley, 1930.

19. The ALA Glossary of library and information science Chicago: ALA, c1983.

20. Harrod's librarians' glossary of terms used in librarianship, documentation and the book crafts and reference book. 5th ed. Gower. 1984.

21. Lynch, Mary Jo. Research in library reference/information service. Library Trends, 1983. (Winter):401 –

22. Katz, William A. Introduction to reference work. 3rd ed. NewYork: McGraw – Hill, 1978. 2 vs.

23. Murfin, Marjorie E., Wynar, Lubomyr R. Reference service: anannotated bibliographic guide. Littleton: Libraries Unlimited, 1977.

24. 卢震京编. 图书馆学辞典. 北京:商务印书馆. 1958

25. 戚志芬编著. 参考工作与参考工具书. 北京:书目文献出版社. 1983

26. 北京大学图书馆学系,武汉大学图书馆学系合编. 图书馆学基础. 北京:商务印书馆,1981

27. 克劳斯·赖齐本等著;丰新枚等译. 实用情报文献工作基础(上册). 北京:科学技术文献出版社,1983

28. 谢拉著;张沙丽译. 图书馆学引论. 兰州:兰州大学出版社,1986

29. 谢元泰. 略论现代图书馆的情报功能. 见:白国应等编 新的技术革命与图书馆情报工作. 光明日报出版社,1985

30. 科尔编;姜炳炘等译. 美国国会图书馆展望. 北京:书目文献出版社,1987

31. Bunge, Charles A. Reference service. In: ALA world encyclopedia of library and information services. Chicago: ALA, 1980. 468 – 474.

32. Butler, Pierce. ed. The reference function of the library. Chicago: University of Chicago Press, 1943.

33. 邹志仁. 图书、情报、档案工作一体化是必然的发展趋势. 南京大学学报(图书馆学、情报学、档案学专辑),1987:1 – 7

34. 沈继武. 藏书建设与读者工作. 武汉:武汉大学出版社,1987

35. Rettig, James R. Reference and information services. 2nd ed. Chicago: ALA,1986.

36. Stueart, Robert D. ed. Information needs of the 80s. Greenwich, Conn: JAI Pr. , 1982.

37. 邹志仁. 情报学基础. 南京: 南京大学出版社, 1987

38. Anthony, L. J. ed. Handbook of special librarianship and information work. 5th ed. London: Aslib. , 1982.

39 Marchant, Maurice P. Evaluation and measurement of referenceservice: problems. approaches, and potential. In: Lee, Sul H. ed. Reference service: a perspective. Ann Arbor: The Pierian Press, 1983. 129p.

第三章 咨询接谈

第一节 概说

一、什么是咨询接谈

在汉语中,"咨"是商讨,"询"是求教。现在文献上出现的咨询接谈一词,源于英文中的 Reference interview,或 question nego - tiation,意即在提出问题的读者与试图解答问题的参考馆员之间进行的旨在弄清需求的对话,这是一个不断明确和修改最初提问的过程。本书从国内多种译名中采用"接谈"一词,主要为了体现图书馆咨询工作基本上是被动的这一特点。有求才有应,有问才有答。在只有参考馆员和读者这两个角色的舞台上,参考馆员是被情报服务的职业要求和责任心推上台的第一个演员,而读者则是在其情报需求驱使下登台的第二个演员。当然,处于等待、接受状态中的馆员在信息传递的过程中并非总是扮演被动的答问角色。

本书所讨论的咨询接谈有着特定的对象、任务、环境和方法。它不同于社会上的各种专业咨询接谈——经济咨询、技术咨询、心理咨询、法律咨询等。我们不妨称这些咨询为馆外专业咨询。

无论哪一领域的馆外专业咨询,它们的宗旨是运用专家们的知识、智力、经验、阅历或为客户排忧解难,或为领导部门提供决策依据。接谈内容从宏观上看,包括科技、经济、社会等长远发展战略,地区性开发规划,各种宏观政策的制定等;从微观上看,涉及技术、工艺设备、流程的设计和研究,科技成果的评价、推广、转让、法律条文的研究,心理障碍的分析等具体问题。接谈活动可以不受地点限制,并多半采用接受课题的形式,经过专家们集体讨论,运用调查研究、模型方法、预测技术将咨询结论提交客户。所有这些,从咨询内容到手段方法都不是图书馆参考部门能够胜任的,因而这类问题也是普遍被图书馆咨询部明文拒绝的。

咨询接谈是图书馆咨询工作的一部分,其主要任务是明确读者的情报需求,结合考虑可行的检索方案。因此,接谈是在图书馆内或情报机构内进行,通常在检索工具集中的地方,由受过图书情报专业训练的或有丰富经验的参考馆员承担。参考馆员主要不是直接用自己的智力、经验、阅历以及某一学科知识来解决读者的问题,而是用他的图书情报专业知识和检索技能,借助馆藏资料为用户释疑解惑。有一所大学图书馆的统计表明,参考馆员用便捷型工具书(字典、手册、年鉴、机构指南)回答用户问题的占提问总数43%,用综合性工具书(如百科、书目)答问的占22%,靠出借资料解决问题的占6%,而用个人知识直接答问的占7%。

图书馆咨询接谈是读者和图书馆、情报系统之间的桥梁。读者在日常工作和学习过程中总会碰到大量问题,但无法全靠个人的知识来解决。作为人类知识宝库的图书馆对于读者来说是个日益庞大而又复杂的系统,要靠自己的力量在这座知识宝库中搜寻所需信息已变得日益困难,而熟悉图书馆的参考馆员可以通过接谈,了解读者需求,帮助他们利用检索工具这把钥匙开启知识宝库之门。另一方面,图书馆也通过咨询接谈了解读者,有针对性地调整内部结构,使藏书补充、阅览室设置、检索工具的配置、各种服务设施和规章制度的完善都紧紧围绕更好地为读者服务这一目标上。

咨询接谈是一种典型的人际信息沟通。这种沟通首先是从馆员和读者各方的信息内向交流(Intrapersonal Communication)开始的。读者碰到问题时,头脑中的"主我"(I)和"宾我"(me)就开始了一问一答:这是怎么回事? 是否要解决它? 怎么解决? 去问问参考馆员? 怎么问法? ……这一系列内心冲突就是读者在咨询前的信息内向交流,它一直持续到咨询接谈结束。馆员收到了读者的语言和非语言信息后,也有一番分析、综合、假设、判断的加工过程才能把自己的理解反馈给读者。馆员的信息内向交流活跃与否取决于储存在他的大脑信息库中的信息量的大小——知识越广博、检索工具书知识越扎实、工作经验越丰富,咨询接谈成功率就越高。

馆员和读者之间的交流,是把内储信息以符号的形式(语言和非语言)转变成外化信息的过程。换言之,也就是把各方的信息内向交流转变为外向交流,即人际沟通(Interpersonal Communication)。如图 1:

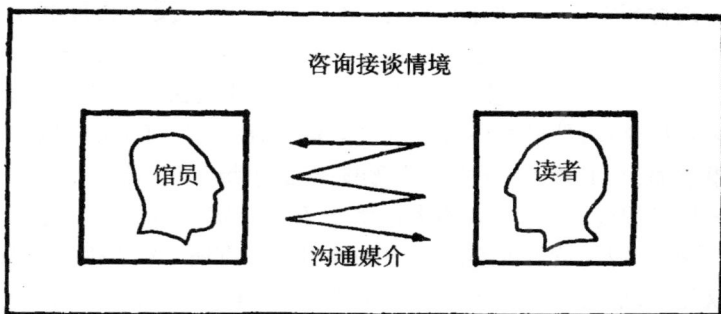

图 1　馆员和读者之间的信息沟通结构示意图

根据图 1 所示,馆员和读者的人际沟通从静态上看包括三个要素:接谈主体、沟通媒介和接谈情境。主体是提问的读者和答问的馆员;沟通媒介是指信息交流的传输系统,如语言符号系统和非语言符号系统;接谈情境是馆员和读者进行人际沟通的主客观条件之总和,包括时间、环境、物质条件和接谈双方的心境。上述三个因素缺一不可:主体是接谈的先决条件,主体中缺任何一方,咨询接谈便无法进行。现在有不少图书馆以为挂了"咨询台"的牌子便有了咨询服务,却不料读者对坐等在那儿无所事事的参考馆员熟视无睹,很少去提问;而另一方面读者有了问题却不知怎么去解决,沟通媒介是手段,情境是接谈的条件。主体可以创造、选择、改变媒介和情境,媒介和情境影响主体活动。从上图还可以看出,接谈初始,读者是信息发送源,或传信者(Sender),馆员是信息接受者,或称受信者(Receiver)。但在整个过程中,信息传送双方的角色不是固定不变的,而是在不断地进行角色变换,各方都在交替扮演传信者和受信者这两个角色:馆员通过提问、复述、小结、点头等语言或非语言方式来表明对读者需求表述的理解程度,读者在收到馆员的反馈后,不断修正自己的初始提问,使之与需求更接近。

读者和馆员在短时间内的接触和合作,除了反映帮助和受助关系外,还在一定程度上反映社会关系、文化关系和情感关系。参考馆员必须同各行各业、各种年龄、各种文化层次、各种性格特征的读者打交道,他们之中有的气度翩翩,傲睨左右,有的羞怯拘谨,畏畏缩缩;有的善于表达,言简意赅;有的思维不清,语无伦次。他们的教育程度、理解能力和表达水平千差万别。馆员要处理好每个问题,就应对读者的心理状态和性格特征有所了解。对于急躁、不信任、自尊心强的读者要耐心倾听,创造和谐的对话气氛;对紧张不安的读者要热情接待,循循善诱,减少对方疑虑,鼓励对方交谈。此外,馆员还必须对自己的言行举止十分注意,要善于从读者的语言和非语言信息中捕捉他们对自己的看法,及时改变自己的态度和说话方式。这种在人际沟通基础上通过对信息的理解达到彼此了解就叫作人际认知(Interpersonal Cognition)。咨询接谈中的人际认知有三个目的:①了解他人;②通过"他人反应"来获得有关"自我"的信息,以便改变信息传递方式,获得更好的沟通效果;③让他人了解自己。

显然,咨询接谈是读者和馆员在心理和行为上相互作用的过程。这种相互作用表现在:①传信者在向受信者传递信息时并不享有完全的自由,即不是想说什么就说什么,而是受到包括受信者在内的各种因素的制约;②作为主体的人是一个"开放系统"——有强烈表现自己和影响他人的意向。馆员和读者的个性、自尊感和求尊心,对事物的看法都可以有意无意地通过言行举止和喜怒哀乐之情作用于对方。有交往经验的馆员总是注意对方的动机、目的、情感定势,顾及对方的心理状态和情感反应,随时作出调整。例如一位教师抱着试试看的心情询问参考馆员有无名人录。参考馆员亲自引导他到有关名人录的位置,并进一步询问要查什么人物。馆员显示出的热情、诚意和对馆藏的熟悉博得了这位教师的好感,于是放心地把自己的问题全部诉述出来,并把查过的失败经历和现有的线索一五一十地描述一遍。馆员被教师的认真和信任所感动,也为他无法查到资料而焦急,于是更专注地倾听、思索并提问,双方的合作导致接谈和查找成功。这说明咨询接谈中主体之间的关系不是单向的"输出—接受"的关系,也不是被动的"刺激—反应"关系,而是心理和行为相互影响、相互适应的过程。心理学上把这称之为人际相互作用(Interpersonal interaction)。

咨询接谈中的人际沟通、人际认知和人际相互作用是统一的,它们同时进行,相互协调。一般说,以沟通为起点,在沟通的同时双方开始认知,在沟通、认知中,相互作用实际上已经发生。三者不可分割,我们只是在思维中把它们分开来研究,并在下一节对有关问题分别加以讨论。

二、咨询接谈的形式

当读者有了问题,需要借助参考馆员帮助时,除了通过书面咨询,通常采用以下形式:

(1)个人接触 读者本人直接到图书馆或情报中心向参考馆

员叙述他的需求。这是一种面对面的信息交流。

（2）电话咨询　由于各种原因，读者无法或不愿进行面对面的个人接触，于是电话这种方便快捷的传播工具就成为信息交流的媒介。在发达国家，以这种形式咨询越来越普遍。在美国，上至繁忙的议员、校长下至初高中学生甚至做家庭作业的孩子都可以随手操起电话提问，参考馆员可以通过电话直接答复提问，也可以约定时间答复或改用书面答复。

（3）委托　来访者不是有需求的读者本人，而是他的朋友、同学、助手、秘书等。他们在读者本人和参考馆员之间起着信息传递的作用。

（4）集体咨询　把有共同或类似需求的读者召集在一起，由参考馆员解答提问。美国有不少图书馆在参考区内设有单独的辅导间供集体咨询。这种活动往往同用户教育结合在一起。

综上所述，个人接触是咨询接谈最普遍的形式。优点在于：①由于是一对一、面对面的讨论，双向交流信息量大，其中可视信息（visual information）占一半以上；②时间比其他形式的咨询更宽裕一些，这样就可以深入讨论较为复杂的提问；③及时反馈有助于馆员和读者本人对所提问题的理解，这种信息反馈可以贯穿于接谈、查找和答复各个阶段，读者随时修正原定设想，使提问更接近于真实需求，馆员则可以不断改变提问方式，调整检索策略。因此这种形式的接谈成功率大于其他形式。电话咨询的优点是便利迅捷，但问答都必须简洁明了，深入讨论受时间限制而无法展开。由于不是面对面接触，非语言信息全部丧失，这对馆员了解读者是不利的。国外研究还表明，电话咨询过程中的沉默会给双方都带来一种令人不安的心理压力。集体咨询与个别咨询相比，是一种较为经济的办法，由于问题相同或类似，在接谈中答复一个问题等于解决一批问题。此外，由于信息在集体咨询时呈多向性传递，这会激发读者积极参与，集思广益，那种个别咨询所难以避免的自卑、疑虑、羞怯等心理障碍会因团体的作用而减少。但集体咨询会妨碍对读者的个别问题进行深入细致的询问和解答。通过中介人传递需求信息是较为棘手的问题,其成功率很难统计。这首先因为传递者与读者本人对需求的理解存在差异,使所传信息在到达馆员手中往往已经"走样"。其次读者所委托的并不一定是本人真正的需求,而仅仅是要求。这样在接谈期间就难以讨论起来。第三,中介人在转达馆员答复时可能造成信息损耗。

咨询接谈形式同提问种类也很有关系。在咨询台碰到的问题中,大部分都是方位性问题(Directional questions)。如"理科阅览室在哪儿?""古籍阅览室在几楼?""哪儿有复印机?"对这一类问题,参考馆员一般用自己的知识即可答复,不需要接谈,我们不妨称之为问讯或咨询。第二类问题涉及数据、词语、地址、机构、简历、事件等,一般可利用手册、传记、百科、年鉴、词典、机构指南直接答复,因此可称为便捷型问题(Ready – reference questions)。从一份对 18738 个电话咨询分类来看,这类问题占提问总数 46%。对第三种问题的答复可称为广义的书目咨询,即馆员利用书目、索引、文摘、卡片目录向读者提供线索。读者通过获取图书、期刊论文、报告等一次文献来查阅所需信息。第四类问题是卡茨称为的研究型问题(Research – type questions)。诸如较复杂的科研问题或课题检索,需要花时间弄清读者的需求才能循序渐进地开展查找工作。卡茨认为这类问题虽然不多(约占 10%),但接谈时间较长,需要反复对话和多次查找。

值得注意的是这四种问题类型可以互相转化。一个读者可能从打听目录室的位置开始,继而向馆员提出要查某类书。或者在读完履历型传记工具书后询问是否还有更详尽的资料,如专著或论文。这就需要馆员善于分析问题,澄清读者的目的,否则他就可能放过了一个能满足读者的真正需求的机会。

第二节　咨询接谈障碍

经验告诉我们,文献收藏丰富的图书馆是释疑解惑的最好去处,可实际上图书馆是绝大多数寻求情报信息的人的最后一个去处。而在利用图书馆的读者中有很多不利用咨询服务。这一情况在发达国家图书馆也较普遍。英国南安普敦大学 1962 年和 1965 年调查发现,有问题而并不寻求参考馆员帮助的读者分别占 39% 和 31%。美国锡拉丘兹大学的卡鲁格尔图书馆(Caruegle Library)报告占 27%。澳大利亚昆士兰大学报告说约一半读者并不寻求馆员帮助,也从不利用咨询服务。是那些读者不需要别人帮助吗?科萨(G. A. Kosa)在一篇研究报告中指出,在 959 个被调查者中,37% 首先寻求朋友帮助,18% 寻求流通出纳人员帮助,10% 寻求教师帮助,4% 谢绝任何帮助,走向咨询台的仅占 31%。中国的情况尚未见大规模的、系统的统计。南京大学文献情报学系的学生曾在南大作过一个调查,结果如下表:

表 2　图书馆参考咨询服务利用情况调查的部分结果

获取资料的途径	人数	不向参考馆员求助的原因	人数
首先请教馆员	7	不知向谁提问	55
自己找不到后向馆员求助	64	自己可以解决,不需帮助	39
求助于教师、同学和朋友	96	估计馆员无法解决	32
自己找不到后放弃	40	问题太琐碎,不值得提问	11
		没有问题可问	12
		馆员太忙,怕打搅别人	6
		怕有损自尊	1
		其他	19
总计	207 人	总计	175

这些被国外文献称为"沉默的大多数"、"非提问型信息需求者"为什么不利用参考馆员帮助？国外图书馆学界六十年代起就进行了研究。本节将有选择地介绍和评述一部分研究成果。

一、需求和提问

行为的动力是需求。产生情报行为的动力是情报需求。罗伯特·泰勒（Robert S. Taylor）早在 1962 年在"提问的过程"（Process-sof asking questions）一文中就提出了需求和提问的关系，阐述了在四个阶段的需求基础上所产生的四种层次的提问，他认为问题形成的第一阶段是"出自内心的情报需求"（Visceral need），读者为碰到的问题而感到迷惑、苦恼或不安，但没有或无法表达，处于这一阶段的情报需求在性质、形式和数量上变化不定，因而提出的问题可称为"意识性问题"（ideal question），即，来自人的意识深处并准确地反映了需求的问题，但表达往往只能意会，无法言传。第二阶段是"意识到的需求"（Conscious need），即，可以用语言来描述，但这种描述是含糊不清的。当读者提问时，寄希望于两点：第一希望对方理解这种模糊的描述，第二希望在对话中这种模糊性逐渐消失。第三阶段是"正式表达的需求"（Formalized need）在这一阶段读者部分修正了他的表达，能较具体地描述其需求的含糊之处。但这种描述是基于他自己对需求的理解，系统（System）可能、或许不可能接受。第四阶段，读者重新提出问题，这时由于担心被系统拒绝，他摈弃了真实需求中的细枝末节，或简化提问，或采用易于被他人理解的语言，或根据自己对系统的理解来提问。泰勒把这称之为"妥协的需求"（Compromized need）。1968 年，泰勒在"图书馆中的咨询接谈和情报搜寻"（Question negotiation and information seeking in libraries）一文中不仅重申了上述观点，而且还指出

读者在图书馆的咨询行为往往是他们一系列情报搜寻活动中的最后的行为。如图2所示:

情报需求

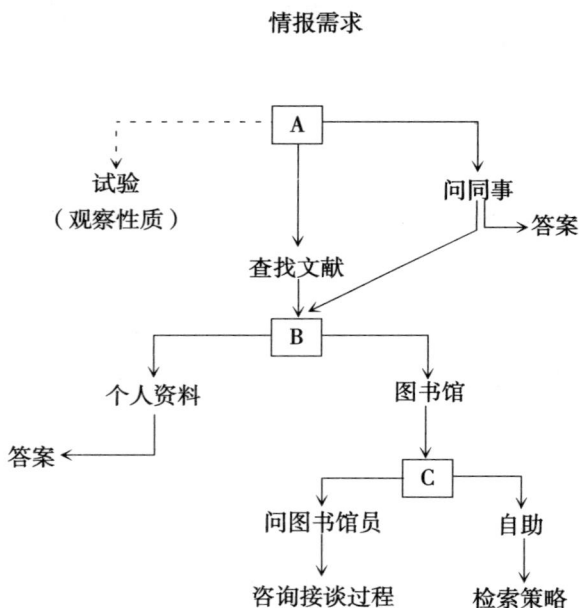

图2 读者咨询前的行为决策

图2告诉我们,读者在走向咨询台前,往往首先寻求同事朋友的帮助(阶段A)。在决定查文献时(阶段B),也往往首先查阅个人资料,其次才会去图书馆。泰勒认为读者此时的选择反映了一系列重要因素:以前的经验、环境和利用图书馆的难易程度(easy of access)。进入图书馆的读者仍面临两种选择(阶段C):要么采用自助形式寻求答案,要么请图书馆员帮助,影响这一抉择的重要因素包括读者对馆员的认识、他们的效率以及读者同某位馆员交往的经历,泰勒接着指出所有这些决定和行为都将对咨询接谈过

程产生影响。因此一个参考馆员在接受问题时,应考虑以下五点 (five filters):(1)确定问题的主题;(2)提问者的目的和动机; (3)提问者个人特点(有无使用图书馆的经验等);(4)提问的表述同文献组织(File organization)的关系;(5)读者期望或可接受的答案是什么。

泰勒的研究,被国外同类文献频繁地引用,许多调查(如科萨的报告)同泰勒的结论一致。泰勒的分析,在二十多年后的今天,对我们分析读者的咨询障碍仍很有启发。

首先,我们要认识到,虽然情报需求是情报搜寻行为的基础,但并不一定导致咨询行为,具有同一需求的读者也具有不同的心理特征,如求全心理,求快心理,求新心理,求达心理。通常人们的行为有多种心理因素参与其中,其中最主要的心理因素引发行为的动机和目标。第二,行为的发动、维持、加强或改变不仅受控于主体的内在因素(需求),也受外界刺激的影响。这主要来自两个方面,一是情报对满足用户需求的价值大小,二是获取情报的难易程度,如果手边的个人资料或朋友的帮助对用户需求价值不大,读者就会把目光转向图书馆。但如果利用图书馆困难重重,要花费较大的代价(时间、精力、体力甚至心理代价),读者就会“退而求其次”,首先寻求他人帮助或通过自助来解决问题,甚至放弃努力。第三,在读者的提问中,“需”和“求”往往处于分离的,或不一致的状态:所求的并不一定是真正所需的,或所需的并不一定反映在“求”的表述中。泰勒指出,读者在第四阶段(compromized need)的提问已经不是问题(questions),而是要求(commands),是读者对馆员行为具体而明确的提议。当一位读者问《大英百科全书》在哪儿时,他的需求并不是真的要了解这部百科的排架位置。也就是说表达的问题(Stated questions)并不等于真正的问题(Real questions)。他对馆员的要求是具体而又明确的,但不能误以为满足了读者的要求就等于满足了他的需求。真正的问题是处于第

二、第三阶段的需求表达,是那些不明确、不具体的陈述,是需要通过反复对话逐步弄清的疑问。兰开斯特也指出,提问并非都是构成这个提问基础的情报需求的理想表达。他进一步分析了两种情况,一是提问比情报需求宽泛(如图3A所示),例如读者担心情报机构没有关于"畸胎与细胞水平上的肿瘤的关系"这一方面的文献,于是提出"胎儿或新生儿的癌"这一更大的主题。二是提问比需求更专指(如图3B所示),读者要求脂肪酸穿越胎盘壁方面的文献以及胎盘式胎儿正常的脂肪酸水平方面的文献,但实际上他想了解的是脂类穿越这一更宽泛的主题。这两种情况,和泰勒的看法何其相似。分清"需"和"求"的区别的意义在于,作为参考馆员,要善于判断读者的提问意图。出于各种复杂的原因,读者可能把第一、二、三阶段的问题变成要求提出来,但也可以把要求转变成反映真正需求的问题。这种转变,取决于馆员在多大程度上能帮助读者克服咨询接谈过程中的种种障碍。

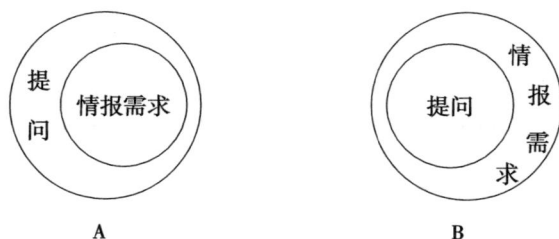

图3 情报需求和提问关系

二、咨询接谈中的人际信息沟通障碍

(1)语言障碍

语言是面对面信息交流最重要的载体,咨询台前常常听见读者最初的提问前言不搭后语,听了使人莫名其妙。即使是受过高等教育的人,也会陷入辞不达意的窘境。一经提示,切中要点,便连连点头称是。或经参考馆员循循善诱,读者不断自我纠正,对话才更为流畅明白。但究其原因,"为什么不早这么说",谁都答不出所以然。研究这一现象,今天已经不仅仅是语言学家的事了。心理学、传播学、行为科学在这方面的研究已经硕果累累。作为信息传播者的参考馆员应该利用这些研究成果,探究并克服咨询接谈中的语言障碍。

①语言本身是个"魔圈"

语言是人类交流不可缺少的工具。但这一工具又有其自身的缺陷。其一是词语创造的随意性,词语与指说对象之间并不是一一对应的关系,对图书馆缺乏了解的人常常把期刊索引、文摘和馆藏卡片目录统统说成是目录,用"书"泛指专著、期刊论文或报告。参考馆员要把自然语言"翻译"成系统能接受的规范化检索语言也颇费功夫。人们在使用语词时是随意的,尽可以用一些形态不同、发音迥然相异的词,但指的却是同一事物。其二是语言的开放性。利用造句规则,人们可以把极其丰富的词汇变成数量无限,涵意变化多端的句子来。随着科学技术的日新月异,各语言体系的相互容纳和渗透,大量新词新义不断涌现在口语的表达中,常常会使听者迷惑不解。其三是语言的概括性。语言作为一种人工符号,可以在信息受者的大脑中引出关于某事某物的概念。有的概念是精确的,如科学概念,有的概念则是模糊的,如"够了","差不多","好"等只具有相对性。语言的概括性往往导致产生大量只可意会的模糊语言,给准确理解和表达带来困难。其四是语言的双重性。任何语言都具有语音系统(外部系统)和语义系统(内部系统),作为语言基本单位的词汇是音义的结合。某词的一音多义、一词多音就会在听说过程中造成误解。第五是语言的社会性。语言所表达的内容同社会意识形态和道德规范密切相关,并受社会群体的制约,这种无形的制约使有的话"不能说"、"不便说"、

"不好意思说"，造成对话时绕圈子、猜谜语。有个青年询问图书馆有无家庭生活方面的书，一会儿又说是关于卫生健康的。最后参考馆员才明白他是想找有关性生活指导的书。

人类创造了语言是用来为人类交流服务的，但反过来它也给交流带来障碍，正如德国哲学家卡西勒所说，"每种语言都给语言的主人划定了一个不可逃脱的魔圈。"

②语言和思维

人们常对语无伦次的人说，想好了再说，这说明，信息的传递是传者表达自己思想的过程，是变思维为语言的过程，传播学上称为制码（Encoding）。制码是信息传播的第一步，这一步走不好，整个传递过程就会混乱。

有人以为思维和语言不可分，语言混乱是思维混乱造成的。也有人认为，思维不一定要以语言为外壳，"只可意会，无法言传"证明思维可先于语言存在。我们不准备在本书讨论语言和思维是否可分这一长期争论的命题，但有一点却是共识：当人们有问题时，思维活动一直在进行着。一种被问题纠缠时的迷惑不解和要寻求答案的初始动机也随之产生。读者不一定明确意识到这一过程，也很难说有哪些用于诉述的语言参与其中。要表达出来，就需要有一番紧张的字斟句酌、分清条理的"翻译"过程。泰勒指出，要读者把自己仍不懂的东西付诸语言是极为困难的，即使是善于辞令的人也常陷于表达的困境。

我们也许可以从乔姆斯基的生成语言学派找到解释这一现象的理论根据。乔氏理论认为，言语是在两个层次上产生的：深层层次（Deep level）和表层层次（Surface level）。语言的表层结构（Surface Structure）是指被感知的东西，即说的话，写的字。深层结构（Deep Structure）是指存在于人的思维中的一种抽象实体（Abstract entity），是不能被感知的。一个深层结构可以同两个或多个不同的表层结构相对应，如嘴上说"鸭子吃了"，实际上想的是"鸭子吃

84

食了"或"鸭子被吃了"。言者觉得自己已讲清楚了,可听者偏偏"听岔了"。深层结构是表层结构的基础,但并非可以直接"译"成表层结构,而是需要一套转换规则才能生成表层结构。通过转换,上例中的语句的多义结构就可以加以区别。这时,尽管句子的用语和词序仍然一样,但语义却不同了。转换生成语法是语言学家研究的任务,这里不再详述。要说明的是乔氏理论中的一个重要思想:一个人的语言能力(Linguistic Competence)与他的语言行为(Linguistic Performance)是不一致的。前者是他的不可感知的语言知识,是人类从孩提时代就可掌握的语言规则,转换规则,语义规则等等;后者是指按语言能力进行听、说、写以及理解、判断的心理过程。语言行为并不一定总是准确地反映语言能力的,而且存在着个体差异,这就是在咨询接谈中言者"说不清"或听者"听糊涂了"的原因。

③信息修辞

信息修辞是修辞学和信息学相结合而成为修辞学的内容之一,主要研究怎样充分利用修辞的方法来提高信息传递的效果。我们强调修辞的意义,目的不仅要使语言简明、生动、准确,而且还要使语言具有感情色彩(对对方的评价、态度和褒贬)、联想色彩(运用比喻手段说明语词难以准确描绘的复杂事物),并充分利用话语信息中除理性信息之外的潜在信息(言外之意)、风格信息,提高信息传递的效果。举例说,我们过去比较强调减少言语中的冗余信息,这是仅看到冗余信息会抵消正常信息的传递,产生副作用,如,"喂,汉英词典有吗"会产生不礼貌的冗余信息。但冗余信息有时也会产生积极的作用。例如,一位读者犹豫再三后,拿着一本他不会使用的检索工具书向参考馆员请教。那位馆员没有立即回答他的问题,而是说,"这部引文索引我当时也看不懂,费了很大劲儿才弄明白"。轻描淡写一句话,使那位读者如释重负,说:"唉,我以为自己真笨到连一部索引都看不懂的程度,看来不至于如此。"馆员答问中的冗余信息消除了读者的心理障碍,起了鼓励他大胆提问、克服自卑心态的积极作用。

④言语环境

又简称语境(context),即使用语言的环境。常常有这样的情况,一位读者说出不合语法、意思含糊不清的话,但听说双方在一定环境下都认为意思已表达清楚,毋须多加解释。这说明语言交流功能的实现取决于馆员和读者在一定的言语环境中对语言单位的共同理解。言语环境由主客观因素构成,它们对使用语言有约束作用。言语环境的客观因素主要指时间、地点、场合和对象。下班前或咨询高峰期的提问,会使读者急不择词,影响对复杂问题的表述。在要求肃静的环境中说话,答问双方都得压低音调,尽量言简意赅,而过于嘈杂的环境,又会干扰谈话的正常进行,两者都造成信息损耗。正式的场合,严肃的气氛,会使提问者肃然起敬,但也可能造成自卑自怯,拘谨小心,反之在过道走廊、书架之间等非正式场合谈话,则使读者觉得随意、轻松。美国很多大学图书馆的参考馆员常常离台服务,不仅增加了提问的数量;而且也收到较好的咨询效果。不同的谈话对象,亦有关系亲疏、水平高低之分,因而出言谈吐因人而异。言语环境的主观因素是指说话人的身份、职业、思想、修养、性格、处境、心情等诸种因素。这些因素使言语带有说话者个人特点。例如人的职业给言语加上的印记,表现为三句话不离本行,来自各行各业的读者,包括作为答问者的参考馆员在对话中会无意地使用专业术语。性格对语言的影响表现为性格开朗者说话爽快、直截了当;性格内向者话语嗫嚅,拘谨谦恭。身处顺境时无拘无束,语多诙谐;心情郁闷时,语带嘲讽,甚至恶语连珠。在众多主观因素中,最稳定的是说话人的性格和修养,最易变动的是处境和心情。在接谈中,这些主客观因素互相交织,共同影响语言的运用。

(2)非语言信息的影响

参考馆员和读者的沟通除了通过语言信息以外,还通过非语言信息(Nonverbal language),或称非语言符号。这里讨论的非语言符号主要指体语(Body language),不包括接谈环境以及服饰衣着传递的非语言信息。

咨询接谈中的沟通媒介虽以语言符号为主,但非语言符号对于沟通有着相当大的作用。首先,非语言符号的信息负荷量大于语言符号。根据体语学(Kinesics)家 R. 伯德韦斯特(Ray. Bird-whistell)估计,两个人沟通时有65%以上的"社会意义"是用非语言符号来表达的。我们还可以这样说,两人尚未接触,沟通过程就已通过非语言符号开始了。当一位读者远望参考馆员,就是否要去提问犹疑不决时,或者当观察力敏锐的参考馆员注意到在书架前徘徊的读者那茫然不知所措的表情时,一方的体语所表达的信息已为另一方所接受。其次,非语言符号可以传递语言符号难以表述的思想情感。当读者处于"言不尽意"的困境,就不得不借助眼神、面部表情、手势或其他身体语言来辅佐或补充语言的表达。由于非语言符号是人们在日常生活中约定俗成的,具有普遍、简单、直观的特点,因而受信者比较容易"心领神会"。

非语言符号在咨询接谈中的具体作用可分为:

①替代:用体语来替代自然语言进行信息沟通。如四处观望表示寻找,摊手表示无可奈何等等。当然同一动作或表情在不同的情境中可以有不同含义。有时摇头并不一定表示不同意,惊讶和赞叹时也会辅以摇头的动作。点头一般表示倾听者正在接受信息并表示理解,他的频频点头对说话者具有鼓励作用,但也可能在敷衍搪塞。判断某一体语的含义必须与其他体语联系起来考虑,因为人的体语具有统一性和不可掩饰性的特点,各个动作表情有其必然的内在联系。眼神、脸部表情和身体动作所"泄露"出来的意图应该是一致的。

②辅佐:为了表达语义和情感,常用体语来辅佐。辅佐手段得

当,可大大加强语势,取得较好的沟通效果。

③表露:情感表露体现在脸部表情、姿势和声音,以脸部表情最为集中,在进行语言交流时,喜怒哀乐爱恶惧七种基本情感会情不自禁地显示出来。身体其他部位的动作,如行进中的突然停止、步履由缓到急、手指下意识地敲击桌面等等都可表示出某种心情。

④调节:体语能调节人们的行为,引起人际相互作用。如读者显示出困惑神情,辅以摇头蹙眉表示不解。参考馆员及时接受这一信息,就会迅速调整自己的表达方式。再例如当一位读者打开了话匣,滔滔不绝地谈了很长时间时,馆员把目光不时投向等在旁边的几位读者。这种婉转的暗示一旦被那位读者察觉到便会很快结束或加快谈话。体语的这一作用往往比语言收效更大。

非语言信息可以通过以下几个身体的部分传递:

· 面部表情　美国心理学家艾伯特·赫拉别恩经实践总结出一个公式:信息的总效果 =7%的文字 +38%的音调 +55%的面部表情。我们不想苛求这个公式是否准确,它至少说明了面部表情是情感表达的最有效工具。尤其在说话时,人的面部有"心灵之窗"的眼,有传情达意的眉,有倾诉衷肠的口,甚至面部皮肤肌肉也参与与感觉知觉有关的机能变化,神情紧张时脸会红;二目相遇主动垂视或回避表示不安慌乱;目光空洞表示心不在焉,另有所思;斜眼瞥视表示厌烦轻蔑;对你"视而不见"则表示拒绝,等等。

· 点头　面对面沟通时最经常表示人际关系的动作之一是点头。说话前点头表示招呼或接纳,意即"我可以提个问题吗"或"你有什么问题吗"。听话时点头表示理解,说明对方所说正在引起注意,并鼓励对方继续谈下去。谈话接近尾声时表示终止或致谢。点头是引起人际相互作用的主要体语,动作的幅度、频率、掌握的时机会把赞同、理解、兴趣、感谢或敷衍、搪塞、推诿等信息反馈给对方,引起对方的行为反应。

· 手势　手势是仅次于面部表情的最能表达意图的体语,这

88

也许是由于它们是从事工具性活动的最多的器官的原因。摊开双手表示自己的真诚、公开或无奈；抱臂表示专注或防卫；手撑下颚表示思考与评估，抓头皮表示困惑不安，搓手捏掌表示紧张焦虑，敲击桌子为加强语势等等。人们在说话时会情不自禁地"手舞足蹈"用手来辅佐自己的语言表达。

·姿态　无论采取坐姿、走姿或站姿，人们都会暴露出自己的特征，表现出相互之间的不同关系和态度。一个人深具信心时的走姿是目标明确，高视阔步；心事重重则头部低垂，脚步迟缓；对对方不感兴趣时会望望天花板、看看表，甚至把身体转向别处。表示优越地位时会手支后脑勺仰在椅背上。艾尔伯特·梅拉本（Albert Mehrabian）说过："我们的身体在说话时越是倾向对方，则越表示对他有好感。我们说话时姿态若十分自在，可能表示不大喜欢对方，但也不怕他。若怕他，可能很紧张；若喜欢他，身体放松的程度就会增加。我们面对地位低于自己的人，最觉自在；与平辈说话则不太自在；与地位高的人会晤时，最不自在。身体放松与否，可以相当精确地量度出人际沟通行为。"当然，姿态表情的功能也相当复杂。我们不能从孤立的角度去分解每个姿态所传达的信息，并据此作出结论，而要把各种姿态适当地组合起来，形成一连串配合的姿态（姿态簇）才能得到较完整的形象。如果说，听话时要听完一段完整的叙述才能领会真义，那么一个姿态就是这段话中的一个字。单凭某一个动作表情骤下结论，而不把他的前后动作表情融会贯通就会犯断章取义的错误。

非语言信息还可以通过人际距离来描述。行为科学研究的人际距离是指人与人之间在空间位置下实际保持的距离，它也反映人际关系的密切程度，经常影响着感情和意愿的交流。在咨询接谈过程中参考馆员与读者之间距离的变化虽然受外界因素（噪音、空间拥挤程度等）影响，但也可反映读者的心理变化。通常读者在情报需求的驱使下想提问，但由于各种原因又会"临阵怯场"。唐纳德·戴文森（Donald Davinson）在《参考服务》一书中描绘了参考馆员和读者之间6种距离所表达的非语言信息：

①非接合距离（Disengaged Space）。读者在咨询区外（门口、或较远的地方）观察参考人员，未下决心是否要提问，也未发出任何"进入"的信号。②犹疑距离（Hesitancy Space）。再向前几步就进入能引起馆员注意的区域，也是一个较紧张的时刻。有的读者会把目光投向别的目标如布告牌、平面图等以掩饰提问意图。这时他仍未作出决定，体面地"撤出"仍不失其尊严。③接近距离（Approach Space）。已作出提问的决定，暂时选好接谈对象，开始穿越"欢迎区"并注视着选择对象。这时馆员任何不当的非语言信息（如仍埋首书堆，眼望别处等）会使读者改变初衷，中止这一行为。或提出一个简单的问题作为"撤退"的藉口。④接触距离（Contact Space）。双方目光接触，读者以微笑、点头等试探性行为预测被接纳的程度。馆员采用相同方式或起立等欢迎姿态接受读者。这时任何有害的非语言信息（如懒洋洋、漫不经心、不停止手边的事情）都会冒犯读者，造成很坏的后果。⑤接合距离（Engagement Space）。读者尚未完全挨近咨询台，可能提个简单的问题（如方位型问题）或打个招呼就走过去。⑥接谈距离（Transaction Space）。馆员和读者面对面站着或坐着可以讨论问题的距离。这时距离的大小不同仍受到亲疏关系、性别关系或其他文化心理因素的影响。

人际距离的变化反映了读者在咨询行为前的心理状态。如果再仔细观察双方的体语，可以发现读者大部分是笑容可掬，而同时又有些紧张不安，而参考馆员是在自己的"领地"上，这使他们在打招呼时处于无可争辩的支配地位。有的读者这时会对来自馆员的各种"屏障"信号极为敏感，馆员的任何优越性姿态或漫不经心的招呼都会影响他们的提问方式。

三、咨询接谈中的人际认知障碍

(1)人际认知的结构和特征

咨询接谈中的人际认知就是读者和参考馆员对自己、对对方和对彼此相互关系的认识。它可分三个逻辑阶段:一是自我认知,即对自己的了解和估价。读者除了要知道自己的需求是什么,希望从馆员那儿得到什么帮助外,还应对自己的知识水平、交往和理解能力有个起码是模糊的认识。把自己估计过低则造成自卑心态,不敢提问;把自己估计过高易滋生优越感,常常不愿提问。馆员的自我认知,主要是对自己的业务能力和服务态度的认识,时时刻刻注意自己的答问是否与读者的提问一致;自己的服务态度是否有利于读者提出真正的问题;自己的业务水平在多大程度上能满足读者的情报需求。有的馆员自认为服务态度无可挑剔,业务方面也"自我感觉良好",可偏偏读者觉得另一位馆员更容易接近。敏感的馆员善于从读者的语言和非语言信息反馈中捕捉到对自己的反应,不断修正自我估价。因此,正如只有镜子才能看到自己的外貌、体态和表情一样,自我认知也只有依靠人际信息相互作用才能深化。人际认知的第二个逻辑阶段是他人认知,或称对象认知。对象认知是通过对馆员(或对读者)的行为表现推测其内心世界,再加以判断而形成的结果。读者对馆员的认知,始于接谈前的观察通过接触获得初始印象,然后根据经验作出判断,逐步形成对馆员的学识、能力和态度的估价。馆员接触读者时,也往往从对方的衣着打扮、言行举止入手,判断对方的文化水平、使用图书馆的经验、咨询目的和当时的心理状态。随着咨询接谈的深入,初始印象可能被推翻,或得到不断修正,获得对方的信息越来越多,对对方的认识也就越来越深入。人际认知的第三个逻辑阶段是双方对相互关系的认识和评价,也就是对彼此的情感交往、行为交往以及心理影响的认知。通过知己知彼,确定"谈得来"者,双方的合作会继续下去,如果"话不投机",读者会知趣地打退堂鼓,或馆员作出种种"逐客令"的暗示。

由此,我们可以看出咨询接谈中的人际认知也符合这样几个方面的特点:

①相互性 人际认知不同于人对物质客体(如检索工具)和社会客体(社会活动、社会集团)的认知,后者是被动的客体,无法相互认知。而馆员和读者都是能动的主体,当甲认知乙时,乙也在认知甲。一方既是认知者,又是被认知者。这一特点告诉我们,在认知别人的时候,也要尽可能让对方了解自己,相互了解是完善人际认知的关键,因而也是成功的咨询接谈的关键。

②反省 反省现象是人际认知的特征之一。馆员或读者不但在对方认知自己时自己也认知对方,而且还能意识到别人在认知自己。馆员在接受提问时皱了一下眉头,敏感的读者就会把刚才的话重述一遍。读者在听馆员答问时抿咀一笑,馆员也许会警觉起来,什么地方答错了? 或者根本就是答非所问?! 这种反省意识使认知者马上改变自己的行为。

③较强的主观性 在认识和评判自己时,往往用理想的自我来代替真实的自我,忽视或不理睬他人反应;在认识和评判他人时,又喜欢用自我的镜子去衡量别人,这就是人际认知的主观性。这种特征最初体现在选择性注意上:倾向于注意符合自我标准的信息而回避那些不符合自我观念或需要的信息,继而体现在选择性理解上:对于同样的信息,顽固地按自己已有的看法去理解,很少换一个角度来体会;最后体现在选择性记忆上:只记住了与己有利的材料,对持否定态度的信息则很快忘掉。

④情感倾向性 它在很大程度上影响人际认知效果。由于人的认识活动都不同程度地带有某种情绪情感,因而对他人的评判会受到自己的情感定向的影响,对自己所欣赏的人,则作出较好的评价。例如一个馆员对读者热情,读者就会认为他身上一定还有

92

很多其他优点。反之,如对自己所讨厌的人,则会吹毛求疵地寻找其他缺点,作出较差的评价。这种情感倾向性,不但有来自认知者本人一方的,而且还有来自对方的。如果读者对馆员有较高的评价,则馆员对读者也会有较好的评价,形成良性循环。反之,如果馆员嫌读者"说话啰嗦",读者也会认为馆员"态度冷淡",形成恶性循环。对方对自己的态度和认知,影响自己对对方的认知,人们总是在相互认识过程中相互报答,"投之以桃,报之以李",这已成为一般人际交往的规律,咨询接谈中助者和受助者的关系当然也受这一规律的支配。

(2)第一印象

咨询接谈是面对面的人际交往活动,馆员和读者的人际认知总是从第一印象开始的。第一印象,又称初始印象,是认知主体根据自身经验,对认知对象的诸种特性的认知和评价。当两个陌生人相遇时,第一印象如何,对人际认知效果有很大影响,甚至会决定他们以后的交往态度和行为。

在印象的形成中,有的特性起中心作用,有的起附带作用。由于受时间和环境的限制,人们只抓住了其中某些特性,就一次完成了认识,而不是去了解所有特性,这就使第一印象不可避免地带有表面性和片面性。例如,"那个工作人员年纪轻轻,说不定一问三不知"。"这位年长的馆员一定经验丰富,去问问他吧"。"那位打扮入时的女同志一定会拿架子"等等。尽管其中许多印象随后被证明是错的,但这种错误总会一而再、再而三地出现。

第一印象的产生同人们的心理定势密切相关。心理定势是指由一定的内部因素和外部因素所形成的对活动的某种准备状态决定了同类后继活动的趋势。换言之,就是个体对某种行为或认知客体作好的一种带有准备的倾向性心理状态。例如,一个在柜台前屡遭冷落的顾客在购物前会分外小心翼翼,很少愿意打破砂锅问到底。因为他对服务员的冷淡已习以为常,形成了固定看法。

同样,读者在咨询时,也会根据以往直接或间接的经验,自觉或不自觉地把眼前观察到的参考馆员的个别特征如外貌、年龄、性别、态度、举止、只言片语同心目中已形成的心理定势划上等号。他的后续心理活动的趋势随即形成。有的读者开口提问时,一旦最初的答复不能满足他的要求,失败定势已成,三言两语便告退却,似乎不敢再多讨论。有的读者抱有对馆员的不信任的心理定势,认为"图书馆员只会翻翻卡片,查查证件,除了知道书放在什么地方,别的什么都不会知道",因而提问时不愿交底。另一方面,由于经常接触大量类似问题,馆员在接谈中的心理定势也难以避免,表现为按自己的经验、知识、标准去看待需求不同、个性不同、认识能力和知识水平千差万别的用户。"一看打扮就知道他是个什么样的人","一开口就知道他会说什么",这样在接谈中就发生或以貌取人、或打断提问、或听而不闻、或答非所问的现象,影响了同读者的信息沟通。

第一印象虽受定势心理的影响,但并非决定印象。一旦其中一方较全面地认识了另一方的诸种特性,或主要特性,就能得出较全面的、公正的印象。因此,我们要注意,第一,谨慎地处理从第一印象得来的信息,防止后续心理和行为被"先入为主"的意向左右。第二,不要停留于第一印象,而要进行深入而全面的了解。第一印象会因晕轮效应形成"刻板印象"。因此,要随时纠正不利于沟通了解的第一印象,防止它引发和强化难以克服的心理定势。第三,馆员能否最终给读者一个良好的印象,并不取决于第一印象,起决定作用的仍是他的素质修养、知识经验和业务能力。尽管笑脸相迎会给读者以良好的第一印象,但如果没有能力去解决读者的问题,那么馆员在读者心目中的最终印象就会严重受损。

(3)自我中心

在咨询接谈过程中,还有两个因素会阻碍馆员和读者的人际认知。一是以己度人,一是自尊心和求尊意识。前者会产生对对方的自我同化效应,后者则可以使帮助和受助关系倾斜成垂直关系,而不是相互平等的水平关系。两者的共同点,都是以自我为中心去认识他人,去评判彼此的关系。

咨询接谈中的以己度人,就是把自己对他人、对事物的看法、情感和愿望投射到认知对象身上,忽视自己与对方的差别,认为他人也跟自己一样。例如,馆员以自己对图书馆或检索工具的了解来衡量读者,在接谈中对一些概念术语不加解释说明,以为这是十分简单的常识。一些行话如"公务目录"、"主题索引"、"根查项"脱口而出。迷惑不解的读者只好喃喃地跟着学舌,却不知其涵意,又不便刨根问底。有的馆员对读者查目录或书目时不懂按英美作家的姓来查大为惊讶,那种诧为奇事的神情或语气常常令读者尴尬和惭愧。当然,读者也会以自己对问题的理解来衡量馆员,说了半天,以为自己说清楚了,馆员却听糊涂了;自己有充裕的时间,以为对方也有时间,从头道来,娓娓而谈,不理会对方早已皱起眉头。如此等等,都是在意识中没有把自我和非我区别开来,无视或抹煞了认知者和认知对象的界限,处处以我为出发点来衡量别人。

自尊心和求尊意识是人人都有的。根据传播学理论,人是一个开放性系统,有顽强表现自我的需要,这种需要与希望影响他人的意向紧密结合,无时无刻地交织在人际认知和人际信息相互作用的一切活动中。美国图书馆学者内森·史密斯(Nathan Smith)指出,缺乏自发的合作精神,以自我意识(self-concept)来代替别人的情感(feeling),就会在人际交往中形成垂直关系(vertical relationship)。人们在自我认知和对象认知过程中,彼此间会自觉或不自觉地作着某种微妙的比较,社会地位、经济状况、文化程度、智力深浅、学历高低等等都可用来比较,并通过表面现象——衣着打扮和言行举止进行推测,当这种比较的结果表明自己比别人更优越,在人际关系的阶梯上站得比对方更高一级时,他就会在交往活动中采取居高临下的态势,并努力维持这种优越地位。当他遇到

"抵抗",或他的自我认知告诉他并非处于最佳地位,而是"次佳"(Second best)时,他会故意(或许仍是下意识地)使用种种自我提高技巧(Self - aggrandizing techniques)"破坏"对方,以争取他的优势,但当他发现自己确实处于劣势(inferior)地位,他就会采取泄愤、文饰、回避、压抑或加强竞争性行为在人际交往中筑起防卫的屏障。垂直关系既可发生在老板与雇员、上司和下级这种地位和职权差异的两者之间,也可发生在地位平等的两人之间,因为职业优越感、经验、年龄、相貌、知识、技能甚至地域差别都可作为比较的资本。参考馆员和读者都会因下列背景处于垂直关系中甲乙任何一方的位置上。

表3　垂直关系中的馆员和读者

	参考馆员	读　者
优势	处于帮助、给予的地位 掌握图书资料 熟悉馆藏、各种规章制度和环境 掌握检索技能	丰富的专业知识 较高的学历、资历、教育程度 职业优越感
劣势	缺乏专业知识 担心遇到自己不懂的问题 服务工作——职业自卑感 较低的学历、资历或教育程度	不熟悉图书馆 缺乏使用工具书的知识 怕问出可笑的问题,暴露无知 受助的地位 有过同图书馆员打交道时不愉快的经历

史密斯用一个例子更具体地指出这种存在于馆员和读者中的垂直关系。玛丽为了完成论文,在图书馆已有好一会儿了。起初她不好意思去打扰图书馆员布朗,因为她看到布朗太忙了,也许没有时间来帮助她。犹豫了一阵,才鼓足勇气走向咨询台,问道:"医学方面的书放在哪儿?"布朗指了指面前的书架,又埋头翻阅手上的一

本书。15 分钟毫无结果的努力后,玛丽再次走向咨询台。

玛丽:我写论文遇到了困难,我的课程是保健。……

布朗:保健课 130?

玛丽:是的。

布朗:你应该读一些期刊文章。去试试《护理文献索引》。(布朗指了指附近放索引的桌子)

由于玛丽的既不熟悉索引,也不熟悉图书馆布局,而且她不愿再同布朗打交道了,因此三个小时中只得到了 4 篇文章。闭馆时间到了,身边又没带复印的钱,玛丽第三次不情愿地来到咨询台,把登有这 4 篇文章的期刊递过去。

玛丽:我可以把它们借出去吗?

布朗:(惊讶的神色)每个人都知道期刊是不出借的!

上例是一次很普通的咨询对话,但却暴露出馆员和读者之间的垂直关系:(1)布朗在接受第一次提问时并没有表示进行接谈的意愿。他的行为向读者表明他手中的事比对方的问题更重要;(2)在玛丽第二次提问时布朗打断了她的话头,不等对方说完他就能正确预示玛丽需要什么,应该做什么;(3)玛丽在第三次咨询时被告知她连最基本的图书馆规则都不懂。三次对话使玛丽完全处于劣势地位。而布朗的言行使他和玛丽的关系成为一种垂直关系。他表示出的优越地位很可能使图书馆失去一位读者。

人际交往中的垂直关系是普遍发生的现象,几乎难以避免。它可以从马斯洛的需要理论(安全、尊重、自我实现)中得到支持,阿德勒也把追求优越称为生活的基本事实。但从传播学角度看,它又是可以克服的。由于信息沟通需要传信者和受信者相互依存、相互帮助下才能实现,因而任何一方都不能在求尊意识的驱使下忽视他人需要,筑起信息沟通障碍。咨询接谈也是这样,读者为满足情报需求需要馆员帮助,馆员为了使他的服务得以实现也需要读者的配合。正如一位美国参考馆员常对担心打扰他而表示歉意的读者说:"如果你不麻烦我,我就没有工作了。"从这个意义上说,不管是帮助者还是受助者,他们的地位是平等的。他们的成功合作只有在水平关系(Horizontal relationship)中进行。处于水平关系的双方都不介意自己是否处于优势或劣势地位,不因职业、经验、学历、年龄等等长处而藐视另一方,也不因自身的某些不足而产生自卑和屈尊心态。在这种关系中,竞争性行为降低,疑虑减少,表达是开放的,反馈增强,自我保护意识弱化,双方都善解人意,而不是唯我其是,这些都是信息沟通的最理想条件。

(4)"自我暴露"

在"语言障碍"一节中提到一个例子,当一位读者为是否要向馆员请教索引的用法而犹豫不决时,馆员以"自己当时也不会使用"这样的表白使他的顾虑和自卑感顿然消释。这种"自我揭短"看似与答问无关,却是打破"垂直关系"的一种有效手段——"自我暴露"。

"自我暴露"(Self-disclosure)是个体通过各种活动和行为表现自己的心理状态和性格特征的过程。从咨询工作的角度讲,这又是一种旨在沟通信息,创造平等对话气氛的开诚相见的行为。交谈双方通过把关于"自我"的自知、人不知的信息传递给别人,增加"自我"的透明度,从而尽可能地减少人际认知障碍,达到相互无所顾虑,各自都能把最内层的信息传给对方的目的。

早在 60 年代初,心理学家 J·卢富特(Joseph Luft)和 H·因戈姆(Harry Ingham)就指出,自我在人际认知过程中有四种构成,如表 4 所示:

表 4　"约哈里窗户"(Johari Window)

	自　知	自不知
人　知	开放区(open)	盲目区(Blind)
人不知	秘密区(Hidden)	未知区(Unknown)

98

开放区:代表所有自知、人亦知的信息,如思想、观点、脾性、外貌以及年龄、职业等背景。自我开放区的大小因人、因事、因条件而异,取决于对我的亲密程度。

盲目区:指人知、自不知的信息,如自己的不足之处,在对话中不自觉地流露出的口头语、习惯性动作等。盲目区越大,人际信息交流活动就越处于盲目状态。

秘密区:指自知、人不知的信息,出于自尊的本能,人人都有不愿透露的个人秘密。这一区域也可因人、因事而有限度地对外开放。

未知区:指关于"自我"的自不知、人亦不知的信息,其区域大小难以确定。人的潜意识就属于这一区域。有时,未知区的信息可通过外界因素的"激发"由未知转向已知,向其他三个区域发展。

这就是著名的"约哈里窗户",它的每个区域大小都是不等的,自我开放区越大,人际认知的效率就越高。扩大这一区域的途径,如表5所示。

表5　扩大开放区的途径

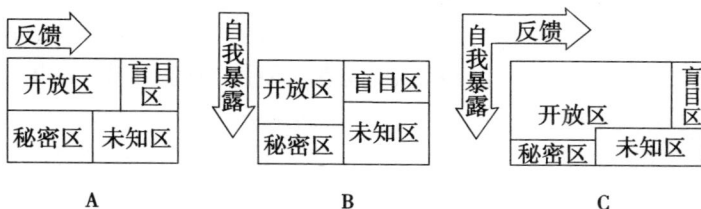

A　　　　　　B　　　　　　C

表5A表明,缩小盲目区的最好办法是从别人那儿获取关于自我的信息(接受反馈),例如在接谈中仔细观察读者对自己言行的反应可以加强对自我的认知。B表明缩小秘密区的最好办法是"自我暴露",使别人更了解自己,有利于对象认知。两种方法结合起来,是扩大开放区,深化人际认知的有效途径(表5C)。

"自我暴露"是为了加强沟通。因此,参考馆员运用"自我暴露"的最终目的是引起别人的"自我暴露",使对方打消顾忌,畅所欲言,充分暴露自己的真实需求。实践中发现,许多提问一开始总是意向性的。读者宁愿投石问路,也不愿冒丢面子、损害自尊的风险。一旦发现馆员坦率、真诚和热情后,才会敞开心扉,吐露真意。美国学者汤普逊(M. J. Thompson)在1980冬季《参考季刊》上描绘了一个理想的"自我暴露"模式:

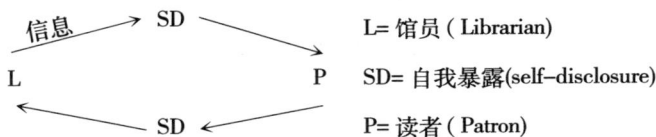

图4 "自我暴露"的理想模式

上图表明,在接谈中馆员应首先自我暴露,才能引发这一循环。随着馆员的自我开放区域不断扩大,读者的信任程度逐步提高,才能吐露更多自我的信息,构成互为因果的良性循环。例如,"我在这方面一窍不通,您能否解释一下……","噢,我理解错了,你是说……"等等语气诚挚,态度中肯,用词恰当,读者是会坦诚相见的。国外的研究已经表明,读者对使用"自我暴露"的馆员的满意程度远高于未使用"自我暴露"的馆员。

有几点值得指出。首先,馆员大可不必担心暴露了自己的不足有损自己在读者心目中的印象,使那些崇尚权威信息来源的读者大失所望。确实,参考馆员每时每刻都会遇到智力挑战,但是闻道有先后,学业有专攻,仅就不同的学科而言,每人都是无知的。读者最明白这一点,他们并不相信参考馆员上知天文,下知地理,也不相信馆员对所有馆藏文献都一清二楚,如果馆员忌讳提及自己某方面的无知,甚至摆架子,撑门面,反而会损害在读者心目中的印象。其次,"自我暴露"并非单纯的缺点暴露,它包括认知者

100

对对方表现出自己的情感、性格、思维方式和业务能力。认知范围越大，认知也就越全面。第三，"自我暴露"的方式会影响认知的方式和效果，馆员必须掌握暴露的"量"和"度"，既要避免过多过快，使读者产生疑虑或无所适从，也要注意与读者的自我暴露在节奏和程度上基本相当，否则会影响双方的认知情绪。

四、环境障碍

影响读者咨询行为的因素很多，但基本上可以分为两大类：一类是读者自身的因素（内因），一类是外界环境因素（外因）。外界环境是指个体周围的一切事物，包括与个体有一定关系的人群如家庭成员、同学师长、同事朋友和社会团体等社会环境和围绕着个体的物质环境。人是一个有着血肉之躯的自然人，又是一个受社会规范和思想意识支配的社会人。人的一切行为都离不开社会环境和物质环境的影响，正如德国心理学家利文（K. Lewin）所指出的，人的行为（Behavior）是个体（Person）和周围环境（Environment）相互作用的函数，即 $B = f(P \cdot E)$。

（1）社会环境对咨询行为的影响

①社会情报意识　读者的咨询行为受到他们的需求动机的直接驱使，而影响动机力量的主要因素是动机被意识到的清晰程度——情报意识越明确，行动目标越清楚，动机就越强烈、持久。个体的情报意识总是在一定的情报意识活动环境中形成的，换言之，群体情报意识的演化和发展可以推动个体情报意识的活动。例如，我国沿海经济特区的情报意识同内地的情报意识仍处于非自觉的随意状态相比，其社会化态势明显强于内地，这就使情报环境得以日益改善，情报手段日益加强，图书馆、情报所、信息中心和各种信息发布会等情报源的情报咨询现象日益增多。"以信息求生存求发展"成了许多企业的口号。厦门科技情报所1987年在一次技术信息服务会上接待的用户一天就达上千人次。但从总的情

况看,我国公民的情报意识仍相当薄弱,甚至受过良好教育的公民对情报在工作、学习中的重要性仍未深切体会,对图书情报机构的作用也未充分认识,80%的人获取情报的渠道是靠自己查找;中科院情报所在全国科技大会获奖人员中的调查发现,收集情报在科研工作中占的比例平均为10%—15%(美国约占工作总量的59%);某城市情报所1985年统计,该所平均每个月用户仅40人次,其中35%是借阅文化刊物。我国引进的外文书刊70%无人问津。可以看出,图书情报机构的利用尚且如此,情报咨询行为的产生也就可想而知了。

②社会经济发展水平　社会情报意识的演化取决于社会经济发展水平——经济越发达,社会情报需求量就越大,人们对情报活动就越重视。社会经济发展水平包括社会经济体制、经济发达程度、经济实力和能力等等。经济体制的变化可以从根本上引起各类用户对情报需求的变化。例如,我国经济体制改革前由于实行统购包销的计划经济,企业或个人对市场信息、技术信息并不关心,一旦企业成为独立的经济实体,个人可以搞承包,市场信息、技术信息就成为生产的依据和出发点。经济能力决定了一个国家用户接受和利用情报的范围和程度。由于情报应用需要一个经济后盾,情报需求必然不会超出国家经济能力的层次。美国每年计算机检索一千万次,我国有此业务以来仅几万次,每年平均几千次,仅相当于美国几天的次数。

③社会文化传统中落后的因素　情报意识是社会文化意识的一部分,必然同其他社会意识如竞争意识、价值意识、时间意识相联系。我国长期以来,商品经济不发达,加上过去封建政治和小农经济社会的旧文化传统的影响,那种贪图安稳、不求闻达的生活信条、惧怕探索和自由讨论的风气、规行矩步百事不求人的观点、与世无争、随遇而安的意识无一不同旧文化的稳定性、封闭性相联系。因此,尽管社会的发展决定了人们在客观上需要情报信息,但

102

上述因素却阻碍着人们在主观上意识到自己的需求,这同竞争激烈、充满活力的发达社会形成明显对照。美国纽约州立大学医学院图书馆一份内部统计表明,在 1985 年 9 月的一个星期(7 天)内,接受咨询问题达 1326 个(不包括 1645 个方位型问题)。如果以每天开放 12 小时计,平均每 3—4 分钟就有人提问,咨询台几乎就没有空闲时间。

④社会教育水平　社会教育水平的高低不仅影响科技发展水平和相应的情报需求,也决定了读者的质量与素质的高低,影响读者整体对情报的吸收和消化能力。就以我国文化层次较高的高等院校来说,不仅学生,就连教师都很少利用检索工具去索取所需信息。有的高年级大学生从未用过馆藏目录,也不知有参考咨询服务,而这一切又同长期以来高等教育重书本知识、轻能力培养,重分数轻实践,重学校教育、轻终生教育,重注入式教学、轻启发式教学的教育传统有关。如果一本教科书可以十年不变,如果一个学生靠教材和笔记就可以完成作业和论文,那他就没有必要再去书海中汲取养分,也就不再需要参考咨询人员的帮助了。我国高校学生同欧美国家学生利用图书馆的悬殊差距也许可以从这方面找到主要原因。

⑤图书、情报事业的落后,也是影响读者情报行为的客观因素。

(2)物质环境对咨询行为的影响

当我们走进鸦雀无声的阅览室就会放轻脚步,来到室外又可纵声谈笑,有了问题就会寻找服务台……行为的发生总是同物质环境密切相关。人们靠自己的行为接近环境,并通过对环境的察觉得到关于行为的意义,进而运用这一信息来决定行为方式。读者的咨询行为也是这样。但无论馆员还是读者,也许还未充分认识到咨询接谈中的一些障碍竟来自于咨询场所的布局、气氛、咨询台的位置、噪声、光线、温度等等物理因素!环境心理学的基本观点认为,人的行为与环境处在一个互相作用的生态系统中,强调的不是适者生存,而是人在创造环境中的作用,也就是说,作为参考咨询人员,我们不仅要把读者在某一特定空间进行咨询所必需的面积、设施等看成是人的活动的生理需要,还要把视线延伸到他们的心理因素上,从进馆人流的特点、不同空间布局对读者活动模式的影响中找出行为规律。这样,当我们针对性地改变环境,就有了一定把握使读者按设计者的意图去感受和使用环境。

①环境—行为研究对咨询环境设计的意义

A. 环境知觉(Environmental perception)研究不同的人在运用感觉感知不同环境时的规律。环境是典雅庄重、宽敞明亮还是拥挤嘈杂、凌乱不堪,都会通过感官作用于人脑,唤起符合感知者个性情绪水准(trait emotion)的情绪状态,这种情绪状态又进一步导致接近、回避的行为,因此,宽敞感、亲切感、舒适感等环境知觉是人们选择环境的重要因素。一些高校图书馆的工具书阅览室之所以成为读者偏爱的场所,其原因并不一定在于要进行咨询或使用工具书,而是这里宽敞、明亮、安静,胜过其他拥挤的阅览室,反之,一些体弱的读者由于惧怕登高楼,对于5楼的咨询部只好"望楼兴叹"。环境就是这样往往以情绪为媒介诱发人们的行为的。

B. 环境认知(Environmental cognition)研究人们识别和理解环境的规律。人们之所以能识别某些物体的特定角色或找到要去的目的地是因为他们在一定程度上识记了它们的形象。心理学家把记忆中的客观事物的形象称为表象,把人对特定空间的表象称为认知地图。人们头脑中的认知地图反映了它们的绘制者各自的活动范围。一般说,大多数人识别的地方通常就是他们常去的地方。例如大多数人可以毫不费力地识别医院的挂号处、车站的问讯处和旅社的服务台。因此,如果掌握了大量读者的认知地图,并运用到图书馆咨询环境的设计中,则有助于读者迅速、方便、准确地识别和利用咨询服务设施。

C. 空间行为(Spatial behavior)研究人在空间中的活动,包括人的活动模式、生理因素与使用空间的方式。活动模式指的是个人或群体活动时的空间特点和时间特点。生理因素是指与人的活动有关的生理特点、不同人的活动能力以及他们活动时与空间或设备的关系。例如长时间讨论时适合坐着,这就要考虑在咨询桌前放一张椅子。老年人、体弱者、不同性别、性格和心理状态的人,不同社会地位的人使用空间的行为都会因人而异。他们对楼层的考虑、对座位的选择、对面谈时私密性(不受外界干扰)的要求都会反映在其行为上。空间行为研究的意义在于,首先,它告诉我们每个读者在图书馆中所处的位置不仅与读者和馆员之间相互作用的方式相对应,而且也是由其空间(或环境)设计来决定的。咨询环境的设计就是咨询行为的设计,通过设计咨询环境就可以设计读者与馆员相互联系的方式。其次,它告诉我们咨询服务点的选址,咨询区内各项设施的安排、咨询台与周围服务设施的关系等等都必须从读者活动的空间特点、时间特点和生理特点来考虑。人为地任意安排违反了人的行为模式,必然为顺利开展咨询工作设置障碍。

D. 行为场所(Behavior setting)特定的环境和重复发生的行为模式有不可分割的联系,环境心理学家把这特定环境称为行为场所。行为场所是分析人在建筑物中的环境—行为现象的基本单元,它具有 5 个特点:a. 行为场所具有固定的和重复发生的行为模式,反之亦然(如陌生人走进一座建筑物内的问讯行为大多发生在值班室或服务台这样的行为场所);b. 这些行为模式或是有目的的或是受社交习惯的支配(即当人们走进这陌生的建筑时总是有意地或习惯地寻找值班室或服务台);c. 行为场所的实际特点与这些行为模式有着不可分割的联系(因而服务台总是设在门厅入口处);d. 这些行为模式的发生一般在时间上有规律性;e. 行为场所具有从小到大一系列不同尺度。小到家具设施,房间一角,大到建筑群甚至更大区域。行为场所理论对设计咨询环境也很有启发。第一,行为场所和行为模式的不可分割性告诉我们,咨询场所(咨询台等)一定要设在读者会产生情报行为的地方,要避免那种在多数人极易产生问题的地方(工具书室、目录区、图书馆入口处等)找不到咨询台,而在正式的咨询场所又无问题可提的现象。第二,人们的行为方式受到习惯的支配,如果设在门厅入口处的车站问讯处、商店服务台等成为多数人的咨询场所,那么心理定势会指引读者在走进图书馆时即寻找相似的咨询场所。因此,图书馆咨询场所的设计应考虑到多数人的咨询行为模式。第三,咨询场所可以按人们的情报行为进一步划分,例如确定参考咨询区的位置后,可根据读者情报行为规律划分成相互之间有联系的接谈区、目录区、索引区等。

上述论述从不同角度探讨了环境—行为现象,有的侧重人所共有的心理,有的侧重人对环境的不同需求,它们相互补充,殊途同归,都可以作为我们实践的理论根据。

②国外图书馆咨询环境的总体结构及其对咨询接谈的影响

A. 参考区的选址   西方国家的图书馆一般在读者入馆的必经之处——门厅或入口处附近设置参考区(Reference Area)。这样带着问题入馆的读者第一件事就是与参考馆员接触,得到帮助;或者自己查阅检索工具,得到所需线索后再去图书馆其他部分利用馆藏书刊。图5是美国罗彻斯特大学图书馆(Rochester University Library)参考区的平面图。

读者入馆后的第一个接触点便是咨询台。咨询台又同各种检索工具相连。这种选址是根据大多数人的认知地图考虑的,既便于环境认知,又符合查阅信息时求快、求近、求便的心理。由于地处人流必经之处,又是问题发生的集中地,因而在咨询台的提问极为频繁。

B. 参考区的布局   图5显示了咨询台在参考区内的位置以及与索引区、目录区、便捷型工具书区和其他检索工具的关系。国

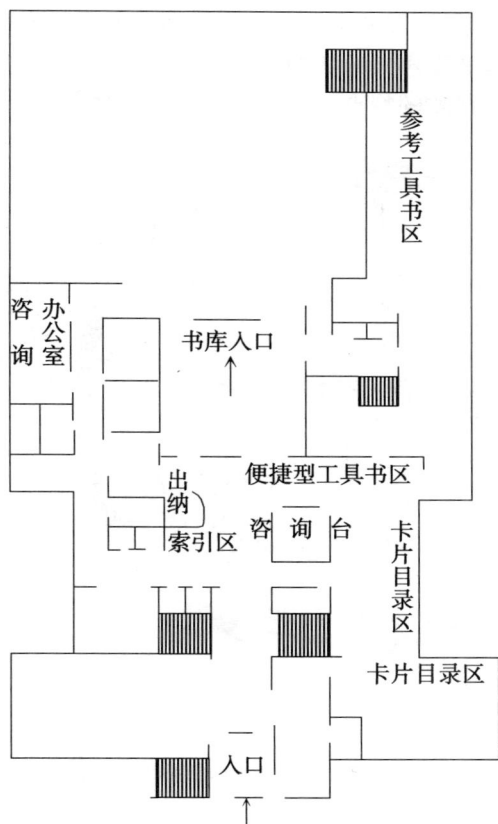

图 5　罗彻斯特大学图书馆参考区平面图

外很多图书馆的咨询台位于参考区中心(图 6),也是连接各工具
书区的纽带。这种布局使参考馆员暴露于读者视线之内,有利于
读者从四周观察参考馆员以便决定提问与否,也有利于馆员观察
四周以便发现有问题的读者。此外,环绕四周的检索工具区并非
彼此隔绝,而是一个各有专门职能又相互联系的整体。目录区、索
引区和便捷型工具书的使用时间短,抗干扰性强,产生的问题多,

因而离咨询台最近,那些需要相对安静的环境来查阅的工具书如百科全书则远离噪声大的咨询接谈区。各行为场所的位置都是按读者情报行为模式的特点精心安排的。

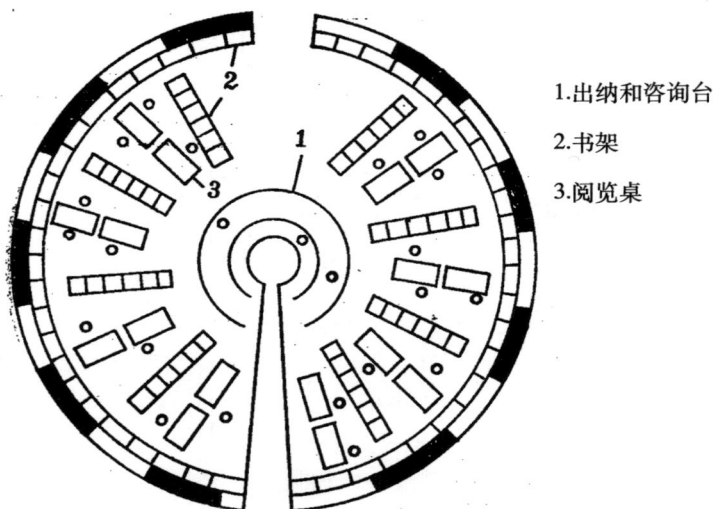

1.出纳和咨询台

2.书架

3.阅览桌

图6 英国博物馆图书馆中央阅览和参考区示意图

　　C.咨询台　　咨询台能否成为受理问题的服务点并不取决于图书馆对它的认可,而是取决于读者是否接受了它。摩根(Linda Morgan)的试验证明了这一点。图7显示的是美国西部大学(Western University)图书馆位于入口处的两张咨询台A和B。

　　两台相隔三十英尺。表明咨询台的两块牌子都从天花板垂吊下来。两张咨询台体积形状差不多,A台后面有伸手可及的常用工具书、六英尺高的藏书布局平面图以及图书馆使用指南,B台四周空空。两张咨询台工作期间都有参考馆员,可是B台很少有人光顾。在高峰期,读者会在A台排起队来,以致需要增加参考馆

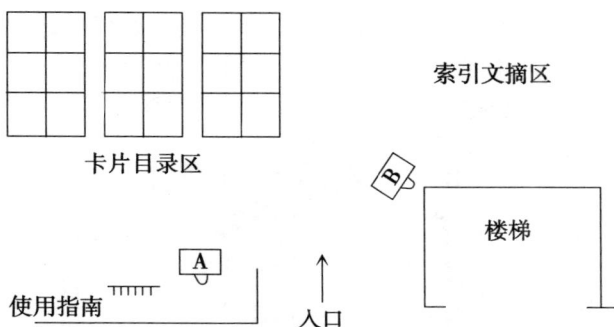

图7　美国西部大学图书馆参考区平面示意图

员,而 B 台参考馆员无事可做。对这一现象的解释是:a. A 台比 B 台早设立几周,读者已形成在 A 台咨询的习惯;b. B 台职能由于缺乏必要的附属设施而显得含糊不清;C. 读者往来于目录区时的线路直接将他们引至 A 台。从环境认知的角度来看,当一个人有目的地浏览环境时,他头脑中已有了对要搜寻的目标的大致形象,他会从环境传递给他的大量信息中挑选有关部分加以审视,并作出判断。读者之所以更多地接受 A 台为咨询接谈场所,是因为他对这一物质实体的象征意义所作的判断符合他的预想,头脑中的认知地图指引着他的行为方式;B 台之所以被冷落,也主要是由于它在读者的认知地图上并不占有地位,以致有的读者在 B 台问"这儿可以提问题吗?"或者经过 B 台走向 A 台。

　　国外的研究还表明,不仅是咨询台的位置,就连它们的形状也可以影响读者对咨询环境的认知。咨询台一般分为两种形状,一是桌式(Reference desk),馆员坐着答复问题;二是柜台式(Reference counter),参考馆员坐在高椅上或站着回答问题。玛格丽特·德克特(Margaret Decket)的研究发现,那些较短暂的、简捷易答的问题往往在柜台式咨询台提出,而需要讨论较长时间的问题则在桌式咨询台进行。德克特的报告与摩根的结论一样。摩根在更为仔细的观察中发现,咨询台的形状对接谈行为具有影响。她仔细记录了休斯顿大学图书馆两个咨询台的读者行为,如图8、9 所示。

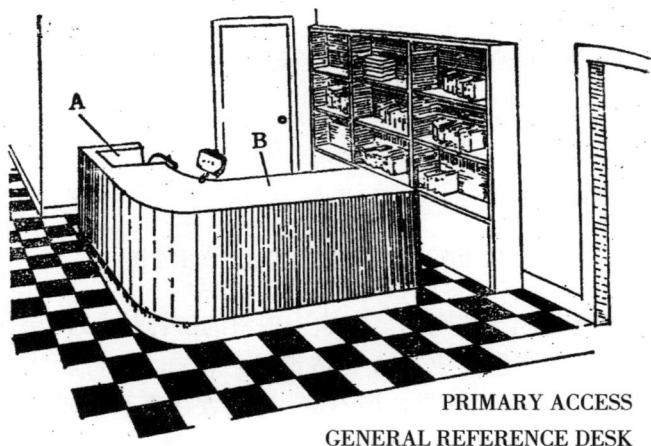

PRIMARY ACCESS
GENERAL REFERENCE DESK

图 8　休斯顿大学图书馆综合参考咨询台

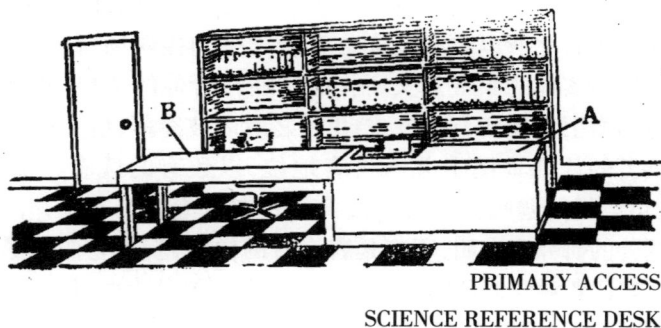

PRIMARY ACCESS
SCIENCE REFERENCE DESK

图 9　休斯顿大学图书馆科学参考咨询台
（说明:B 表示柜式部分　A 表示桌式部分）

两张咨询台各自有桌式部分(A)和柜式部分(B),台面陈设、附属设施、地面颜色、坐落位置都大致一样,上班时间两张咨询台四个部分都有参考馆员,观察结果见表6。

表6　读者对不同形状的咨询台的选择记录

状态 \ 类型	对综合咨询台两个位置选择		对科学咨询台两个位置选择	
	桌式部分A	柜台式部分B	桌式部分A	柜台式部分B
两个位置都有空时	4	32	15	29
两个位置各在接待一位读者	1	1	0	1
B接待读者,A有空时	5	6	3	4
A接待读者,B有空	0	1	0	1

可以看出,柜台部分B接受的问题多于桌式部分A。尽管当时B段的参考馆员正在接待读者,仍有人耐心等着而不是直接去A段提问,对比人们在排队时选择的队伍总是趋向短的和移得快的一支,上述现象是令人惊奇的。要说明读者对咨询台的选择原因可能很复杂,摩根的观察样本量少,结论也不一定令人完全信服。其实,咨询台的位置,馆员的忙碌程度、服务态度都可能影响选择。不同文化和生活习惯也使我们不能照搬国外的经验。然而这一研究给了我们一个很有益的启示,这就是物体的形状与人们的环境认知和行为反应是很有关系的。上述现象可能解释为读者日常生活中的咨询行为多发生于柜台式物体前,久而久之,柜台成为咨询服务处的象征。按环境认知的观点,知觉的迅即归类基于两个条件:知觉必须清楚地说明物体(Object),并在适当范围内与类似的记忆形象相匹配。一个经常在商店柜台、问讯处、出纳台提问的人到了图书馆也会走向类似于上述物体的地方提问。罗彻斯特大学图书馆的试验也证实了摩根的观察,他们把桌式咨询台改成柜台式的,在柜台部分提问数量明显增加了,其中方位型问题增

加 15% ,书目查询增加了几乎一倍。

③我国图书馆咨询环境的特点及其对咨询接谈的影响

A. 参考区　我国图书馆很少像国外那样在入口处附近设立集中的参考咨询区,专门接受读者咨询的场所一般分散在工具书阅览室(或文献情报检索室)的服务台、目录区的咨询台和参考咨询(部)办公室。有条件的大馆同时具备上述几处咨询场所。这种状况对咨询接谈产生如下影响:

a. 空间有限的工具书阅览室把咨询、检索和阅览、学习这两种对环境要求完全不同的活动合二为一。咨询过程是人际信息交流的过程,不论是读者提问还是馆员答问或辅导,都需要无拘无束的对话。但语言的噪音却打搅了在附近潜心学习的读者,招来他们的不满的目光,甚至是有礼貌的抗议,这种情况又反过来抑制了咨询对话。咨询和学习这两种功能往往在同一个阅览室内互相干扰。正如罗杰·霍恩(Roger Horn)在"他们为什么不提问"一文中评论旧式的参考阅览室时指出的,良好的咨询工作决不是安静的,把参考和学习这两种互不相干的功能合在一起既激怒了要求安静的读者,又阻碍了参考馆员的工作。

b. 不管是阅览室还是办公室,作为单独的房间,它们在图书馆内的位置可以任意选择和安排。我国很多图书馆的检索室、工具书室或咨询办公室的选址不是在人流大、问题集中的目录区或门厅,而是尽量放在不引人注目的僻静处或高楼上。这样不仅那些有意寻找咨询场所的读者难以发现,更主要是失去了为数众多的未被咨询环境唤起提问意识的读者。于是,一方面大量读者有了问题不知该怎么办,另一方面坐等读者上门的参考馆员却无所事事。

c"室"的建制伴随着相对独立的作息时间,使这种典型的服务机构成为"办公"机构。于是读者上班上课,"阅览室"也开放,但午休、晚上或周末却把下班或课后赶来的读者拒之门外,造成

112

"进了(图书馆)大门进不了(咨询室)二门",身在图书馆却无法进行查目、咨询等情报活动。我国许多图书馆工具书室与其他服务部门相比是利用率较低的清闲部门。奇怪的是这反而成了减少开放时间的理由。

B. 咨询台　咨询台是咨询接谈的主要场所,它应该是读者入馆后的第一个接触点。我国图书馆在入口处设立参考咨询台的不多,方位型问题主要由存包处、问讯处或值班门卫承担,真正的咨询问题大多由位于工具书阅览室入口处的值班服务台(或称咨询台)代替。由此产生的问题主要有:

a. 值班服务台的主要职能有读者登记、查验证件、监督存包、防窃等,这样,解答咨询的职能被削弱了。读者视馆员为图书守护者、值班服务员,他们除了做上述杂务以外,最多只能回答某书放在何处这类简单的问题。

b. 非咨询性杂务把专业参考馆员束缚在这一岗位上,离台咨询,主动辅导工具书的使用等工作无法开展。大量值得详细讨论的咨询问题变成方位型问题("你自己去××架查找吧")。再者,咨询台成了门卫台或值班台,使参考馆员产生自卑心理,也使读者轻视馆员的作用,无形中有助于垂直关系的形成。琐碎的杂务又使管理人员忽视这一岗位的重要性,把没有专门训练的非专业人员安排在这个岗上"看门"。于是工作人员本身就成了读者和情报源之间的障碍。

c. 有的图书馆为了克服上述弊病,增加与读者接触的机会,专门在图书馆入口处设立参考咨询台,由专职人员值班。但由于远离检索工具,除了解答方位型问题外,参考馆员无法直接利用检索工具立即解决读者的问题,这就影响了服务质量,久而久之使咨询台成了问讯台。

我们已经探讨了宏观的和微观的、社会的和物质的环境因素对读者咨询行为的影响。由于国内到目前为止有关研究不多,本书主要参考了国外的文献。行为的差异也有文化因素在内,国外的理论是否适用于我国读者有待讨论。物质条件的不同也使我们不能照搬西方国家图书馆的模式,特别是我国图书馆普遍实行的闭架制、阅览室制在相当长的时间内不可能彻底改变,因此要完全实现文中所描述的理想的咨询环境尚有一定困难。但我们应该吸取国外研究对我们适用的部分,针对自己的咨询环境的不足,迅速改变现状,提高咨询接谈的效率和质量。

第三节 咨询接谈技巧

能否克服咨询接谈中的种种障碍,最重要的是参考馆员的服务观念和服务态度。在这基础上,有意识地掌握一些接谈技巧,提高人际信息交流的艺术,也是非常必要的。

一、提高观察力

人的心理活动是看不见、摸不着的,但可以通过行为表现出来,参考馆员对读者"察言观色",有助于判断他们的提问意图,了解他们的真正需求。观察是一种有目的、有计划、相对持久的知觉。它与一般无意的知觉不同,是人对现实认识的一种主动形式。观察的过程是开动脑筋的过程,因此又称思维性知觉,即,把看到的现象再用思考组合起来,为判断和行动做好准备。

国外有的文献把观察称为"无声的咨询接谈"(The silent interview),这首先是因为观察是增加信息量以便更好地了解对方的一个必不可少的途径。咨询接谈虽然重点在"谈",但语言所表达的信息只是全部人际信息相互作用所传达的信息的一小部分。大部分非语言信息则通过人的表情、眼神、手势等载体表达出来,而观察是接受这些信息的唯一通道,只要读者落入馆员的视线范围,他就无法不传递信息：犹疑观望时在传递某种信息，埋头读书也在传递某种信息。双方接触，当读者陷入辞不达意的困境时，观察就在领悟读者意图的过程中起着独特的作用。其次，观察到的往往比听到的更可靠。语言是一种可加工的信息，人对语言信息的操纵一般总是自觉的。这就产生了掩盖真实的可能性。一位读者对提供的答案不尽满意，但仍会说"行，非常感谢！"欲言又止，却说"没什么问题"。人往往并不意识到自己在不断地传递非语言信息，很少去自觉地控制非语言信息的传递，但这种"口是心非"所泄露的"天机"可以被细心的馆员观察到。

怎样提高参考馆员的观察力呢？第一，要认识到任何一个观察对象都是由不同特点、不同部分组成的复合体，他的言语和身体动作都是一种复合过程。因此，在感知某一信息时，要从整体上去认识，把各种因素结合在一起考虑，这是知觉的整体性要求所决定的。例如，馆员在与读者交谈中，不仅要"听其言"，而且还要"观其行"。体语的一致性不仅是动作与动作之间的协调，而且与口语也要配合，姿态簇的不协调，或体语与口语的不一致，就会泄露某些有意义的信息。第二，观察力的强弱不是天生的，固定不变的，它和其他心理品质一样，是在后天的实践活动中形成和发展起来的因此，平时要养成观察的习惯。对你要了解的对象聚精会神地去观察，反复琢磨和比较，善于动脑筋思考，并作些必要的记录，平时也可以加强练习，例如远距离观察人们交谈的举止神情，再与对方接触以核实观察到的信息与自己的判断是否吻合，或利用电视、录像，把音量调失，观察图像，再还原以核实自己的判断。经过多次练习和平时积累经验，观察力是可以逐步培养起来的。第三，观察时要尽可能让多种感觉器官参加，不仅用眼看，也要耳听、手动、脑袋思考。这样做不仅可以提高观察的准确性和可靠性，而且有助于避免大脑疲劳，提高观察后的记忆力。如果只动用一种感觉器官，如只用眼睛，那么只使用了与眼有关的皮层神经细胞，很快会使大脑疲劳,观察就不易持久。

二、提高听的能力

在英语里,hear 和 Listen 是有区别的,前者偏重对声音的接收(听见),后者偏重听的过程(倾听、留心听)。例如,中文说"我们留心听,却什么也听不到",在英文中就是"We listened, but heard nothing"。中文把声音的接收和接收过程都用"听"这一个字表达,但听到的声音并不一定是认真地听取的结果。"听而不闻"、"听十而知一"这样的例子比比皆是。咨询接谈中的听应当是专心倾听(Active listening),强调的不是消极地接收话语,而是积极、主动地参与与读者的交流,以求信息的有效沟通。

参考馆员往往忽略了这一点,不知道听往往比说更困难。读者想说的内容都是根据自己的需要、理解和逻辑组织起来的,其用词、语法、语速、口音已自成一体。在急切的需求表达中,或节奏飞跃,或含糊其辞,或同音异义,很少考虑到别人是否理解了自己所说的话,这就要求馆员把提高听的能力也作为做好咨询接谈工作的基本功之一。

专心倾听,首先要求馆员在悉心聆听的过程中抓住事实,而不要急于作出种种假设。在信息交流过程中,假设的干扰是隐蔽的,因为大脑每接受一个外界信息,就会随之对它加以解释,作出一个初步的猜测。美国语言学家杰德勒·I·尼尔伦伯格举例说明过这类隐蔽的假设。他举着一根铅笔状的东西让学生描述,学生回答说这是铅笔,木制的,里面有黑色铅芯等等,而实际上这是一根可弯曲的橡皮棍。学生对信息的解释不是基于事实——铅笔状的六面柱体,黄色;有一黑色尖头等等,而是假设,从假设出发来描述事物,当然可能出错。参考馆员日复一日,年复一年地接受各种问题,形成了心理定势,因此很容易让假设干扰了对事实的接受。有时读者的问题仅仅表述了一半,馆员头脑中的假设就已形成,甚至自信到对方话未落音,答案已形成,结果常常走了弯路。要排除假设的干扰,必须全神贯注地听一听对方在说什么,不要急于把听到的一星半点事实同头脑中的假设对号入座。

　　要从读者的话语中区别出哪些是原有的事实,哪些是自己的假设,最好的办法是及时将信息反馈回去,即用自己的话,叙述听到的内容,求得对方的证实以后再听下去。反馈的目的是要防止按自己的需要来接受信息,要让读者检验传递的信息是否被明白无误地理解了,如果没有,要及时修正。例如,当一位读者向馆员诉说:"这目录真不好查!"一句很笼统的话可以引出一串假设:目录体系复杂,读者困惑不解,无从下手? 已经查过,但未找到需要的东西? 忘了怎么查,又懒得看使用说明? ……如果把读者最初的诉说看作传信者,馆员作为倾听的受信者,则整个咨询过程如图10所示。

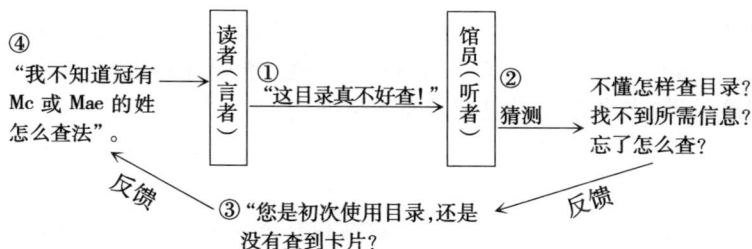

④
"我不知道冠有Mc 或 Mae 的姓怎么查法"。

读者(言者)
①
"这目录真不好查!"

馆员(听者)
②
猜测

不懂怎样查目录?
找不到所需信息?
忘了怎么查?

反馈

反馈

③"您是初次使用目录,还是没有查到卡片?

图 10　倾听与信息反馈

　　显然,通过反馈,起初模糊的提问具体化了,问题的症结所在也清楚了,但如果仅凭部分猜测就作出答复("你去看看使用规则说明")则仍然无法解决读者的问题。要注意的是,反馈宜用不确定的口气,使用户可以修正自己说过的话,切忌用"你刚才不是说过……"这一类责问的语气。

　　专心倾听强调的是专注,聚精会神地接受话语,其中包括留意对方的表述方式、语气、语调、体语等伴随语言而来的非语言信息,以期从中发现隐含着的未透露的需求和真意,也包括馆员注意自身的非语言行为。例如注视读者能使读者觉得自己的话正在得到重视,而目光溜向一边,或边听边做事会使读者觉得馆员是在漫不经心地敷衍。除了目光接触外,点头表示、姿势前倾等其他动作的配合都能表示"很感兴趣"、"请接下去谈"这样的信息,对言者的鼓励作用不亚于言语反馈。

专心倾听的过程也是记忆的过程,信息只有储存,才能加工、反馈。能否记取听到的内容,特别是重要的内容,直接关系到听的质量。如果馆员记不住读者刚刚说过的话,"左耳进,右耳出",或者总是要求读者追述刚刚讲过的话,会使对方怀疑馆员是否在认真地听。记忆的好和差有很大差异,一般可用三个要求来衡量:a.对读者说过的内容能准确地再现多少;b.对再现谈话中的事实没有很大出入,或没有本质上的歪曲;c.在一定时间内记住信息的数量。在倾听过程中达到理想的记忆不是要馆员记住一切内容,而是记住必要的材料,并在适当时候能迅速、准确地再现出来,要做到这一点,参考馆员可以试着作下述努力:

·记取谈话中涉及的概念和关键词,如时间、地点、人名、原因等;

·撇开一时未弄懂的术语,避免将注意力长时间地停留在难点上而影响记取其他信息;

·理解有助于记忆。因此,利用谈话间隙,弄清难点的涵义,使之自然地留在记忆中;

·大脑的记忆在工作一段时间后会疲劳,需要加工、整理后才能继续吸收。因此,经常进行简洁的复述,既能把杂乱无章的信息条理化,也能稍事休息,为下一阶段重新集中起注意力作好准备;

·必要时用笔记下要点。

最后,参考馆员必须认识到,尽管在接谈的全过程中,自己并非始终处于信息接受者的地位;但作为一个优秀的参考馆员,必须

是一个优秀的倾听者。做到这一条,除了注意培养倾听技能以外,还要注意作为一个优秀的倾听者的个人素质修养:

·应该是虚怀若谷,毫无偏见和先入之见的人;

·能够设身处地,坚持听下去的人;

·能够充分理解读者心情的人;

·能够对读者的表达有所协助,循循善诱而又不伤害其自尊的人;

·能够归纳思绪,边听边整理、抓住要点的人。

三、提高语言表达能力

咨询接谈是典型的语言交往活动,无论是提问、辅导、分析、建议都离不开语言表达。不同的语言技能,可以产生完全不同的接谈效果,有的参考馆员费尽口舌才能进入问题实质,有的则三言两语就弄清了读者的情报需求;有的谈话令人沮丧,有的则使人心情愉悦。反差之大,说明掌握语言技能是非常必要的。

(1)复述

复述(Restate)就是参考馆员用自己的语言重新叙述一遍读者讲过的话,它至少有两种形式:一种是为了在短时记忆中防止信息马上消失而重复对方的话,叫作维持性复述;一种是为了把听到的材料整合为长时记忆的结构而重复对方的话,叫作整合性复述。复述的另一作用是把接受的信息反馈给对方,以求自己的理解与读者的意图一致,如果不一致,则读者会修改提问表达使之更明确。

参考馆员在复述时应注意以下几点:①维持性复述是为了抓住在容量有限的短时记忆中逐渐消失的信息痕迹,使它们重新清晰起来,因而复述的单元不宜过多,如数字、地名、人名、术语或有关键意义的词汇。复述单元过多会使最后的单元在复述到达之前就在记忆中消失。整合性复述是把接受的信息整理之后再叙述出来。随时小结和概括听到的内容也属于这一类复述。由于整合性复述不可避免地融进了馆员自己的理解,因此要注意避免用自己的假设和判断代替复述的内容,还要注意自己的复述和读者的反馈之间的信息差,随时纠正误解,使信息授受双方都能准确地理解问题的实质;②运用比喻和类推法。有时读者"只可意会,无法言传"的表述给复述带来困难。为了证实"意会"是否正确,馆员的复述可适当用举例、比喻、类推等方法,以求意义的通达;③对复杂的问题或长篇描述宜适当增加复述的频率,力求一段一段逐渐消化读者对问题的表述。如果等提问终了再复述,不仅产生了更大的信息差,而且要读者追述全部内容也变得十分困难。当然,复述的频率和时间长短应以不打断读者思路或改变谈话方向为宜;④由于读者不熟悉环境,缺乏检索知识,加上思维和表述的脱节,用词不当,逻辑混乱的情况时有发生,如把索引说成目录,想找文章却问有没有书,人名书名的拼错等等。有些明显的错误,馆员凭直觉就会马上发现,但在复述中是否要及时纠正,怎样纠正,应加以考虑。前面说过,读者在提出情报需求时也产生获得尊重的需要,因此馆员如果要纠正对方的表述,在方式方法和遣词造句上都要审慎斟酌。

(2)停顿和终止

咨询接谈中的停顿是言者在讲话中稍停片刻后,然后再谈下去。终止是停止自己的讲话,由言者身份转向听者的身份。

当参考馆员分析问题、叙述查找步骤、答复检索结果或辅导检索工具的使用时,他就由听者变成言者。有的参考馆员一谈起来,口若悬河,滔滔不绝,也不顾读者在短时间内是否接受得了这么多陌生的材料,国外文献把这称之为"倾倒式"(Dumping)答复。注意停顿和终止是克服这一弊病的有效方法,它的具体作用在于:①让话语留下余韵,使听者有品味领悟的时间,跟上馆员的思路;②馆员需要时间来确定读者对自己话语的理解程度,然后再确定谈话的节奏和方式;③让听者有插话提问的机会。既然咨询接谈是一种对话,那么听和说的角色都是暂时的。充足的停顿能增加说话的效果,如果毫无止歇,又不容置喙,听者不能参加到对话中而总是处于单纯的接受状态就会感到疲劳,注意力分散,无法认真地吸收信息;④停顿有利于加强听者的紧张状态,掌握停顿机会是提醒读者注意:"怎么样,明白吗?""你在听吗?"听者的大脑这时会运转起来,加速处理已收到的信息,为反馈作好准备。

终止的另一含义是让读者停止谈话。当一位颇为唠叨的读者在对话中滔滔不绝,而他身后有别人在等待提问时,终止读者的谈话是参考馆员不得不采取的一个决定。但终止的方式不是粗暴地打断对方话头或强行加快谈话节奏,也不意味着最终结束咨询。讲究方式方法的馆员会建议读者先去试用某种检索工具,一旦腾出空来再继续对话,有的则认真记下读者的问题和联系方法,建议改约时间。不管哪一种方式,恰到好处的结语,委婉的转语、非语言信息的暗示、礼貌得体的举止和热情诚恳的语气都是终止谈话必不可少的技巧。

(3)善于提问

读者的提问信息传递给参考馆员以后,激起馆员记忆中认知经验再活动,然后通过被激活的认知结构去全面分析、筛选和综合所接受的信息,找出提问中内容、范围的模糊点,并通过对读者的提问,最终得出接近于读者实际需求的结论,为馆员决定正确的检索策略奠定基础,这就是咨询接谈中馆员提问的作用。

提问技巧是参考馆员语言能力的主要基本功。所谓善于提问,指的是馆员何时提出问题,提出什么问题和怎样表述问题。

①何时提问是指馆员要善于把握提问时机。提问不同于复述,有着转移读者注意、诱导谈话方向的作用。过早过频的提问,不仅会打乱读者思路、影响对需求的表达,还会产生"角色变换"的负效应,即读者刚提一个问题,馆员就接二连三地反问,处于

"招架"地位的读者甚至可能被"问跑"了。提问过迟也不适宜,这会使馆员要么把注意力转移到疑点上,影响了对其他信息的接受,要么就在读者提问结束后"炒冷饭"——让对方重复说过的话。适时提问,就是要审时度势,不干扰读者的思路,掌握读者的情绪状态和答问能力,见缝插针地抓住机会。此外,不能希望用一次提问(或一个大问题)解决所有疑点。人们的认识不可能一次完成,正确的情报检索方案也不可能在及时地分析、判断、综合读者提问之后就尽善尽美。方案是否正确,查寻结果是否符合读者要求,都要通过试查并且比较读者的需求来检验。因此,馆员对读者的提问不是随着一次接谈结束而结束,而是贯穿于整个接谈、查找和答案提供这一参考咨询过程的每个阶段中。在每一阶段,馆员需要不断提问来比较试查的结果,使自己对问题的认识由模糊到清晰,由局部到整体,由表层到内核。

②提出什么问题,是弄清需求的关键。馆员的提问要素包括何事(What)、何时(When)、何地(Where)、何人(Who)、为何(Why)和如何(How)这六个方面,这就是著名的罗迪亚德·基普林(Rudyard Kipling)澄清问题的六个武器,又称提问的 6 个"W"。

A."何事"——了解主题 馆员要弄清问题所属的学科范围、内容、深度、同相关领域的关系、提问中的概念和术语。这样才有可能利用分类或主题途径确立检索方案,找准检索语言。要做到这一点,最方便的办法是请教读者,提供有用的线索,或者通过查阅百科、专科辞典等工具书弄懂学科关系和概念术语。

B."为何"——了解读者的目的和动机 有的读者要求不明确,说不出需要什么类型、什么程度的文献,这时可以用"为何"来询问读者的需求目的,以便有针对性地提供答案。例如一位读者要查阅美国老年问题的外文资料,用《期刊文献读者指南》(Readers' Guide to Periodical Literature)和《社会科学索引》(Sosial Sciences Index)都可以找到大量期刊文章,但深度截然不同,通过前者只能找到通俗刊物上的一般介绍,而后者则收录了大量研究性的论文。这时就要弄清读者需要这些资料的目的是用于讲座还是撰写研究论文?

C.“何人”——澄清提问中有关“人”的疑点。这里有两层含义,一是尽可能多地掌握读者提问中的有关人的线索,如姓名、职业或专业、国籍等等。传记工具书的收录材料基本上都有明确分工,在《名人录》(Who's Who)中不可能查到美国名人,也不可能在《美国传记大词典》(Dictionary of American Biography)中查到里根或布什总统的材料,因为前者只收英国在世名人,后者只收美国去世名人。因此为了提高检索效率,也为了避免因同名同姓等原因造成误检,在接谈中就应问清有关线索。另一层含义是了解读者本人的一些情况——教育程度、专业背景、语言和理解能力等。例如学生和学者对“罗斯福对珍珠港事件的预见”就会要求侧重点完全不同的材料。学生对非小说性畅销书就非常满意,而学者则须深入到各种官方文件中去。

D“何时”、“何地”——了解限定条件 参考馆员还要问清读者的问题有没有时间、地点以及其他因素(如数量)的限定。时间要求既包括问题中所涉及的时间如人物所处的时代背景、收录材料的时间上下限等,也包括读者需要答案的限定时间。地点的限定包括人物的国籍、收录材料的国家或地区范围、事件发生的地点等。弄清限定条件,不仅使查找结果更为准确,还可以减少查找时间和人力的消耗,使检索更经济可行。

E.“如何”——了解读者查找的经历 许多读者是在自己的努力未获结果后才来到咨询台的,询问他们用过哪些工具书、使用哪些检索语言?已经解决了多少问题,还有哪些未解决,难点在何处等等。这些背景情况对于馆员制定检索策略、少走弯路是很有参考价值的。

③怎样提问指的是提问的方式方法。前面讨论的“如何提

问"和"提什么问题"必须同"怎样提问"结合在一起,才能构成较全面的提问技能。

所有问题,从形式上一般可分成两大类。一类是开放式问题(open question),这类问题并不规定应该怎样回答,或者说答案无法预料,如询问何事、为何、如何,(英文中常以疑问词 What、Why、How 开头)。开放式提问的目的在于鼓励读者说话,以便从中找到有用的线索。例如,"关于……,您想知道些<u>什么</u>?""请告诉我您打算用这些资料派<u>什么</u>用场?""到目前为止,您查了<u>哪些</u>资料?"等等。相反,如果让读者在可能的两种答案中选择其一,例如回答"是"或"否","这个"或"那个"的问题("您是要查期刊论文还是专著?"),这就是封闭式提问(closed question)。封闭式提问的目的在于控制读者答问的范围,避免使回答漫无边际。在接谈中,这两种提问方法常交替使用,试举一例说明:

读者:你能否帮我找一些有关隐形眼镜的资料?

馆员:好的。不过,关于隐形眼镜,你想知道些<u>什么</u>?

读者:我想配这种眼镜,可又不知道这种薄薄的东西在眼睛里会是什么滋味,有什么其他影响,因此我想了解详情。

咨询并没结束,但到此为止,馆员仅用了一个开放式提问就获得了许多有用的信息:他大致上猜出了读者对隐形眼镜已知道了多少(对方至少不是专家);为什么要查资料(决定是否要配眼镜或是找眼科医生);想寻找什么资料(关于隐形眼镜的褒贬之议或专家建议)。在这基础上馆员可进一步提出封闭式问题以证实他的猜测,然后形成查找策略或给读者一些有用的建议。一般说开放式提问宜用在接谈初期,特别是遇到不爱多说的读者时,这种提问有助于打开话题。而封闭式提问宜在接谈后期使用,以便把打开了的话题一步步缩小,使之具体化、明确化。如果在一开始就大量使用封闭式提问,在这类问题的诱导作用下,读者的答问会沿着馆员的思路发展,人为地限制了读者的需求表达。当然何时使用这两种提问方法并没有一个固定的公式。就像水的流量要靠水龙头控制一样,信息的流量和方向也要因势利导。

(4)情感的传递

任何信息,都有两种成分构成:内容(Content)和情感(Feel-ing),在口语中两者更不可分离。常常在柜台上听到这样的答复:"你说什么呀"?"你讲清楚一些好不好?!""你说得不对,是……,不是……"。这些话,言者可能无心,听者却非常敏感。言者那告诫性的口吻和居高临下的态势常常使听者尴尬窘迫、嗫嚅而退,或忍气吞声、怒火中烧,结果正确的信息不是因内容被排斥,而是被对立的感情因素排斥了。俗话说,同样的意思,可以说得让人笑起来,也可以使人跳起来。生活中的这个道理同样适用于咨询接谈。要使信息交流通畅顺达,馆员不仅要讲究内容的沟通还要讲究感情的沟通,要十分注意遣词造句和语气声调的感情色彩,用愉快的话语产生明快亲切的接谈情境,用同情的话语给读者以支持和鼓励。对于那些感情冲动、针对自己的负面的、不那么友好的表示要冷静对待,意见相左在接谈中是常有的,要留心的是不要勉强读者接受自己的意见,任何时候都不要用争论代替讨论,因为前者是慷慨陈词的说服,而后者是以商量的口气提出问题,引起对方思考。

交谈中传递情感的技巧之一是类语言的运用。类语言本身并非原来意义上的语言,而是口语的附加或补充成分。它包括声音要素和功能性发声,前者指讲话时的音调、音量、音速和音质,一个人的说话语气常常是这四个因素互相作用的结果;后者包括哭、笑、哼、叹和某些口头语。受话人在听到话语表达的内容的同时,也接收了说话人的语气,从中领悟出信息来,如拿腔作调表示漫不经心,疾言厉声表示愤怒,怯声怯气表示懦弱或害羞等等。同一句话,声音要素的控制就可以传递完全不同的信息。事实上,我们也常常"听话听音",自觉或不自觉地从说话的"腔调"来看人,或者用自己的"绘声绘色"的描述来表达对别人的印象。功能性发声也可表示一个人的情感,诸如"嗯","哦?""啊,是吗"等等,俗话称之为"搭茬儿"。如果读者打开了话匣,而馆员闷声不语,不"搭茬儿",说话者就会"败兴",这就是信息在单向传递而未引起任何反馈的缘故。"搭茬儿"可以是简单的发声,说明读者的话语已引起馆员的注意和反应,也可以是简单的口语,例如表示诱导性的话语:"然后呢?""是吗?""真的?",表示赞同的话语:"的确","是啊","唔!"还有表示同情的、喜悦的等等。如果平时多注意这种类语言,就会活跃接谈气氛,缓解读者紧张或羞怯的心情。

当然,除了注意类语言的运用,参考馆员还要注意言语的美学信息(巧用带有感情色彩的词语,使对话生动形象,避免枯燥无味,官话连篇)、风格信息(使对话幽默、诙谐、充满个性)和潜在信息(适度的褒贬、评价、双关语和委婉语的运用)。适当地使用方言也可使情感的传递收到良好的效果。

本章介绍了什么是咨询接谈,探讨了由语言和非语言信息构成的人际信息沟通障碍,由各种心理因素造成的人际认知障碍,以及社会环境和物质环境对读者的咨询行为产生的间接的和直接的影响。本章还讨论了接谈的某些技巧,包括观察方法、有效倾听、语言表达和提问技巧。作为小结,我们从 G. 杰霍德和 J. S. 布朗纳吉尔合著的、由徐祥盛翻译的《图书馆员和参考咨询》中选出一则咨询范例供读者结合前面的内容,考虑一下:馆员是怎样一步步了解读者真正的问题的? 哪些是非语言信息? 哪些是开放式或封闭式提问? 哪些是复述? 它们的作用各是什么?

接谈范例

(原文括号中的提示已略去)

读者:(慢慢走向参考台,犹豫不决,仿佛正在考虑怎样提问题,但是还在走着。)

馆员:(看到上述情景,放下正在阅读的报纸。)你找到要查找的资料了吗?

读者:我要查找大学课程一览表。

馆员:(从参考台站起,走向大学课程一览表)它们在参考台旁边的这个书架上。你是否打算找一种专门的大学课程一览表?

读者:我想找密执安大学的。

馆员:这是密执安大学的课程一览表。你想查找什么样的资料呢?

读者:我想查找两位教授的姓名:菲戈西和科罗伊。

馆员:你想查找他们的什么资料呢?

读者:我想知道他们当中是谁专门研究煤的特性。

馆员:(点头表示还在倾听)

读者:实际上我还不敢肯定他们是否在密执安大学执教,也许是在其他地方工作。

馆员:如果在该一览表中查不到他们,也许在其他情报源中能查到。你也许是想知道他们两人之中,谁是研究煤的特性的专家吧?

读者:是的。

馆员:你是否还想知道他们的其他情况呢?

读者:是的,我还想读一读他们之中的一位煤炭专家的三、两篇论文。

馆员:好,我们可以找出几篇论文。你想在论文中获得什么样的情报呢?

读者:我正在写一篇地质学论文,我们的教授告诉我们在密执安大学有这么一位著名的专家,我可以参考他的著作。

馆员:你的论文打算写些什么呢?

读者:关于煤的形成。

馆员:这就是说,你打算读些专家的论文,以便搜集资料,写好论文?

　　读者:是的。

　　馆员:你是否也能采用其他情报源提供的有关煤的形成资料呢?

　　读者:当然可以。我的指导教授只是想帮助我开始撰写这篇论文。

　　馆员:这样,我们就可以从好几种情报源中查找有关煤的形成资料了。你的论文是:"怎样探讨煤的形成?"

　　读者:我打算探讨美国东南部的煤的形成,说明它们埋藏在哪里,矿脉的延伸有多长。

　　馆员:你的论文还包括其他内容吗?

　　读者:不,就那么些内容。我只是想说明那个地区的煤储藏量和能供我们开采多少年。再就是根据我的分析,提出如何合理利用。

　　馆员:这就是说,你需要的美国东南部煤的储藏量和开采地的资料?

　　读者:是的,是这样。

　　馆员:(从参考架上取下一本书)这本书收录了去年报道的煤的储藏量资料。这本最新资料适合你的论文吗?

　　读者:好,太好了。

　　馆员:现在你需要查找有关煤炭专家或他写的论文吗?

　　读者:不,现在不必了。没有它们我也能写好论文了。

　　馆员:那么,我就把这本书借给你。如果你还需要什么,我将很乐意帮助你找到它们。

　　读者:好,谢谢你。

参考文献

　　1. 居延安. 信息、沟通、传播. 上海:上海人民出版社,1986. 209 页

2. Goldie, J., Pritchard, J. Interview methodology—comparison of three types of interview: one to one, group and tele - phone interviews. Aslib Proceeding, 1981,33(2):62 - 66

3. Taylor, Robert S. The process of asking questions. American Documentation, Oct. 1962. p. 391 - 396

4. Taylor, Robert S. Question - negotiation and information seeking in libraries. College & Research Libraries, 1968, 29(3)178 - 194

5. Davinson, D. Reference Service. London: Clive Bingley, 1980. 235p.

6. 王德春. 语言学教程. 济南:山东教育出版社,1987. 480 页

7. 王秀成. 科技情报心理学. 北京:科学技术文献出版社,1987. 81 页

8. 冯之俊,张念椿. 现代咨询学. 杭州:浙江教育出版社,1987. 204 页

9. 相马一郎、佐左顺彦. 环境心理学. 北京:中国建筑工业出版社,1986. 134 页

10. Becket, M., Smith, H. B. Designing a reference station for the information age. Library Journal, April 1986. p. 42 - 46

11. Crooks, J. M. Designing the "perfect reference desk". Library Journal, May 1983. p. 972

12. Kleiner, J. The information desk: the Library's gateway to service. College & Research Libraries, Nov. 1968. p. 496 - 497

13. Larason, L., Robinson, J. S. The reference desk: service point or barrier? RQ, Spring 1984. p. 332 - 338

14. Morgan, L. Patron preference in reference service point. RQ, Summer, 1980. p. 373 - 375

15. Pierson, R. On reference desks. RQ, Winter, 1977. p. 137 - 138

16. 林赛,诺曼. 人的信息加工心理学概论. 北京:科学出版社,1987. 556 页

17. 坂川山辉夫. 谈话的艺术. 北京:科学普及出版社,1987. 172 页

18. 尼尔伦伯格. 谈判的艺术. 上海:上海翻译出版公司,1986. 196 页

19. 尼伦伯格、卡莱罗. 怎样洞察人. 杭州:浙江文艺出版社,1987. 197 页

20. Munoz, J. L. The significance of nonverbal communication in the reference interview. RQ, 1977, 6(3):220 - 224

21. Jennerich, E. Z. ,Jennerich, E. J. The reference interview as a creative art. Libraries Unlimited, 1987.

22. 杰霍德,布朗纳吉尔. 图书馆员和参考咨询. 成都:成都科技大学出版社,1989. 192 页

23. 邵伏先. 人际交往心理学. 重庆:重庆出版社,1988. 326 页

24. 黄文林. 用户情报需求的两个原则. 情报业务研究,1988(4);278 -279

25. Smith, N. M. ,Fitt, S. D. Vertical - horizontal relationships:their application for librarians. Special Libraries, Nov. 1975. p. 528 -531

26. 王朝庄. 也谈第一印象. 大众心理学,1986(2):17

27. 李自章. 谈编辑在审稿时的定势心理. 大众心理学,1986(4):44

28. 胡正凡. 环境心理学与环境——行为研究. 世界建筑,1983(3):61 -66

29. 邵道生. 谈谈观察力. 河南青年,1981(3):30 -31

30. 袁亚兵,邵启扬. 谈话的模式. 心理学动态,1987 (4):56 -62

31. 张帆. 参考接谈. 高校图书馆工作,1987(2):11

32. 顾建人. 参考咨询的洽谈技巧. 江苏图书馆学报. 1989(2) :42

33. 施志远. 表情与交际. 大众心理学,1983(4):7

34. 杨德沛. 脸色与情感表达. 大众心理学. 1987(5):35

35. Smith, N. M. ,Fitt 发, S. D. Active listening at the reference desk. RQ, Spring 1982. p. 247 -249

36. Rogers, C. R. ,Farson, R. E. Active listening. In:Communication and interpersonal:text and cases. ed. by W. Haney. IRWIN, 1986.

37. King, G. The reference interview:open & closed questions. RQ, Spring, 1972. p. 157 -160

38. 赵伯兴. 情报咨询决策阶段说. 图书与情报工作,1989(1): 18 -21

39. 王明明. 论情报意识. 北京高校图书馆,1987(3):9 -11,7

40. 兰开斯特. 潜在的需求与表出的需求. 见:社会科学情报工作概论:教学参考资料. 赵汉桂编著. 北京:档案出版社,P. 617 -625

41. Thompson, M. J. A proposed model of self - disclosure. RQ, Winter, 1980. p. 160 -163.

42. Horn, Roger. Why they don't ask questions. RQ, Spring, 1974. 13:225 – 233

43. Kosa, Geza A. The psychological barrier between college students and the librarian. AARL. June, 1982. p. 107 – 112

第四章　检索与答复

　　当参考馆员在接谈阶段弄清或初步弄清了读者的需求后就进入了参考咨询过程的第二阶段——检索阶段。有些专业人员常常混用文献检索和情报检索这两个词,其实这是两个不同的概念。文献是记录有知识和信息的一切载体,包括印刷型资料、缩微型资料、声像资料和机读型资料,文献检索就是查找和提供读者所需要的各类型相关资料的过程。情报是指人们思考和行动需要而又未知的知识,任何隐含在文献中的、为读者所需要的事实、数据、图像、理论等等,都是情报。因此,情报检索就是通过分析、综合等信息加工获取这些隐含在文献中的知识的过程。两者的共同点都是根据特定的需求,通过检索工具,按照一定的方法查找,而且情报检索要通过文献检索才能实现。因此,本章不再分别论述。只是当出现这两个术语时,读者能理解其涵义就可以了。

第一节　检索策略

　　"行成于思",要想使行为取得预期的效果就要仔细规划筹措。检索策略和查找行为的关系也是这样。要提高检准的必然性,减少偶然性,避免盲人瞎马地乱碰乱撞,就要讲究检索策略。检索策略的"决策"过程,就是参考馆员以读者提供的大量信息为依据,运用实践经验和工具书知识对预想中的各种备选方案进行判别、比较、分析、权衡其利弊得失,从中选出最合理方案的过程。它可以分为四个步骤,如图 11 所示。

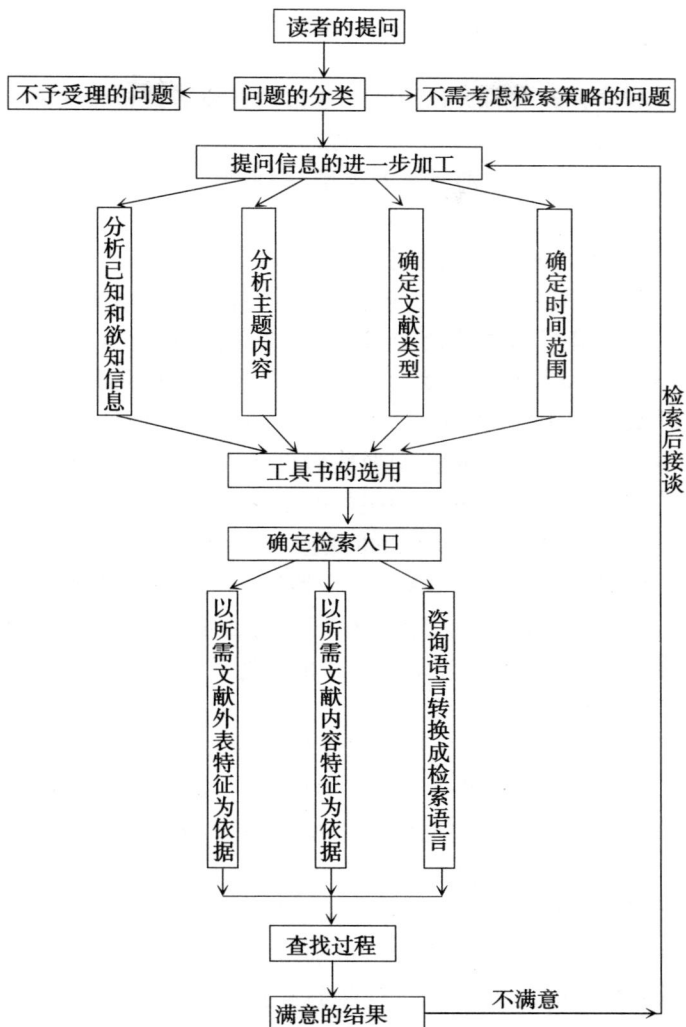

图 11　检索策略的决策过程

一、咨询问题的分类

并非读者提出的所有问题参考馆员都要考虑检索策略,也并非所有问题都要受理,即使在受理的问题中,其性质、程度和解决方法也各不相同。区别问题的类型,就是为了提高处理问题的效率,也有利于针对性地制定检索策略。

(1)行政管理型问题和方位型问题

"星期天图书馆什么时间开馆?""怎样办理图书预约?""如何办理馆际互借?"这类涉及图书馆规章条例的问题称为管理型问题。"什么地方可以复印资料?""古籍阅览室往哪儿走?""百科全书在什么地方能找到?"这类询问地点、方向的问题称为方位型问题。馆员答复这两类问题,只要凭借自己的知识,不需借助任何工具书。如果,布置一些设计得很好的布告或小册子,它们就可以在很大程度代替馆员回答类似的问题。当然,这类问题可以转变成其他类型的咨询问题。如果馆员在答复了"《英国百科全书》放在何处"后,接着又以开放式提问反问:"你需要了解些什么?"读者就可能进一步提出反映其真实需求的问题。

(2)不予受理的问题

下列提问是参考馆员没法回答的:

①凭常识就知道没有答案。例如:外星人或地球外文明存在与否,不明飞行物 UFO,尼斯湖之怪,百慕大之谜,某些考证性问题(如朱元璋墓在何处)等等。

②因机密性而不发表在一般书刊资料上的问题,如某些技术参数、统计数字、配方、涉及政府机构内部的情况等。

③对将来的预测。如 1995 年石油价格,明年的书价,近期银行利息的升落估计等等。

④某些会引起不良的后果的咨询,在许多国外图书馆是不予以回答的,如爆炸装置的制造方法、堕胎方法、学生作业答案等。

⑤规定不回答的问题,如各种智力测验题、知识竞赛题,某些日常生活问题(如涉及医疗咨询、法律咨询、心理咨询)。

对于不受理的问题,参考部门应在咨询工作规则上明确规定,公诸于读者,并随时向读者耐心地解释。

(3)对已知文献的提问

这种提问通常是要求查找某一特定的文献。读者提出的文献特征最多的是著者和书名。如"元人所著《西湖书院》一文收在哪一部集子里?""吴晗写过几篇有关朱元璋的文章?"等。回答这类问题一般比较简单。如果所需文献类型是专著,则可查书目或目录,如果是文章,可以查索引或文摘,但有时也并不容易。卡茨指出四个问题:①读者把著者的姓名拼错;②实际要找的书并非读者提出的著者所著,而是另一位著者的著作;③找到了所要的书,但发现并非是读者真正需要的;④要求馆际互借,书到后读者却不来了。所有这些不得不使最富有经验的馆员也要对那种指名要书的简单咨询加以分析。应该假设读者实际需要的帮助比他提出的要多,这种认识往往在实践中证明是正确的。馆员应反复提问,多了解一些信息,以便使咨询结果与实际需求尽可能一致。

(4)便捷型问题

查找语录诗文、词语掌故、人物生平、历史事件、机构概况、典章制度、某项记录、参数公式、电话号码等等,都是便捷型(Ready-reference)问题,或者叫数据型(Data – type)问题,答案可从相应的百科全书、年鉴、手册、统计资料、地理资料、机构指南、传记资料、术语词典和电话簿中找到。只要充分了解各种便捷型工具书的特点和检索途径,大部分上述问题都容易得到答案,回答时间只须几分钟。有少数问题,由于缺藏检索工具,不能提供必要的资料,则要花费数小时去查找。便捷型问题在咨询问题总数中所占比例在各种类型图书馆中不尽相同。根据卡茨说法,公共图书馆约占30～40%,而学校和专业图书馆文献检索型问题占多数。

（5）特定主题咨询

这类问题不是要求找某一已知文献，也不是要得到一个具体的事实数据，而是要查关于某一主题的文献。例如，"我在写一篇积累和消费比例关系研究的论文，怎样才能找到有关资料？""这里有关于上海民族橡胶工业的资料吗？"等等。这类问题与便捷型问题的主要区别在于：①便捷型问题是用具体的事实数据来答复读者，答案一般来自三次文献，而特定主题咨询是采取向读者提供一批文献的方式，答案来自二次文献；②特定主题咨询几乎没有一个确切的答案，读者满意程度较难确定，有的只要得到涉及这方面的一点资料就满足了，有的不详尽地占有资料或资料线索决不罢休；③答复问题所需时间亦可长可短，取决于馆员的忙碌程度和服务态度。如果馆员愿意直接提供答案可能花数小时，否则也可把问题变成方位型的，让读者自己去查阅检索工具。

（6）研究型问题

这类问题在全部咨询中占很小比例，主要来自于专家、教授、科技人员、企业经理，他们为开展业务工作和学术研究需要详尽的资料，其中有的是供决策参考的数据，有的是较为专深的文献。回答这类问题，需要进行数次检索和浏览，要对来自各方面的答案进行分析、验证、综合等加工，其难度和所需时间无法估计，所以也有人称之为课题咨询。解决这类问题，需要参考馆员的专业学科知识，或调动各方力量共同承担。

卡茨指出："问题变化是反复无常的"，上述问题的类型在一定条件下会互相转化。便捷型问题可能转变为主题检索型问题，如要求了解尤金·奥尼尔生平的读者可能进一步要求馆员提供研究他的文章，于是查找百科或传记就转向查索引或书目。促使问题转型的原因很多，读者对馆员能力的信任程度是其中之一。谨慎的读者一般采取"投石问路"的提问方法，一旦他了解了馆员的责任心和业务能力才会吐露真意。此外，也与图书馆实行的参考服务层次有关。如果人手紧张,资料缺乏,参考部只能实行最低限度的服务(Minimum service),读者就会发现馆员是用指示方向的办法解答他的便捷型问题。

二、提问信息的加工

(1)分析"已知"和"欲知"信息

杰霍德在《图书馆员和参考咨询》一书中指出,不管是简单明了还是复杂冗长的提问,经过分析后都可以重新组合成两个部分:"已知"(given)信息和"欲知"(wanted)信息。每一部分又可以提炼出核心信息(essential information)。例如,"我在寻找一位前佛罗里达大学教授的新地址,可现在无法确定他在哪儿从事教学。我想他也许在加州某一所大学任教。他的名字叫阿瑟·珀金斯,教植物学的。"这个问题经过馆员一整理,就成为两个部分,已知:阿瑟·珀金斯(核心信息),前佛州植物学教授,现可能在加州某大学任教(补充信息);欲知:他现在的地址。已知核心信息是所有线索中的关键部分,失去核心信息其他补充信息也无一有用。试想如果馆员真的去试查一位曾经是佛罗里达州立大学的植物学教授而现在又可能在加州某大学任教的人,这种查找将是非常费力费时的。现在,我们把分析后的两部分合在一起,一个看似冗长的提问就非常明确简单,即"查阿瑟·珀金斯现在的地址"。这种方法可以用来分析任何一个咨询问题,帮助参考馆员从繁冗复杂的提问中理出头绪来,分清哪些是检索目标,哪些是检索条件。如果"已知"和"欲知"两者中有一个不明确或短缺,这就是线索。它提示参考馆员在开始查找前必须同读者进行接谈。如果在信息筛选这一步发生差错,就将会导致随之而来的参考程序各步骤的一系列错误。

"已知"和"欲知"信息还能帮助参考馆员确定可能包含咨询答案的工具书类型。人的思维具有概括性,最错综复杂的提问经过参考馆员条分缕析后也能概括成为数不多的咨询专题。杰霍德和布朗纳吉尔就把大量"已知"和"欲知"归并成若干专题,并转译成叙词(Descriptor),如表7。

表7 "已知"和"欲知"叙词表

已知(Given)	欲知(Wanted)
缩略词(Abbreviation)	日期(Date)
机构(专有名词)(Organization)	图表(Illustration)
人物(专有名词)(Person)	数据情报(Numeric information)
地名(专有名词)(Place)	性质(科学定义)(Properties)
术语或主题词(不一定收入主题词	统计数字(包括计算)(Statistics)
表)(Term or Subject)	机构(Organization)
特定出版物(Specific Publication)	人名(Person)
	地址或地理位置(Address or location)
	出版物(Publication)
	书目(Bibliography)
	收藏处所(Document location)
	书目资料的核实或查全(Verification or completion of bibliographic data)
	文献情报(Textual information)
	定义 – 符号(Definition – Symbol)
	评论(Recommendation)
	综合或背景情报(General or background information)

这样,一旦熟悉不同类型的工具书所含不同类型的"已知"和"欲知"信息,并同提问中的叙词分类相匹配,就可能选出提供答案的、类型最适合的工具书。上例"阿瑟·珀金斯现在的住址",

按叙词分类可译成"(已知)人名(欲知)地址",于是很快就同专查人物的地址的工具书挂上号(例如履历型传记)。一旦确定具体的工具书后,已知核心信息还可作为检索点用来检索专门的条目。

(2)分析提问的主题内容

除了要知道一个问题中哪些是"已知",哪些是"欲知"信息外,还需考虑所需情报的学科性质、特点和水平层次。弄清学科性质的目的是明确检索的学科范围。学科范围越具体、越明确越有利于检索。例如,要弄清提问所属的学科是基础医学还是临床医学?如果是临床医学则是药理学还是病理学?如果问题属于多学科或交叉学科,则分别列出多学科或交叉学科的相关部分的具体范围。这对于确定所需情报在复杂的学科体系中的位置,对于从分类途径检索时选用上下位类扩大或缩小查找范围都是大有助益的。

提问内容分析包括主题概念的分析。弄清主题概念有助于参考馆员科学地选用主题词以便从主题途径进行检索。分析的质量首先同分析深度与广度有关,即以整个咨询课题为一个单元进行概括式分析(浅分析)还是对问题的每一个方面、每一个层次进行微观分析(深分析,指出若干相关事物或局部主题)。如果仅用一个简单的概念笼统地指出是什么事物,则检索时只要选用较为宽泛的简单主题词或上位主题词就可涵盖整个需求的内容,但这样检索途径比较少。如果是用复杂概念来表达(具体指出事物的特征,或它的某一方面、某一部分的问题)则检索时需要的检索标识数量较多,检索途径因此而增加,获得所需文献情报的可能性也增加。参考馆员在深入分析主题概念时,要展开提问的全部主题概念,如"钢筋构件采用环氧树脂涂敷防蚀"这一课题至少有"钢筋加工"、"防蚀"、"环氧树脂"三个概念。要注意提问中有的概念是明确的,有的可能是隐含的,如"热处理使金属纯态消失"中的"腐

139

蚀"，"烟囱排烟"中的"烟污染"等；另外，还要弄清这些概念之间的关系，是并列关系、主从关系，还是交叉关系？要确定哪些是主要概念，哪些是次要的，大胆舍去那些无关概念，使分析出的概念少而精。

（3）确定文献类型

如果读者告诉馆员，他需要某主题的近期文章，则文章涉及的文献类型就有很多——报纸、期刊、文集、会议论文、专利报告等，馆员应问清读者需要哪一类或哪几类文献。一般说，读者接触的文献种类较少，且总是偏爱平时常用的几种类型（如期刊）。在接触中他们的要求往往局限于自己所熟悉的文献类型，很少考虑其他来源。这时馆员还应该提些建议并给予必要的指导，扩大他们的检索思路，尤其是在单一类型的文献中查到情报的数量质量不尽满意时，使用那些常被人们忽略的文献如会议录、专利报告和政府文献同样可以获得有价值的情报。

（4）确定时间范围

确定所需文献情报的时间范围是为了使检索更经济、快捷、准确。对于需要较多回溯性资料的问题，参考馆员就要确定查找年代的上限和下限，如果是"近期文献"，那么是近3年的还是限于去年？当查不到某一人物或特定文献时，时间的差错是馆员应考虑的一个主要原因。是否记错了生卒年月或出版日期？工具书的材料收录范围很讲究时间性，传记、书目、年鉴、索引尤其是这样，如果带着提问中含糊的时间信息（"过去的"、"历史上的"等）去检索，结果可能事倍功半。

三、工具书的选择

一个稍具规模的图书馆有少至数千多至上万种中外文工具书。要从中挑选出能回答一个特定问题的工具书，首先要熟悉各类型工具书的主要作用，知道哪类问题该用哪类工具书解决；其次要熟悉各主要工具书的内容范围、特点、编排结构;再次要了解工具书之间的相互关系,包括内容和时间的联系。有了这些知识在头脑中,考虑检索方案时就能驾轻就熟地选择工具书,有的放矢地进行查找。

工具书的类型,各教科书划分不一,本书按照用途分为两大类13种小类:

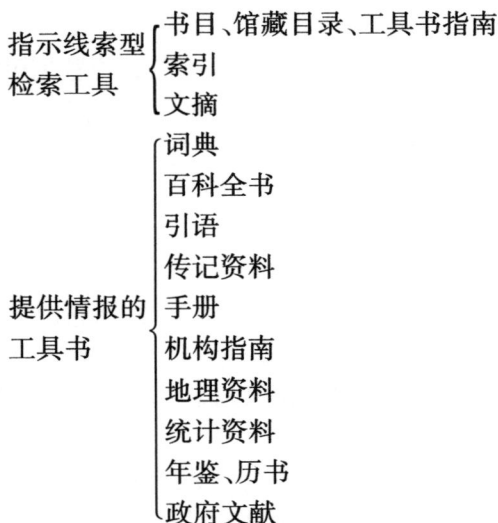

指示线索型
检索工具
{
书目、馆藏目录、工具书指南
索引
文摘
}

提供情报的
工具书
{
词典
百科全书
引语
传记资料
手册
机构指南
地理资料
统计资料
年鉴、历书
政府文献
}

指示线索型工具书就是指引馆员或读者从书目、索引这类工具书中找到所需文献的线索。它们只鉴别参考源的情报内容,而不是提供情报本身。指示线索型工具书起桥梁作用,沟通着读者的需求与隐含着这些所需情报的工具书之间的联系。

(1)指示线索型检索工具的选择

为了确定一种能提供答案的工具书,馆员可以利用书目或工具书指南找出最适合的工具书书名,然后通过馆藏目录查得本馆有无收藏,或者要得到一批对毕业论文最有助益的文章,可以利用索引查得文章出处,再利用馆藏目录查得本馆有关期刊的收藏情况。选择哪一种指示线索型检索工具并无一定之规,但了解指示线索型检索工具的特点,仍有助于确定检索策略,提高检索效率。一种理想的指示线索型检索工具必须具备下列特点:

· 材料收录全面;
· 对著录的每本书要提供基本评价;
· 明确指出该书在馆藏中的位置;
· 检索方便;

馆藏目录 这是参考馆员解答文献检索类问题应首先想到的检索工具。如果碰到对已知文献的提问,馆员就可以根据已知的著者或书名直接在书名目录或著者目录中去查。如果已知的是主题或某一学科范围,可以用分类目录和主题目录,后两者是解决特定主题咨询的最好途径。馆藏联合目录也是一个不可忽视的检索工具,它是解决本馆缺藏资料的有用工具。但馆藏目录仅以文献的物理单元(一本本书或一种种刊)为著录对象的,期刊论文或书中的某一章节就不可能通过馆藏目录查得。此外,馆藏目录卡不像书目或工具书指南,不能对收录的图书(包括工具书)提供详细评论。

书目 书目是对图书、手稿以及其它出版物进行系统地描述与编排而制成的目录。这些出版物之间都有一定的内在联系。因此,也就有若干种不同类型的书目。综合性书目收录范围不限于某一著者、主题、国家或时期的资料,是大范围内查寻特定文献的有用工具。著者书目是专收著者的所有作品的书目;主题书目则是从主题角度收录和查找的书目;这两类书目往往既收录图书又收录论文或其它类型的文献,因而可以弥补馆藏目录的不足。此外,一本书目可以是描述性的,提供查证诸如著者姓名、作品全名、出版时间、版本、价格等项目;亦可以是评论性的,对出版物的使用价值提出看法,发挥指导阅读的作用;还可以是注释性的,简略地介绍著作的内容,论述主题的写作风格,这些都是馆藏目录不能替代的。

索引　没有索引工具,期刊、报纸中多得不计其数的资料就无法利用,收录在文集中的论文也不可能通过目录查到。即使每种期刊备有总索引,也不可能将所有重要论题收罗殆尽。索引可以分为篇目索引和内容索引。篇目索引主要作用是查阅报纸、期刊、会议记录中的文章。期刊索引、报纸索引、会议录索引和文集索引均以篇为检索单元,著录有文献著者姓名和出处。它们的出版时差短,报道范围广、数量大,况且每种索引收录性质相同的一次文献,互不重复。这对于研究某一专深主题或希望得到最新资料的读者来说是很有价值的。内容索引一般是附在专著或年鉴、百科等工具书之后的书后索引,按主题词、人名、地名、事件、概念等内容要项编排,是查找隐含在文章中所需情报,进行微观检索的有用工具。国外的书后索引比较普遍,这使每本图书都增加了情报检索的功能。因此,如果注意和书目、目录一起配合使用,就可以从所需文献入手,利用书后索引查到所需情报。

文摘　既能进行文献检索,又能在某种程度上满足情报需求的典型工具书是文摘。不管是指示性文摘还是报导性文摘,除了都报导论文的题录部分(题名、作者、出处)因而可查到所需文献原文外,还报导了文献的内容;只是指示性文摘侧重揭示文献的主题、研究方法、结论、用途和参考价值,不涉及具体的技术内容,而报导性文摘比较详细地报导文献的主要内容、观点、方法、设备、材料、结论,以及必要的数据、图表和参考资料。读者可以从文摘中直接找到所需情报,如果不满足,再去查找原文。从这个意义上说,文摘是集书目、索引和一次文献三者于一身的特殊检索工具书。

工具书指南　有经验的馆员可以根据自己的知识判断每种工具书在答复咨询时的价值,但这多半是指自己熟悉的工具书而言,例如查美国的《参考季刊》去年的订价,馆员会马上想到用《乌利希国际期刊指南》。查达乌化学公司(Dow Chemical Company)总机构的地址,也可以马上断定《托马斯制造商名录》(Thomas Register of Manufactures）的价值。但如果遇到的咨询问题是陌生的内容，馆员也不熟悉那一范围的工具书，就不可能立即选出所需的工具书。例如查 Biblical coin 是一种什么货币？几种大百科和词典都查不到。只有专门介绍货币的专科百科、手册、词典才会有答案。不熟悉这一领域的馆员不可能、也无须记住那么多工具书，他只要依靠工具书指南如希依（Eugene P. Sheehy）的《参考工具书指南》（Guide to Reference Books），或沃尔福特（A. J. Walford）的《参考资料指南》（Guide to Reference Material）就可以在有关类中找到解决这类问题的工具书书名，然后再利用馆藏目录得到该书。

上述四种指示线索型检索工具很难说哪一种能完全满足理想的指示线索型工具书必具的四点要求。它们各有特长和缺点，在选择的时候，一般总是考虑最简便、最迅速的检索方法，例如使用卡片目录直接、方便，一步就可以确定能提供答案的工具书的馆藏处所；如果某种工具书未被收入馆藏，或者要在众多的同类工具书中选择，就应首先考虑工具书书目，从中得到建议和指导，但这样就要分两步查找。考虑方案时，权衡各工具书的利弊，综合利用，可以得到取长补短的效果。

（2）便捷型工具书的选择

便捷型工具书种类多，数量大，各有自己的适用范围，如传记资料是提供人物情报的参考工具书，词典是有关词和术语的工具书，要解决有关地名的问题最好用地图和地名词典，查找某专业的基本概况，数据、公式、方法、符号等应该查手册，而年鉴的最大特色是能提供近期事件的情报和研究发展趋势。参考馆员在回答从未接触过的咨询时，就是这样首先考虑有可能提供答案的工具书类型，为完成这一步，有经验的馆员是把反映需求的问题类型和参考源的类型联系起来，考虑情报需求和各类型工具书内在联系。就像分析提问信息可以用"已知"和"欲知"来描述那样，各类型参考工具书也可以用"已知"和"欲知"的组配作为分类的依据。杰

144

霍德在《图书馆员和参考咨询》一书中列出一张叙词和工具书对应表,在这些表中,把"已知"叙词和"欲知"叙词相组配,然后列出能满足这一组配要求的各工具书类型,这样,就把提问信息的分析和工具书的选用结合在一起,是一种特定检索策略的有用的方法。表8是这些图表中的一例。(指示线索型工具书的选用也采用这一方法)。

"已知":机构　举例:国会图书馆

表8　叙词和工具书对应表

欲知	咨询举例	工具书类型
日期	国会图书馆何时建立?	百科,非传记指南,专著,教科书
图表	我想看国会图书馆阅览大厅照片	百科,专著,教科书
数据情报——测量	国会图书馆阅览大厅有多少平方米?	百科,专著,教科书
数据情报——计算	国会图书馆每年著录多少种图书资料?	百科,非传记指南,专著
机构	国会图书馆向政府哪个部门报告工作?	非传记指南
人名	国会图书馆现任馆长是谁?	百科,专著,教科书,非传记指南
地址——地理位置	国会图书馆的通讯地址	百科,手册,便览,非传记指南
书目	你们有国会图书馆的出版物目录吗?	卡片目录,联合目录,索引,书目,文摘
文献收藏处所	你们有国会图书馆最新年报的拷贝吗?	卡片目录,联合目录
文献核实	请找一下萨拉曼柯写的有关国会图书馆的那本书的完整著录	卡片目录,联合目录,索引,书目,文摘
背景情报	什么人才有资格进入国会图书馆阅览大厅	百科,手册,便览,专著,教科书,非传记指南

确定适用的工具书类型以后,馆员即可进一步从该类型参考源中选出一种专门的工具书。即使同一种类的工具书,由于材料收录的详略或侧重有所不同,编排也不尽一致,因而也要通过试查、比较、仔细考虑后再决定。北京图书馆接受一个国外咨询,要查有关白朗起义中的白朗是否进过日本的军事学校。解决这个问题的关键在找到有关白朗一生的详细传记。我们不妨试用上述分析方法,得出,"已知"叙词:人名;"欲知"叙词:文献情报——背景情报;适用的工具书类型是:传记资料、专著、索引、目录。北图咨询部初步挑选的工具书也在这个范围内。初步查找结果,在卡片目录和传记类均未找到有关资料,再根据白朗起义时间和地点线索,确定几条路可走:①卡片目录中查历史类看看有无专著论述②《史学论文索引》③《全国报刊索引》④《中国近代现代史论文资料索引》⑤当地报纸⑥河南地方志。那么多材料,就要进行分析比较,得出论证:①使用索引比翻阅报纸快;②专类索引比综合性索引材料丰富,③新材料可能比旧材料可靠。于是选中《中国近代现代史论文资料索引》,果然较快地得出结果。还要注意的是,选择工具书虽然有一定的方法,但这些方法只是在总结大多数咨询经验的基础上形成的,它对我们处理检索问题只有启发性,不具有规定性。碰到具体问题,一定要开动脑筋思考,切忌生搬硬套,搞"对号入座"。一位研究生为译一篇瑞典的林业文献中的几种树种的中文名称查阅了《英拉汉植物名称》《拉汉英种子植物名称》《林业词汇》等专科词典,未获结果,参考馆员用一本《英汉科技词汇大全》便查到了 Obeche 为奥愍契树,而 Afzelia 为枇杷木等等。原因在于读者选工具书看来对上口了,但一分析,这些词汇都是地方俗名,专业工具书一般不收,俗名要在一本较为广博的工具书上可能查到。

四、确定检索入口

一种可能包含着答案的工具书确定以后,下一步应考虑怎样从中找到所需答案。工具书的检索途径不止一种,参考馆员应根据"已知"信息特征确定检索入口。一般说,所有文献的特征可分两大类:外表特征(题名、著者、序号等)和内容特征(分类、主题、关键词)。所以文献检索的入口途径也分成两个方面。

(1)以所需文献外表特征为依据

题名途径　根据已知的书名、刊名、篇名按字顺排列规则在工具书中查找所需文献的途径。按题名排列文献是我国书目索引的传统和主要特色之一。近年来,我国文献著录向国际标准靠拢,工具书收录的文献也开始出现按著者排列的情况,但题名仍是主要检索途径。在西文工具书中,文献的题名一般只作为辅助检索途径。例如作为书名索引附于书后。在与著者和主题混合排列的书目或目录中,题名款目只是附加款目。西文索引很少提供篇名途径,除非按著录规则篇名不得不作为主要款目(Main entry)的标目。因此以篇名为检索点的查全率是较低的。

著者途径　以著者姓名为检索点找文献的途径。我国工具书中文献的排列方法正好与西方国家相反,著者途径常常是辅助检索途径,许多书目索引甚至没有著者索引。西文工具书中的著者款目所负载的信息较其它款目完备,但我国读者一般不习惯以著者为检索点的查找方法。西文著者姓名倒置、复姓、前缀的取舍等问题也给中国读者的检索带来困难。

序号途径　按号码顺序如报告号、专刊号、标准号、入藏号查找文献的方法。使用这种途径多见于查专刊、科技报告、政府文献和缩微制品。

(2)以所需文献的内容特征为依据

分类法途径　以科学分类的观点,运用概念划分与归纳的方法,在有学科逻辑的、有内在联系的知识体系中搜寻所需文献的方法。分类是区别事物及其相关联系的一种思维方法,是人的思维活动中的一种本能。按分类查找文献情报的优点是能按照学科的系统性,从事物的派生隶属与平行关系的把握中获取所需资料。其缺点是由于分类法把人类知识按线性层次划分,不适合当今边缘学科交叉学科发展的需要,横向查找较为吃力。再者,用分类切割知识的"块"较大,不利于查找细小知识单元的"微观"检索。不管是使用目录、书目、索引、文摘,参考馆员必须先浏览该检索工具采用的分类法(或分类简表),弄懂类号的等级次序、类目的排列和划分、类名的涵义,以及有关的说明与注释。

主题法途径 这是通过分析所需文献情报的内容,找出能代表这些内容的、概括性强、专指度高的规范化名词或词组(主题词),按其字母顺序或笔划、音序来查找文献情报的一种途径。采用主题法可以不受分类体系中知识的呈线性排列的约束,又接近于自然语言,避免了那种分门别类地查找答案的弊病,使检索更直接、方便、快捷。由于主题词表达概念准确,专指性强,可用来检索较为专深细小的知识单元。主题法的缺点是缺少学科系统的整体与层次概念,这使得在分类法中紧密相邻的,相互有关联的知识在主题法中被字顺分割得七零八落,因此,用主题法可得到较高的查准率,但查全率较低。

关键词法途径 这是通过题名的关键词为检索入口查找所需文献的方法。关键词法具有主题词法的部分功能,能在一定程度上揭示文献的内容特征,如题为"飞机发动机噪音的消除"的论文,读者可以从"飞机""发动机""噪音"这三个检索点去查找。关键词是自然语言,它有利的一面是作为检索标识容易被掌握,不利一面是自然语言所产生的同义词、近义词、多义词容易造成歧义和误差,给选用检索点带来困难。此外,关键词通常采用轮排法,这种排列违背了人们的阅读习惯,由于语序被打乱,抽取的词与其

148

它部分没有直接关系而使题义含糊,理解困难。

（3）咨询语言转换成规范化的检索语言

检索语言是根据文献情报检索需要创制的一种人工语言,又称检索标识。如果从反映文献特征的角度来分,那些代表了文献外表特征的著者姓名、题名、报告号、标准号、专利号等检索标识和代表了文献内容特征的类号、叙词、标题词和关键词都是检索语言。但从检索标识规范化的角度来分,检索语言可分为自然语言检索标识和规范语言检索标识,前者包括著者姓名、题名、会议名称、机构号、标准号、专利号和关键词,后者则仅指分类号、标题词,和叙词。规范化检索语言是存取文献情报的依据。在编制检索工具时,标引人员要对各种文献进行主题分析,把它们所包含的情报内容都分析出来,使之形成若干能代表文献内容的概念,并用规范化的语言如叙词、标题词或分类号把这些概念标示出来,纳入检索系统中。当检索时,检索人员也要对提问进行主题分析,使之形成能代表情报需要的概念,并把这些概念转换成系统能接受的语言,然后才能从检索系统中得到用这些规范化语言所标引的文献。因此,咨询语言转化成规范化的检索语言是确定检索策略的又一重要步骤,对检索成功与否关系极大,参考馆员在进行这一工作时应注意以下几点:

第一,选用恰当的标识表达提问分析结果所形成的概念。各种词表,不管是先组式的还是后组式的,都是检索系统使用的专门的规范化语言,用这种语言表述的概念,只有一种解释,不允许一词多义,多词一义,这是规范化检索语言的单义性所规定的。而读者提问用的是自然语言,自然语言并不遵守特定事物具有特定概念用特定语言表达这一原则。移民（immigrant）这一概念读者可能用外国人（Alients）、外国居民（foreign population）、难民（refugees）、移居者（settlers）等语词表达。馆员先要了解要查阅的工具书是采用哪种词表组织款目的,然后在该词表中选用恰当的检索词来代替读者使用的不规范词语,如读者要查防火剂或防燃剂资料,《国防词表》采用的叙词是阻燃剂。"飞机"这一概念,《国会主题词表》采用的标题词是 Aeroplanes,而不是 Aircraft。由于主题词接近自然语言,其人工创制的成分远比符号标记语言少,因而参考馆员在检索实践中大多自选名词进行查找,一词不中,再选一词,直至选中为止。主题法的这种优点很容易使馆员(或者读者)忽视利用词表。事实上,自然语言表达同一概念的数量远胜于被选中的主题词,因而自选检索词不仅查获文献的几率很小,而且要经过多次瞎碰瞎撞的反复过程,影响检索效率。第二,选择主题词要把握住概念,但不等于"对号入座"。如查"多元共渗"方面的英文资料,查汉英词典没有字面上对应的词。这时抓住概念分析这一武器,就可以知道这是指多种元素在一定温度、压力、浓度条件下自金属表面扩散的能力有所提高,利用的是扩散涂层原理,因此通过 DiffusionCoating 就可以找到多元共渗文献,如果在词表中"对号入座"就无从下手。再例如读者要查动力学方面的文献,词表中这类近义词有几个,dynamics 是指力能对物体位移、速度的影响,kinetics 指温度、压力、浓度、催化剂和外界条件对反应速率的影响。还有一些词中文都译成振动,但 vibration 指振幅、频率恒定的振动,shock 指振幅与频率不恒定的震动,flutter 指叶片的颤振。如果不加区别,望文生义,就会导致检索时张冠李戴。第三,在检索时,要利用概念之间的属种关系和相关关系增加检索线索。属种关系又称上下位关系,指一个概念的外延被另一个概念的外延所包括,包括概念是属概念,也即上位概念,被包括的概念是种概念,即下位概念。列出大量具有属种关系概念的词语就可以利用属概念扩大检索途径(如查多元共渗文献),或利用种概念缩小查找范围,提高获得文献的准确性。相关关系指属种关系以外的具有交叉、并列、矛盾、对立关系的概念,以及形式与内容、本质与现象、原因与结果等关系。在词表中,用参见(see also)、参见自(see

150

also from）或其它标识符号来表示这些关系。善于利用这些关系，往往会使陷于困境的检索收到"柳暗花明又一村"的效果。第四，对于较复杂的检索，最好综合运用几种规范化的检索语言从不同途径查找，各种检索语言各有其优缺点。体系分类语言具有用单维性特点，适用于按学科体系进行弹性检索，但不适用于多维性的、按专题概念进行的特性检索。主题语言，不论是叙词法还是标题法，具有直接性、专指性、灵活性等优点，克服了体系分类法只能从一种概念为中心检索文献的缺点，但缺乏族性检索能力又成了它的缺点。虽然词表采用倒置式标题或大量参照的办法把具有内在联系的检索标识集中在一起，但仍无法克服同类文献分散的矛盾，影响查全率。此外，标题词的先组性质也决定了它缺乏描述复杂概念的能力。叙词语言是在吸取许多语言优点的基础上发展起来的，但它的可以灵活组配的优点主要体现在计算机检索上，手工检索很少应用，其检索效率并不比标题词高，而系统性又不及分类语言。总之，充分认识上述各种检索语言的长处和局限性，就可以在使用中扬长避短，对提高查准率和查全率都是大有益处的。

第二节　查找

查找（searching）就是实施检索策略、搜寻所需文献情报的过程。从逻辑上讲，查找行为是制定检索策略的后续行为，但实际上两者常常同时或交互进行：参考馆员在查找的时候，头脑中仍在飞快地考虑着检索方案。检索策略的不断修正正是数次试查的结果，而试查结果为策略的决策源源不断地输送新信息，两者密不可分。只是为了叙述方便，我们将查找方法以及查找过程中的心理活动等问题放在这一节讨论。

一、查找方法

如何查找，并没有一定之规可供遵循，三个参考馆员，可能就有三种不同的查法。这是因为他们在主观上受到的实际经验、知识结构、对工具书了解的广度和深度、认识问题的方法、心理品质等因素的影响；在客观上，又受制于检索工具的完善与否，时间充足与否以及物理环境等因素。以下几种方法仅是大部分馆员和读者常用的方法，开列在此仅供参考。

（1）引文法

文献之间的引证揭示了文献之间存在的某种内在联系。引文法就是利用文献后所附的参考文献查找更多的相关文献的方法。引文法又可分为两种，一种是由远及近的追寻，即找到一篇有价值的论文后进一步查找该论文被哪些其它文献引用过，以便了解后人对该论文的评论，是否有人进一步发展（或反对）这一观点，实践结果如何，最新的研究进展怎样等等。由远及近地追寻，越查资料越新，研究也就越深入，但这种查法主要依靠专门的引文索引，如《科学引文索引》（Science citation Index）、《社会科学引文索引》（Social Sciences Citation Index）。我国目前还没有这种大型引文索引，因此，查阅中文资料比较困难。另一种较为普遍的查法是由近及远地追溯，这样由一变十，由十变百地获取更多相关文献，直到满足要求为止。这种方法适合于历史研究或对背景资料的咨询，其缺点是越查材料越旧，而且年代久远，追溯得到的文献与现在的研究关系越来越疏远。如果不加选择，盲目追溯，费九牛二虎之力获得的文献可能大部分毫无价值。因此，最好是选择述评和质量较高的专著作为起点，它们所附的参考文献筛选严格，有时还附有评论。

（2）常用法

引文法的一个主要缺点是作者个人收集文献数量有限，不可能列出有关专题的全部文献,这一不足可用常用法来弥补。所谓常用法就是利用文献检索工具书逐卷地查找有关文献的方法,它可分为顺查法、逆查法和抽查法。顺查法是以课题研究的起始年代为出发点,利用选定的检索工具如书目、索引、文摘由远及近地逐年查找。逆查法则相反,是由近及远地查找。起点是从最近发表的文献开始,直到设定终止的年代或查到所需资料为止。由于这两种方法都是利用检索工具,又是逐年逐卷地查找,遗漏重要文献的可能性就减少了,查全率比引文法高。两种方法适用于研究范围广、研究历史较悠久、课题较大的咨询。也可用于解答那些无法准确确定答案在什么时间范围内的咨询。例如,一位从事材料力学教学的教师要查找称为 PSMI 的商品名称,花了很多时间未获结果,后来在馆员帮助下,利用《化学文摘》"化学物质半年度索引",从 1984 年一直查到 1975 年,才在 83 卷中找到该化合物的登记号,因为 PSMI 在化学文献中极少出现,只有利用累积索引逐年查找。但逐年查找的缺点是费时费力,检索工作量大,因此可以利用抽查法。抽查法是基于这样一个规律来查文献的,即任何一门学科的专题研究大体都像波浪起伏般地发展,时而高潮,时而低潮。由于兴旺时期发表的文献量大,各种学术观点较为集中,如果针对课题研究处于兴旺时期的若干年查找则付出较少的时间即可获得较为满意的检索结果。这是一种效率较高的查法,但必须熟悉学科或研究专题发展的历史。

(3)交替法

交替法就是把引文法和常用法结合起来查找文献的方法。即,先利用检索工具找出一批有用文献,然后利用这些文献所附的引文进行追溯查找,由此获得更多文献。这一方法是针对单纯用引文法所获得的情报价值越来越小的弱点提出来的。按照引文规律,有价值的文献在发表后最初几年(例如五年)内被引用的次数较多,但以后趋于减少。因此,追溯的年期应予限制,跳过追溯的那几年再用检索工具查出具有新价值的文献,然后再根据所附参考文献追溯,如此交替常用法和引文法,直到检索结果符合需求为止。(见图及说明)

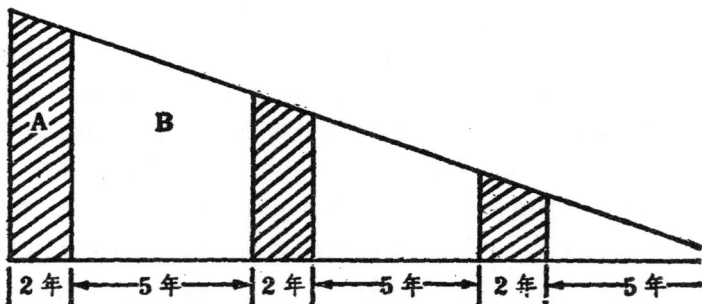

图 12　交替法检索原理

说明:利用检索工具先查找 2 年,获得 A(篇)文献,利用 A(篇)文献所附引文进行追溯查找,去掉重复部分获得 B(篇)文献。第一次循环查获文献数量 R = A + B。跳过 5 年后再作第二次循环,并依此类推进行第三次或多次循环,直到获得的文献符合要求为止。

(4)跟踪法

在研究中如果不能一次揭示问题的较深层次时,往往通过表层结构连续跟踪,从而达到较深层的结构。这一原理同样适用于情报检索。即从一部文献中查得所需情报的蛛丝马迹,然后顺着线索追根寻底,使线索越来越多,最后找到答案,如查"木秀于林,风必摧之"的出处。首先确定用《佩文韵府》查"木秀"词目,只得出"木秀于林",未见全文,而出处注为李康的《命运论》。李康何人,再查《中国人名大词典》,得知魏、宋、元三朝均有叫李康的。查《宋文鉴》、《元文类》等书均未找到《命运论》。初步估计是三国魏人,再进一步查《全上古三国六朝文》得出答案。层层追踪,不仅要灵活使用各种类型的工具书,还有可能使用普通书刊,一面查找,一面分析,才能由浅入深,直到获得正确的结果。

154

（5）排除法和限定法

思维中使用排除这一概念，是指对对象的产生和存在的状态在时间和空间上的外在否定。把这一方法移植到检索中就是在时间或空间上极大地收缩检索范围。要查一首七言律诗或一首词，确定唐以前无律诗，唐五代以前无词，因此可以从唐和五代时查起，这就是排除法。限定法是相对于排除法而言的，是指对查找对象在时间和空间上加以内在的肯定。排除的结果必然是限定，反之亦然。如有《猎狐篇》、《城南感怀呈永叔》等六首诗，仅知为一人所作，要查出处和作者。确定时间范围，发现"永叔"像是宋代欧阳修的字，这首诗大概是写给欧阳修的。于是限定作者是欧阳修同代人。然后根据《猎狐篇》诗题查《古今图书集成》中的"禽虫典·狐狸部·艺文"，结果得出《猎狐篇》全诗是宋代苏舜钦所作；再查他的文集《苏学士集》得出六首诗出处。

（6）合取法

令人满意的情报往往不是完整地记录在某一篇文献中的。如果把不同资料中涉及所需情报的记载都裁取下来，汇集在一起，再经过去粗取精、去伪存真的加工，构成一个完整的答案，这就是合取法。例如一个辽宁的咨询，要求查东北的邮电史料，馆藏没有这方面的专门资料，但可以从《奉天通志》《北满概况》《东北史地考略》《中国近代邮电史》等八、九种材料中汇集有关情报而成。再如"明清对外关系史"的资料可以把"明清对外政治史""经济史""文化史""军事史"等专史中的有关资料筛选后合成。采用这一方法，不仅要对各类工具书触类旁通，灵活运用，还要有分析来自各方面的庞杂的材料的能力。合取并不是一加一等于二式的材料拼凑。

（7）"规则"法

卡茨在论述这个方法时先出了两道算题为例：8×4=？和262×167=？人们对第一道题的答案几乎是脱口而出，第二题虽无法立即答出但可以计算出来。其实两题答案都是根据乘法规则算出的,只不过第一题的答案连同简单的乘法口诀已留在记忆中,而第二题则要根据规则进行计算。回答便捷型问题也有类似的情况:不同的问题有不同的答案,但"解题"时遵守的规则都几乎是一样的,例如:

- ·查找 1977 年诺贝尔奖获奖者的步骤同查找 1965 年普利策奖获奖者的步骤一样
- ·查纽约至旧金山的距离同查旧金山至东京的距离可以使用同样的方法
- ·在图书馆找 x 书和 y 书的程序一样

一旦掌握了某一个问题的解答步骤,就可以解决另一个同类问题。于是,参考馆员可以把解决那个问题所使用的步骤(例如使用工具书,检索途径等)详细记在卡片上,再分门别类地排列起来。一个记录详尽编排得当的咨询档案犹如一张乘法规则表一样,一旦碰到同类问题即可"对号入座",参照类似的"规则"去寻求答案。日积月累,解决的问题越多,"规则"越丰富。适用面越广,检索效率也就可以提高。但使用这一方法有一些先决条件。第一,适用于便捷型问题,如查一个人名、地名、机构、语词等事实和数据。对特定文献咨询、特定主题咨询和研究型问题没有很大意义;第二,问题必须明了清楚,不包括回答其它隐含的问题,如查纽约旧金山的距离可能包含着一个未表达的问题:读者实际上想知道乘机或搭车的费用;第三,检索"规则"也必须像乘法规则那样是确定的,给出 x 和 y 两个量,必然导出隐含在目的、范围相同的工具书中的答案。例如去世的美国人 + 著名的美国人 = 美国已故名人传记工具书(如 Dictionary of American Biography,或 who was who in America)。"规则"不考虑其它复杂的变量。

(8)假设求证法

这是一个运用假设、联想、反复推理来查找所需文献情报的方法。当有的问题按原有思路百"查"不得其解时,如果灵活联想,大胆假设,也许能发现新线索,然后再追根究源,反复验证也许就能走出死胡同。一位教授看到一篇外国人写的关于冶金史的文章,提到我国十七世纪就已使用亚铅,并注明在1713年刻印的一本中国书《Wa Kan Sai Dzu Ye》里面有记载,希望找到该书。这个书名很费解,按线索查了有关书目都无结果。后来联想到十八世纪外国人也有用汉字写书的,特别是日本人。所以假定此书不是中国书,而是日本人用汉字写的。结果在日本人编的类书《倭汉三才图绘》中查到中国人最早使用亚铅的记载和1713年出版的这本书。

上述方法,各有其优缺点,查找时要结合检索条件、时间、人手的限制等因素综合考虑。除了考虑方法以外,查阅技巧也是不可忽略的。有时方法对头,检索策略也无问题,可就是查不到近在眼皮底下的答案。因此,参考馆员应记住,切忌匆匆翻阅,浅尝辄止,这样做往往成为盲无目的地胡猜乱翻,结果一事无成。如果初查失败,不要急于将工具书弃之一边,前后多翻几页有时会找到有用的线索,甚至是意外收获。另一方面又要防止钻在死胡同里不回头。如果用一种方法,一本书确实不解决问题就应及时修订检索策略,改用其他查法,或与读者重新对话。詹姆斯·本森(James Benson)在"查找的原则"一文中指出,任何一种满足了特定需求的查找都是有效查找,而以最少的时间,最小的努力获取所需情报则是有效率的查找。既要使查找有效,又要提高效率就要讲究一边动手一边动脑。毅力、细心和善于触类旁通,纵横联系是参考馆员检索时最重要的品质。

二、获取原文的方法和途径

(1)掌握获取原文的必要情报

要正确地找出获取原文所必须的著者姓名、题名及详尽的出处,首先应该了解各种检索刊物的著录格式,以及机检打印单的打印输出格式。各种检索刊物的著录格式略有不同。例如,《英国在版书目》(British Books in Print)上的出版时间的著录格式很容易误为出版价格。引文索引和关键词轮排索引中的题名常常被截取。联机检索中不同系统的打印格式都有区别,甚至同一系统亦有几种不同的输出打印格式。如 DIALOG 系统就有八种输出打印格式。

刊名 要把那些为节省篇幅而采用的刊名缩写还原成刊名全称是一个主要的工作。一般检索刊物都附有引用出版物一览表,供查对收录的出版物全称之用。若线索来自文后参考文献或手抄的便条,又无法直接辨认,可查阅专门的刊名缩写检索工具,如《期刊刊名缩写》(Periodical Title Abbreviation)。中文、日文、俄文刊名在英文文摘中一律采用拉丁文音译著录,故在翻译时应首先将缩写刊名还原为全称,然后查阅有关音译转化工具书,如《俄文音译日文、拉丁文音译俄文科技期刊与连续出版物名称对照手册》、《(黑本)日—英字母音译对照表》、《俄—英字母音译对照表》等等。

文献类型 检索刊物中收录的文献类型大多来自期刊,但也混有其它类型的文献,如图书、学位论文(印刷型或缩微型)、会议报告等等。各种类型的文献著录格式上都有微小差异。确定所需文献类型的诀窍就是能辨认出这些区别。如凡有年份、卷期号的是期刊论文,有专利代码的是专利文献,有出版商简称和出版年的是图书,有会议类属词及会期的是会议报告,检索刊物前的缩略语及符号一览可供参考。脱机或联机检索可依据打印单上文献类型字段中的代码鉴别出版物类型。

论文著者的地址 要获取会议论文、学位论文以及一些尚未公开发表的文章的原文,必须获得论文著者(包括团体著者)的详细地址。有的检索刊物本身的款目中附有作者的工作单位,可以

158

据此查阅机构指南。此外,还有专门的工具书可供查阅,如美国情报科学研究所(ISI)编的 CBD – Current Bibliographic Directory of The Arts and Sciences 每年列有五十多万条著者姓名、地址和论文目录。SCI 和 SSCI 的来源索引(Source – Index)和团体索引(Corporate Index)亦可查著者地址,《近期目次》(Current Contents)有著者索引和地址录(Author Index and Address Directory)。从著者姓名线索出发,进一步查阅履历型传记工具书亦有不少帮助。

(2)获取原文的途径

①本单位图书情报部门。这是获取原文最方便的途径。参考馆员应首先立足于本馆(或本情报所),其次才是附近的图书馆或情报中心。有的同志在着手解决这一问题时,一开始就把眼光转向外地的大图书馆,千里迢迢联系复制或不辞辛苦亲自查阅,以后却发现本馆藏有同样可以解决问题的文献资料。这类费时费钱费力的教训不少,高校中各系图书馆这种情况屡有发生。参考馆员应首先利用公务目录、典藏目录这类保存较好的、能完整反映馆藏的图书期刊目录。此外,高校中各系、所资料室的目录也是藏宝之地,往往容易被忽视。

②掌握国内主要的或对口的图书情报机构的馆藏特点。我国目前全国性联合目录还不完善,加之条条(三大系统)和块块(地区)分割,通讯手段差,查阅收藏在其它馆的文献还有困难。因此,参考馆员平时应注意收集地区性联合目录或对口图书馆的馆藏特色信息,一旦需要,由近及远地查找,或通过函索、委托出差人员代索或馆际协作获取原文。

③从著者获取原文。给国外的论文著者写信索取抽印本或复制件已是国际上通行的学术交流渠道。据统计,全世界每年向著者索取抽印本达数百万件。抽印本是著者向期刊出版部门订购的,数量有限。因此,索取抽印本要在论文发表后较短时间内进行。函索时,附上一些有价值的文献作为个人赠送或单位赠送也

不失为一种礼貌而有效的方法。美国有一些情报机构开展这方面的服务,如研究图书馆中心(CRL),国家技术情报服务中心(NTIS),美国专利商标局(PTO)等,亦可以从学术团体指南这一类工具书中获得更详尽的情况。

④从检索刊物出版机构获取原文。美国化学文摘社(CAS)、情报科学研究所(ISI)等都可向用户提供原文。ISI设有真迹论文服务,可使用户看到彩色版图、照片及复杂的图像资料。有些非营利性出版物是商业书目不收录的,要获取这些文献或文献线索,可以通过学术机构指南,如 Directory of Research Institutes 获得有关信息,然后通过函索方式获取出版物。

⑤利用国际联机检索终端向国外订购原文。如果读者急需原文,而一般订购渠道又很慢,则可以采用这个途径。订购时需填写"联机订购原文申请单",注明文档名称及代号、原文题目、著者、出处等等。这是一种较快的订购办法,一般半个月左右,但费用昂贵。

三、部分心理品质对检索行为的影响

检索的过程也是主体心理活动非常活跃的过程。参考馆员的思维、兴趣、注意、记忆、联想、意志等心理品质都会对他的检索行为产生影响。这一过程的内容很丰富,限于篇幅,只着重谈谈对查找影响最大的几种心理品质。

(1)意志:

意志指自觉地确定目的、根据目的调节行动,并以坚韧不拔的毅力去克服困难实现预定目的的心理过程。意志对检索行为的调节作用表现在发动和制止两个方面。发动就是发起、推动或支持能满足情报需求的一切活动,制止是抑制与预定目的相矛盾的愿望和行动。查找情报的过程是个艰苦、细致、枯燥无味、充满挫折和失败的过程,它不仅要求参考馆员高度集中精力,还要求能忍受

单调重复的查找行为和环境所产生的种种不愉快的体验,抑制因失败而产生的厌烦、怨艾、恼恨、焦躁等不良情绪,克服滋长起来的惰性和失败的心理定势。衡量一个馆员的意志品质,可从四方面来考查。(1)自觉。目的明确,坚信可以克服困难达到预定目的,甘愿"为他人做嫁衣裳",即使牺牲自己的一些利益也在所不惜;(2)果断。懂得改变策略的重要性和必要性。在确定原先的方案不能实现预定目的后,断然停止执行,依时顺势调整方案,不为顾惜耗费的时间和精力而举棋不定,也不为顾全面子而优柔寡断,患得患失。当然,果断和草率要分开,区别在于前者是在缜密思考的基础上当断则断,敢作敢为,后者是为急于排除挫折感、自卑感而抱着侥幸心理作出的贸然抉择。(3)坚韧。保持充沛的精力和明确的方向,善于抵御不符合行动目的的主观诱因的干扰,在查找中锲而不舍,有始有终,而不是虎头蛇尾,半途而废。(4)自制力。指能完全自觉地、灵活地控制自己的情绪,约束自己的行为和言语方面的品质。查找中如果旗开得胜时会头脑发热,遇到挫折又会灰心丧气,如果读者遗漏或错误地提供了重要线索而使馆员徒劳一场则又会气恼埋怨。能否控制住自己的情绪波动,约束自己的言论,考虑各方面利害关系,遇事三思而行,而不是意气用事,就是自制力强弱地表现。

参考馆员在培养自己的意志品质时应注意两点:第一,意志不能超越客观规律而起作用。在检索中意志对行为虽有能动作用,但不能随意决定一切,创造一切,它毕竟受制于检索环境、工作条件等多种客观因素,超越了这些限制的行为方式是注定没有效果的。第二,培养良好的意志品质应同提高馆员的认识能力结合起来,也就是说,既要有实现检索目的的决心,又要充分认识现实可能性,达到目的采用什么有效方法,需要多少时间,会碰到什么困难,都要心中有数。离开了认识活动的意志行为只能破坏原订目标的实现。

（2）联想

　　从一个词想到另一个读音相似的词,把一个人物同另外一个人物联系在一起,由一条检索途径得到启发,想到其他检索途径……这些都是联想。联想有助于参考馆员开阔思路,启发灵感,获得更多有用的线索。有人认为,这种"浮想联翩"与猜测无异。查找的过程就是猜测的过程:一书猜不中,再猜另一书。其实它们是有区别的。联想的含义是从一事物想到另一事物,这种由此及彼的创造性想像是以事物之间存在着的某种联系为依据的。由于客观事物之间总是存在着接近之处,相似之点,因果之缘,"它们在反映中也是相互联系着,形成神经中的暂时联系。联想是暂时联系的复活,它反映了事物的相互关系"(王秀成,P.56)。人们就是利用这种关系,把已知信息同新信息组合起来,从中找到解决问题的新方案。猜想则是另一种缺乏根据或毫无根据、凭直觉想像的过程,它可以无须情报的支持,它的证实与否多半是依赖偶然的机会。

　　亚里士多德早在2000多年前就提出著名的联想三定律:接近联想、相似联想和对比联想,今天又增加一条关系联想。这几种联想在情报搜寻过程中各自有独特的作用。接近联想是指把在空间和时间上接近的事物联系在一起。前面提到查《城南感怀呈永叔》等6首诗的作者一例就是用联想的方法确定"查找与欧阳修同时代的人"这一方案。相似联想是指对一件事的感知或回忆引起它对性质上相似的事物的联想,如同音联想,同类检索工具的联想,同一职业的人物的联想等。有位外国读者把1901年一篇英文文献中出现的《大清会典》译成中文《大清卫天》,要求复制出现在该文献中的北京天坛建筑平面图。在初步查阅未获结果后,参考馆员就是根据同音联想,认为那位读者肯定拼读错了,用汉语拼音来理解威妥玛拼音(Wade System),并查阅了《大清会典》的图册,找到了所需资料。对比联想是指由一件事物的感知或回忆引起和

162

它具有差异或相反特点的事物的联想。例如把人名倒过来拼也许正是原文献标引的正确形式。关系联想是指由于事物的部分与整体的关系、因果关系或其他联系而形成的联想,在对提问信息进行归类类比、排列组合的时候运用这种联想尤为有用。

上述四种联想,是参考馆员在检索过程中常常运用的,只不过可能没有意识到罢了。经常灵活地、综合地运用各种联想,可以使头脑变得更聪明,反映更敏捷,因此有意识地培养联想力是非常必要的。由于联想是一种再建想像,是根据言语、文字的描述,或根据图表、图解、模型等同样的示意在头脑中形成相应新形象的心理过程,因此主体的感性知识越丰富,提供联想的材料就越多。这就要求参考馆员平时注意观察,学会形象思维,逐步积累经验,养成分析的习惯。还有一种人们不易察觉的障碍——心理定势,常常破坏着联想力的培养。有的馆员答复咨询时总喜欢用那么几种工具书,分析问题时跳不出老框框的限制,查阅时总喜欢用色彩鲜艳的新书,或卷帙浩大的工具书,对有特色的小型工具书或旧书则不屑一顾,甚至找书时也只浏览书架上伸手可及的部分,很少注意顶层或低层的那些书。这样长期下去,无形中限制了参考馆员的视野,影响了对感性材料的积累,也培养了与联想格格不入的心理定势。

(3)记忆

记忆是过去的经验在人脑中的反映。按照记忆过程分,记忆可分为识记、保持、再认或回忆三个基本环节。识记是识别和记住事物、积累知识经验的过程;保持是巩固已获得的知识和经验的过程;回忆或再认就是在不同情况下恢复过去经验的过程,其中经历过的事物不在面前时能把它重新回想起来称回忆,经历过的事物再度出现时能把它认出来称再认。根据记忆的内容分,记忆又分成四种,即以事物的形象为内容的形象记忆(如什么时间、什么地点解决过什么类型的问题,或碰到哪位读者提过类似的咨询,以及工具书的颜色、大小、位置等),以概念语词为内容的逻辑记忆(了解和记住检索标识的含义、分类体系的逻辑关系、某工具书的结构特征等),以体验过的某种情绪或感情为内容的情绪记忆(例如,某次成功或失败的检索会给参考馆员留下深刻的印象,当再遇到同类问题或使用同一工具书时会唤醒当时的情绪体验,导致吸引或回避行为)。第四种是以做过的动作和运动为内容的运动记忆。

记忆能力在一个参考馆员的诸种检索技能中占有极重要的位置,在茫茫书海中搜寻情报的过程就是记忆活跃的过程。熟练而又经验丰富的参考馆员对馆藏文献能够娓娓道来,如数家珍,许多人还能记住典型的或棘手的咨询案例,或某些读者的需求和研究方向,这是非常可贵的。良好的记忆是迅速、准确地提供可靠情报的保证。

记忆品质的好坏存在着个体差异,具体表现为:(1)记忆的广度,即回忆和再认的数量,或在一定时间内能记住或回忆多少事物;(2)记忆的速度,短时记忆好的馆员对于读者说过一遍的提问,或过目一遍的答案即能谙熟于心,而短时记忆差的馆员则屡屡要读者提醒提问内容,忘掉了刚查过的答案出处或不能完整地、准确地口述查得的答案内容;(3)记忆的准确性,即对所记忆的东西没有本质上的歪曲、遗漏或主观上的添减。(4)记忆的持久性,即对识记的事物保持的时间长短。有的人识记能力强,而保持能力差,俗话称记得快忘得也快;有的人则记得慢,忘得也慢。简要地概述这些记忆知识的目的是使参考馆员认识自己的记忆能力,了解自己的强项和弱项。例如,短时记忆差的可以利用一些行之有效的方法如用笔记下查过的工具书或步骤,或用维持性复述的办法记下要点以便保持信息的反复循环,或用联想或形象来帮助记忆,或用分段解析的方法加强对记忆对象的理解等等。把自己的强弱不同的记忆品质适当组合起来,就能扬长避短,增强记忆的效果。

第三节　答复

答复是指参考馆员将查到的文献资料或事实数据用口头或书面的方式提供给读者,揭示所咨询的问题的结果,并根据读者的意见决定是否再次进行检索以最终完成向读者传递所需文献情报的任务。

一、选择答案的原则

(1)正确性(Correctness)

杰霍德在《图书馆员和参考咨询》一书中指出,"正确性是满意答案的基本要素,将错误答案提供给读者是无用的,或引入歧途,或产生有害效果,这就要看读者利用情报的方式。当然,任何一个有修养的参考馆员都不会有意提供错误情报,这往往是由于粗心大意所造成,以至馆员和读者双方都未察觉到所提供的情报是错误的。"那么怎样判断正确与否? 一个来自权威工具书的答案是否就是正确答案? 丹尼斯·格罗根(Danis Grogan)指出,答案的"正确性"并非情报本身的属性。判断正确与否的唯一标准是看提供的答案是否解决了读者的问题,这一点和杰霍德的看法相似,两人对正确性的理解都是以情报目的性出发的:对读者有用的,满足了需求的答案就是正确的答案。但他们的看法还不够完整,未反映这样一个情况:提供了满足需求但未经证实的材料是否算正确答案? 例如,读者要找"白朗起义"的时间,馆员提供的是一个未经考证的日期,看起来需求是满足了,但起义日期在论文中引用后发现有误,最终综合几种材料推翻了这一答案。因此,根据类似的情况,我们认为,正确的答案是符合客观实际的,它可以满足读者需求的信息和有关知识。

（2）准确性（Accuracy）

答案的准确性与正确性的区别在于后者强调的是对某种标准的一致和相符，而前者着重这种一致和相符的程度。准确的答案就是参考馆员提供精确无误、翔实可靠的事实、数据和文献资料，不允许模棱两可，含含糊糊。例如，读者要有关单身汉的统计数字。人们通常会理解成未婚成年男性，但从统计的意义上讲，还包括有婚姻史的男性，如果不问清楚，凭想像提供的数字就不准确。准确性的原则要求馆员在查找前准确地理解读者的问题，搞清楚概念的内涵和外延，在查找中弄清检索标识的确切含义，尽可能用专指性强的主题词，不用较为宽泛的上位主题词。如果在统计表中选择答案，要特别留意术语和定义的解释，并反复检查抄下的数字和日期，避免误差。如果需要外文资料，原则上不应翻译，如果要求的是译文，应附以原文。数据检索涉及换算问题，如"桶"换成"加仑"，也应附以原始数据。这样做是为了尽可能减少解释过程中主观因素的参与，造成不应有的谬误。

（3）可靠性（Reliability）

答案的可靠性是指答案的材料来源属实，证据确凿，有文献记载为依据。可靠性原则要求咨询答复有一说一，有二说二，不得以个人之见代替答案，或者据印象，凭记忆任意取舍。"可能"、"或许"、"大概"这一类词要在答复中消灭。如果答案是在不同资料上"合取"而成，要经过反复核实验证，并附以各种资料的来源线索供读者查阅核对。对于观点不同的资料，也应毫无偏见地如实提供，让读者作出选择，而不应妄加阐述，代替他们作出判断。

（4）明晰（Clarity）

无论是口头答复还是书面答复，答案必须是清楚、明白、易懂。这个原则不光要求参考馆员口语表达清楚或书写端正，还要求对答案中包含的图书馆或出版社业务注记、符号、格式等等作出解

166

释。一般检索性刊物为节省版面,大量采用缩略语,目录卡片上的格式,符号也会令读者迷惑不解。因此,在提供答案时应将缩写的刊名恢复全称,卷期年月的写法也应明白易懂。如果让读者带着令其迷惑不解的答案离开咨询台,答案再正确可靠也成为一张废纸。

(5)原文的藏址(Location)

这是一个参考馆员常常忽略的问题,他们往往重视了答案本身,而忘了提供如何获取原文的信息。不管是文献咨询还是情报咨询,读者一般希望知道答案出处和如何获得原文,获取原文是很多读者来图书馆的最直接的目的。如果是文献检索,馆员除了告诉读者有哪些所需要的论文,出自何年何月何种期刊以外,还应告诉读者在哪儿可以找到这些期刊。如果是数据检索,除了告诉所需统计资料来源于哪一年的统计年鉴之外还应告知怎样找到这种年鉴。馆员应感知读者获取原文的迫切心情,特别是文献检索,再高的查全率和查准率,没有原文,对于读者来说就等于是"竹篮打水一场空"。

二、检索后接谈

如果说检索前的咨询接谈是为了了解读者的需求,以便有的放矢地进行情报搜寻,那么检索后接谈(Postsearch negotiation)则是为了分析和评判检索结果、选定正确的答案,或找出检索中的问题,补充必要的信息,为进一步开展检索作准备。

导致馆员和读者在初始检索结束后又回到咨询台的原因很多。首先,答案能否满足需求是馆员和读者在初次接触中都不能预料的,读者是答案的接受者和检验者,对答案的评判和选择只有和读者在一起才能进行。其次,馆员在查找过程中会发现许多疑点、错误,或者有许多不清楚的地方,这就需要和读者进一步对话。第三,初次检索毫无结果,有必要让读者补充更多的信息,或一起研究问题的症结所在。

　　检索后接谈的内容可以再参照第四章第一节"检索策略"中的各个步骤(图11所示)。最主要的是围绕检索中存在的问题而展开对话。参考馆员应再次弄清楚这样几个问题:

　　1. 读者的初始提问是否确实反映了真实需求? 由于各种原因,如涉及个人隐秘的动机,或尚未形成明确需求,或低估馆员提供满意答案的能力等等,读者的提问并非真正地反映其需求,于是检索结果和需求当然就对不上号了。

　　2. 错误的答案是否来自馆员错误地理解了提问? 例如读者询问"MARL"是什么意思,提问的目的是要了解这一首字母缩略语的意思。如果馆员误解为查一个字的含义,那么就会在词典中找到"泥灰岩"这一定义,而不是一个实验室的全称(Mobile Acoustics Research Laboratory)。再例如查 Chemical reaction of acidsand bases 可能指酸和碱之间的反应,也可以指酸的反应和碱的反应。如果不问清楚,造成误解就会提供错误的答案。

　　3. 读者对所需文献有没有深浅层次的具体要求? 有的答案虽然正确,但读者不是嫌"太深"就是嫌"太浅"。同样是研究猴类"语言",《科学画报》和《动物学报》的文章在深浅层次上就有天壤之别,前者对于专家毫无用处。不懂专业知识的馆员很难准确把握深浅的"度",因此,应该让读者提供一些限定条件,或协助馆员找寻恰当的资料。

　　4. 如何对待读者不尽满意的答案是个较复杂的问题。有的原因是属于馆员对读者的提问理解不够准确,在确定检索语言时选了邻近概念或更为宽泛的上位概念,使检索的文献不能准确反映需求;有的原因属于对"欲知"信息了解得不够具体。例如,查找世界上哪个飞机场最大,"大"是个模糊概念,可以理解为起飞和着陆次数最多的,跑道最长的,或整体面积最大的等等,要弄清读者的具体要求就会产生不同的答案。再例如读者想要了解家庭学习机的情况。是它的功能？价格？适用对象的年龄范围？还是操作？还有的原因是读者难以在初始咨询就对文献的数量和类型提出明确的要求，只有看到原文才能作出判断和抉择。如果文献隐含的情报少，读者可能要求更多的文献。同样，对情报源类型的要求也会变化，如果百科、传记中的关于某人的条目不能满足需要，则读者就会转而要求提供期刊和报纸中的有关文章。

总之检索后接谈是初始接谈咨询的继续和深化，是解决某些疑难问题的必要步骤。当参考馆员在查找中遇到挫折时，不应把希望寄托在瞎碰瞎撞的偶然性上，而应毫不犹疑地请教读者，从读者那儿获得帮助，实践证明这是一个行之有效的克服困难的办法。

三、答复的方法

（1）便捷型问题的答复

大部分便捷问题都是将具体的答案，如人物的全名、事件发生的时间等等直接提供给读者。格罗根在论述这个问题时告诫说应尽可能地以书面形式答复读者，如果只能口头答复（如电话咨询），则应同时告知答案来源。这样做是基于两点考虑，第一，仅仅依靠回忆来提供答案是不可靠的。回忆得出的答案对于读者来说不是太宽就是太窄，而且，这种时过境迁的回忆常常是想当然的，不确切的。第二，是效果问题。尽管答复是正确的，但读者总是怀疑这种回答是在"糊弄"，他们希望见到的是白纸黑字记录下来的"正式"答复。格罗根诙谐地说，读者并不认为他们的问题简单到了其答案可以从馆员头脑中"产生"出来，并且他们也清楚参考馆员并不是没有过失的。当然也有许多情报确实无法从书面形式得到，在某些学科，口头情报也是信息传递的重要部分，尤其是涉及近期发展的动态情报。然而这种口头情报只能作为有根有据的文字信息源的中间媒介，馆员在提供这类答案时还必须向读者说明这种情报并非来自书面材料。

（2）文献检索类问题的答复

这种答复只是向读者提供所需的某一特定文献或涉及某一主题的一批文献，通常是文献线索，但也有直接提供原始文献本身的。

提供这类答案的第一个问题是文献数量多于读者的需要。如果读者对文献数量并无明确要求，馆员在查找中就会抱着以量求质、多多益善的想法，面面俱到，唯恐遗漏，以为数量多会使读者满意。结果，读者面对一大堆书目，或者一份长长的书单不知所措，即使是专家也无法消化掉在那个领域内源源不断地涌现出的文献资料。因此，对于读者来说，文献少而精比多而杂更重要。那些来自有影响的核心刊物上的论文，重要的研究机构的出版物，虽不够全面，但包含着读者急需情报的文章都是馆员要首先考虑入选的文献。

另一个与此有关的问题是答复的方式。一个最常见的方式是卡茨称为的"倾倒式"（Dumping）答复，即不分步骤先后、不讲层次深浅、不加解释地把所有检索结果一股脑儿塞给读者，让读者自己去整理消化。读者面对"倾泻"而来的情报易患"消化不良症"，对于这些文献的来源特点、重要性一无所知。于是，一个很出色的检索结果可能毁于一个糟糕透顶的答复方式。其实馆员的评价和推荐对读者利用文献是非常重要的。查找的过程就是对文献不断鉴别、挑选、剔除的过程，被选中的文献总有其选中的理由，馆员应根据读者的情况，分批地介绍检索结果，先易后难，先基础后专深，什么是入门资料，什么是背景性资料，哪些是同一观点或反对的观点，哪些文献是有影响的、被引用多次的、哪些文献要获取原文比较容易（或比较困难）等等，这样——交底，读者对一堆庞杂的资料心中就有了一本帐，决定剔除什么，增补什么，何处还有疑问都可以当时讨论，这样的答复对读者有效地利用检索成果是大有帮助的。

170

（3）"不"，决不应该是答复

参考馆员不是文献情报的创造者和生产者，他无法按读者的需求"制造"出情报产品来。作为情报提供者，他给读者的答案可能是令人满意的，但也可能是令人失望的。在人们寻求知识和信息的过程中，参考馆员的角色永远是一个支持者，无论答案是什么，他都应该尽量使读者对参考咨询服务感到满意。

查找失败是每个参考馆员都不可避免地碰到的。美国俄亥俄州立大学对 15 所大学图书馆的调查表明，人文科学的咨询成功率是 56.14%，社会科学是 54.26%，科技咨询是 53.85%。怎样对待失败和怎样答复读者就成为咨询过程最后阶段的两个重要的问题。

"失败"有两层含义，一是初遇挫折，未获结果，失望之感也随之而生；二是失去信心，放弃了最后的努力。对于第一种失败，本森提供了一个对付的办法，他要求参考馆员给自己提几个问题：（1）我是否明确了自己在找什么？（2）是否肯定没有找到任何东西？（3）我的检索策略涉及哪些要点？（4）把这些要点按序排列起来看看有没有其他检索途径？（5）决策制定后有没有恰当地执行？这就是失败原因分析，如果尝试过所有努力，包括与读者进行检索后接谈以及再次查找后仍没有收获，一个有责任感的参考馆员就应放弃努力，那种"坚持到底"的想法对读者是没有任何益处的。正如内森·A·约瑟夫（Nathen A. Josef）所说的，问题可能仍会在你脑际盘旋数年直到解决为止，但读者会怎样呢？冷却一下你的热情，也别管你受过怎样的专业训练，当你确实找不到答案之际也就是放弃之时。下一步你应当做的最好的事是把问题委托他处，建议另辟有希望的起点，寻求其他图书馆的帮助等等。如果咨询工作不得不从提供情报转移到提供一点线索，那么对于读者来说这至少比一无所获好得多（Katz, p. 88）。

把一时无法解决的问题转交给有可能解决的馆员或图书馆是

一种比较好的答复方法。美国从七十年代起就开展了馆际协作咨询（Cooperative reference）。我国这方面的工作还未开展起来,但调动本单位其他方面的力量,或建议读者寻求其他馆员、专家或某一部门的帮助仍是可行的。盖尔·戴克斯待拉（Gail. Dykstra）就这个问题提出几点忠告是很值得重视的,他认为第一,图书馆员要么学会怎么做并且做好这一工作,要么就根本别做。进行一次糟糕的委托业务还不如一个错误的答案。第二,图书馆员向读者提的建议应是经过细心考虑,有充分理由作为解决问题的最好途径而提出的,不是盲无目的的搪塞和敷衍。第三,相应的业务措施应该跟上。

不光对查无结果的咨询应这样答复,对某些不可接受的问题也可以作出令读者满意的答复。前文提到,法律咨询、健康咨询等都不属于图书馆参考咨询服务范围。馆员除了根据业务章程耐心向读者解释以外,还可以将这类问题"转型",成为文献检索类型的问题。例如"电视机的'雪花'现象怎样消除?"馆员可以向读者推荐有关家用电器手册来间接地答复这个问题。"五年后外文期刊的价格将上涨多少?"也可以告知线索,让读者自己去查阅专业年鉴或统计资料。这些答复虽然没有直接提供答案,但也没有让读者空手而归。

100多年前,参考咨询服务的开创者塞缪尔·格林（Samuel Green）说过,就像商店老板不愿让他的顾客空手而归一样,参考馆员也不应该让他的读者失望而回。现代图书馆的参考馆员应该有旧式客栈老板留住顾客那样的殷勤,"No"决不应该成为馆员对读者提问的答复。

从这个意义上说,咨询接谈是一门艺术。馆员将奉献的不仅仅是答案,还有他本人——他的全部知识、素质、服务精神和人际关系技巧。

参考文献

1. 杜桑海,戴克瑜. 科技情报检索与服务. 成都:四川省图书馆协会, 1983.198 页

2. 赵伯兴. 情报咨询决策阶段说. 图书与情报工作,1989 (1):18-21

3. 赵国璋,朱天俊,潘树广. 社会科学文献检索. 北京:北京大学出版社, 1987.306 页

4. 张江凌. 谈高校图书馆咨询工作. 河南高校图书馆工作,1987 (4):45-47

5. 伍子和. 参考咨询实例剖析. 广东图书馆学刊,1987(1):76-77

6. 葛玉龙,何大镛. 科技文献检索. 上海:交通大学出版社,1987.197 页

7. 谢天吉. 科技情报检索课程教材(第一编:情报检索基础知识). 北京: 高校图书馆工作委员会,1983. 63 页

8. 罗美侬. 科技情报检索. 重庆:重庆大学出版社,1987. 252 页

9. 戚志芬. 参考工作与参考工具书. 北京:书目文献出版社,1988. 723 页

10. 吴伟深. 实用科技文献检索. 西北电讯工程学院出版社,1987

11. 杰霍德,布朗纳吉尔. 图书馆员和参考咨询. 成都:成都科技大学出版社,1989. 192 页

12. 肖自力. 信息、知识、情报. 情报科学,1981 (3):2

13. 盖茨. 图书馆和情报源利用指南. 北京:北京大学出版社,1986. 398 页

14. 张人俊. 咨询心理学. 北京:知识出版社,1987. 224 页

15. 王秀成. 科技情报心理学. 北京:科学技术文献出版社,1987. 81 页

16. 沈家模. 情报心理学. 北京:能源出版社,1985. 172 页

17. 张琪玉. 情报检索语言. 武汉:武汉大学出版社,1983. 239 页

18. 丘峰. 情报检索与主题词表. 北京:书目文献出版社,1988. 445 页

19. 邱立春. 文献检索中获取原文的技巧与途径,图书与情报工作,1989 (1):21-23

20. Benson, Jame, Maloney, R. K. Principle of searching. RQ, Summer, 1975. p. 316-320

21. Grogan, Denis. Practical reference work. London: Clive Bingley,1979. 144p.

22. Katz, William. Introduction to reference work. v. 2. Reference ser – vices & reference process. New York: McGraw – Hill Co. ,c 1984. 309p.

第五章 主动服务

严格而论,前面提到的咨询工作是一种被动服务,如果没有读者找上门来,这种服务工作就无法实现。在参考服务的多种工作中,咨询工作虽是最重要的一种,但多数人并不了解它,利用率一直不高。因此仅仅坚守在咨询台和办公室里是不行的,参考馆员还应到读者中去,了解读者的需求和利用情报系统的问题,积极进行宣传工作,编制各种检索工具,开展多种形式的读者教育,定题情报服务等。这些工作,不管是面对读者的直接服务还是在二线进行的间接服务,都是为了把更多读者吸引到图书馆来而主动开展的服务性工作,为了方便起见,我们把除咨询工作以外的这些服务工作都归入这一章介绍,并统称为"主动服务"。

第一节 宣传工作

参考部开展宣传工作,就是要改变人们对图书馆和参考服务的不正确的认识和视而不见的态度,由偏见转向接受,由漠然转向感兴趣,由无知转向了解,让读者知道什么问题可以依靠图书馆的参考咨询服务尽快获得解决。

一、宣传方式

宣传方式一般可分为口头宣传、文字宣传和声像宣传。

（1）口头宣传

①报告会，这是一种将读者集中起来进行宣传的方式。它总是配合一定时期的科研，生产任务或教学活动来进行的。报告会常以宣讲书刊、评述科研进展、介绍科技动态或其他人们关心的事为专题，达到报道情报、传递信息、打开思路、开发文献资源、最终激发人们利用图书馆和参考咨询服务的兴趣。参考部举行的这种专题报告与人们通常理解的那种"专题学术报告"略有不同，它不是就某个专题进行研究讨论，而仅仅是提供有关这一专题的动态信息，如国内外研究进展简况，哪些文献资料载有这方面研究报导，怎样去查找，图书馆可以提供什么帮助等等，目的是把读者吸引到书刊资料和参考服务上来。随着我国经济建设和改革的深化，读者关心的信息内容越来越广泛，仅就一个工厂而言，需要的信息就包括国家经济政策、资金来源，技术引进、关税和外汇政策、原材料供应、产品销售动向、市场价格等。因此，当前专题报告会的内容不宜仅仅局限于科研这一传统的大主题上，而应及时抓住企业、商业、领导部门和广大专业户关心的市场信息、金融信息、外商投资动向、有关政策和法律规定等热点题目展开咨询服务宣传，才能引起人们的关注。

不论举办何种形式或规模的报告会，它们的共同要求是：1）有明确的报告目的；2）选好报告主讲人；3）准备好必要的参考资料；4）对报告的效果和反映进行跟踪调查。

②读者座谈会

召开座谈会是和读者面对面交流的好机会。通过交流，参考工作人员可以了解读者主要的情报需求、使用图书馆时存在的问题，讨论具体的服务方式和改进措施，并向读者详尽解释参考服务的工作内容。这种座谈会人数少、规模小、准备工作并不复杂,各级图书馆的参考部都可以做到。为了保证质量,要选好中心发言人,善于启发读者提出问题,善于归纳读者意见,引导读者集中讨论中心议题。准备好一些必要的材料在会上散发,也可以起到一定的宣传效果。

③个别交谈

通过参考馆员和读者个别交谈来介绍参考服务比报告会、座谈会更灵活、更方便,也更具有针对性。个别交谈通常发生在咨询接谈之后,当工作人员回答了读者的问题或者在辅导使用工具书之后,还可以建议读者利用他原先没有想到的服务,如电话服务、定题情报服务等等。也可以见缝插针地征求读者意见,了解读者利用参考服务的困难。有经验有责任心的参考馆员会抓住一切机会同读者个别交谈,同时不失时机地进行宣传,在读者心目中树立起良师益友的形象。当读者把这种受益的结果一传十、十传百地传播开以后,会有更多读者前来咨询。因此,个别交谈的宣传效果是不应轻视的。

(2)文字宣传

文字宣传是常用的宣传形式,它以人们所喜闻乐见的趣味性、知识性、逻辑性的写作体裁来帮助潜在的参考服务用户得到比口头宣传更系统、更深入的图书馆知识。文字宣传可以分以下几种:

①壁报、黑板报、宣传橱窗

在图书馆办的"读者园地"、"大学生黑板报"或宣传橱窗设专题介绍利用图书馆知识、各种服务概况、利用图书馆的经验和体会。这些宣传媒介多设在人流必经之处或读者比较集中的地方,如果有实际例子,内容丰富、通俗易懂、图文并茂,则会给读者留下较深刻的印象。

②传单、小册子

这些媒介常用于介绍图书馆服务项目、服务设施的位置、新到的图书和检索知识,能详尽地介绍参考服务的各种职能,如"图书馆服务一览"、"图书馆阅览室平面图"、"图书馆使用指南"、"检索手册"。这些材料便于携带,也可阅后保存,以备需要时再参考。由于制作成本高于壁报等宣传媒介,不可能大规模印发,因而传播范围要相对狭窄些,但如果采用适当的办法将它们送到读者手上,也可收到预期效果,因此,分发方式是重要的。一般有两种,一种是选定分发地点,如放在咨询台、出纳台或各阅览室入口处,由读者索取;二是可以从本单位科研处、学生处掌握一些名单直接邮给特定读者。分发时机也要掌握得当,大学生们开学初期领到的材料之多是惊人的,如果这时候散发《图书馆使用指南》,不一定是明智之举,因为这种材料很可能被弃在一边。当学习进展到一定程度,他们开始对图书馆感兴趣,或在使用中碰到困难时,就是分发这类材料的最好时机。

③招贴和海报

当参考部要开展图书馆导向、检索知识讲座、读者座谈等读者服务活动,或新设立某些服务项目时,招贴和海报是比较恰当的宣传工具。这些媒介的特点是制作便捷,可及时传播信息;张贴选择余地大,阅读对象范围更广,几乎不受年龄、职业和教育程度的限制;形式设计活泼、标题醒目的招贴或海报能很快吸引人们的注意力,较快收到宣传效果。

文字宣传当然不限于上述媒介,在单位刊物、杂志、报纸、快讯、动态上开辟专栏,是宣传参考或读者服务的重要阵地;给广播站或其他大众宣传媒介写稿也是文字宣传的任务。不管利用哪一种媒介,文字宣传都要注意包括如下六个方面的内容,即:A. 主题,让读者一看就知道宣传的是什么。如果读了几十字还不明白在说什么,读者就会失去读下去的耐心;B. 哪一部门主办这一服务性活动,联系人或召集人是谁;C. 地点,在何处举办活动,或者服务点设在何处;D. 为何要举行这些活动,提供这些服务能给读者什么利益,或者它们有什么特点或新颖之处;E. 如何发现和利用参考部提供的服务? 怎样联系? 这方面应写得较详细一些,力争使读者的兴趣转变为情报行为;F. 时间,提供服务或活动的具体时间表是什么。以上六点就是宣传写作的 6 个"W"(what、who、where、why、when and how)。无论文字长短如何,这六点须一一交待清楚。

在标题上下功夫是文字宣传的又一重要技巧。人们在行进中,或在翻阅文字材料时,吸引其视线的首先是标题。如果标题本身还满足不了好奇心,读者就会情不自禁地看正文了。因此标题是宣传文字的灵魂,是"诱惑"读者的主要工具。宣传者应吸取广告标题的设计方法,精心构思,讲究技巧,在主题明确的前提下,注意文字色彩,务求立意别出心裁,措辞不落俗套,可以运用夸张、比喻、设问等手段"留"住读者,激起他们阅读的兴趣。

宣传文字正文的表现形式可视对象采用不同体裁,如布告体、新闻体、论述体、问答体、描写体、幽默体等。正文开头应与标题呼应,对标题所宣传的主题或提出的问题加以说明或答复。如果给广播站写稿或为录像、幻灯配解说词,还要经过试音,避免长句子和太多的谐音造成误解。

(3)声像宣传

研究表明,学习者能够记住他们所读东西的 10%,所听到的 20%,所看到的 30%,对同时听到看到的 50%。可见多通道输入信息给人的感受刺激更大。声像宣传就是用声频和视频手段传递信息,使读者通过声音和图画来领会宣传者的意图。

①图画

让人们在最短时间内掌握最大容量的信息成为宣传品设计最关心的事。据观察,人们注意某一对象的保持时间平均是 5 秒,对于文字宣传注意的焦点最多花 2 秒钟时间。因此,以图代文是以最少时间传播最大信息量的有效手段之一。在海报、张贴、指南等印刷型宣传媒介封面或正文中的有关内容处配以宣传画或插图来代替表达抽象概念的文字,具有较强的直观性。有些概念花三、五百字不一定表达清楚,但配一幅插图就很清楚,既节省了读者的时间,又启发了人们的形象和直觉思维。(参见图 13,14)

②幻灯和投影

幻灯的主要作用是在报告会、展览会、检索辅导课上放映,用彩色正片拍摄的画面比照片更清晰,鲜艳。可用录音机配合幻灯机作声画同步自动放映,或用来辅助讲解,时间长短可以任意控制,十分方便。在展览会上,循环放映设备可以使幻灯片不停地放映而不需人手照顾。幻灯片制作比较简单,只要懂得摄影原理和有一架照相机就可以自行拍摄,图解和文字也可用彩色绘画或写好后翻拍成幻灯片一齐放映。

图 13　澳大利亚福特斯克雷(Footscray)技术学院
《图书馆入门指南》插图

文摘和索引,它们是如何帮助用户的

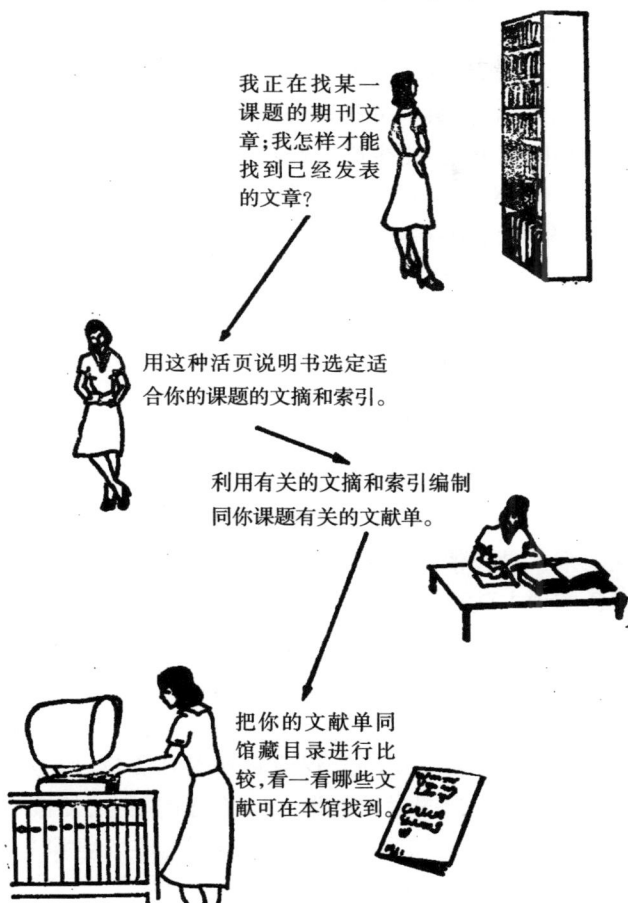

我正在找某一
课题的期刊文
章;我怎样才能
找到已经发表
的文章?

用这种活页说明书选定适
合你的课题的文摘和索引。

利用有关的文摘和索引编制
同你课题有关的文献单。

把你的文献单同
馆藏目录进行比
较,看一看哪些文
献可在本馆找到。

图 14 英国圣安德鲁斯大学图书馆(St. Andrews University Library)
《文摘和索引指南》的封底
(注:图 13 和图 14 摘自菲埃尔勃兰特《图书馆用户教育》,科技出
版社,1988,p.62、70)

③照片

"眼见是真",照片可以把现实忠实地记录下来,比文字和图画资料更能使人相信宣传的真实性。照片用于展览会、宣传橱窗、壁报、招贴和书中的插图也可以增加趣味,吸引人的注意力,人们在看展览或翻阅图书时,往往首先看照片,其次才是文字。照片的制作比幻灯简单,用于印刷介质上的插图时,只要拍摄得清晰,反差良好(黑白分明),则制版效果同样很好。平时就应注意照片资料的收集,临时找不到合适的照片往往使很好的宣传大为减色,而存储一些照片则在需要大量照片派用场时就不致临时大费周章了。

④录像

同幻灯、照片相比,录像的最大特点是活动的画面,可以生动地表示一个过程,例如一个新生怎样从对图书馆一无所知到获得了满意的资料,通过摄像可以把他在图书馆得到帮助的每一个过程都反映出来。录像带制作后可以视需要翻录复制,只要有电视和放像设备的地方就可公开放映。有条件的可以放映在较大的屏幕上,组织更多的读者观看。录像带制作迅速,拍好后即可重放,不必经过冲洗和技术加工,并且可反复使用多年。

(4)现场宣传

现场宣传是让读者在现场直观地看到书刊资料、服务设备和服务环境。例如用参观图书馆的形式宣传咨询服务,使读者身临其境,有目共睹,比文字和画面宣传效果显著,印象更深刻。(这方面的内容将在下一节详述)

参考部门还可举办书刊展览,但与读者服务部门举办书刊展览略有不同。程仲臻同志指出它不仅仅是陈列新书,或推荐优秀读物,而是根据展出单位情况的了解,确定专题,组织有关的各类型文献,现场展出,组织专业人员参观,使他们对图书馆,对图书馆中有哪些适合他们需要的图书和其他类型的文献资料有所了解,引起他们使用图书馆的兴趣和注意。然后通过报告会、座谈会等宣传方式逐步地使他们了解图书馆的服务,诱发他们向图书馆参考部门提出问题的要求。

戚志芬先生介绍了参考部门配合学术会议而举办的书刊展览:参考工作人员参加讨论会,同时带一批与讨论会有关的书刊去临时展出,供与会者翻阅。在会议期间,参考人员还可以散发有关目录、并随时答复咨询。会议一般选在有空间和设备条件的图书馆,与会者可以随时复印展出的资料。这种展览不必进行艺术加工,完全从实用出发,让与会者有机会直接提问和查阅,对于地处偏僻、不易见到新书新刊的人帮助就更大了。

除了专题书刊展览,参考部也可举办专题工具书展览,把查找某些专题资料所需要的工具书集中起来展出,同时开展咨询。这样寻找这类资料的读者(或会议代表)对工具书和咨询服务有了更深刻的印象。

书刊资料利用成果展览也有很大的宣传效果。这种展览是把读者利用了图书馆文献资料后在学习、工作、科研等方面的成效收集起来,公诸于众。当参考馆员把这种展览同书目参考服务挂起钩来时,就可以让读者看到利用参考服务可以高效率地从大量文献中找到所需要的材料。这种展览的准备工作比前几种要复杂一些,不仅平时要积累原始材料,还要进行追踪调查,从咨询记录中找出典型事例搜集实物资料,并进行摄影、复制、材料剪辑、文字说明、艺术加工等处理程序。

不管上面哪一种展览,它们的共同做法是:

①确定选题。展出本身能否吸引人固然重要,但对参考部来说,最根本的目标是要吸引人们利用图书馆资源和参考服务。离开了这一目标,规模再大、布置再华丽的展览也只能事倍功半。因此,筹划每一种展览时应仔细研究读者关心什么,通过周密调查,紧紧围绕一个中心,从馆藏实际出发来决定选题。

②布置展品。展品并不一定要原书原刊。报刊复份上剪下的文章、照片、复印件、翻拍件,都可以起同样效果。材料一经确定,就要对这些展品进行编排整理、美术加工、编写说明。规模大小,视空间而定,小规模的,几张桌子就可以,较大规模的展览,要注意内容和形式美观的统一,最好事先有平面设计,进行预展,听取意见,进行必要的修改。

③做好设计,开展多种服务。在展出过程中,应做好参观人数、职业或专业人数的统计,特别注意收集各种意见。应创造条件,为读者摘记、复印提供便利。

宣传的方式多种多样,每一种方式都各有长处和不足,要灵活地运用各种方式,把口头、书面和形象的宣传结合起来,把经常性宣传和不定期的突出性宣传结合起来,把小型宣传和大型宣传结合起来。更重要的是,把宣传同实际服务工作结合起来,一方面靠宣传来"推销"参考服务,另一方面借宣传来促进参考服务的改进。

二、宣传工作要求

(1)要有针对性

所谓针对性,就是要根据读者对图书馆和参考服务的认识订立宣传目标,有的放矢。不管是举行一场报告,进行一次交谈,设计一张壁报,如果不了解宣传的对象,不了解他们对图书馆或参考馆员的认识是什么,程度如何,原因何在,有什么不同的心理状态,愿望和要求,那么这种宣传就会出现"通用化"、"公式化",呈现在读者面前的是人们熟视无睹的"老面孔",这种宣传是肯定不能奏效的。

(2)讲究真实

无论是口头宣传还是书面宣传,都要实事求是,有根据。服务项目,有什么就说什么,能做到哪一步就宣传到哪一步。切忌夸大、拔高,讲过头话。报告或展览上的事例、人名、地点、时间、数字、效果都要实实在在、言而可信。选题要注意本馆条件和工作人员的长处和短处。例如,当打算宣传"提供出国留学咨询服务"这一项目时,要看看有没有相当数量的国外学校指南,有没有较新的国内政策材料,能否邀请到归国人员作专题报告等等。如果不具备这些条件,读者乘兴而来,失望而归,以后就很难再相信这种宣传了。

(3)宣传媒介的选择

有的宣传媒介由于本身的优势,可以收到较好的宣传效果。例如采用大众传播手段,在电视中播一个介绍参考服务的专题节目,或报纸上登一个图书馆活动的告示,观众或读者可达几十万之多,远非上述几类宣传所能比拟的。但这种宣传媒介不仅费用昂贵,一般图书馆不敢问津,而且由于是单向信息传播,无法即刻收到反馈信息。

由此可见,任何宣传媒介都有优缺点,在选取宣传媒介时,可以参考以下几个原则:

①首先要看宣传对象是谁? 教育程度如何? 工作和生活习惯如何? 所选用的传播工具能否达到他们。如果是公共图书馆对一般市民宣传,则不妨采用某种大众传播媒介。有的市民接受信息以广播为主,那么定期为广播电台的一些专题节目写稿,介绍图书馆的作用和参考服务(包括电话咨询服务),其宣传面就比办书展或报告会要大得多;如果宣传对象是大学生,那么在宿舍区布告栏、图书馆、食堂门口张贴海报、招贴或向黑板报、广播站投稿就是比较有效而又经济的宣传媒介。

②宣传的内容是什么? 所说的东西复杂吗? 是否需要图解? 这些问题事先要考虑周到。用图解可一目了然的东西如用广播解释就会很费力,相反,需要记住的材料最好以印成文字的形式作宣传,因为听广播不仅没有时间考虑,还容易忘记。

③要合乎经济原则。宣传费用往往是决定采用何种宣传媒介的重要因素。经济原则就是要求根据收藏条件、人员条件、物质条件、经费条件因地制宜地决定最佳宣传手段。大型活动可以考虑用部门合作或馆际合作的方式举行。

（4）讲究宣传技巧

提高宣传技巧的主要目的是要让宣传引起人们的注意。在现代生活中，人们每时每刻都在接受各种信息的刺激，但不可能对所有的信息刺激都作出反映，参考人员要让人们对他们的宣传发生兴趣，就要在设计形式、构思形象、考虑标题、推敲文字时千方百计吸引人们的注意力，也就是说，第一，要加强信息刺激的强度：招贴的大小、小册子封面设计、标题选用的字号、色彩的选择以及宣传品张贴的位置都要引人瞩目。第二，注意信息刺激的对比度。例如在宣传参考服务的作用时，加强利用服务前后效果的差异；在使用色彩时，讲究黑白、明暗的对比度；安排版面时，注意字体和空白的对比尽量避免那种使人望而生厌的密密麻麻的文字材料。第三，重视信息刺激的新鲜度，不仅在宣传内容上注意推陈出新，在形式上也尽量与众不同，独具风格的文字说明，别出心裁的标题，不落俗套的形式都会使人感到新鲜和吃惊。宣传忌讳的是让人腻味的陈词滥调或平淡无奇。

加强信息刺激的程度、对比度和新鲜度决不意味着去追求标新立异。让人看得懂，听得明白是宣传的另一要旨。各种图解、符号应有助于读者对宣传内容的理解。如果符号稀奇古怪、背景资料（如插图）喧宾夺主，标题令人费解，那么读者的注意力就会偏离宣传主题，而集中在理解这些符号上。

（5）做好组织工作

做好组织工作，就是要求订好计划，统筹安排。

所谓订好计划，是指每决定一个宣传活动都要在需要和可能之间作出平衡，就宣传内容和规模、人员分工、时间、质量要求、材料搜集等等进行讨论,较大的宣传活动要考虑经费预算,把诸如人工、机器、场地费用、水电通讯等费用列举出来,逐项检查。

所谓订好安排,就是把宣传工作同参考部的其他工作,以及图书馆的有关工作协调起来。有的宣传仅靠参考部是无法承担的,还需要美工、摄影、技术人员的支持,需要流通部门调拨有关材料,有人的出人,有材料的出材料,只有这样,才能保证宣传的质量。

第二节 读者教育

咨询服务只能解决读者一时的需求,而教会读者自己查阅所需情报资料,这种帮助有益于读者一生的工作和学习。"予人以鱼,受惠一时,授人以渔,获益一世",这句格言,恰如其分地说明了对读者进行情报教育的重要性。

被称为词典之父的英国学者塞缪尔·约翰逊(Samuel Johnson)说过"知识分为两类,一类是我们所知道的学科知识,另一类就是要懂得在哪儿可以获得有关这些知识的信息"。(James Boswell:life of Samuel Johnson, 1775)。长期以来,人们抱有这样一种看法,前一种知识是必须通过教育才能获得,然而后一种知识却不需要进行教育,学习者自然能够找到所需要的材料。瑞典学者菲埃尔勃兰特(N. Fjallbrant)指出,这种设想是不能成立的。人们掌握第二种知识的能力也要通过教育才能获得。

对读者进行使用图书馆的教育几乎是与参考服务同时开始于上个世纪末。1883 年哥伦比亚大学校长在年终报告中就提出,"少许系统的教育会使我们的学生开始就能采用正确的方法学习,而且在他们以后的生活中会更有效地利用图书馆获取知识。"一百年以后,看看今天的形势,可以发现这种呼吁不仅没有过时,而且变得更重要更迫切了:出版物的数量在激增,类型和体裁形式

187

多样化,文献新陈代谢的速度在加快、时效缩短,而学科相互渗透交叉又使文献内容的渗透交叉现象日益增多……这一切使一般读者在寻求所需文献情报时越来越困难,参考部门提供的咨询服务远远不能满足读者的所有需求,因此,最根本的出路是把第二种知识,即检索知识和利用图书馆的技能教给读者。近十几年来,国外参考工作人员越来越多地发挥着教师的作用,在图书馆行使着与教师在课堂上传授知识一样重要的教育职能,使图书馆成为读者掌握两种知识的第二课堂。我国图书馆界这方面的工作虽然起步较迟,与国外还有差距,但近几年来也受到了重视。读者教育已成为许多参考服务部门开展主动服务的一项日常工作。

一、读者教育的内容

万良春同志详细列举了科技图书馆读者辅导工作的内容。这些内容(如下所述)对其他类型的图书馆同样是适用的。

(1)帮助读者了解图书馆

①向读者介绍馆藏范围、特点及各种书刊资料使用方法。

各馆都有自己的藏书范围和特点,而且现有各种文献的馆藏体系、比例、重要文献资料的复本以及分布是经过长时期积累、组织、调整而成的。向读者介绍主要是为了充分利用,同时也可以从读者的反映中求得改进。各种书籍、期刊、检索工具、缩微资料、声像资料的性质、特点、运用范围及它们的优缺点,还有使用这些资料应注意的事项,也要给读者具体介绍或辅导。

②向读者介绍图书馆的布局和机构设置

例如,图书馆有哪些职能机构,借书处、阅览室、期刊等部门的位置及其藏书性质、特点、各部门工作的深度和服务项目的分工是什么。参考部门的各种服务项目与查找资料的关系密切,应作重点介绍。

③宣传解释各项规章制度

图书馆的各种规章制度,是执行图书馆的基本方针,完成图书馆基本任务的重要保证之一。这些制度能否被读者了解熟悉,能否在广大读者中产生良好效果,在很大程度上取决于这方面宣传的广度与深度。

图书馆关于读者的规章制度主要有:出纳制度、阅览规则、书刊丢失赔偿办法、入库须知、典藏规则、开闭馆时间规定,以及复制、计算机检索等服务的手段和收费办法。

(2)辅导读者使用馆藏目录

各种目录的组织及其使用方法是反映馆藏的总索引,是揭示馆藏、索取和利用馆藏书刊资料的基本途径。读者要想达到充分和有效地利用馆藏的目的,必须学会查目录。辅导读者查阅目录时,首先要向读者介绍图书馆设有哪几种目录(历史悠久的大图书馆还有几种不同分类体系的目录),图书馆的书名、著者、分类、主题以及各种专题目录各起什么作用。其次,要介绍目录卡片上著录有哪些事项、其中索书号是什么,是怎样组成的,它对借书和图书馆组织藏书的重要作用应详细介绍。第三,要讲解目录的组织排列法,包括分类目录和字顺目录的组织原则和查找方法,为了进一步使读者掌握分类目录的组织法,必要时可向读者介绍所使用的图书分类体系、大类的类目、标记符号以及一些最基本的分类原则等有关知识。

(3)指导读者使用各种工具书

各种工具书都有不同的用途,是读者查阅文献资料时不可缺少的。参考馆员应有系统地讲解各种工具书的用处、特点、收录范围、组织编排体例及使用方法。工具书的阅览规则和排架方法也应详细介绍。

(4)教读者学会提问

苏联专家夏庇诺(З. Л. Шапиро)指出,"情报服务系统与读者对话的严重障碍在于,不仅读者掌握情报服务系统的语言差,对这些系统的途径也了解得不好,但情报服务系统的工作人员又不理解、或不能正确理解他们的情报提问",因此,教育读者学会提问应作为读者教育的一部分内容。譬如说,怎样正确地找到可以提问的部门或服务点,怎样表达自己的情报需求,怎样提供有助于馆员判断和查找的线索,怎样利用参考部提供的一切服务手段,如电话咨询、协作咨询、函件通讯咨询等等。

(5)培养读者的情报意识

读者提问是否踊跃积极,同他们的个人知识水平、情报意识、性格、兴趣、习惯、职务、地位等因素是分不开的,其中最重要的是情报意识。所谓情报意识,就是"人脑对情报在科学、技术、经济、社会发展中的性质、地位、价值、功能的认识的反映。它决定人们捕捉、判断和利用情报能力的自觉程度。"(萧林:情报意识初探,情报学报,1987年8月),如果读者的情报意识差,他的情报需求既不会高,也不会持久,对图书馆提供的各种服务必然会麻木不仁,因此,培养读者的情报意识,提高他们的情报价值观,加深他们对图书馆作用的理解,是上述所有读者教育内容的基础。没有这个基础,任何具体使用办法的教育都不会奏效。

总之,参考部的读者教育工作,应争取达到下述四个最基本的目标:

①使读者认识到图书馆是文献情报的基本来源。

②使读者认识到图书馆员,尤其是参考馆员是一种情报源,并能愉快地、大胆地寻求他们的帮助。具体说,就是能够了解参考服务项目,知道一旦需要可以找谁提供帮助。

③熟悉或知道可被利用的图书馆资源。例如,知道图书馆有什么服务设施,在什么地方,懂得利用这些设施的方法。

④能有效地利用文献情报资源。例如,能凭借示意图或标识系统迅速找到各种服务机构;能够较熟练地使用基本的检索工具,能识别卡片目录或书目中一个款目上的基本项目等。

二、读者教育的方式

（1）图书馆导向

英文文献中称为 Library tour 或 Library orientation，国内文献也有译作"图书馆入门指南"，"图书馆巡阅"。虽然名称不一，都是指大学图书馆向入学新生提供最初的，也是最基本的图书馆环境教育，使新读者了解图书馆的服务项目。这个任务，大多由参考部门承担，可以分成有教学辅助手段，无教学辅助手段和读者自导三种形式。

有教学辅助手段的图书馆导向就是参考馆员在一间专门的房间里分批向入校新生讲解图书馆的概况，各种服务，规章制度，回答学生们关心的问题。讲解过程中多以录像、幻灯、电影、实物资料作为辅助工具。讲解完后带领参观，重复某些讲过的东西，使学生们听到的，看到的和理解的三者结合起来，加深印象。这种导向教育，每次读者人数不宜过多，而且参考部要有足够的人手和一定的物质条件。美国图书馆多采用贴出告示，注明日程地点，读者自愿登记报名参加的办法，一般安排在新学期开始之后一段时间，甚至在学期中期开始。

新学期刚开始，涌入学校的新生批量大，参考部人手比较紧张，因而只能采用无教学辅助手段的导向教育，即只带领学生参观图书馆，取得初步的感性认识。有的馆先召集一批有图书馆使用经验的高年级学生，稍加训练后，再由他们带领入校新生参观。

近几年，国内各大学对入校新生的图书馆导向教育比较重视，普遍把这种活动规定为报到程序的一部分。按系科分批分期进行教育。这已成为参考部开学初最繁忙的工作。但是这种形式也存在着一些问题，最主要的是往往难以达到预期的实效。对图书馆一无所知的读者要在极短的时间内掌握使用图书馆的知识实际上是很困难的。参观只能走马看花，馆员的介绍犹如蜻蜓点水，短时间内读者无法一一记住，或理解向他们灌输的大量信息。对于这种参观式的导向教育，哈伦（R. Harlan）这样评论道，"几批学生，有时多达三十人一组，成群走过十余个参观点。向导不一定是图书馆员，也不一定有充分准备。他手一挥说，这是期刊陈列室，点一下头又说，那是《累积图书索引》，条目排序根据作者、书名和主题，你们必须记住主要款目是作者……走到第三、第四个参观点，少数学生已经搞不清是怎么回事了，大多数学生不再听介绍。学生们的结论是，图书馆和图书馆员们像预料的那样没有用处。结果显然是，学生们将尽力避免，甚至不使用图书馆。"产生这种问题的原因是因为学生们还没有使用图书馆的迫切要求，他们不是积极地参与教育的过程，而是被动地跟着参观。

　　弥补这种缺陷的另一种办法是"自导"（self - paced tour）；发给学生书面的图书馆指南，或配有录音带的自导媒介，让读者根据自己的情况从中取得有关的知识，这种方式是让读者置身于有实感的环境内，按照自导介质的指示进行练习，回答一系列问题，如查目录、使用工具书、熟悉借阅规则，碰到问题，可以对照实物，有时间琢磨，也可以讨论，询问图书馆员。当做完了自导介质规定的内容后，使用图书馆的基本要点也就掌握了。由于是带着问题学习，有了兴趣和积极性，再加上如果自导介质按循序渐进的原则设计，难易程度掌握恰当，恰如一位循循善诱的参考馆员陪伴在旁，整个自学过程并不枯燥。国外许多图书馆较成功地使用这种方式进行读者教育。纽约州立大学布法罗（Buffalo）分校本科生图书馆编印的自导手册《图书馆技能自学手册》（Library skills work-book）；共 43 页。它设计了 26 个问题，采用提问解答自学自测的形式，教学生怎样使用百科全书、传记资料、书评索引、卡片目录、国会主题词表、国会分类法、期刊索引等。手册有问题答复、评价、图书馆术语、各种样例和平面图，完成全部练习约 3～4 个小时，学生可以一次完成，亦可自己安排日程逐步完成。当然这种自导手

192

册也并非十全十美的,它侧重读者的一般性问题,而忽略个人的专门问题。另外,这种方式只有依赖读者本人的积极性和自学能力,很容易因个人原因,缺乏交流,或手册设计不好而失败。

(2)授课

把对读者的情报教育纳入正规的高等教育系统中,采用必修或选修的形式向学生灌输如何利用文献情报资源的知识。教学内容主要结合学生的专业讲授检索工具的使用办法,成绩合格者给予学分。国家教委1984年颁发了"关于在高校开设文献检索与利用课的意见",1988年颁发了"关于改进和发展文献课教学的几点意见"。现在许多高校纷纷开设文献检索课。据全国高校图书馆工作委员会1986年的调查,952所大专院校中已有532所开设了学生用户教育课,听课人数达60万人。

授课的主要优点是有较充裕的时间,可以进行深入、系统地讲解,讲解工具书时可以涉及结构、特点、收录范围和使用办法,这是图书馆导向教育无法比拟的。目前,授课式的读者教育也存在着一些问题,如缺乏既懂得专业学科的知识,又了解图书馆的合格的教师,缺乏合适的教材,实习的问题,如何同专业挂钩的问题,以及如何摆脱枯燥的、注入式的讲授方法,使学生提高兴趣等。

(3)讲座

这种教育一般是在对图书馆已有初步了解的基础上对学生作进一步指导,其内容范围和深度介于导向式教育和授课之间,时间长短比较灵活,短的二、三次,长的五、六次或更长。重点放在目录和少数重要工具书的使用方法上,并初步介绍检索策略。每次讲授后布置一定数量的习题,通过练习初步掌握检索技能。这种讲座可以和专业课结合进行,学生们了解本学科的文献资源情况和主要的检索工具,高年级学生还要讲解检索策略、资料收集、分析和评价的方法。

公共图书馆和专业图书馆通常采用讲习班和辅导班的形式,

其性质和讲座一样,内容集中于某一专题,如科技文献检索辅导班、专利文献检索学习班等等,有的讲座结束后发给证书。

(4)个别辅导

通常在咨询台、参考阅览室,或目录区进行。参考馆员除了答复读者问题以外,还抓住时机进行查找方法和工具书知识的教育。例如一位学生想查找研究尤金·奥尼尔的论文时,除了提供有关索引,还告诉他,这几种索引的主要特点区别,使用价值和查找方法,使学生不仅知道了到哪儿去找论文,还知道了这几种工具书的基本知识,这种方式弥补了前面几种形式重一般问题而轻个人问题的缺点,有很强的针对性。但是不够系统,它只能传授零星的知识。

三、读者教育的规划

瑞典查尔莫斯技术大学的经验是,开展不同形式的读者教育就要有不同的目标和为达到目标而采取的具体行动目的。如果确定图书馆导向教育的目标是使学生意识到图书馆的作用和认识各种服务项目,则具体目的就是:(1)要知道图书馆提供什么服务,何时开放;(2)能找到图书、百科全书、字典、期刊、复印设备等;(3)能区别各种目录的不同用途;(4)能使用闭架书库,能填写三种最常用的书刊借阅单。如果读者教育采用授课形式,目标是使学生充分利用馆内现有资源而获得所需情报,则在完成该课程后,学生应能够:(1)知道从情报生产者到情报授受者之间存在着不同的交流渠道;(2)知道各种不同类型的情报检索:现刊检索、回溯性检索、事实或数据检索;(3)找到、筛选和取得与特定课题有关的情报;(4)以书面形式列出参考文献,表示出所获取的情报。有了目标和目的,则教学内容、方法和评价指标也就可以确定了。

菲埃尔勃兰特认为,读者教育的目标既有属于认识性的一面,也有感情性的一面。前者是指要让学生在需要文献时知道如何去利用目录和索引,后者是指学生在受过教育后应能对可利用的图书情报资源有一种意识感,有信心根据自身的情报需求利用情报资源。也就是说,读者教育的目标不仅在于教会几种检索工具的具体用法,也要注意加强读者的检索、吸收和利用情报的技能,以及树立起较强的情报意识。目前的教育偏重前者而忽视了后者。具体负责教学的同志只注重有效地利用本馆资源,而学生则把这种教育当作应付考试、毕业设计和撰写论文的工具,没有充分意识到培养自己的情报素养,因而学习热情不够。要克服这一现象,在规划读者教育时要把教育目标建在这样两个基础上:一是把图书馆利用技能和学习技能、信息的组织和应用技能结合成一体,这就要求把读者教育的教学活动贯穿于整个学习和科研活动中;二是掌握情报分析应用知识,诸如把经济情报、市场情报同实际工作挂上钩,帮助学生提高分析各种社会信息的能力。

规划读者教育第二个要注意的问题是,要了解读者想知道什么,才能有的放矢地开展教学。卢本斯指出,大多数图书馆的读者教育是以我们的图书馆员所设想的读者需求为依据的。这种设想的结果,忽视了读者的主要目标,例如,图书馆员总是把目录的使用作为寻找资料的主要手段而列入教学重点,都忽视了读者的目标是如何尽快地找到情报。目录在获取某一课题的基础知识是有用的,但在获取新近研究工作的情报方面用处却不大。因此,规划读者教育的馆员应首先问一问,读者是谁? 他们的专业、手段、年龄、分布怎样? 以前有没有接受过读者教育? 效果怎样? 现在的态度如何? 他们想知道什么? 平时是怎样解决使用图书馆时遇到的问题? 喜欢接近的图书馆员是哪种人等。要有意识地观察读者的活动,或是和读者一起查找所需资料,了解他们不肯求助于馆员帮忙的真正原因。在掌握了这些情况之后,把读者按不同类型、不同需求层次、不同学科分组,分别设计教育大纲,才能使读者教育产生实效。

第三个注意要点是,图书馆如何同教师配合的问题。从实践中发现的问题来看,读者教育的成效同教师与馆员之间是否建立起真正的合作有密切关系。对学生学习方法影响最大的是教师,如果一个学生不需要利用图书馆资源,而只靠教科书和笔记就可以完成学习任务,那么任何形式的读者教育都是多余的。改变这一状况的办法之一就是参考部应注意教师的图书馆利用教育,并把读者教育融入学校的教学大纲中,由承担读者教育的参考馆员与专业课教师共同制定教学方案。

　　规划读者教育的第四点注意事项是要订出合理的评价指标和检查办法,这对改进教学方法,争取各方面的支持有积极的作用评价的方法,一是从学生的学习情况来评价教育效果,这通常是用考试或对比教育前后差别来进行检查,二是收集学生的意见来评价教学方法或教学人员的质量。

　　第五点要注意的是把各种形式的教育活动结合起来,把长期教育活动和短期突击结合起来。情报能力、情报意识的培养不可能通过一种形式教育,在短期内即告完成,而是一个分层次的渐进过程。这一过程最好同大学四年教育融合在一起,实行连贯性教育,国内已有多篇论文提出了连贯性教育的问题,例如在一年级初期进行图书馆导向及其利用法的教育。二年级进行学习方法论教育,传授初步的检索知识,培养利用工具书查找文献的学习方法。三年级时开始文献情报检索技能和资料积累方法的训练。四年级可进行情报信息分析和应用,以及文献整理、选择、研究的方法的教育。这样,读者教育就形成了教学形式不同、层次深浅不同、教学对象不同、时间长短不同的体系。

第三节　定题情报服务

定题情报服务（以下称定题服务）就是根据用户事先的情报需求，选定重点课题，然后从新到的文献中选择（检索）符合用户需要的文献，或者文献线索，主动地定期地提供给用户。由于定题服务项目明确，工作方法系统，能密切结合实际，广、快、精、准地提供用户在生产、科研、教学过程中需要的文献，因而受到广大情报用户的欢迎。对于图书馆来说，这种主动服务使大量"死"资料变成了活资料，提高了馆藏文献的利用率，因而成为参考咨询部门的主要工作之一。

一、定题服务工作的组织与步骤

（1）准备阶段

①调研

摸清本地区或本单位科研、生产、经营管理活动对情报的需求情况是做好定题服务至关重要的一环，并贯穿于服务的全过程中。服务人员应从两个方面开展调研，第一个方面是了解课题情况，即A. 课题的意义、目的与要求如何；B. 课题的历史沿革，在国内外进行的同类研究的基本情况；C. 课题的轻重缓急程度如何，有哪些急待解决的具体问题，包括已做了哪些文献调研工作；D. 课题成员对文献的具体要求，如起讫年份，文献语种、广度、深度等。对上述情况的了解应具体、细致，否则难以提供确切的资料。开展调研的第二个方面是对本身服务能力的调研，例如本馆有关的文献资料有哪些优势，图书馆有没有人懂得与课题有关的专业知识，能否承担起课题检索，本馆的物质条件如设备、经费等能否承担起定题服务的任务。

有的馆把调研工作同发展定题情报用户结合起来。通过征询函,向情报用户说明可以提供的服务项目,然后搜集用户的回函,了解用户的情报需求,并建立起用户档案。表9就是南京金陵图书馆参考部为发展定题情报用户和了解用户情报需求而散发的征询函。

发展特别用户征询函

我馆是南京市市级公共图书馆,它是全市的文献收藏中心。目前有各类文献达10多万件,此外,本馆与在宁各高等院校、科研系统及各类情报部门均有广泛的业务联系和往来。为了充分开发、利用馆藏文献资源,根据市政府有关领导的要求,我们拟定图书馆与南京的经济建设部门和生产单位,特别是资料缺乏的中小企业建立联系,主动无偿地为有特别需要的单位开展定题跟踪服务。

服务方式:

1)根据需要,可以请用户派员直接进库查阅资料。

2)用户单位如有特殊需要,可以不限数量借出资料。

3)可以帮用户代查、代检资料。

4)可以帮用户系统收集、整理某一方面的信息。

5)根据课题特殊需要,有选择地专为用户订购科技文献。

6)可以通过馆际互借,帮助用户索取情报资料。

7)可以帮用户代译,代印资料(有偿)。

8)可以帮助用户在本馆科技读者中寻找技术顾问。

9)可以通过电话预约借书,解答咨询。

10)凡本馆能够服务的事,都愿意为用户去努力。

你单位如想与本馆建立"特别用户关系",请填写特别用户服务申请表。(附后),然后寄回金陵图书馆书目参考部。我们将根据您的申请,进一步与您联系。

联系人:

电话:644743

地址:长江路262号

表9　金陵图书馆发展特别用户征询函

②定题

每个地区或单位都有一批科研、生产的项目,参考部门不可能同时为这些课题提供定题服务,而应注意选择与本地区或本单位生产科研密切相关的重点项目,以及那些由于任务急、时间紧而又迫切需要情报资料的重点课题。此外,选择题目时,要结合本馆的收藏特点和工作人员的专业知识和业务水平,把需要和可能结合起来。选择课题时,可以通过科研管理部门摸底,因为他们最了解本单位或本地区的科研情况和轻重缓急次序。

③制定服务计划

制定计划是为了使定题服务有组织、有步骤地进行。对检索方案的制定、检索工具的选择、查找途径的取舍,工作人员的分工等都应订出行动方案。如果是计算机检索,则估算费用,事先通知用户。一般大课题在调研阶段工作量较大,需要投入较多时间和人手,为了不拖延时间,最好集中人力速战速决,以迎合科研进程的需要。对于正在进展中的课题,可配备适当的专人与有关课题组保持密切关系,根据课题进展中存在的问题及时提供线索,跟踪服务,一跟到底。

(2)检索阶段

定题服务的检索方式有两种,一是手工方式,但有较大的局限性,二是用计算机方式,无论在查全、查准和及时性都优于手工检索,是今后定题服务的主要努力方向,但限于条件,相当多的图书馆还无法做到,因而手工检索仍是我国图书馆目前定题服务的重要方式。

①手工检索

手工检索的程序大致是边查找,边筛选,边制卡。所谓查找,就是浏览目录索引,查找与课题有关的"四新"篇目(新动态、新理论、新技术、新成果)。为了争取时间,这种查找有时不可能全部依赖正式出版的检索工具,而要逐期浏览期刊目次页。筛选,就是浏览文献内容,将针对性较强的"四新"篇目加以固定保留,其余部分剔除淘汰。制卡,就是按照一定的书写格式,制成长长的题录卡或文献卡,注明题目、作者、编辑和出处诸项,如题目不能反映内容,需要注简介项。有的单位,将这种卡一式二份,一份提供给课题单位,一份存查。要注意的是,原文索取信息一定要清清楚楚,凡已入藏的文献要注明书刊索取号,未入藏的请读者审定,哪些需要,哪些急需,哪些特急,再分别情况,联系借阅或复制。存查的一份可作为资料积累,为以后开发文献之用,亦可随时印发交流。

②机器检索

用计算机可实行定期的定题服务,大致工作过程如下:参考咨询部门将各个用户的特定情报需求经过试检索后,以"提问逻辑式"的形式存入计算机,当新的文献进入情报部门后,先由工作人员进行标引、编写文摘,并按一定的方法和规则填入工作单,然后定期地将这些工作单按照一定的程序输入计算机。这样,当情报输入计算机时,文献的检索标识即自动地与早先存入计算机的用户的"提问逻辑式"进行对比。如果在对比时实现了预定的相符性判据,计算机便在纸上打印出用户名称、命中文献的检索标识、各个著录项目和文摘。所得的即是符合用户特定需要的专题文献清单,随即发往用户。用户收到后审阅所到文献和他的需要的吻合程度,填写"反馈单",把自己的评价告诉系统,并视需要提出获得全文复印件的要求。

无论是进行哪一种方式的检索,都必须进行预检,或称试检,目的是为以后的正式检索打好基础,并对所选用的检索工具、检索标志进行验证与核实,看它是否符合课题的要求与口径,以便及时更正。例如,从课题内容中所选出的主题词,其抽词方法不一定与所选用的有关主题索引选用原则相吻合,这时就需要从主题的上下位概念去找,或从该主题词的同义词或近义词去找;同时也考虑由于主题分析得不准确而错选了主题词等等,这些都要在试检中

200

发现,及时纠正,减少因误检而招致的损失。另外,试检还可以较确切地估算出需要的人手、时间、工作量和经费,便于作出合理的安排。

（3）检索后阶段

①初审

当查到一定数量的文献后,要将已有的文献全部集中,请课题组有关成员进行初审,看是否符合课题要求,对检索过程中出现的有关专业范围的知识请教专业人员给予解答。初审有助于发现检索中的漏洞,减少工作中的盲目性,提高查准率。

②复审

全部检索工作结束后,对检索结果进行筛选和鉴别。这一工作仍然是在专业人员协助下进行去粗取精、去伪存真,将不符合要求的文献卡淘汰掉,以确保检索质量。通过筛选和鉴别还可查明经常刊载与课题有关的核心刊物,从而通过该刊补充最新的有关文献。

③统计与分析

用统计数字来分析检索效率和检索质量,从检出率看检准率和误检率的比例,为下一步工作积累经验。

④编制专题文献索引

如果是手检,文献卡经过筛选后可根据课题所涉及的学科内容进行分类,组成卡片或专题文献索引,经过打印后还可编成书本式的专题文献索引。机检亦可直接编辑打印成专题索引。

二、开展定题服务的注意事项

（1）定题情报服务必须建立在有关学科文献足够齐全的基础上,以保证用户获得该学科有关专题最新文献而不发生重大遗漏。所谓齐全,首先是指该学科内涉及该课题的所有文献,其次是指相关学科的文献,现代科学一方面向专深发展,另一方面又向综合发展,各学科之间的渗透日益增强。例如企业管理的文献既出现在管理学、经济学类中,也出现在心理学、经济学、传播学、行为科学等学科门类中。因此,为了不遗漏重要文献,可以先查找综合性检索工具,再查专科性工具。这样就可以从广博和精深两个角度找到所需资料。其次要注意运用检索工具中的参照系统,扩大检索范围。第三,不能忽略中文检索工具。桑继同志指出,不少人,一提到情报检索,就想到外文文献,或者只限于英文文献。其实我国中文检索工具出版已具有相当高的规模,文革前已基本形成了检索体系,到 1966 年底,经全国国外文献编译委员会协调的检索刊物就有 139 种,1980 年已恢复到 138 种,150 个分册,年报导量约 70 万条。近几年发展得更快,这些检索刊物除报道国内文献以外,也大量收录世界各国的各种出版物,是重要的资料来源。

(2)要注意提供原始文献的索取信息。我们已经在第四章说明了提供咨询答案时,注意附上原文索取信息的重要性。这里要强调的是如果读者无法获取所需原文,定题服务就失去意义。有的同志怕麻烦,或不愿勤查工具书,向读者提供的文献线索缺乏必要加工,因而即使附了原文出处,也都是简称或略语,有的刊名是以英俄对译、英日对译的形式出现的,用户不一定了解。对于本馆是否有收藏,在何处收藏没有明确交待,因此,在提供服务指导时一定要进行这种加工。如果加工要耗费较多的时间,至少应告知用户如何去查原文收藏地点,如怎样利用国内外期刊联合目录等。

(3)加强国内外检索刊物的收集和管理。能否向用户提供大量有用的文献,与图书馆是否具有齐备的检索刊物很有关系,参考咨询部门在开展定期服务的同时,要花力气建立起较为完善的、系统的包括不同类型、语种和载体形式的检索工具系统,搞好定题服务的基础建设。检索工具收藏的规模、大小、范围宽窄视服务对象、定题服务的要求和图书馆具体条件而定。除了依靠本馆的力量,还可借助邻近图书馆的帮助,摸清本地区或本系统图书馆的检索工具收藏情况,通过协调,实现网络内的资源共享。

第四节　书目文献工作

一、什么是参考部的书目文献工作

　　图书馆的采、分、编和流通、阅览部门也从事书目文献工作,这些工作产生的成果——馆藏目录、特藏目录、新书通报、联合目录等基本上都是为了反映馆藏、宣传馆藏、报道新进的书刊,而参考部的书目文献工作是针对某一特定需求,进行文献搜集、整理,并深入到文献内容中去,通过分析、综合,组成新的文献类型,即二次或三次文献(如专题书目、文摘、索引、综述报告等),目的是为了进一步发挥图书馆的情报职能,帮助读者更有效地利用文献资料。参考部的日常书目文献工作主要有以下几种:

　　(1)专题书目

　　这一称谓五花八门,众说纷纭,如"专题文献目录"、"专题参考目录""学科书目"、"专题文献志"等。它们的共同特点之一在于"专",即围绕一个问题(或专题),进行微观调研,揭示并报导有关文献。"书目"二字,是广义的,它不仅仅指图书目录,也泛指各种形式和用途的文献资源,如期刊、论文和各种形式的资料。在这个意义上,专题书目是把图书目录、论文索引和文摘三者集于一身:在收录文献的类型上,它不受书的限制;在载体形式上,它不受印刷型文献的限制;在内容上,它不受某一学科的限制,针对某一专题的所有学科的相关文献都可收录;在报导文献范围上,它也不必局限于本馆收藏的文献,而是提供见于记载的所有的文献。专题书目可根据具体情况有不同的称呼,有的收录的文献全部是论文,如《魏晋南北朝史论文索引》,有的全部是图书,如《明清史研究文献目录》,有的则是图书和论文混合,如《国外研究中国问题》。专题书目最主要的性能就是专指性。现在各种类型的文献数量增长很快,图书馆的书目也在急剧增多,综合性书目越来越庞大,给检索带来不便,而另一方面,人们对图书馆资料的需求的针对性加强了。因此,专题书目可以解决文献量增多而需求专门化的矛盾。

(2)推荐书目

推荐书目是以指导阅读为宗旨而编纂的书目,又称导读书目。它是宣传图书、指导阅读的工具,其特点在于指导性和选择性。它与专题书目的区别在于:专题书目在一个专题范围内尽可能全部收录所有资料,而推荐书目是根据特定的读者群的需要和阅读能力,选编适合这些读者的,估计能取得较好阅读效果的优秀文献汇编而成。这种书目大致上又可分两类,一类是配合宣传教育工作或科普活动、读书活动来推荐好书,如《三史教育必读书目》、《三热爱活动推荐书目》;另一类是根据教学目标和教学计划精心选择的课外阅读书目,如《中国语言文学系学生阅读书目》(南开大学中文系编)。由南京大学出版社 1993 年出版的 180 万字的《中国读书大辞典》(王余光、徐雁主编)列有"读书门径录·推荐书目举要"一类,集中介绍了重要的书目近百条,足资参考。

(3)参考书目

参考书目是就"参考"这种特殊作用而言的书目,通过这书目为读者提供可供参照、研讨的文献。与上述两种书目的区别,一是它的重复性,二是参考性。它与专题书目的共同特征在于"专",但如果说在"专"的前提下力争"全"是专题书目的特征之一,那么参考书目要求的则是在专题范围内抽取最重要的文献。它是研究某一特定专题时具有重要参考价值的文献目录,对于编者和读者来说,它应该是全部专题文献中的重要部分或精要部分,是要籍一览。它与推荐书目的作用也有相同之处,即都是向读者推荐某一专题的文献,不同之处在于推荐书目强调的是指导阅读,讲究文献内容的可靠性,知识的系统性和可读性。而参考书目着重研究价值,作为辨章学术、考镜源流之用,因此,它可以收录对一般读者不公开流通的图书资料,作为借鉴之用。通过这一类书目提供的文献,读者可以对异己之说进行分析、评论或否定,可以辨章学术派别,考究主题研究的渊源流别,源出何处,现状如何,有利于追踪溯源,了解研究发展沿革,考证各家之说,吸取前人经验教训,这些作用是前面两类书目所不能取代的。

二、书目文献工作的要求

三种书目由于其作用不同,编纂方法也不尽相同,但以下基本要求是一致的:

(1)针对性

所谓针对性,就是要求编纂书目要明确读者对象和特定的用途,为不同的读者群编制不同的书目。如为专家学者编制书目,收录的文献内容着眼于"专"、"精"、"深",注意最新研究成果的报道,辑录对象期刊时要首先确定学术性强的刊物。如为一般读者编制书目,揭示的文献范围可以广一些,不仅有专深资料,也有一般性资料。如果是推荐书目,则向哪一专业的读者、哪一教育层次推荐,这些决定收选资料的范围和标准。

体现针对性要注意的是书目名称和内容要符合,并在前言中明确收录范围和书目的特点,使读者对其特定作用有所了解。

(2)科学性

科学性要求选材紧紧围绕所选定的专题,有条理、有系统地组织起来,讲究编制艺术和技巧,编出的书目能切合实际,便于使用。

为了确保书目质量,参考部应制定书目编纂工作条例,详细规定选题、选材、组织、著录等一系列工序和标准。美国图书馆协会的参考和成人服务部书目委员会(Bibliography Committee, Reference and Adult Service Division 即 RASD）1982 年颁布了一个编制书目的准则（Guidelines for the Preparation of a Bibliography），对编制方法、材料组织原则、注解、时效和准确性等要求作了一系列规定。例如，材料的组织要能够使读者直接使用书目正文而不是依赖于正文后的索引，要提供各种辅助检索途径；按分类组织材料的书目应具有逻辑性并容易理解，每部书目要有详细的使用法介绍，要有缩略语对照表、目次页，要有足够数量的参照条目等。条例还应确定书目的评价方法，订出检查客观性、可靠性、易检性等评价标准和指标。

（3）*连续性*

文献的出版源源不断，相应的书目编纂工作也不能中断。一种书目编得再好，如果没有延续下来，而是断断续续，甚至半途而废，就不能系统报导有关文献，也就达不到它预期的目的了。

三、编制书目方法

（1）*编制专题书目*
①*确定选题和编例*

要做到选题有针对性，必须首先做好调查工作，对读者的情况有个基本的了解。有条件的要深入科研生产实践，掌握各类读者群的特点和需求，可以通过开座谈会、发问卷表等常规的办法确定有价值的课题。如果人手少，没有时间，可以直接利用咨询档案。北京图书馆在进行参考服务工作时，常常从读者提出的问题中选出较有意义的专题来，经过筛选、分析、讨论，确定书目的专题。走访科研管理部门了解当前需要的课题，也是有效的方法。

编例是编制书目的应遵循的规则，亦可称凡例、编辑说明等。编例一般要介绍书目的性质、目的，明确收录材料的时间、文种、地区、款目的特点等，既便于汇集文献的工作，又能使读者了解书目的特点和价值。

②汇集文献、进行著录

由于专题书目的基本特征是"专"和在"专"的基础上"全"，因此材料收选面可以广一些。收选工具可以是馆藏目录、大型综合性书目、索引和文摘。文献类型可以包括以下几类：（1）与专题有关的图书；（2）采用分析著录法，将与专题有关的独立篇章从单本书中分析出来，或将有关书从多卷本、丛书中析出，单独著录；（3）将期刊中的有关文章分析出来；（4）报纸上的有关论文、资料或数据；（5）会议文献中的有关资料。除了用直接的方式在一次文献中选择材料以外，还可以用间接的方式从二、三次文献筛选。前者直观性强，较有把握发现针对性强的文献，也便于做注解和提要，但工作量大，难以收全。后者比较快捷，对于质量没有一定把握，最好是把二者结合起来，从二、三次文献中得到线索，再去核对一次文献。

材料收齐以后，要进行筛选，然后著录。由于文献来源不一，类型不同，在题名、著者、出版事项等方面的记载会很不相同，有的甚至残缺不全。在著录时应力求著录格式前后一致。

③编排

文献一般按分类、主题、题名和著者四种方式排列，如果选择其中一种作为书目正文的条目组织形式，则最好为其他三种提供辅助索引，这样可以从多角度揭示文献。专题书目一般按分类或主题排列条目。由于专题比较窄小，没有现成的分类法可供细分文献，因此要自编类目表。设类时，类目不一定过细，否则会使条目重复，检索不便。

其他有用的附录，如"收录期刊一览表"、"略语符号说明"、"外国人名汉译对照表"等，对查阅都很有用，不可忽视。

（2）编制推荐书目

选择推荐书目的材料时要注意：（1）推荐书目的用途。同样的主题，向一年级新生推荐和向研究生推荐，选择的标准就大不一样,对任何层次的读者都适用的书目就失去了推荐作用。(2)推荐书目的特征是"精"而不是"全",因此,不宜收录过多的图书,否则读者在选择时就会无所适从。

指导读者阅读的书目要求有这样的结构,第一,各个部分之间存在着密切的、有机的联系,使读者对要掌握的知识有完整的了解。第二,各部分书籍排列的逻辑次序有助于循序渐进地学习,例如首先推荐一本或几本能够把握一般性问题的著作或通俗读物,然后列举阐明个别问题的书籍。第三,推荐的图书要按读者易于了解的顺序加以分类或排列。第四,各部分之前最好有指南、简介这一类导读性质的文字,告诉读者在读这一部分图书之前应了解哪些知识,这一部分和那一部分的关系,目的和要求是什么。

推荐书目的条目著录事项可以简略一些,但一些重要的项目如出版年、版次、页数是不可缺少的。如果用副题名更能说明其内容性质的,则副题名就不能删去。必要时还要加注题名说明。编纂提要是揭示文献内容的基本方法,为了使读者了解每种推荐图书的价值,应设立提要项,并重视提高编写的质量,因为读者所要求的不仅仅是希望知道有哪些书,还希望知道为什么要读这本书,书中有什么地方使人感兴趣,读完后能解决什么问题。提要一般有以下几种类型:(1)比较型:有比较才能鉴别,才能分辨优劣。要突出某书的独特之处,可以通过与其他类似的书相比来揭示这本书的特点,或通过同以前版本相比让读者了解有了哪些修改增删。(2)评价型:对该书的优劣得失进行评论可以吸引读者的注意力。评论文字应简洁扼要,可由推荐者在著录时撰写或请专家撰写,亦可援引其他书评资料。(3)列举内容型:把书的结构、章节列举出来,使读者了解其内容概要。撰写列举提要可以参考图书的目次、内容提要,或新书介绍、征订目录等其他书讯来源。(4)指导阅读型:这种提要着重指出阅读的重点、顺序和阅读方法。

（3）编制参考书目

参考书目所收录的应当包括在一个专题范围内所有具有参考价值的文献,因此收集文献时应掌握这样几个原则:(1)注意质量上的"专"与"精",那些普及知识的读物可以不收;(2)着重反映最新的、最能反映有关科研成就与发展趋向的图书资料;(3)要兼收各种学术观点的著作。

参考书目的著录是要求较高、学术性较强的工作。要同时揭示文献的外表特征和内容特征,要有适当的注释,从学术上说明文献的参考作用与使用价值。对古籍图书还要进行版本鉴别,对不同版本要作出简要说明。

编制上述三种书目,在要求上有不同的地方,也有相同地方。肖伟信、杨沛霆在 1964 年提出的 6 点编制专题资料的注意事项,对于今天进行书目文献工作仍然是值得借鉴的,这就是:①反对在基本情况不掌握、基本资料不完备的情况下就着手编写。②反对在一知半解的情况下对原始文献分析不够,东拼西凑,草率从事。③要重视文献中内容的介绍和分析。④反对把专题资料编者的观点与原始文献著者的观点纠缠在一起。凡是编者自己的意见应该与原著者的意见严格分清,明确注明。⑤反对缺乏严密逻辑性的编辑程序。⑥反对不加分析地编入不必要的论点和数据,特别是不成熟的,或未经证明的假设和推测,以及节外生枝的与本题无关的叙述夹杂在专题资料内。

第五节　协作咨询服务

一、什么是协作咨询服务

协作咨询服务（Cooperative Reference Service）这个概念是从

国外图书馆参考服务实践中产生的,其涵义可简单地概括为在一个图书馆不能解答的咨询问题,通过事先商定的协议,可以在另一个图书馆得到解答。在本书中,我们把这个概念扩大为馆际协作咨询和馆内协作咨询,后者是指参考部门通过事先商定的协议,把本部门无法解决或不能很好地解决的问题交给馆内有关部门解决。由此可见,协议是开展协作咨询的重要保证,协议一旦达成,受委托一方有责任受理委托一方提交的咨询问题,这样可在一定程度上减少互相推诿的状况。

协作咨询的另一优点是使咨询服务由被动转为主动。过去碰到那些限于客观藏书条件或本人水平而无法回答的问题时,参考人员大多束手无策,爱莫能助。但如果开展协作,参考人员就可以主动为读者联系馆内外协作部门,一些本来在一个馆无法解决的问题在另一个馆(或另一部门)就有可能得以解决。

协作咨询不仅可以提高服务质量,还可以节省费用,由于读者咨询的内容范围千差万别,今天,已没有一个馆有能力单独购买解决问题所需要的全部工具书,哪怕是购买中文工具书,也往往捉襟见肘,不堪重负。但如果利用协作咨询,资源共享,综合性的大图书馆碰到专业性很强的问题就可以利用专业图书馆的工具书,反之,专业图书馆也可利用大馆的工具书而不必耗大量经费购买利用率不高的综合性大部头工具书。这样,各个馆都可以把有限的购书费用用于购买本馆最急需的工具书,既有利于提高本馆工具书藏书质量,也避免一个地区里大量的重复购买。

二、开展协作咨询服务的办法

(1)明确协作关系户

建立馆际协作,可以按地区或按系统寻找协作关系户。按地区协作,就是打破条条的限制,鼓励跨系统(公共图书馆、专业图书馆、高校图书馆)的参考服务横向联系。由于各馆距离较近,相

210

互联系方便,也有利于读者就近解决问题。按系统协作,就是利用本系统内性质相近的图书馆容易协调的优势建立跨地区的纵向联系。国外的发展经验表明,无论是按地区还是按系统协作,许多馆都是基于"规模"来考虑协作关系的。即规模大的馆往往是协作网的中心,小馆愿意与大馆协作,而大馆愿意与规模相当的图书馆协作。詹姆斯·雷蒂格(James Rettig)在谈到美国国会图书馆的协作咨询时说,协作馆"大就是好,最大的就是最好的"这一看法会产生许多问题。美国人认为国会图书馆是最大的图书馆,理应是参考资料的最好来源,但结果并非人人都能得到最好的服务。部分原因在于小馆对大馆的依赖,加重了大馆的负担,导致咨询服务质量下降。因此确定协作关系最重要的是了解对方的馆藏、参考书藏情况和参考人员素质,只有这样,才能用人所长,克己所短。

(2)订立协议

在认识到相互需要并自愿协作的基础上,应就具体的业务问题展开讨论,例如协作的程度和形式、有偿服务的问题,原始文献提供的方法(是否享受同样的复印收费标准,是否要开展馆际互借)、服务质量的评价、工作量的统计等等问题都应充分协商,取得一致意见,并以书面文件形式确定下来,定期检查、总结、不断修改,使之完善。协议中有关条款可以规定得细一些,明确一些,如在什么情况下才能使用协作关系,什么问题不宜委托或可以拒绝接受等。规定不明确,措辞含糊导致产生矛盾或误解。

(3)明确联系方式

协作部门或协作馆之间的联系如何对于协作成功与否有很大关系,这种联系可以通过电话委托、信函委托、表格委托(委托单)以及更为先进的计算机联机咨询这几种形式。其中最常用的是通过委托单建立联系。表10是一种馆内协作的工作传单,由参考部工作人员根据问题的性质以及对能够解决这个问题的部门或人员的估价,填写"接受咨询部门"一项,并在"初步意见"一项中简要陈述参考人员初步尝试的结果或建议。读者持工作传单前往有关部门,根据事先商定的协议,该部门有责任受理问题,处理后签名,留下传单作为工作量记录。

表10　馆内协作的联系方法——作传单

存根　　　　　　　　　　　南京大学图书馆咨询服务处工作传单

编　　号		接受咨询部门		编号	
咨询登记表 编　　号		受理人签名		日期	
送往部门		咨 询 服 务 处	初 步 意 见		

馆际协作涉及两个不同的单位,委托单上的信息要详尽一些。美国图书馆协会参考与成人服务部协作咨询服务委员会设计了一个各馆可以通用的委托单作为联系工具(见表11),在这张委托单中,详尽记录了委托馆对读者问题的理解,读者本人的情况(姓名、地址、电话、教育水平、阅读水平、语言能力、所需信息的数量),委托馆初步查找时使用过的工具书等。这些信息实际上组成了咨询过程的一部分——咨询接谈和初步查找。受理馆的参考馆员在此基础作进一步努力,并将答案、使用的工具书、受理人姓名、电话、处理时间等信息填在委托单的回复部分。如果读者对结果感到满意,协作过程就结束,委托单将交还委托馆作为咨询档保存。如果不满意,还可以再附委托单寻求另一个图书馆的帮助。

协作咨询是资源共享中的一个新领域,必然也会出现种种问题,例如,读者对问题被“转移”持什么态度? 对这种咨询时间的延长持有多大耐心? 委托馆的参考馆员在请求帮助时的心理状态怎样(例如是否担心降低了自己在读者和同行心目中的地位?)协

212

作过程中万一未能做到互利互惠怎么办？这些问题有待于我们在实践中去勇于探索，寻求解决的办法。

　　信息需求量的激增和咨询工作经费增长的不同步，迫使我们既要高效率地开展服务，又要节省开支，因此，寻找符合这一要求的工作方式是每个图书馆的愿望，这正是协作咨询服务有可能实现的基础。

参考文献

（1）张汉彪，李牧. 公共关系. 甘肃人民出版社,1987. 223 页

（2）杨思远，廖士澄. 推销心理术. 杭州：浙江大学出版社,1989. 237 页

（3）李炎巨，陈开国. 宣传工作概论. 长沙：湖南人民出版社,1986. 483 页

（4）陈培爱. 广告原理与方法. 厦门：厦门大学出版社,1987. 483 页

（5）戚志芬. 参考工作与参考工具书. 北京：书目文献出版社,1988. 723 页

（6）程仲琦，张德芳. 图书馆参考工作. 成都：四川图书馆学会,1984. 144 页

（7）万良春等，读者服务工作. 北京：中国科学院图书馆,1982. 107 页

（8）居延安. 信息、沟通、传播. 上海：上海人民出版社,1986. 209 页

（9）陆瑞萍. 南京大学图书馆参考咨询和参考工具书使用情况的调查分析（毕业论文）. 南京大学文献情报学系,1989

（10）菲埃尔勃兰特. 图书馆用户教育. 北京：科学技术文献出版社,1988,200 页

（11）用户培训论文集. 北京：全国高等学校图书馆工作委员会,1984. 226 页

（12）樊松林. 大学情报普及教育的发展趋势. 图书馆学通讯,1990(3)：44－48

（13）张晓林. 图书馆要做好读者教育. 在《读者学与读者服务工作论文选》. 北京：书目文献出版社,1989. 160－175 页

（14）张顺昌. 定题服务——情报服务工作的一种有效方式. 图书馆杂志,1982(2)：530

（15）蔡大明,戴成. 定题服务浅谈. 图书与情报工作,1982(2):25-28

（16）李秀英. 谈高校图书馆的定题服务工作. 高校图书馆工作,1982
  (2):27-29,69

（17）桑健. 谈谈目前高校图书馆开展手检定题服务时应注意的几个问
  题. 大学图书馆通讯,1983(8):27-28

（18）邹志仁. 情报学基础. 南京:南京大学出版社,1987.428 页

（19）谢俊贵. 参考文献书目初探. 图书与情报,1985(2-3):126-128

（20）张厚生. 专题目录的种类、编制的要求和方法. 云南图书馆,1982
  (2):30-36

（21）肖伟信,杨沛霆. 编写专题资料(专题情报研究)的方式与方法. 综
  合信息动态,1964(2)

（22）赵世良. 专题文献志及其编制. 在《黑龙江图书馆学会讨论会论文
  集》,1979

（23）张安珍. 书目提要编写十二法. 云南图书馆,1986(2):42-46

（24）吕绍虞. 书目索引编制法. 转引自《目录学资料汇编》. 武汉大学出
  版社,1986,p.500-503

（25）卢子博,倪波主编. 参考咨询基础知识问答. 北京:书目文献出版
  社,1986.127 页

（26）倪波,黄俊贵主编. 书目工作概论. 书目文献出版社,1989.124 页

（27）Guidelines for the preparation of bibliography. RQ, Fall 1982. p. 31
  -32

（28）Morgan, Condace D. Cooperative reference: hazards, rewards, pros-
  pects. RQ,Summer 1979. P. 355-360

（29）Honevrink, Andrea C. Quality control. RQ,Summer 1979 p361-364

（30）Rettig,James. Cooperative reference:you can get there from here. RQ.
  Fall 1981 p.29-30.

（31）RASD's new interlibrary reference request form. American Libraries,
  May 1985. p. 298-299

第六章　参考咨询部管理

管理是人类组织社会活动的一个最基本手段。大至一个国家,小至两人以上组成的群体,无论进行何种活动都离不开管理。通过管理,人们才能组织起来,为达到某种目标而行动。自 19 世纪最后 25 年参考服务在美国公共图书馆和院校图书馆发展起来至今已有一个多世纪了,现在不少中型以上图书馆不仅已具有独立的从事参考咨询和情报服务的部门,而且随着书刊文献的日益增多,读者对参考服务的要求越来越高,参考部内部的专业分工也越来越细:要进行工具书的藏书建设,要编制各种形式的二、三次文献,要提供日常咨询解答和定题情报服务,要承担读者教育、图书宣传等任务。各项业务之间的协调越来越重要,跨部门、跨领域的问题越来越多,工作难度也越来越大。于是出现这样的情况:一方面读者呼吁提高服务质量,广、快、精、准地提供所需情报;另一方面日益尖锐的人员短缺、经费拮据、空间紧张等困难阻碍着实现高质量的服务。解决的办法只有从管理上去找。管理就是充分利用人力和物力资源达到一个机构预订的目标。

参考部门的管理对象包括工作人员的教育训练、检索工具的维护更新、规章制度的建立健全等等。但管理对象并不等于管理内容,向管理对象要效益才是管理的内容。效益,指效果和利益,也就是说,对读者、对社会、对本馆、对参考工作人员个人是否会产生效果和利益。具体说,成功的管理应产生如下效益:

- 较好地向读者提供个人帮助,读者提问增加、咨询解答成功率提高;
- 成功地开展各种形式的读者教育;
- 编制各种有质量的、能解决读者问题的二、三次文献。
- 读者对参考服务的认识和满意程度提高;
- 各种参考服务工作卓有成效;
- 参考书藏质量提高,成为人们解决情报需求不可缺少的工具;
- 参考馆员个人目标的逐步实现,如知识更新、经验增加、素质提高;
- 每个工作人员有主动精神,善于想问题,并努力解决;
- 领导和部属相互信任,信息沟通畅达,心情愉快;
- 参考部门成为一个紧密结合的整体,每个人都能发挥自己的特长;
- 同其它部门维护良好的关系。

乔安妮·R·尤斯特(Joanne R. Euster)在"帮助管理者进行管理"一文中指出,"正如今天纯净的空气和水已不再是免费的一样,提供情报也不再是免费的。高质量的服务意味着高费用。"怎样在保证质量的同时降低耗费就成为管理者关心的主要问题。要做到这一点,管理者是通过下述手段来进行管理的:

①预测和计划:制定目标和计划,为将来的活动作出决策;

②组织和指挥:工作分工,责任、权力和任务的分配,发布指示保证决策的执行;

③监督和控制:制定各种标准,进行工作评价,提出改进措施;

④教育和激励:发挥部门成员的积极性和主动性;

⑤开发潜力和创新:不断开发系统的潜力并使之直接转为效益。

第一节 参考部门领导

一、部门领导的职责

管理实践告诉我们,要高成效地完成一个组织的既定目标,成功的钥匙掌握在承上启下的各级中层管理人员手中。参考部门领导是图书馆的中层管理人员,是各项参考服务工作的组织者、指导者和实施者。他的个性、作风、能力、经验和领导方法关系到部属能否发挥积极性和主动性,关系到各岗位能否密切合作,关系到图书馆的总目标和上级的领导意图能否化为参考部门的具体任务和工作人员的实际行动。

参考部门领导应该履行以下四项基本职责:

(1)目标规划

图书馆有总的目标,要实现这一总目标必须制定与之配套的各部门目标。参考部门的目标规划就是部门领导根据图书馆工作的总体设计和本部门的实际所制定的具体目标。它应该回答的问题包括参考部的长期方向是什么,中期和近期目标是什么,执行目标的具体措施又是什么。通过目标规划,确定参考服务的范围、内容和层次。没有目标规划,参考部的工作就失去了可供遵循的蓝图,部属就没有一个奋斗的方向,人员配备、岗位分配、经费落实就没有依据。

(2)人员管理

人是组织中最活跃的因素,是目标的执行者,人员管理是日常管理中最费力的工作。弗雷利·鲁思(Fraley Ruth)在"参考服务的成功管理"一文中给管理下的定义是:"管理就是激励每个人作出决策去满足个人的、部门的和组织的目标并使三者融为一体的

217

工作",可见人员管理的重要性。人员管理的日常工作包括工作人员的配备;工作的分工、监督和检查;各岗位之间的协调;深入细致的思想工作以及人员的教育训练等。

（3）实行控制

一旦确立目标,制定了完成目标的计划,就应实行管理控制以保证计划的执行,实行控制包括以下程序:

①对计划的实施进行监督和调整;

②对上级指标的贯彻执行进行保证;

③对读者提出的意见、批评给予满足;

④部门内部的责任权力的分配和监督;

⑤工作总结、评比和检查。

参考部的各项工作在实施过程中需要领导,但和图书馆其他业务部门不同的是,参考部单兵作战多,工作程序也不是流水作业,环环相扣。因此,参考部的工作领导不是体现在对每项工作的指挥和布置上,而是着重于制定规章制度和作业标准,并监督制度的执行。通过制定一系列有利于实现目标的制度,如工具书的藏书建设方针、参考工作人员的岗位责任制、检查评比制度、奖罚制度、业务学习制度等等,使全体部属步调一致地完成既定目标。

定期进行工作评价是检查计划落实和监督制度执行情况的重要措施,是部门领导日常工作的不可缺少的内容。部门领导不能把它看作应付汇报的例行公事,而是实现预定目标的重要保证。只有通过评价,才能知道工作计划是否科学,订出的目标是否合理,才能发现问题,提出改进措施。

实行控制的另一个问题是职责和权力的关系问题。对于一个部门领导来说,履行领导职责应有相应的权力;对于担任某项工作的参考馆员来说也应有一定的权力。不少图书馆的规章制度和工作条例对职责作了详细规定,但履行职责应有哪些权力作保证却未涉及。有职无权是造成请示病、相互推诿、办事效率差的原因之一。图书馆应该认真研究一下这个一直没有处理好的问题,按级按岗分配与职责有关的权力,包括人事权(工作人员的选择、使用、训练教育)、信息权(对有关的政策、规定和业务情况有信息知情权)、职责权(大到否决权、决策权、小到进库查阅或调用书籍,以及为完成某一任务而临时赋予的权力)。

(4)协调

协调工作包括两个方面,对外,需要妥善解决同其他部门的矛盾以取得对参考服务的支持;对内,要处理好各室/组、各岗位以及人员之间的关系。搞好协调是领导实行控制的一种有效的辅助手段,也是一门领导艺术。它不是靠自上而下地指挥和命令,而是靠沟通信息渠道,反映各方面的意见,善于做思想工作,在部门内创造一个上下交流、信息分享的环境,让每个成员参加决策的过程,使他们觉得在管理上自己也有发言权。协调的目的就是要把部属的个人目标同部门的既定目标协调一致,使每个人都能同心协力地完成共同的任务。

二、领导方式

与图书馆领导不同的是,参考部领导既是参考工作人员,又是管理人员。作为前者,他必须亲自从事各种业务活动,从指导选订工具书、考虑排架布局、回答日常咨询问题、处理部属送来的疑难问题,为读者上课,编制各种文献使用指南等等;作为后者,他不得不花费大量精力制定各种制度和规划,解决人事矛盾,协调部门关系。他要把上级的意图和计划付诸实施,又要取得下级的支持和谅解,他手中的权力非常有限,却又常常受到来自四面八方的限制和挤压。那么,应采取什么方式来领导呢?

有两种领导,一种领导认为知识、经验和业务能力是一种至关重要的影响力,靠这种影响力才能指挥部属。因此,领导应该通晓业务的每一个方面,能处理所有问题,能回答部属不能回答的棘手的咨询,如果不能回答就意味着个人和管理的失败。这种领导殚精竭虑、事必躬亲地介入所有工作,主动承担一切责任,成为部门离不开的中心人物。在这种领导方式下,部属凡事都依赖领导来解决问题,很少有主动精神。这种领导方式在业务不太复杂、部属缺乏必要的知识、经验和技能的环境中是有效的,但在部属中人才济济、有较强业务能力和事业心的情况下则不能收到预期的管理成效,相反却会束缚部属的手脚,压抑他们的积极性和主动性,使他们消极和沉默。领导的这种个人努力越大,部属的努力就越被忽视,形成恶性循环。另一种领导认为,他不能提供一切问题的答案,也不可能在处理所有事情上都技高一筹,他懂得培养部属自主性的可贵,并致力于调动他们的积极性而避免过多地卷入部属的工作。他实现控制的方法不是靠包干代替和发号施令,而是首先同部属商讨,然后作出决策,在实施决策的过程中让部属自己去发挥才干,只有在必要时才提供指导性意见。

两种领导方式的差别,不能简单地归诸于"多管事"、"少管事"或"管到什么程度为宜"这类方法问题,而是反映了不同的管理思想和在不同思想指导下的领导艺术。凯瑟琳·沃伊特(Kathleen Voigt)在"高校图书馆参考部管理者指南"(Selective guidelines for a beginning manager of an academic library reference depart-went)一文中把管理(manage)和领导(Lead)分开。她说,"一个头头可以只进行领导而不管理,也可以只管理而不领导。两者都会造成士气低落,动力缺乏。应该卓有成效地同时运用管理技能和领导艺术,并且懂得何时可以只用其中一种来取得预期的效果。"这里指的管理技能即是领导实施计划、组织、监督等管理活动的技能。而领导艺术,根据组织传播学的观点,是指人际沟通的艺术和激励部属的手段。目前,我们的管理已进入了科学管理阶段,即注重系统分析,讲究操作程序和规章制度的建立健全,以求在严格、精确和规范化的基础上达到一定的工作效率。但大量实践已经表

220

明效率并非只由行政手段驱使而成,而是由工作人员对其工作与心理(欲望、动机、个人目标)的协调而获得的。忽视这一点,任何精确严格的管理手段都不能奏效,任何精心建立的规章制度都会成为部属以照章办事为名、行消极抵抗之实的借口。国外的图书馆管理已从五、六十年代的科学管理进展到人际关系管理,其中心思想就是活用管理方法,扬弃以权力为中心的传统观念,转向尊重人,激励人,设法满足人的参与意识与成就意识。在这一思想指导下的领导艺术表现为"低任务行为"和"高关系行为",即从以任务为中心转向调动人的积极性为中心。这样,在制定目标时由"规定"改为部属根据部门的共同目标提出个人的目标和措施,然后通过协议加以确定;在传递信息时,实行双向传递,不仅自上而下,而且也由下而上,以便了解部属的要求、愿望、批评、建议和个人目标;在碰到问题时,实行情感支持(关心、同情、鼓励、表扬为主)、心理支持(部属觉得受到尊重和产生归属感)和助长行为(帮助部属发展提高业务技能)。这种领导方式有助于把每个成员的思想和行为引向部门共同的目标。

第二节　目标和计划

一、目标和目的

(1)什么是目标和目的

讨论目标和目的的困难之一在于名词术语的不统一。在中文里这两个是同义词,国内文献在表达这一概念时往往混用"目标"和"目的"。在英语中这两个概念是有明确区别的。韦氏大词典第三版对目标(goal)的解释是:指导人们思想或活动的终极目的;对目的(objectives)的解释是:行为的目标或终点。这就是说,目标是指引一系列活动的方向,是实践的终端,而目的是某一具体活动或行为要达到的结果。管理学文献对这两个概念作了更明确的说明。R. D. 斯图亚特在《图书馆管理》一书中指出,目标是"指出组织前进方向的长期任务和政策说明",目的则是"所采取的可测量的具体步骤的说明"。目标和目的关系是:目标只有一个(总目标)或若干个(分目标、中间目标),目的可以有几十、几百个。目标是宏观的、概括的、长远的和无法用具体指标测量的,目的则是微观的、具体的、短期的和可以测量的。目标起统帅作用,没有目标就不可能制定相应的目的,活动也就失去了努力方向,但如果不制定目的,目标就会成为不可实现的空想。

参考部的管理工作制定目标和目的是很重要的,这是因为:

①使一系列工作有总的方向和具体行动的目标,否则日常工作将陷入琐事中而无任何建树;

②制定目标和目的需要系统地分析参考部内外所提供的有利和不利条件,这有助于发现问题所在,充分挖掘内部潜力;

③需要全面、仔细地进行调查研究,更多地掌握情报用户和非用户的情况;

④有助于确定服务的层次,例如对读者个人的帮助应达到什么程度,

⑤为评价和检查服务质量提供依据。

(2)目标和目的的主要内容

各个图书馆、情报机构的服务对象和作用各不相同,因而参考服务的内容也不尽一致,但在行使情报传递职能、满足用户需求这一点上是共同的。因此,任何目标和目的的说明应包括以下三方面的内容:

①关于提供个人的帮助。说明服务的对象、内容、特点和方式,服务的技能要求和专业人员的教育训练水准,以及可供利用的资源;

②关于读者使用图书馆和检索工具的正式或非正式的教育；

③关于间接服务的内容，包括参考书藏的建设，编制各种读者指南和工具书使用说明。

美国图书馆协会（ALA）的参考和成人服务部（RASD）制定了"参考和情报服务发展纲要"，可供我们在制定参考服务目标和目的时作参考。"纲要"包括如下几个方面：

1.0 服务（Services）

1.1 参考和情报服务的发展不仅应满足用户需求和改进当前服务的现状，而且还应当预见到读者的需求和要求。

1.2 编制书面的服务准则，明确服务目的，详述提供服务和资源的环境、服务的内容，说明服务者、服务对象范围及服务的局限性。这种书面准则应公诸于用户。

1.3 定期评价参考服务以发现利用和没有利用服务的用户，并确定与后者建立联系的方法。

1.4 定期收集读者的意见和建议，弄清他们对服务的满意程度以及成功地获取情报的程度。

1.5 与其他类型的图书馆、情报部门和馆内其他部门合作，拟就具体计划向使用检索工具的读者提供教育和帮助。

1.6 编制书目或其他情报检索使用指南，充分挖掘情报资源的潜力。

1.7 在适当情况下，以个人接触，信函或其他方式，提供并促进对参考和情报服务的利用。

1.8 同当地的、州的或全国性的情报部门建立正式的协作以满足所有用户和非用户的需求。

1.9 咨询问题的委托和转交处理应成为情报服务的正式工作内容。委托效率和答复质量应予定期检查和评估。

2.0 资源（Resources）

2.1 制定资源收选方针，说明用户需求和潜在需求，反映在可及范围内用户可以得到的资源。

2.2 建立的参考书藏能体现多种情报服务形式和层次,以及已知用户过去使用情报的方式。

2.3 常用工具书应有适量复本以满足用户的要求。

2.4 定期评估所有参考资料的使用条件、有用性和时效性,并予以保留、剔除或替换。

3.0 环境(Environment)

3.1 情报服务的重要性要求服务点尽可能接近图书馆或情报中心的情报活动的集中区域,通常是在主要入口处。

3.2 参考书藏应位于一个开放区域以便迅速和有效地进行咨询服务。

3.3 为参考书藏的使用者设置个人自习间,或为安静地阅读提供必要的条件。

3.4 主要参考区的布局既有利于馆员和用户进行必要的交谈又不干扰其他用户。

3.5 设立辅助服务点以便于用户在适当时可在馆内任何一处同参考馆员联系。

4.0 人员(Personnel)

4.1 人员配备和开放时间直接反映用户的需求。

4.2 在图书馆开放的全部时间内至少有一个专职参考馆员或情报专家接受咨询。

4.3 参考或情报人员利用一切恰当的方法积极地促进对所有图书馆服务项目的利用。

4.4 如果人手允许,参考或情报人员应接受特定专业的训练。

4.5 工作人员的选拔不仅根据他们的教育背景和知识,还要根据同人们交往的能力。

4.6 继续教育是提高业务素质的基本措施,是个人、机构和机构决策部门的责任。

5.0 评价(Evaluation)

5.1 定期收集用户资料以确定情报服务的成效,为用户调查和其它分析测量活动拨款。

5.2 衡量和评价参考服务的责任是由具有这方面技能的人员承担。

5.3 为评价、决策、报告和经费预算系统地收集统计资料。

6.0 服务道德(Ethics of Services)

6.1 无论问题的种类或用户的地位如何,都应尽可能准确地回答所有咨询问题。用户使用图书馆的合格身份视各单位的作用、范围和任务而定。

6.2 个人的思想观点和态度不应影响所提供的服务,亦不应反映在提供情报的内容和准确性上。

6.3 无论是解答方位型问题还是其他咨询问题,都以诚相待。

6.4 不折不扣地执行所有有关情报资料提供和使用的条例。制度以书面形式公诸于众。

(3)怎样制定参考部的目标说明

首先,要深入调查研究,弄清完成目标所必需的人力、物力、财力等客观条件和服务对象。例如,本单位的发展规划,学科和课程设置,科研任务,服务对象的统计资料,如本科生、研究生的数量、结构以及需求情况,读者对参考服务的了解程度和使用情况,本部门工作人员的结构、参考书藏、设施、空间等情况。

其次,根据已了解的情况,结合图书馆的服务总方针,确定参考服务的层次。在第二章已谈到了詹姆斯·I·怀尔(James I. Wyer)关于参考服务三个层次的理论。我们确定服务层次不一定要根据这种划分,但应该根据本馆、本部门客观条件的许可加以确定,只有这样目标才能建立在切实可行的基础上。

再次,拟就初步的目标说明,并逐项分析实现目标和目的的可行性。目标和目的本是一种意图,在制定过程中免不了带有制定者理想的色彩,因此在审查过程中,既要注意把愿望和实际可能挂上钩,又要使目标和目的具有一定的挑战性和难度,这样才能在克服困难达到目标时使服务工作出现新的飞跃。此外还应发动大家来关心目标和目的的制定,群策群力,使每个成员都具有完成目标的自觉性和责任感。

二、计划

"目标"提出了努力的方向,"目的"解决的是具体做什么的问题,而如何去做则要靠计划。例如,"收集读者对参考服务的意见以便弄清他们对服务的满意程度和成功地获取情报的程度"是达到"提高服务质量"这个目标的具体的目的之一,而完成这件工作必须考虑以下步骤:

·确定任务:采用什么方式收集意见? 发问卷表、开座谈会、个人访问、实地观察、设立意见箱? 何者最有效最经济最便捷? 需要多少经费、时间、人手?

·分配任务:谁负责这一工作? 计划多少时间完成?

·拟定具体行动方案:以发问卷表为例,如何设计问卷、是否要进行试验性调查、样本量怎样确定、如何进行问卷分发和回收、用什么方法分析调查结果?

·检查和评价:完成上述任务的质量和数量标准是什么?

确定上述行动步骤的过程就是订立计划的过程。这四大步骤实际上分属三种计划,即:

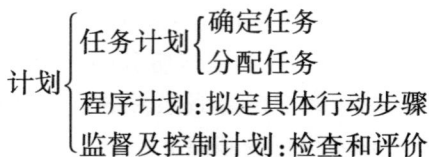

$$\text{计划}\begin{cases}\text{任务计划}\begin{cases}\text{确定任务}\\\text{分配任务}\end{cases}\\\text{程序计划:拟定具体行动步骤}\\\text{监督及控制计划:检查和评价}\end{cases}$$

参考部的许多工作都涉及到计划,包括工具书的藏书建设配套补缺计划,设施更新计划,人员培训计划、读者教育计划,布局调

整计划等等。在制定和实施计划的过程中,应注意以下一些问题:

（1）主要计划和辅助计划相配合。在一段时间内往往只能解决一个中心任务,并投入较多的人手、时间、财力和物力,为完成这一主要任务而制定的计划称主要计划。辅助计划又称支援计划,是为主要计划服务的。例如,重新布局是参考部本学期的主要计划,涉及服务点的移动,工作岗位的调整,工具书排架的变动等,那么,藏书剔除更新、人员培训、设备更替应作为辅助计划,支援主要计划的实现。

（2）长期计划和短期计划相结合。如客观条件的限制某一计划不可能在短期内实现,就要订立一个个阶段性的计划,即短期计划,逐步达到长期计划预定的目标。例如,工具书藏书建设要根据需求的轻重缓急和财力情况制定一个个短期计划,工作人员的训练提高也要根据工作安排有重点地分期分批进行。

（3）综合计划和专项计划相结合。如果某项工作涉及各分支部门、各工作岗位,需要各方面或全体成员配合行动,就要全盘考虑,制定综合计划,要避免与将要或正在实施的某一专项计划发生冲突。

（4）部门计划和个人计划相结合。个人和组织一样也渴望获得发展,实际上每个工作人员在不同的阶段都有达到个人目标的工作和学习计划。有的部门计划贯彻不力,其原因是与个人计划冲突很有关系的。部门领导应看到这一点,妥善地把有利于组织发展的个人计划融进部门计划中去,在制定部门计划时,了解个人的打算、要求,以便合理安排业务工作和个人的学习进修。

（5）不论什么计划,都要制定得明确,具体。指标、措施、方法、时间、人员都要落实,既有量的要求,又有质的规定。

（6）注意计划的效益。一个计划的效益是由所付出的代价与完成计划后所产生的结果来衡量的。也就是说,有的计划有助于实现目标,但从花费的人力物力和时间来看代价太高。讲究效益就是要求部门领导在订计划时从各个角度多加权衡,经过反复考虑和讨论后再决定是否付诸实施。

(7)动员部门成员不同程度地参与制定计划,对于一个部门工作计划来说这是可以做到的。如果参与者能体验到,并致力于解决那些阻碍完成目标的困难,那么所选择的行动方案必定有利于计划的实现,贯彻计划就有了可靠的保证。

第三节　参考部门的组织

一个组织是由在从事同样工作中分担共同利益的人所组成,它的每个成员的岗位都是围绕着为完成既定目标所必需的活动而构成的。组织的管理者将完成具体任务所需要的工具、设备、经费提供给成员,并通过制定有关政策、程序、权限、责任制度以保证组织目标的完成。

建立组织的目的是要将性质相同的工作组合在一起,节省时间、简化手续、减少层次、提高工作质量和效率,有利于发挥工作人员的特长,做到用最少的人办最多的事。

一、组织形态

威廉·卡茨(William Katz)说过,"参考部门的组织大到足以与五角大楼或通用汽车公司相比,也有小到如家庭式的小杂货铺或理发店一样,由一个人单独料理的。"这并非夸大其辞,在美国国会图书馆雇佣的数千名工作人员中,从事参考服务的有800多人,分10多个部(Division),部下有科(Section),科下有股(Subsection)。北京图书馆(中国国家图书馆)的参考部根据1981年统计也有80多人。可见,参考服务的组织形式可因图书馆的规模、类型、性质和任务的不同而不同,一般可分下述四种:

（1）兼理型

在有些图书馆,由于人才、经费和空间的缺乏,参考服务的各项工作由其他业务部门承担。例如采购部门负责选订工具书,编目部门负责目录使用辅导,流通部门和阅览部门接受读者的提问、开展报刊资料剪辑、报导学术发展动态、办宣传橱窗或壁报栏等。实行兼理型参考服务的图书馆在我国为数不少,如区县级公共图书馆、小型高校图书馆和专业图书馆。兼理型参考服务的不足之处在于没有专门的组织和人员,参考服务处于无目标、无计划、不系统的状态。咨询问题的接受与否全凭工作人员的自觉性,没有责任和约束力。由于受客观工作条件的限制,即使受理咨询问题,也只能是比较简单的,无法进行深入服务。答问正确与否,及时与否,准确与否无法评价,质量受兼理工作人员本职工作忙闲的影响。另外,兼理人员无法系统地研究参考工具书和工作中的问题,参考服务的各项工作处于时断时续状态。

（2）综合型

这是独立于图书馆其他业务部门的专门的参考服务组织,尽管名称不同,形式各异,但都有专门的空间、设施和藏书,一般不再进一步细分,人员较多的综合型参考部门可按专长分工设岗;人员较少的则什么工作都要做,不分直接服务还是间接服务。由于要处理的各类服务工作较多,多数这类服务部门只能进行一般的咨询解答和文献提供,难以深入进行服务。

（3）分组型

大型图书馆的参考部门可按工作性质分组。美国国会图书馆的参考服务分成一般参考与书目、地理与地图、手稿部、东方部、科技部、印刷与照片、联邦研究等部门。有的馆则按大学科分为社科组与科技组,或者下设咨询室、研究室等。我国许多图书馆的参考部是按参考文献种类分为检索室和工具书室两个部门,分别受理文献检索型问题和事实型问题。有的馆还按电话咨询、馆际互借、目录辅导、读者教育、计算机检索等工作分组。分组型参考服务组织形式有利于深入开展各项服务工作,也比较适合于各学科人才配备不全的图书馆。只是分设"工具书室"和"文献检索室"的做法也产生了一些问题,且不说文献检索类工具书(索引、文摘、书目等)本身就是工具书的一部分,在理论上这样分不科学,就是在实践中也难于完全区别开——将索引、文摘与其他工具书分室而置造成馆员和读者使用不便,有时从百科、传记中查到线索后还要再利用书目、索引就要往返两处。现在许多工具书室有文献检索类工具书,而文献检索室又有大量词典、百科全书。不熟悉图书馆的读者难以理解,甚至图书馆员自己往往也不清楚某种工具书究竟在何处。

(4)分科型

特大型图书馆的参考部因规模庞大,人才众多,接受各方面的问题也很多,嫌分组牵涉太广,则按学科分为人文科学、自然科学、社会科学、艺术、史地、教育等分支部门。除国会图书馆外,美国底特律公共图书馆参考部就分为文学、企业与财务、社会学与经济学、宗教、教育、科技、美术与表演艺术、历史与旅游、一般咨询等参考室。北京图书馆的戚志芬先生认为,大型图书馆随着参考工作情报化,必然要求参考工作人员专业化,才能有能力为重大科研课题服务,有能力对专业文献做细致加工,并对文献内容加以分析。参考人员要专业化,参考组织也必须相应地专业化,要按专业分工,从组织上保证。分科型参考部门的优点首先在于具有某一专长的馆员有较多机会深入该学科,把工作做深透,有利于开展该学科领域的情报分析与文献研究,系统地跟踪一些重大科研课题,对情报资料可以进行更细致的加工,否则,各科蜻蜓点水,不仅工作搞不深,还丢掉了原来学的专业;其次,便于读者与参考馆员沟通,由于按学科分工,读者对馆员的信任增加,交流也容易深化。但分科型参考部只适合于专业人才荟萃的大型馆,由于需要的专业人员多,中小型馆一般没有这种条件。

上述组织形态,各有优缺点和适应条件,参考部的组织者在设计结构时,应把服务对象的需要和图书馆的能力结合起来考虑。另一点要注意的是,在重视分工的同时,不能忽视协作,特别是接受交叉学科的咨询时需要协同作战,组织分工不能形成各自为政、互不相干的零散组织。

二、岗位设立

一个组织的工作人员可以经常流动,但岗位是固定的。它们是维持组织的活动正常运转的最基本单位。组织形态确定以后就要根据工作需要设立不同的岗位,明确各个岗位的具体工作内容、纵横关系、权限和职责,并调配有能力、有学识、有资格胜任岗位的人员到岗任职。

吴廷华同志在《目标管理和图书情报工作》一书中建议使用两种表格来记录设岗前需要了解的情况。一种是工作描述,另一种是工作资格,两种通常合在一起使用,称为"工作资格表",或"职工资格判断表"。

表12 岗位分析表

工作描述(1)	工作资格(2)
职称	教育
地点	经验
主要任务	判断力(列出资格)
具体工作	主动性
使用设备器材	身体情况
工作条件	技能
	责任
	语言能力

岗位分析所需资料可以通过现场观察、调查、面谈等手段来收

集,并召集有经验的人就岗位必要性进行论证,对岗位申请人进行审核。

三、人员调配

（1）结构

从参考服务的要求来看,参考部的成员应由管理人员、图书馆员、各学科专业人员和技术人员组成。

管理人员指有较丰富的图书馆工作经验,特别是有从事多年读者服务实践,并有一定的管理才能的人担任。他们要有强烈的事业心,认真负责,也善于用人,能够团结一班人,调动起各方面的积极因素。西方图书馆对参考部的管理人员要求是很高的,正如凯瑟琳所描述的,一个参考部的管理员不得不扮演多种角色:决策者、理财专家、教师、参考馆员、矛盾仲裁人、研究人员、组织者、公关专家、书目工作者、领班和会议主持人。

参考服务需要有一批懂得图书馆学、目录学知识的文献工作人员。他们有丰富的工具书知识,熟悉图书馆的藏书情况,他们懂得分类、编目和检索知识,善于辅导读者利用文献,他们也具有目录学知识,能够独立承担编辑书目索引等检索工具的任务。

近年来,图书馆已注意从各学科吸收人才,包括教师、大学生、研究生等有各种学科专长的人担任参考服务提高服务质量。潘岩铭同志在谈到北京图书馆参考队伍建设时提出,参考工作人员的结构应包括四个方面:年龄结构、知识结构、经验结构和能力结构。工作经验和年龄存在着一定的关系,因此年龄结构应该提高,不能和其他部门看齐,青年人的比例不宜过大。北京图书馆参考部的实际年龄结构和理想结构对比如表13(根据1984年统计)。

表 13　北京图书馆参考部年龄结构

组　号	年龄	实际人数	占总数百分比 （%）	理想比例 （%）	差值
一	50 以上	15	20.8	20	+0.8
二	45－49	19	12.5	30	－17.5
三	40－44	7	9.7	20	－10.3
四	30－39	28	38.8	20	+18.8
五	20－29	13	18	10	+8
总计		82	100	100	

　　知识结构是参照在校所学专业组成。北图参考工作人员的知识结构包括图书馆学(20 人)、外文、中文、马列、哲学、法律、历史、艺术、经济、金属加工、化学化工、水电、物理、生物以及高中及高中以下人员,这些人员分布在社科参考组、科技组、书目组、联合目录组和部机关。经验结构主要参照参加工作时间和从事与现职有关的工作时间,分别为 30 年以上(8.3%),20 年以上(25%)、15 年以上(11.1%)、10 年以上(20.8%)、5 年以上(8.3%)和 5 年以下(26.4%)。能力结构主要参照已完成的大中项目、1960 年到1980 年发表的有关文献篇数和外语、古汉语、编辑能力、检索能力、引用指数等。

　　(2)人数

　　参考部门应配置多少人并没有一个统一的规定,国外各图书馆之间差距也比较大(见表 14)。一般说,决定人数的因素应有以下几个:

　　①与工作范围的关系　开展什么工作就需要什么人才,开展多少工作就需要多少人手。如果参考部计划除了进行日常咨询工作以外,还要开展读者教育、宣传工作、编制专题检索工具等,就应在制定计划时估算工作量,再确定应有人数。

表 14　澳大利亚大学图书馆服务对象和参考工作人员统计一览表

(1980—1981)

大学名称	高级学位学生(人) (H. D. Students)	用户总数(人) (Total User Pop.)	专职参考馆员(人) (Professionals)	非专职参考馆员(人) (Preprofessionals)
悉尼大学	2,905	19,479	8 + 6 P/T	12 + 2 P/T
新南威尔士大学	2,635	19106	35	2 + 1 P/T
澳大利亚国立大学	776	7276	20 + 21 P/T	1 + 3 P/T
昆士兰大学	1,884	19,462	18	5
墨尔本大学	2.158	17,478	11	2
莫纳希大学	2,173	15,142	17 + 3 P/T	1 + 6 P/T
西澳大利亚大学	1,112	10,538	3 + 15 P/T	1 + 16 P/T
特拉罗布大学	718	9,263	5.5	3 + 1 P/T
马阔里(Macquarie)大学	1,193	11,128	6 + 6P/T	
塔斯马尼亚大学	287	3,813	11 + 2 P/T	8.5
新英格兰大学	835	8,876	2 + 9 P/T	
纽卡斯尔大学	362	4,630	7	4
沃罗恭(Wollongong)大学	212	3,032	6	4
迪金大学	71	5,021	11	1
默多克大学	186	2,652	6.5	
詹姆斯科克大学	293	2,097	3	1.2
格里菲思大学	165	2,171	6	

（注：P/T 表示 part – time，非全日制，材料摘自：Mackinnon, Moira. Administration of Reference Service in Some Australian University Libraries AARL, June 1982 p. 83）

②与服务对象人数的关系　从理论上说参考服务的工作量与读者人数成正比——服务对象越多,工作量越大,需要的人手也越多。服务对象通常是按现有读者和潜在读者(亦称非用户 nonus-

234

ers)的总人数来考虑的,如一所学校的所有教职工人数,一个公共图书馆服务范围内的人口数。服务对象不等于就是现有读者,而读者中也会由于各种原因程度不同地利用参考服务,因此工作量大小会出现很大差异。

③与需求的关系　情报需求量大,工作量就大,一个复杂的咨询问题往往需要较多的工作人员和较多的时间来处理。

④与藏书量的关系　馆藏书刊总数多,意味着读者人数和咨询问题也会相应增多,此外工具书的藏书量增加,表明日常维护、提取或退库等藏书建设工作量也增加。

⑤与服务时间的关系　工具书阅览室的开放时间、咨询台服务时间的长短与所需人员的多少有密切关系。许多馆在中午、晚上和周末中断咨询服务也是与缺少人手有关系的。

已经有人用数学模型来表达参考部人数与上述因素的关系。陶炼同志从高校图书馆环境出发,认为参考馆员数量与该校教学、科研实际需要及图书馆实际可能两个方面存在着一定的函数关系。他抽取了几个最基本的因素,并给每个因素一个加权值(经验值、非理论值),列出人数与需要的关系的表达式:

$$Y = \frac{\frac{1}{50}T + \frac{1}{100}P + \frac{1}{500}S + \frac{1}{5}L + \frac{1}{100,000}B + \cdots\cdots}{X}$$

公式中 Y 代表所求得的参考馆员人数的近似值,T 表示全校的教师人数,加权值五十分之一表示参考馆员与教师的比例为 1:50,余类推。P 表示该校研究生人数,S 表示本科生人数,L 表示该校图书馆的工作人员总数,B 表示图书馆的藏书量,x 为上述各项已知条件之和。这个公式得出的结果和几所高校现有参考馆员数量相比还是接近的。如人民大学图书馆有藏书 250 万册,工作人员 125 人,教师 1309 人,研究生 204 人,本科生 2413 人,另有进修生 658 人,函授生 781 人,留学生 39 人,依上述公式得出参考馆员应为 16 人（未将进修生函授生计入），而现有参考馆员 19 人。

乔好勤于 1982 年提出的公共图书馆参考部人数计算方法也是考虑了服务对象人数和馆藏情况，即参考部人数占本地人口的五百万分之一，占本地科技人员的三万分之一，占全馆人数的十分之一，与馆藏图书的比是二十万分之一，然后求其平均值：

$$Y \approx \frac{\frac{1}{5,000,000}P + \frac{1}{30,000}S + \frac{1}{10}L + \frac{1}{200,000}B}{X}$$

人数定编问题是个较复杂的问题，涉及的因素可能还远不止上述这些因素。参考服务的各项工作要真正开展起来，要投入相当多的人力，但图书馆的有限的人员编制决定了参考部的人员只能限制在一定数量内，上面两个公式仅仅是个尝试，仅供参考。各馆类型不同，所处环境不同，加权值变化很大，万不能拿一两个公式去套用。再说，做好工作，人手多少虽有影响，但不是最关键的。人浮于事的现象在参考部门仍普遍存在，而人手虽少，但工作效率和服务质量很高的图书馆也有不少，重要的问题仍在于参考馆员的质量和管理。

（3）人员调配方式

现在较为普遍的调配方式是从图书馆采编各部门抽取合适的工作人员，有的视需要再进行培训。这种方式存在许多问题，如现有人员的结构和素质不理想，各部门不肯放走精兵强将，以领导者个人的好恶标准抽调人员，或者使参考部成为解决其他部门人事矛盾的收容站。从理想的角度讲，任何一个图书馆的参考部门都应该是一个开放系统，其工作人员应以聘用、兼职、转介等方式实行人才流动，招标定人的办法。它在图书馆的内部来源是有实践经验、热心服务工作的各部门工作人员，它的外部来源应与社会系统有机地联系起来，无论内外都可报名，经测验、初选、面试、决选，挑出最有能力者填补缺额或担任新职，外单位的可采用试用期。

测验面试的方法包括智力测验、职业志趣、适应能力、交往能力、服务态度、个性测验等等,这些也都是许多西方图书馆参考馆员补充的方法。

四、组织的标识系统

服务性组织与一般行政性组织的区别之一在于服务性组织是为服务对象所使用的,因而必须让服务对象了解这类组织的一切特征。图书馆以及图书馆的参考部应向读者表明每一履行特定职能的岗位和服务设施的名称、性质和位置,大到一间办公室、阅览室和咨询台,小到一个工具书书架、一件服务性设备、一个目录柜,这通常是由房间号码、名称标识和方向指示组成的标识系统来做到的。没有这样的标识系统,读者就不能方便有效地利用图书馆和参考部门提供的各种服务,组织存在的价值就大受影响。这个问题虽然重要,却很容易被参考馆员自己疏忽。他们以为自己熟视无睹的事物读者也一定会了解,实际上,从咨询统计所反映的大部分提问是方位型问题这一情况来看,图书馆的内部结构和服务设施并不总是自然而然被读者接受的。参考馆员不仅应重视服务点的布局,还应致力于改进标识系统,使组织的设计能收到原先预想的效果。

为读者服务的标识系统可包括以下几类:

·名称标识。如房间门上的名称号码、设备名称,工具书架位标识,目录区的目录种类标识,服务岗位名称标识等。

·导向标识。在图书馆内任何人流经过之处设置标明服务设施的位置的文字和图解符号,包括反映全馆布局的总指示图和反映某一部分构成的分指示图。分指示图是总指示图的局部扩展,一般由平面机构位置指示和主要服务设施两部分构成(参见图 15 和图 16),导向标识亦可制成指示牌或传单供散发。

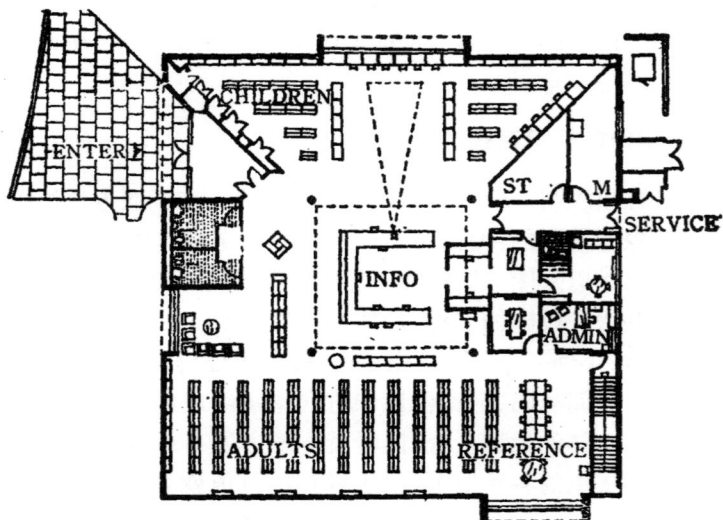

图 15　康涅狄克州布里斯托尔市受罗斯(Manross)
图书馆的参考区平面图

　　·使用指南。这里是指简单明了的标识型而非文字型服务设施使用说明,包括目录使用说明(参见图 17),设备使用说明(如缩微阅读机)等。这类指南布置在有关设施附近读者很容易发现的地方。

　　标识是图书馆员的化身。设计良好、布置得当的标识可以随时随地向寻求信息的读者提供帮助。参考部在设计各类标识时应注意以下几条原则:

　　①整体性。从图书馆这一复杂系统的整体出发来考虑各部分之间的关系,系统内部的诸因素及其关系都应反映在标识系统中。

　　②有序性。体现在两个方面,一是标识设计应反映图书馆系统的层次,遵循从总到分,从略到详、逐步深入的方法;二是要从读

238

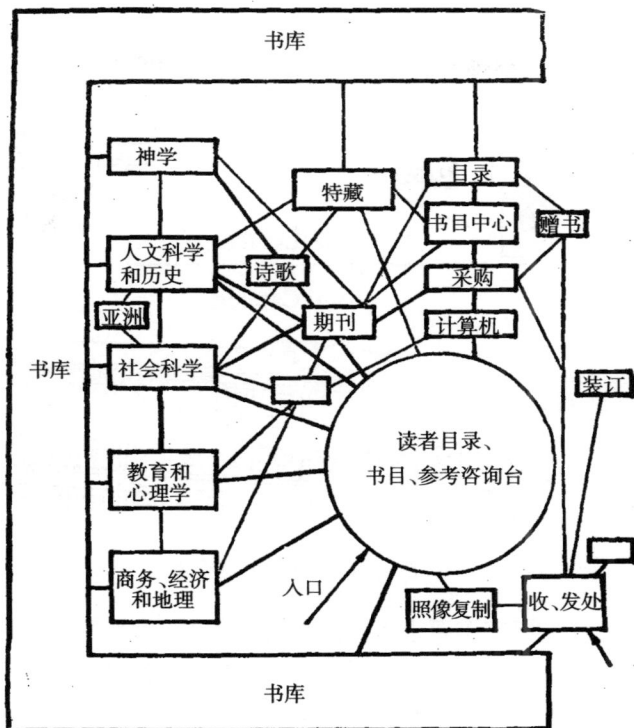

图 16　芝加哥大学雷根斯泰(Regenstein)
图书馆参考区与书库关系示意图

者活动顺序和认识规律出发来考虑标识的安放位置。

　　③简明易懂。标识与书面说明不一样,要求文字尽可能少,信息量尽可能大,常常是以图代文,以能够引起读者注意并一看就懂为主要目的。

　　④美观。从审美的要求看,标识应同建筑风格和室内装饰相一致,尤其是大型标识,如同窗户、灯光、墙壁和地面一样成为建筑

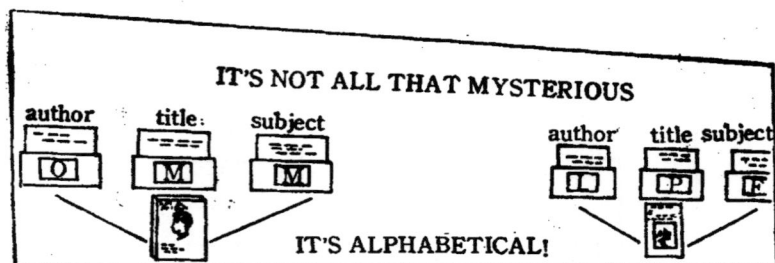

图 17　标识型目录使用指南

物的一部分。但审美要求不应降低标识的"突出性"这一特点。

　　⑤实用性。注重标识效果,要充分考虑读者阅读标识的距离、角度、灯光、人流特点以及其他障碍物的影响。为了美观而高悬于墙上的平面图对视力差的读者毫无用处,成为摆设;如果置于狭窄的通道边则在人流高峰期使人无法驻足阅读;使用双语标识,可以极大地方便不熟悉中文的外国读者。总之,标识的实用性要求处处从读者使用的角度来设计和放置标识。

　　⑥可变动。随着时间推移,组织形式会发生变化,原有的平面图就不再适用。设备的移动,服务项目的改变,术语名称的变化等等都要求标识系统能够以最低代价作出相应的变动。标识的设置不能永久化。

240

第四节　参考部门的规章制度

　　参考部门的规章制度是图书馆规章制度的一部分,是经过规范化、制度化的长期积累起来的实际经验总结,是每个工作人员约束自己的行为准绳。

　　参考部门有了目标和计划,为什么还要规章制度? 让我们先看这两个例子:

　　·一位校外读者来查阅工具书,值班人员拒绝了他,请他去某某公共图书馆。那位读者抱怨说,为什么上次可以允许他入室查阅,而这次却不行呢?!

　　·一位读者正在咨询台提问,电话铃响了,参考馆员让他稍候,先回答电话咨询。那位读者抗议说,为什么先来的人要等后到的提问者?!

　　类似的例子,不仅在服务方面,在藏书建设、人事管理、工作评比等方面都存在。如果不制定一个统一的条例使参考部全体工作人员有章可循,有据可依,那么势必造成各行其是,工作有很大的随意性,酿成种种矛盾冲突,参考服务就无法协调一致地开展起来.

　　另外,参考服务的许多业务工作讲究整体性和连续性,如完善检索工具书的体系,改进服务设施,人员的教育培训等等。如果没有规章制度作保证,就会因人易事,计划朝令夕改,就无法保证有条不紊地开展工作。

　　规章制度可以作为新成员熟悉业务的指南,使他在短时间内就可了解工作内容和职责。同样,制度还能让读者知道他们可以得到什么服务,不能得到什么服务,既起了减少误解和纠纷的作用,又成为监督考察工作人员的依据。

一、关于服务范围的规定

作出这类规定的目的在于明确哪些服务属于参考部的工作范围,哪些不属于。图书馆不是所有服务性工作都是参考服务,有的工作如目录辅导、馆际互借等又和其他部门的工作密切相关。明确服务范围有助于防止工作重复或互相推诿。让读者知道哪些问题不予回答,哪些问题只能提供资料线索而非直接的答案,则可以取得他们的谅解。参考部的服务对象原则上和图书馆的有关规定相同,但由于不涉及图书流通的问题,可以适当扩大服务对象的范围。当然服务达到什么程度,应履行什么手续都应有详细规定。

二、岗位责任制度

订岗位责任制主要解决"干什么"、"干到什么程度"和考评赏罚的问题,也就是说,任何岗位责任制应包括三个方面的内容。(1)规定岗位的职责范围;(2)规定每项业务的质和量的标准;(3)与职责相应的赏罚规定。三者是有机联系的整体,缺一不可。职权范围就是工作内容和权限;质和量的规定是工作的责任,赏罚规定则是完成工作任务和责任的保证。下面以咨询台岗位责任制为例列举部分美国高校图书馆的制度要点。

(1)关于咨询台工作内容的规定

为前来咨询的读者提供个人帮助是许多大学图书馆规定的咨询台主要任务。马萨诸塞大学(Universrsity of Massachusetts)就处理各类提问作了详细规定。例如,回答方位型问题时,要指出读者应走的路线,或提供书库指南、机构指南等有用的工具,并作出详尽的、清楚的解释,当涉及书目咨询时,参考馆员应问清所需文献的细节,并在查阅了有关工具书后才能给予答复;如果读者等不及做完这一切,或者对不完整的答复也表示满意时,参考馆员应指出获取文献的方法;如果本馆没有所需文献时,应提供在他处可能获得的具体建议;如果是事实型问题,答案应来源于标准工具书上的数据资料;如果是电话咨询,则须告知引证材料的出处;如果碰到复杂的问题,要耗费较长的时间,则馆员应告诉读者需要等待的时间以及是否愿意另约时间,或者通知其他馆员帮忙,或者给读者一份事先准备好的书目。

咨询台的忙闲有周期性。当提问不是处于高峰时,参考馆员有较多的时间做其他工作。各校在这方面亦有不同规定。马萨诸塞大学要求值班的参考馆员阅读上一天的工作留言并完成所交待的事;整理参考咨询立式资料档(vertical files)①,熟悉新到的工具书,浏览专业文献,离台巡查寻找需要帮助的读者。麦吉尔大学(McGill University)要求参考馆员编制或更新专题书目,审查参考书藏,定期推荐新书,进行咨询统计。

在明确"做什么"的同时也要明确"不做什么"。路易斯安娜州立大学(Louisiana State University)规定答复提问以外工作应减少到最低程度,不允许在咨询台从事需要集中精力的工作,否则参考馆员就无法对读者的提问保持"接待"状态。伊利诺伊大学(University of Illinois)规定不回答智力测验、电视竞赛之类的问题,不为读者个人编制书目,也不接受各系为完成订书单而提出的书目查询,但可以介绍书目工具。电话咨询仅限于便捷型问题,较复杂的、深入的问题应劝读者到馆咨询,否则不予受理。参考馆员通常也不为读者"消化"情报、或者承担有关地方史、家族史以及在报纸、缩微资料中查细节的任务。德克萨斯大学(University of Texas)规定参考馆员不负责法律、财政、统计信息的分析和解释。

(2)关于咨询台工作时间的规定

---

① 这种档案是为特定情报需求服务的,如图书馆设施和文献资源介绍、有关制度、工作程序、数据库指南、学术动态等等。这些材料多为散页或小册子,难以编目入藏,故分类整理,置于可竖立的夹子内以供读者使用。

有的学校规定咨询台服务的总时间,如路易斯安那大学,但多数图书馆则严格规定上下班时间,有的图书馆告诫工作人员,"准时不是指在应该开始工作的时间仅仅出现在图书馆门口或坐在办公室里,而是到岗准备接待读者的问题。"马萨诸塞大学规定如果在临下班前碰到读者提问,即使迟几分钟也要完整地处理完问题。如果问题较复杂,或者无法延长工作时间,要改约时间或有礼貌地请读者下次再来。凯斯·温斯顿研究图书馆(Case Western Research Library)规定下班离岗前所有便捷型工具书必须归架,个人资料必须收拾干净。工作期间参考馆员需暂时离岗是常有的事,路易斯安娜州立大学规定有必要离岗时应确保有其他馆员代替,如果无人代替不得离岗,而马萨诸塞大学和德克萨斯大学要求馆员在离岗期间必须在咨询台显著位置放上"参考馆员即将返回"的告示牌,并打开录音咨询电话。

　　(3)关于咨询优先的规定

　　美国和加拿大的一些大学图书馆订有咨询服务优先的规定,以便参考馆员结合具体情况掌握。撇开一些细节上的不同,一般做法是:

　　·本单位与外单位,本单位优先;

　　·个人用户和集体用户.个人用户优先;

　　·咨询解答与使用检索工具的辅导,咨询解答优先;

　　·到馆咨询与电话、信件咨询,到馆咨询优先;

　　·咨询台前多人等候时,等候时间最长者优先;

　　·直接服务与间接服务,直接服务优先;

　　·咨询台工作和其他图书馆工作(如会议)冲突,咨询台工作优先。

　　碰到有的情况可以灵活掌握。如在答复一个较大较难的问题时,有人插问方位型问题则可以优先答复;如果是简单的事实型咨询,可以转为文献检索型问题,让读者先查阅有关资料,碰到疑难时再回到咨询台。较复杂的课题咨询不宜在咨询台处理,而应由参考部办公室或专门的小组接待。由于咨询问题的复杂程度不一,解答长短时间不一,问题的重要性和急迫程度不一,这就要求参考馆员不能死板地执行咨询优先规定。

(4)关于服务道德的要求

参考馆员大部分时间都在读者的注视之下,从某种意义上说,他或她在读者眼里成了图书馆的化身。因此在许多图书馆的咨询台制度中对参考馆员的外观、态度、言行举止都有明文规定,综合起来有以下几点:

· 对读者提问保持敏感、高度注意和兴趣;

· 诚意,耐心和礼貌;

· 熟练应用各种沟通技巧,鼓励读者接近馆员大胆提问;

· 确定读者的需求,而不仅仅是满足要求;

· 禁止在咨询台长时间闲谈;

· 所有读者,不论地位和教育程度如何,都应受到同样周到、热情和准确的服务;

· 应该让读者感到,他们的提问比工作人员手中正在做的任何事更重要。因此,中断参考馆员埋首工作的提问应受到鼓励,而不是受到冷遇和责难,

· 所有问题,不论是方位型的还是研究型的,对读者来说都是重要的,都应得到认真的对待;

· 实事求是地回答问题是咨询工作的重要准则,一个不正确、不完整或含糊其辞的答案不仅影响读者个人对图书馆的看法,还会影响其他读者。参考馆员应认识到自己的局限性,回答确有把握的问题,否则就应把问题转交给比自己更有经验的同事。马萨诸塞大学还规定,参考馆员发现他的同事答复有误或不够准确时,有责任立即纠正;

· 不要让读者离台时一无所获。如果不能提供直接的答案,

至少也应提出有用的建议。

(5)关于咨询台人员配备

美国高校图书馆的咨询台是由专职参考馆员(Reference Librarian)、图书馆辅助人员(Library Assistant)、学生助理员(Student Assistant)和刚进入工作岗位的实习人员(Trainees)组成,有必要对所有工作人员的作用和职责作出现定,大致有以下几点:

值班馆员(Duty Librarian)负责值班期间咨询台的工作分配和监督,其岗位是在咨询台而不是在办公室,

一旦需要,值班馆员有权召唤不在咨询台工作的其他参考馆员或图书馆工作人员来帮忙;

所有辅助人员听从值班馆员的工作分配,从事的工作有工具书整架、协助读者查获所需资料、回答方位型问题,协助专职参考馆员在卡片或检索工具中找到答案、回答电话咨询、周末或晚上在咨询台值班等。辅助人员应及时将自己无法处理的问题转交值班参考馆员。有的馆还规定,当值班馆员在场时,不允许辅助人员自己对读者的问题作出否定的答复。

(6)关于电话咨询的规定

·鸣响着的电话应立即应答,这不仅是为了提问者,也为了防止铃声干扰参考区的其他读者;

·接话后立即自报受话地点和工作性质,并有礼貌地询问对方的问题;

·如果一时不能直接答复,告知原因,并提供一系列选择,如稍候打来,或留下号码姓名稍后回答;

·如果必须离台查阅工具书,告知对方所需的时间,如果不能离开要解释原因,让读者等待的时间和整个电话咨询的时间一般3—5分钟(各馆规定不一)。较复杂的问题应尽量动员读者来馆接谈,否则,填写咨询单留待以后答复. 如果咨询者是本校学生,一般要求到馆咨询;

·长途电话优先答复；

·提问内容明显属于其他部门服务范围的,应告知该部门的电话号码,有礼貌地请对方另拨号码；

·做好记录,尤其是无法解决的问题的记录。

此外,辅助人员答复电话咨询的要求和范围亦有详细的规定。

(7)关于咨询台统计和档案工作的规定

咨询统计和档案是评价咨询工作质量、了解读者需求的主要依据,受到各图书馆的重视,在制度上给予保证,具体指标和要求都有条文规定。这方面内容将在本章第六、七节和第八章中讨论。

以上仅是咨询台的岗位制度,参考部的规章制度还应包括其他岗位制度如宣传工作、读者教育、定题服务等,以及一些不限于某一岗位的管理制度、学习和业务提高制度、考勤和劳动纪律制度、业务用品和设备管理制度、参考工具书藏书建设方针和规程。对读者的规章制度包括工具书阅览制度、收费服务的规定、信函咨询和联机检索手续等等。

三、制定规章制度的注意事项

(1)制定制度应从本馆的实际出发,在广泛听取意见的基础上扎扎实实地订出几条能够做到的、有一定约束力的制度,不能照搬别的馆现成的制度,或者只追求规章的全面系统而忽视可行性。

(2)规章制度应是书面的而非口头的约定。付诸文字的东西是经反复讨论、谨慎制定出来的,因而可以避免随意解释,有利于随时对照检查。国外图书馆通常以手册形式公布制度,以便作为参考馆员的工作指南。

(3)订立制度是一个逐步完善的过程,不可能一次考虑得很周全。考虑成熟一部分就试行一部分,不太成熟的可以暂时搁下。制度公布后,总会有没有考虑到的例外情况需要部门领导参照相关规定妥善处理,但如果这类情况经常发生,就要增加或修订有关条文,使制度在实践中逐步完善。

(4)制定制度时,既要考虑条文措辞的严密性,又要注意留有余地。实践也证明,工作中常有较复杂的情况需要因地、因时、因人、因事作出不同的处理。毫无机动余地的制度会造成屡订屡犯,降低制度本身的权威性和约束力。

(5)要处理好岗位要求与实际工作人员能力之间的差距所带来的矛盾。一般说,岗位要求应与参考馆员能力一致,但由于人事变动、职称差异、专业背景、教育水平和工作经历参差不齐等原因,岗位要求与实际能力、同一岗位的工作人员之间的能力会有差异。岗位责任制度处理这类矛盾并不是万能的,它必须与奖罚制度和进修学习计划结合起来,一方面保护水平较高的同志的积极性,防止凡事"一刀切",另一方面鼓励同事之间相互学习,取长补短。尤其值得注意的是,参考部各项工作的难度虽有大有小,但各岗位工作量应力求平衡,不能相差悬殊,忙闲不均。

(6)制度要和经常性检查和赏罚相结合才有生命力。检查有利于督促执行,发现问题,修订完善,否则,嘴上说说,墙上挂挂,尽职者无赏,失职者无罚,干好干坏一个样,制度就会流于形式而失效。

第五节　参考服务队伍的建设

美国著名图书馆学家谢拉(Jesse H. Shera)在 1966 年的一次会议上说,参考馆员之所以在历史上早就存在,是因为开启图书馆资源宝库的钥匙——目录,与这座宝库本身还存在着不协调。换言之,目录只能打开某些门,但无法开启所有的门。充分利用图书馆宝库的真正关键在于钥匙的掌管者——参考馆员。

参考部门应配备什么样的馆员,才能胜任这一极为重要的工作呢？

一、国外图书馆对参考馆员的要求

早在 20 年代，美国图书馆协会图书馆课程研究会（Library Curriculum Study of the American Library Association）综合 38 名图书馆专家和参考部门主管人对参考馆员应拥有的重要素质的意见，总结了 27 项特征和 180 多条素质，评分依次如下：

1. 智慧（Intelligence） 114 分

a. 迅速地了解所需要的是什么，知道往何处找。

b. 认识自己的缺点，并知道适时向人求助。

c. 找出所需要的资料。

d. 寻求资料时必把握住问题要旨，不偏差离题。

e. 对于电话咨询给予简捷扼要的答复。

2. 精确（Accuracy） 110 分

a. 阅读精确，毫无错误地引用参考资料。

b. 给予切实的与正确的资料。

c. 正确地编制索引和排片。

d. 答复电话咨询时，获得正确的意旨。

3. 判断（Judgment） 109 分

a. 估量读者，并选择适合其经验、能力与目的的资料。

b. 避免使读者奔走于多处。

C. 注意问题的轻重缓急，并明智地分配自己的时间。

d. 知道在什么情况下应自动接近读者，加以协助，在什么情况下可任其自然。

e. 能灵活掌握规则，必要时可以借出资料。

f. 知道在什么情况下可为读者寻找资料，什么情况下应介绍他到别处去。

4. 专业知识（Professional knowledge） 102 分

a. 懂得各学科,知道到哪里去寻找资料。

b. 充实自己的学识,以及对当地情况的了解。

c. 懂得图书馆的资源并欢迎读者加以利用。

d. 学有专长,懂得几种外国语。

5. 可信赖(Dependability)　98分

a. 准时完成份内的工作。

b. 寻找资料,务必详尽。

c. 无需监督,自行做好工作。

d. 努力满足读者真正的需要。

e. 对于读者的姓名及其问题保密。

6. 礼貌(Courtesy)　94分

a. 与读者接触须显示和蔼可亲与乐为之助。

b. 在答复电话咨询时须有礼貌。

c. 倾听读者的发问直到其要求满足为止。

d. 注意进入参考室的人,并显示出随时提供服务的态度。

7. 智谋(Resourcefulness)　92分

a. 估量某一方法以找出某些渺不可测的事实。

b. 留意简便途径,制定处理问题的较佳办法。

c. 除书籍外,应善于向当地其他专家请教。

8. 言行得当(Tact)　92分

a. 对几名读者提供服务,使每一位都觉得受到了重视。

b. 运用提问技巧以发现读者的需求。

c. 勿使读者感到自卑。

d. 使每一位读者都感到他的问题是重要的。

e. 避免以"找不到答案"为最后的答复。

9. 机敏(Alertness)　89分

a. 广博见闻以汲取任何有价值的资料。

b. 注意到读者的需要而本馆未收藏的资料。

c. 明了某一学科的各种最新资料。

10. 工作的兴趣(Interest in work) 87分

a. 对工作有真挚的热诚并推动工作的兴趣。

b. 培养对书籍的热爱。

c. 努力充实自己以便能为读者提供更好的服务。

d. 工作时整天保持精力旺盛。

e. 发展某些特别的科目作为自己的爱好。

11. 记忆力(Memory) 87分

a. 记住各学科间的关联性以及有关的参考书籍。

b. 显示有条不紊的记忆。例如,记得某些参考书的名称及其位置。

c. 记住读者的容貌与姓名,联想到读者的职业与他们的兴趣。

d. 养成记忆时事与馆藏的习惯。

12. 求知欲(Mental curiosity) 82分

a. 拥有找出事物并发现其各种可能的用途的好奇心。

b. 显示一种分析的智力——也就是研究能力。

c. 以寻获所需资料为荣。

d. 急于明了新到参考书的使用法。

13. 乐于与人接触(Interest in people) 81分

a. 努力了解读者,并得知其观点。

b. 愿意花时间去指导读者利用图书馆。

c. 以电话或口头告知读者他们有兴趣的新书刊。

d. 对残废读者和外国人态度和蔼。

14. 想像力(Imagination) 80分

a. 猜透含糊的提问以确定读者的需要。

b. 预先收集日后可能会用到的资料。

c. 想到某些可能提供答案的资料来源。

d. 善于运用猜想和直觉解决疑难。

15. 适应性(Adaptability)　79 分

a. 轻易而迅速地从一个主题转到另一主题。

b. 愉快地胜任紧急的工作。

C. 愿意承认自己的缺点并接受帮助和劝告。

d. 能接受新事物,尝试新方法。

16. 坚忍(Perseverance)　72 分

a. 竭力从不寻常的地方找到资料。

b. 不顾困难与不便,能追根究底寻找资料。

C. 坚持于某一个问题,锲而不舍,直到读者对找出来的资料或对所作的努力满意为止。

d. 不断提问,直到明了读者的观点。

17. 愉快(Pleasantness)　68 分

a. 笑脸迎人,尤其对待陌生读者为然。

b. 乐于助人。

C. 培养幽默感。

d. 毫不埋怨地进行所赞同的份内工作。

18. 合作(Co operativeness)　67 分

a. 与其他部门的工作人员合作无间。

b. 协助参考部门的其他同事。

C. 把自己能找到的答案资料告知其他同事。

d. 愿意加班和代替他人工作。

19. 条理性(System)　67 分

a. 有条不紊地向读者提供答案资料。

b. 井井有条而又自信地进行查找。

C. 建立一套良好的例行工作程序。

d. 有系统地组织自己的工作。

20. 健康(Health)　63 分

a. 辛苦地工作了一天而不显得疲倦。

b. 整天七小时接待读者而不厌烦。

C. 应付急事身体和精神均能控制自如。

d. 听力良好。

21. 主动性(Initiative) 63 分

a. 自愿地做些自己认为必须的特定工作。

b. 到不寻常的地方寻找资料。

c. 建议采用新方法与新书刊。

d. 承担责任,主动编制有用的书目。

22. 勤勉(Industriousness) 61 分

a. 彻底寻求答案,不怕费力气。

b. 不积压日常例行工作。

c. 利用业余时间做有益于工作的事。

d. 避免懒散与冷漠。

23. 速度(Speed) 60 分

a. 快速取得正确的资料。

b. 迅速识别读者的问题。

C. 在高度忙碌之际,显示身心反应两者皆快。

d. 迅速处理书籍以示熟悉。

24. 沉着(Poise) 57 分

a. 在难熬的情势中保持沉着。

b. 泰然自若地接触各种读者。

c. 用亲切的态度使读者不觉得约束。

d. 在任何时候都要保持心平气和。

25. 耐心(Patience) 54 分

a. 不要急忙地结束一位读者的问题以便应付另一位等待着的读者。

b. 不可对难缠或迟钝的读者显示讨厌。

c. 下班前片刻的耐心应与上班时相同。

d. 在延长了时间的查找中仍显示耐心。

26. 坚强（Forcefulness） 51 分

a. 自信地接近读者赢得他们的信任。

b. 维护自己的工作。

c. 在会议中有效地代表参考部门.

d. 显示在任何时候都对自己的工作了如指掌。

27. 整洁（Neatness） 48 分

a. 咨询台和办公桌保持整洁。

b. 公告栏和陈列柜保持整齐美观。

c. 公文案卷保持整齐、清洁,清楚可办。

d. 注意自己的仪容。

上述评分是这样得来的:专家们把所有特征和素质分成重要的(Primary)、次要的(Secondary)和再次要的(Tertiary)三大类,重要的 3 分,次要的 2 分,再次要的 1 分。见仁见智,每一素质都得到三种评分,于是:重要的票数 ×3 + 次要的票数 ×2 + 再次要票数 ×1 =总分。①

上述长长的素质清单基本上概括了以后三四十年间许多专家对参考馆员的要求,这些当然是一个理想的参考馆员应该具备而实际上难以全面做到的。理想和实际的差距就成为参考馆员教育训练的目标。

从 30 年代到 80 年代,专家们对参考馆员的要求,虽然基本内容未变,但重要素质的排列次序有了变化。马格丽特·哈钦斯(Margaret Hutchins) 1944 年还认为,"一位参考馆员必须有良好的记忆力与想像力,他也必须是周到的,有条理的,坚忍的,善于观察的,精确的,而且是辨别人物与资料的良好判断者"(Introduc-tionto Reference Work,1944 p. 32 – 35)。到 1955 年,马格丽特·

---

① 依据薛文朗《参考服务与参考资料》中的译文(台湾学生书局,1981)。

伊尼德·诺克斯（Margaret Enid Knox）则指出,对馆藏的了解,运用馆藏的能力和创造力构成参考馆员必须具备的素质"。("The development of a staff for reference work"In：The Library as a Community Information Center 1959 p. 139)。谢拉在1964年认为,"将来的参考馆员不论其专长在哪一方面,必须具有两大特征:(1)广博的知识;(2)创造力……他主要必须应付得了与他同一水准的读者,并能够有效地与他们交谈"（The future, too, is prologue. Wilson Library Bulletin 1964 p. 253）。1967年,多罗西·J·史密斯（Dorothy J. Smith）主张,"一个良好的参考馆员除了要具备完善的理解与丰富的经验外,还需要有广博的普通常识,愉快的态度,良好的记忆力以及百屈不挠的精神,问题到手,立即要知道从哪儿着手,到何时要停止"（The college reference librarian and the faculty. Library Journal v. 92：1588 – 1589）。从以上论述可以看出,参考馆员的知识和能力已代替个性性格成为最重要的素质。进入70年代以后,大量研究显示人际沟通技能在参考馆员的必备素质中占据越来越重要的地位。帕梅拉·蒂贝茨（Pamela Tibbets）敦促对参考馆员进行感受性（Sensitivity）训练,她指出,参考馆员面对的读者是一个人,而不仅仅是他的情报需求。要成功地满足读者的情报需求,参考馆员必须对读者的要求高度敏感,感受性训练则有助于克服沟通障碍。（Sensitivity training. Special Libraries,1974 p. 493 – 498）。拜伦·荷兰德（Barron Holland）在1978年认为,以前所建立起来的一套人际交往的传统现在已不再有效。在大部分帮助人的职业中,专职人员与顾客的交往关系正在做出必要的调整。起源于美国零售商店里的"自我服务"（self – service）的观念之普及绝非偶然,就整体来说,美国人不喜欢拘于形式的交往,宁愿避开那种正式的对话情景。大部分美国人,特别是年轻的图书馆读者宁愿要一种放松的、非正式的参考接谈。因此与读者的交往已不再是一副笑脸和一声"你好"之类的礼貌行为。人们今天所关注的是真诚、尊敬以及令人满意的人际关系，而后者正是图书馆学教育所缺乏的内容（Updating library reference services throughraining for interpersonal competence. RQ，1978）。浏览从70年代到80年代的有关文献，可以发现对参考馆员沟通能力的关注较之四十年前有了明显提高，心理障碍的分析、交往方法和接谈技巧的探索成为参考馆员教育训练的主要议题。

二、我国图书馆参考队伍的建设

与发达国家的图书馆参考队伍的现状相比，我国参考馆员的规模和素质存在相当大的差距，这方面的研究也很薄弱。因此，当前的任务之一，就是要在比较中看到差距所在，提高认识，对于怎样建设一支具有全心全意为读者服务的、职业道德严谨、工作作风踏实、文化知识丰富、业务技能熟练的参考咨询队伍，应当引起足够的重视。

（1）服务第一的观念

在一些图书馆领导和图书馆员中间至今有一些观念影响着参考队伍的建设。其一是认为"参考工作是软任务"，参考部门不像编目、流通、阅览部门那样是个非设不可的部门，认为传统的读者服务工作如阅览和流通已在相当程度上承担了参考服务的工作，没有必要专门抽调人员和空间成立参考部门。在客观上，由于情报意识在我国国民中普遍较弱，加上传统教育方法上存在着的弊病，使图书馆参考服务长期处于水平很低的状态，专门的参考咨询部门尚未普遍建立，有的建立后又撤销。国外同行知道我们许多图书馆没有专门的参考室和参考人员大为惊讶，对何以有图书馆却没有参考服务感到迷惑不解。其二是认为参考部门是图书馆内的学术研究部门，国内有的教科书强调了"参考咨询工作是一项学术性很强的工作"，但对参考服务是一项服务性很强的工作强调不够。有的同志只看到了某些间接服务工作如文献研究、编制专题书目、定题情报服务、翻译资料、承担开课任务,以及某些难度较大的检索课题需要较广博的知识和熟练的业务技能,因而把参考部门误解为做学问、出成果、改进自身知识结构的地方,却没有看到大量的、面对读者的工作是琐碎的、非学术性的。例如咨询台工作要把百分之七十到八十的时间用于回答方位型问题,要不厌其烦地辅导读者使用图书馆,一遍遍地重复那些自己早已知道的东西……参考服务的学术性和服务性在理论上应该是统一的,但实践中常常会产生矛盾,有的同志往往重视前者而轻视后者,因此出现了参考室大门紧闭,或者工作人员在咨询台埋首编书的现象,少有花大力气去提高咨询服务利用率的。其三,也就是与上述观念相联系的是认为参考队伍必须是一支高学术水平的队伍。相对于图书馆有的部门来说,参考部门工作人员整体知识水平要求较高,但过分强调这一点的后果是,教师、研究人员、高级职称等各类人才云集参考部,其中有的没有图书馆工作经验,有的不热心于服务工作,一旦需要迫使他们从事大量琐碎的服务工作就缺乏思想准备,于是要么产生抵触情绪,要么回避诸如简单的口头咨询、目录辅导、新书报道、工具书的整理、上架、退库、剔除等繁琐简单的工作。因此,认为"参考队伍必须都是高水平的"这一看法不符合参考服务的实际情况,不利于建设一支结构合理的队伍,在某种程度上,也不利于人尽其才,调动工作积极性。

　三个观念归纳为一点,就是"服务第一"的观念要不要作为参考队伍建设首要的宗旨。如果的确一切以此为宗旨而不是停留在口号上,那么无论在挑选工作人员、还是人员的培养、工作的评价都应始终以"服务第一"为出发点。对于馆领导来说,承认这一观念就意味着要花力气研究如何开展好参考服务,并在人员和物质上给予保证;对于参考部门成员来说,承认这一观念就意味着要有"甘愿为他人作嫁衣裳"或"陪公子读书"的思想准备,一天的时间"砸"在了为别人找一条资料线索而毫不惋惜,每天不厌其烦地答复"××索引在哪儿"、"期刊室怎么走"之类的问题而不认为是碌碌无为。尽管凭自己的学历、水平也能和读者一样著书立说,却甘愿为别人的成功献出自己的时间和精力。所有这些都是一个成功的参考馆员必须具备的最基本的素质,也是一个成功的参考部门应该倡导的工作精神。

早在 1926 年毕晓普博士(Dr. Bishop)在谈到参考馆员的回报时说过,"对他来说,没有荣耀,没有声望,在他回顾自己每天完成得很出色的工作时,看到的无非是购进数千册书,把它们一一编目。在他干得最好时,学者们利用他,喜欢他,感谢他;当他遇到挫折时,没有人会认为他是这部机器中有用的零件。这就是他的工作的理论——服务,默默贡献,自我埋没,但决非消极被动,无所作为。让图书发挥作用——这就是他的目标。"这一段话是值得每个有志于图书馆事业和参考服务的人深思的。

(2)参考馆员的品质

有些文献在开列一个胜任的参考馆员应具有的一系列要素中把知识、业务技能和个人品质(personal trait)混为一谈,其实知识和技能是通过教育和实践获得的一种能力,个人品质则是兴趣、气质、性格的综合,是一种比较固定的个性。尽管做好参考服务少不了专业知识、外语和检索技能,但工作效率、速度、准确性、条理性、细心、耐心和精确也都是很重要的,而这些都与个人品质密切相关。

参考馆员应具有哪些主要的个人品质呢?

①移情。移情(Empathy)又可称为感情的移入,在国外文献中被认为是从事帮助性职业的人应具有的最可贵的个人品质。这个概念来自心理学,指的是在人际交往中彼此感情的相互作用。当一个人感知对方的某种情绪时,他自己也能体会到相应的情绪,即由于对别人情绪的察觉而导致自己的情绪唤起。有人因此把移情或移情性理解(empathic understanding)简洁地概括为把自己置

于另一个人的位置上去的能力。

我们强调移情品质对参考服务的重要性,着重于两点:一是要站在对方的角度来考虑问题,善于体验对方的心情,只有这样才能在告诉一位读者他应该知道的最基本的常识时懂得如何去保护对方的自尊心;二是要把自己的内心情感移入对方,和对方一起感受,即不仅仅是善解人意,还要急读者所急,想读者所想。离开这两点,移情就成为同情(sympathy),而同情者往往只是旁观者或感情施予者,不会拿出行动来尽最大努力帮助别人。

②工作兴趣和热情。工作兴趣和热情指对工作的兴奋与否和喜厌程度。40多年前马格丽特·哈钦斯在谈到参考馆员的工作动机时认为,参考馆员帮助别人的愿望为其一,而在查寻中获得成功的愿望为其二。这一看法恰巧和怀尔一致。怀尔认为正是寻觅情报的艰辛体验、追求和收获时的激动使有人选中参考服务的工作而不是图书馆的其他工作。那是一个整天与问题打交道的部门,每个问题都有可能成为一次真正的探险,一种运用智慧和快速思维的刺激,一种获得正确答案后所产生的喜悦和快乐。

③毅力。指选择、决定和执行各种活动及克服困难的心理品质。热情如不同毅力相结合就不可能持久。默恩斯说过,参考馆员必须抵制气馁,必须警惕一个看不见的懒汉阻止他成功,要一个劲地、执拗地坚持查询。虽然"成功"与"失败"有时来自偶然,但决不是来自消极与沮丧。面对困难,无毅力者浅尝辄止,使本来有可能成功的检索半途而废,有毅力者有一种"不达目的誓不罢休"的犟劲,反而使希望渺茫的查询获得满意的结果。

④谦虚。要求参考馆员具有这种品质是因为他处于助人地位,而读者处于受助地位。在人们寻求知识的过程中,参考馆员貌似书的主人,处于中心的、控制的、施予的地位,而实际上他不是知识的生产者,只不过是联系读者与情报资源的中间媒介。因此,无论经验多么丰富,技能多么熟练,他都必须抵制炫耀自己的诱惑。

用默恩斯的话说,"参考馆员必须按住自己的虚荣心,他应该承认自己还不够渊博,以至于不能把自己的知识直接反映在读者的脑海中"。

(3)人际沟通能力

在参考服务已有较久传统的美国,尽管人们称参考馆员为"资料顾问"、"智囊",仍有相当多的读者不愿向参考馆员求助。有的馆以资料缺乏或工作人员知识不够来为这种尴尬局面作解释,但另一些馆的情况表明,那里虽拥有能满足百分之九十的读者的资料,但仍有百分之四十的读者空手而归。实际上,人们很少抱怨参考馆员业务知识的不胜任,他们更关心的是馆员的态度——是否热情、主动,是否愿意服务。我国的情况如何虽未见有广泛的调查,但根据在部分图书馆的观察和抽样问卷调查来看,读者提问踊跃与否很大程度上取决于参考馆员是否表现出愿意接待读者的意愿。因此馆员的人际沟通能力最要紧的表现为以下三条:

①真诚。如果回答问题时避难就易,或蜻蜓点水般地应付读者,如果在咨询台埋首工作以忙碌的表示暗示读者不要打扰,如果在解答过程中故弄玄虚,显示自己熟悉馆藏和解决问题的特殊能力,这些都会使读者对馆员是否真心实意提供帮助产生怀疑。

②亲切感。以诚恳、礼貌、友善、和蔼来鼓励读者提问,不因对方的问题模糊而皱眉,不以对方用语外行而自傲,不因问题的琐碎而生厌。哈钦斯认为亲切感是吸引读者提问的诸要素中最重要的,而冷面孔是参考咨询服务的最大障碍。

③礼仪。亲切感和真诚是通过言行举止表现出来的。一位心理学家从大量咨询提问的调查中发现,接待读者的开始四分钟印象特别重要——有教养的馆员接触读者时所表现出来的举止总是彬彬有礼,落落大方,热情诚恳,和蔼可亲的。"通过四分钟的障碍就好比打破声音障碍的超音速飞机一样,工作程序的流畅进展是可以预先改善的。"

沟通的技能如倾听、提问、姿势等语言和非语言交流手段的运用同样是十分重要的,有关讨论参见第三章,此处不再赘述。

(4)知识和技能

①各学科知识。由于参考服务是向读者传递各学科知识的,从事"传递"任务的参考馆员也应初通各门知识。美国专职参考馆员一般都有一个非图书馆学的专业知识,再加上两年左右图书馆学硕士阶段的学习才符合基本的录用条件。我国传统上是录用有图书馆工作经验的同志来担任这一工作。近几年来,理工农医各科大学毕业生进入图书馆,再经进修或图书馆学第二学士的教育,这无疑为深化服务工作、提高服务质量提供了有利条件。但由于编制有限,不可能为每一学科配备人员,往往学文的要应付人文和社会科学的各门学科的咨询问题,学理的要应付上至天文、下至地理的所有自然科学和应用科学。现在学科之间的交叉和综合化、整体化趋势越来越明显,这些事实告诉我们参考馆员应当是学识广博的"通才",在"专"和"博"不能兼而得之的时候,"博"比"专"更重要。因此在没有条件实现参考服务专业化的图书馆,应当根据需要和条件有计划地拓宽参考馆员的知识面。

曲广田在谈到参考馆员拓宽知识面的时候总结了一套方法,这就是:(1)勤看:多读书,多看报,多参加各种展览会,有目的地浏览与之有关的专业书报资料,即时写出题录卡片。经常翻阅各种信息报,收集有用信息,增加知识,开阔眼界。(2)勤听:听新闻、报告以及各种政策性信息。(3)勤问:多向科研人员请教,学习原来不懂的知识。(4)勤跑:经常走访周围图书馆、情报信息单位,参加横向联系。(5)勤想:勤于思索,善于联想,把通过各种手段搜集来的资料加以综合、分析,也包括时刻留意读者委托的课题。这些经验对参考馆员向"博识多闻"发展方向是很有帮助的。

②语言能力。指外语和古汉语阅读能力。从工作要求来看,外语能懂一、二门主要语种,兼初通一些其他常用语种,至少知道

冠词、介词，会排片或按字顺查找，那么检索外文文献就要方便多了。对于古汉语，要求能识文断句，在使用文史哲工具书是大有助益的。

③了解分类编目知识。了解文献著录规则有助于正确地选定检索点和标目形式，缩短查找时间；熟悉各种目录的排检方法，包括汉字的笔画笔顺、四角号码音序法以及西文目录排列规则，这不仅是快速查找馆藏文献的基本技能，也是辅导读者使用目录的最起码知识。

④熟悉图书馆各服务部门的位置、职责、服务项目、规章制度，了解全馆藏书分布情况。高校图书馆还应知道各系图书资料室的藏书特点，这些知识在回答方位型问题时是不可缺少的。

⑤掌握各类工具书的特点、编排是参考馆员的看家本领，至少要熟悉工具书阅览室，可能的话还要对库藏工具书及周围图书馆的工具书有所了解。

⑥计算机检索技能。发达国家的图书馆运用计算机进行联机检索已成为主要的工作内容之一，参考馆员必须掌握这门知识。我国目前还缺乏大规模书目数据库网络，普遍实现机检尚有一段时间，但这是一个将要到来的时代，参考馆员应开始这方面的教育和训练。

⑦掌握一些设备的使用技术。有的馆购买了书目、文摘的缩微制品，则参考馆员就应知道使用缩微阅读机的方法和处理一般技术问题的知识。静电复印机是提供复制服务、编制书目、索引、通报资料的重要手段，如果不是专人负责，参考馆员也应掌握其操作和维护的一般知识。其他设备如幻灯机、录音机、录像机、摄影机是从事读者教育，开展宣传工作的必要设备。如果不知道如何使用，不懂得排除一般故障，就不能有效地开展上述工作。

要求参考馆员样样精通上述知识和技能是困难的。列出这些条件，对于个人来说是努力学习、刻苦实践的目标；对于部门来说是提高全体成员整体素质使之达到较高水准的标准,只有向这个方向努力,高质量地开展参考服务才有保证。

三、关于任用非专职人员的问题

前面谈到,参考部有大量工作属于琐碎的事务性工作,即使是咨询工作,许多问题只需水平不太高的工作人员处理即可,如果由经验丰富、水平较高的同志来承担这类工作,既浪费了人才也不利于提高积极性。再者,根据实际情况看,各图书馆也无法按要求配齐高质量的参考馆员,仍有不少岗位是由非专职馆员承担的。

非专职馆员在参考部工作的现象在国内外都比较普遍。国外文献把这些人称为非专业人员(nonprofessionals)或准专业人员(paraprofessionals),这些人通常是从事勤工俭学的学生雇员、图书馆系的实习生和半日制临时雇员(part - time employee)。1975 年波耶和泰默的调查推断,69% 的中小型馆在使用非专职馆员。我国亦有许多待业青年、退休人员和实习生在图书馆各部门包括在参考部门工作,从事诸如阅览室门卫值班、检查读者合格身份、负责读者登记、日常统计、抄卡排卡、发送目录、整架清扫等勤杂事务。国外非专职馆员大部分受过大学教育,据 1983 年美国伊利诺伊州 33 所高校图书馆的调查来看,136 个非专职馆员中,有学士学位的占 67.5% ,11.5% 有更高的学位,仅 6% 没有受过大学教育,50% 受过图书馆学教育。国内这方面的情况未见有统计,但从一般观察和个别访问的情况来看,大学本科水平以下的为数较多,大部分未受过图书馆学教育。这些人是参考服务队伍的一部分,如果在第一线工作,读者并不把他们视为非专职馆员。他们能否胜任工作,关系到参考服务的质量,也关系到参考部的声誉和读者对参考馆员的看法。

非专职馆员能否从事参考服务,特别是咨询工作,成为国外有关研究的课题之一。赞成者认为,参考服务并非都是由专职参考馆员承担的,在咨询台值班并不是最有效地使用专职馆员的办法,无助于他们把工作视为乐事,而非专职馆员可以成功地应付大量琐碎的问题,遇到较难的问题可以转给专职馆员。也有人认为非专职馆员还可以从事简单的书目工作,查目录、整理文件档案、剪报或编报纸索引,如果需要的话还可以编期刊索引。反对者认为,非专职馆员可以从事在二线的工作,但不能在第一线服务,否则会降低服务质量,用户的真正需求无法确定和满足的可能性就会增加。

对非专职馆员从事参考服务的效果的研究已经有了数篇报告发表。皮尔·戴维(Peel David)在1980年发表的调查中认为,受过良好训练的非专职馆员在咨询台能解决80%的问题,63%的学校图书馆非专职馆员能回答方位型问题、指导读者查目和一般参考问题。1988年,默芬(M. E. Murfin)等人发表了在20个高校图书馆的调查结果,他们用读者的满意程度作为衡量标准,就咨询成功与否、读者辅导的质量和数量、馆员读者的交流等方面同专职馆员作了对比。表15是根据调查报告中的数据选编而成的。

从表15可以看出,在咨询台工作中专职馆员略胜一筹是显而易见的,但非专职馆员在某种程度上也能胜任工作。因此,将非专职馆员配置在一线从事咨询工作一是要慎重考虑人选,并要有专职馆员进行业务监督,二是要加强对非专职馆员的训练和教育。

国内图书馆将非专职馆员配置在咨询的岗位上(如阅览室值班台)这一情况也较多见,有的馆有经验的专职馆员与读者接触的机会反而不如非专职馆员多,这是值得注意的。非专职馆员担任咨询工作有一定的好处,如答复占大量比重的方位型问题,中午、晚上、周末和节假日值班等,可以省出专职馆员的许多时间,但管理不当,他们本身就成为读者利用服务的障碍。从上表可以看出,非专职馆员在0-2分钟内处理完提问的比例大于专职馆员,而读者满意的比例都小于专职馆员。这可能是非专职馆员"简化"了读者提问的结果,把应该按各类问题处理的咨询都转为按方位型问题来处理,没有满足读者真正的需求。

表15　非专职馆员和专职馆员咨询服务质量对比一览

	非专职馆员	专职馆员
咨询成功与否		
从非专职和专职馆员帮助下找到答案	50.5%	60.4%
得到非专职和专职馆员帮助,但未找到答案	6.9%	7.4%
用户对非专职和专职馆员不太满意或不满意	29.6%	22.8%
得到非专职和专职馆员帮助后,仍需进一步的资料	15.5%	9.0%
提供帮助的质量和数量		
从非专职和专职馆员处得到足够帮助	12.7%	6.8%
认为非专职和专职馆员解释不清楚或不够清楚	9.6%	6.2%
认为非专职和专职馆员知识不丰富或不够丰富	15.2%	9.4%
认为非专职和专职馆员未给予足够时间	7.6%	4.7%
用户对非专职和专职馆员的服务持否定态度	28.5%	19.35%
与用户交流		
非专职和专职馆员没有完全理解提问	8.6%	4.4%
用户反映与非专职和专职馆员交流困难	13.4%	7.8%
非专职和专职馆员反映与用户交流困难	2.1%	4.9%
其他		
非专职和专职馆员成功地通过主题途径查目录	38.9%	55.2%
非专职和专职馆员成功地解决复杂的问题	44.3%	59.0%
非专职和专职馆员报告在0~2分钟内处理完问题	40.2%	33.6%
非专职和专职馆员仅仅指示方向,用户反映找到答案	39.7%	54.6%
用户对非专职和专职馆员在上述时间内找到的答案感到满意	53.0%	65.0%

加强对非专职馆员工作的监督和指导有许多具体办法。国外的一种作法是将问题分类编成询问单,由非专职馆员单独答问以

考察对问题类型的理解程度,然后规定大致的答问界线,避免过分热心而能力不足的非专职馆员"越俎代庖";在工作期间由非专职馆员和专职馆员配对值班,既可以各司其职又便于对非专职馆员进行监督和指导,促其提高业务水平;还有的图书馆是实行答问记录卡制来保证分工。当然对于非专职馆员解答问题的范围,上述措施的主要精神是有灵活性的(事实上问题是变化多端的,非专职馆员的知识水平和经验积累到一定程度时也可以突破某种界线,甚至在个别问题上比专职馆员处理得更好),关键在于应尽可能使非专职馆员在问题超出自己能力范围时能有所意识,并根据判断作出正确的决定。

四、参考工作人员的业务培训

近年来各类专业人员在参考服务队伍中的比例增加,为扩大和深化服务提供了有利条件,但这类人员面临的一个急迫任务是补充图书馆学、情报学的理论和实践知识。非专职馆员和刚走上参考服务岗位的专职馆员要进行业务训练,就是有多年经验的馆员面对不断提高的服务要求也有拓宽知识面、不断充实业务技能的任务。总之,各种形式、各种层次的业务培训和学习是提高参考工作人员素质的保证。

(1)入门教育

新成员一旦进入参考部工作,就应了解下述情况:(1)参考部总的情况;(2)部门订立的目标和目的;(3)中长期工作计划;(4)岗位责任制度。所有这些,最好由部门领导亲自介绍,并发给书面材料仔细阅读。总的要求是让新成员知道参考服务是如何开展的以及将要担任的工作性质和具体要求。

(2)具体工作训练

这种训练有很多方式,最常见的是以老带新,由岗位负责人在工作中直接传授经验。这种方式的优点是新成员有了问题可及时向老馆员请教，经短暂学习后即能把获得的知识付诸运用，见效快，记得牢。例如，工具书的特点、查找方法、分析问题的方法，与读者交流的方法等都可以在处理具体的咨询问题中获得，一旦发现问题，也可很快得到纠正。有时候，还可以用布置作业的方式来进行工作训练。这种作业并非都是模拟的，它们可以是实际的咨询问题，其难度视新成员当时的水平而定，作业完成过程中，由老馆员指导、启发和评价。这种方式与一般交待工作任务不同的是，它可以根据新成员的能力不断设计，完成一项作业，达到一个新高度后，再布置一些更难的作业，这样由低到高，由简单到复杂，循序渐进，直至新成员合格，可以独立工作为止。

罗伯特·D·斯图亚特提出的训练六原则对于训练参考馆员同样适用，即：(1)必须首先传授简单作业；(2)这种作业必须分成几个基本部分；(3)应传授正确的作业程序；(4)传授周期应该短，通过实践逐步加强；(5)经过重复传授后应该提高技能；(6)应勉励受训人。在介绍具体方法时，斯图亚特提出分四个步骤：第一步，准备阶段。在这一阶段要告诉受训人做什么，了解受训人已经知道多少，使他有兴趣并渴望做好这一工作。第二步，关于操作知识的介绍。主要是进行讲述、示范、提问及答问，使受训人理解要领。传授时应缓慢、清楚、完整、耐心。注意新手可能被新环境弄得紧张不安，因此传授信息量不宜过大，一次只讲一个要点，并弄清楚受训人确已理解再进行下去。第三步是试行操作。让受训人独立操作，并用"为何""如何"等提问进行测验，观察操作过程，发现和纠正错误，有必要时重复讲解。第四步，继续操作，频频检查，在受训人比较熟练之后逐渐放松严格监督，直到完全胜任为止。

以老带新的方式也有一些问题，由于训练者本人就是工作人员，训练过程又常常在工作过程中进行，受训人接受的不仅仅是关于这项工作的知识，还有训练者的工作习惯和工作方式，并会把这种习惯继承下来。如果这种习惯和方式是有缺陷的话，那么这种传授是有危害的。斯图亚特建议这种传授方式进行到可以让新成员独立实习时就停下来,让他根据自己的需要独立承担任务,辅以检查评比。

（3）进修

根据工作需要、经费、人手等因素,结合个人发展目标,有计划地安排工作人员抽出部分或全部工作时间参加培训班、专修班或进入全日制大学学习。旁听课程占用工作时间较少,缺什么,补什么,收效较快。半脱产或全脱产学习要在一定时期内集中精力,全力以赴,适合于新成员的系统教育。无论哪一种方式,参考部都应持积极支持和鼓励的态度,把馆员个人素质的提高看作是整个部门成功的必要条件,并制定训练计划和配套的规章制度。这种计划和制度不能只是一时的权宜之计或应急措施,而应是长期的、系统的、有组织的安排。

关于进修学习的规定,可以参照图书馆总的规定,补充相应的措施,并公诸于众,使每个成员参照规定安排自己的工作和学习计划。规定包括如下要点:①申请、批准的手续;②适合本部门工作的学习科目范围;③参加哪一层次、哪一种形式的学习的先决条件（根据对象、知识结构、工作年限等）,以及部门选拔学习人员的标准;④每一时期参加各种学习的人数占本部门在编人数的百分比,教育费用占部门经费的百分比,⑤关于工作时间和学习时间关系的规定;⑥关于学费负担的规定,是否有个人承担部分,以及预付、报销等手续;⑦对学习规划、学习要求的规定和奖惩措施;⑧执行期限、修改权和解释权的规定。

（4）业务研讨会

参考部的工作人员定期碰头、交流工作经验、研究碰到的问题,包括有待解决的咨询问题,对管理工作提出意见,讨论目标、计划和制度的执行情况……这些都是业务研讨会的内容,也是提高业务知识的有效方式之一。有人认为,如果是两三人的参考室没

268

有必要采取这种形式。从国外的有关报告来看,计划得很好的正式小组会比平时闲谈更能解决问题。邦奇(C. A. Bunge)建议参考部的这种业务研讨可有三个主要议题,即就参考资源、学科知识和咨询技巧开展讨论、看录像和参观。他在一个调查报告中指出,参观,而后举行业务研讨帮助更大,因为它提供了一个机会,使工作人员对外馆的参考书藏、布局、咨询接谈评头论足,有利于对照本部门的现状,发现问题。交流读书体会也是参考业务研讨的内容之一。邦奇在1981年对50个高校图书馆的调查发现参考馆员提高知识和技能的最普遍的方法是阅读专业书刊。在35个图书馆中有30个报告说了解最新工具书的方法是不断浏览书评资料,阅读心理学著作对于提高接谈技巧也有帮助。

第六节　　参考统计工作

参考服务的管理要依靠对客观实际的评估,而不能仅仅依靠传统的经验和管理人员的主观认识。管理人员也许在某段时间感到工具书阅览室的读者有所减少,他就要翻翻记录,看每天有多少人利用了参考服务,主要是哪些人在利用,每周有多少册次工具书被使用,哪一类工具书使用率最低,有多少问题得到了令人满意的答复,有多少问题被拒绝,或者提供了不正确的答案等等,这些问题都需要统计记录来回答,当然仅有这些还不够,还不能知道这些变化是否还有其他重要意义:是否应该重新安排工作人员?何时要把在二线的参考馆员调上咨询工作第一线,何时又要撤下来以便做更重要的工作?显然统计的价值就在于不仅能利用统计数据较准确地描述参考服务现状,还能通过分析,揭示参考服务的规律,并把分析结果运用到制定计划、人事安排等管理决策中去。

一、参考统计的原始记录

原始统计记录是对每项工作进行登记的最初记录,是作为编制报表、实行科学管理的依据,统计分析和读者研究都以原始记录为共同的资料来源。

原始统计记录大致包括以下内容:

(1)关于读者的统计

·使用各种参考服务的人数,包括查目录的人数,利用工具书阅览室的人数,提问人数等。

·读者的职业和专业。

·文化教育程度,在校学生则统计年级、或正在攻读的学位。教育程度是影响参考服务利用率的因素之一。

·使用参考服务的方式,例如是使用工具书,还是在咨询台寻求帮助,或是参加图书馆利用训练班、计算机检索等。

·使用参考服务的目的,即,是为研究找资料,还是完成作业,或查找某一特定的事实。

·使用参考服务的频率和时间,前者是指每天、每周、每月使用参考服务的次数(约可以用共多少小时估算),后者指利用服务的时间。这类统计有助于分析读者的各种情报活动在时间上的分布规律,以便合理地调度人员,安排作息时间。

·对服务的反应,主要了解读者对服务结果和服务过程的满意程度。

了解读者不仅仅是了解那些利用参考服务的读者,也应包括那些不利用参考服务的读者(非用户)。

(2)有关咨询解答的统计

主要统计参考馆员接受的各类型问题的数量,包括已经处理、未经处理和拒绝处理的,以及处理的结果和所花费的时间。了解这些情况的目的是为了评估工作人员的服务效率和效益,也为针对性地进行参考藏书建设和人员培训提供依据。

（3）参考藏书的统计

包括全馆工具书总量，工具书分布情况、各类型、各学科、各文种工具书数量，每年购书数量、种类、费用和剔除数量。工具书的利用也是很重要的统计，但在开架陈列的情况下较难收集这类数据，有两种方法，一是规定下架后的书一律不归架，由工作人员在归架前作分类统计，二是读者在离室前填写问卷表。

除了上述三个主要方面的统计以外，还有诸如岗位工作量统计（见表19），读者教育统计、定题服务统计等（参见第八章第一节"评价标准和评价指标"）。

二、参考统计数据的收集

（1）日常原始记录

日常原始记录主要由咨询提问记录表、工具书阅览登记表、工具书利用情况统计表等组成。表16显示的记录可以反映每日提问总数，各类型问题的数量和占总数的百分比、各类型提问在每个工作日的时间分布。这种记录是由值班馆员在咨询台用手工的点线计数法或"正"字法进行的。

表16　咨询提问记录表

日　　期 时　　间 提问类型	××　图书馆每日咨询提问记录单						
	时间（早上8:00—晚上10:00）						
	8－10	10－12	12－14	14－16	16－18	18－20	20－22	累计
方位型问题								
文献检索型问题								
便捷型问题								
研究型问题								
不予解答的问题								
累计								

表 17 是一种常用的读者入门登记,可以反映哪种专业和文化程度的读者在利用工具书,以及利用的目的,这种表一般由读者自己填写。

表 17　工具书室阅览登记表

日 期					星 期			
姓名	工作/学习单位	专业	职业	文化程度	年级	来本室目的	备注

表 18 是工具书利用情况统计,由读者在用完工具书离开阅览室前填写。参考馆员也可利用此表的部分项目对下架的工具书进行统计,但这种统计在开架情况下不一定准确反映每日工具书使用情况,因为读者在书架前抽取并进行短暂浏览的工具书难以包括在内,此外,读者在离开前要填写表格也有不便之处。因此,工具书利用情况往往是通过抽样统计来获得数据的。

表 18　工具书利用记录表

日 期			星 期				
读者姓名 (可以不填)	工具书 种　类	工具书名称 (缩写或简称亦可)	使用方式		使用结果		
			浏览	阅读	解决	未解决	不太满意

272

从分析的角度说,统计项目越全,反映的情况越全面,但从记录和整理数据的角度讲,项目越少越方便。解决这一矛盾的根本出路在于利用计算机。美国有的图书馆 1981 年就用一种光符识别表(Optical Mark Form)作为原始记录单,用数字和字母分别表示咨询提问的日期、时间、问题类型、所属学科、使用工具书的种类。记录时只需用铅笔涂黑相应的空圈,然后用计算机处理。这种方式记录简单,处理数据方便,且可以迅速得到分析结果。

表19 内布拉斯加(Nabras ka)大学咨询统计表

DAY	TIME		O – DIREC – TIONAL	OSUBJECT	CODE SUBJECT	
○ – M	AM	PM	SOURCE USED	○ – ○○ – ○	03	Architecture
○ – T	○ – 7	○ – 1	○ – Abst/Index	○ – 1 ○ – 1	07	Bibliographic In-
○ – W	○ – 8	○ – 2	○ – Card Cat.	○ – 2 ○ – 2		for
○ – Th	○ – 9	○ – 3	○ – Gov't Doc.	○ – 3 ○ – 3	09	Biology
○ – F	○ – 10	○ – 4	○ – Ref Books	○ – 4 ○ – 4	15	Business
○ – Sa	○	11 – 5	○ – Serial List	○ – 5 ○ – 5	24	Criminal Justice
○ – Su	○	12 ○ – 6	○ – Other	○ – 6 ○ – 6	28	Education
		○ – 7	○ – None	○ – 7 ○ – 7	71	Political Science
		○ – 8	○ – TELEPH –	○ – 8 ○ – 8	73	Psychology
			ONE	○ – 9 ○ – 9	77	Social Welfare
		○ – 9			78	Sociology

(2)问卷调查

与日常工作记录相比,问卷调查的优点首先在于它可以针对需要了解的某方面的情况大量设问,较全面地、准确地了解读者的职业特征、心理特征、教育背景与他们的情报行为的关系,以及对参考馆员的工作评价,对管理工作的意见等,而日常记录受到统计项目的限制,很难深入了解更详细的信息;此外,日常记录只能在规定的时间、地点内进行,了解的对象只限于来图书馆的读者,无

273

法了解非用户的情况。再次,日常记录的统计数据需要相当一段时间的积累才能说明问题,而问卷调查可在较短时间内收集到大量数据,迅速为管理决策提供依据(问卷的样例参见附录Ⅱ,问卷设计、发放回收等方法参见第八章第二节)。

三、参考统计数据的整理

要完整地、客观地反映一个馆参考服务的情况,就要持之以恒地做好原始统计记录,并定期把各个服务点、各工作环节搜集来的统计数据进行一系列加工,制成统计报表,使分散的、无规律的数字系统化。做好这一工作应注意以下几点:

(1)制定一个整理纲要。纲要应包括参考统计数据的分组、指标体系、填表范围、计算方法和报送的制度、时间及负责人。

(2)确定统计分组。统计分组是按一定的标志把统计数据划分若干部分,科学地分组可以揭示各种因素对参考服务的影响,以及各项工作之间的联系和区别。例如对有关读者的统计数据进行结构分组,可以看出各组读者的特点、比例关系和发展变化,如果进行分析分组则可以看出读者的职业或教育水平,甚至年龄和性别与咨询提问的关系。统计分组的重要工作是选择分组标志。按品质分组的有读者职业、教育程度、性别、问题性质类别、工具书的类别等。这种分组可以直接反映事物质的属性和差异。按数量标志分组的有咨询人数、工具书馆藏数量、利用量等。这种分组可以观察到某一现象的变动和分布情况。确定分组标志时,要注意根据指标的目的以及现象所处的具体条件选择分组标志。

(3)确定基本的统计报表是使参考统计工作经常化、规范化、标准化的必要措施。参考部的统计报表从内容上可分为咨询提问统计表、工具书利用统计表、工具书馆藏统计表、用户教育统计表、定题情报服务统计表等;从时间上分可视需要确定日报表、周报表、月报表、年报表,以便定期进行统计资料整理和检查。

（4）把好原始数据质量检查关。项目填报不全的原始记录单不仅给整理工作带来麻烦，更重要的是影响统计质量。要做到统计数据的完整性、及时性和准确性，要尽量补齐漏缺的填表项目、修改讹误之处。检查错误的办法一是用逻辑法，二是用计算法。逻辑法是从理论上或常识上判断数据资料是否合乎客观实际，各项目之间有无矛盾和不合理的地方。计算法则是从各项指标数值的计算上检查统计资料是否准确，例如单项相加是否等于总计，纵栏和横行的合计数是否有误。

（5）做好统计汇总工作。统计汇总就是对统计分组资料进行加总计算的过程。手工常用的汇总方法有点线法、过录法和折叠法。点线法是在汇总表上以点或线为记号，然后按点线计数汇总。最常用的点线法是划"正"字，简单而且计算方便。过录法是将搜集的原始记录过录到事先设计的过录表上，经加总后再过录到汇总表。利用这种方法汇总可以边审边录，防止遗漏和重复。折叠法是把统计报表或调查表所要汇总的项目的同一栏（或同一行）的数值折叠在一条线上进行汇总，即以表汇表。随着微计算机的普及，有条件的馆可以把参考部的原始数据交给计算机来处理，省时、快捷、准确，可以很快见到分析结果。

（6）统计数据的图示。列宁说过，图表的全部意义就在于一目了然和可以对比。以生动活泼、通俗易懂的形式直观地反映参考部的服务工作，读者利用服务的变化和趋势，业务成果等，可以帮助管理人员从中研究各种现象变化的程度和规律，发现问题，总结经验，改进工作，也可作为宣传的有用工具。统计图一般有这样几种：一是条形图（或称直方图），在直角坐标系上以宽度相同间隔相等的矩形高低或长短来表示同类指标数值的大小；二是曲线图，在直角坐标系上利用曲线的升降表明发展变化的程度和趋势。把咨询提问的周报、月报统计转化成曲线图就可以清楚地看出读者利用咨询台服务的变化规律以及变量之间的关系；三是用几何平面图的面积来比较同类指标数值的大小,常用的是圆形图(又有圆形比较图和圆形结构图之称),用360°表示100%,每一份圆心角3.6度代表1%,用圆内扇形面积来表示指标数值的大小或总体内各组成部分的构成情况。

四、统计分析

统计数据可分为两类,一类是通过对某事的记数而得到的数据,亦称离散型数据;另一种是通过计量得到的,如百分数可以进行大于或小于的判断,平均数、标准差可以看出原有观察数据的等级和顺序,中位数、众数、平均数则有助于测量和研究问题的集中趋势和变化性。这种对数据加工或计量的过程也就是统计分析的过程,参考统计分析就是在占有原始统计资料的基础上,运用各种统计指标来研究参考咨询活动在一定时间、地点和条件下的数量关系,探讨事物的性质、特点及其变化规律,由此得出的新数据比原始数据更能表达事物的特征。

统计分析的方法很多,有平均分析、结构分析、程度分析和动态分析等。

平均分析,就是在同质总体内通过计算平均指标的办法,反映事物总体在某些具体条件下的一般水平。如提问率就是通过计算某咨询台在一段时间内平均每个读者前来提问的次数来反映在特定时间内咨询台被读者认识和利用的一般情况。

结构分析是在统计分组的基础上,通过计算结构相对指标来研究总体各组或部分的分配比重及变化情况,如咨询服务用户的身份分析、提问类型的分析就是典型的结构分析。

利用程度分析是以实际利用的数字和可能利用的数字对比,计算利用程度指标来研究被利用的水平。如参考书藏的利用率就是实际利用的工具书数量(品种或册数)与可供利用的工具书数量的对比。

动态分析是从历史方面研究现象数量关系的发展过程来认识发展规律并预见变化趋势。一般把说明某现象的数据(阅览人数、提问人数等)按时间顺序加以排列,以某一时期为基期(或标准),进行前后期的对比,分析出变化的方向、速度、逐期增长(或减少)的数量,以便发现"高低峰"的规律。

统计分析还有许多其他方法,如因素分析、相关分析、平衡分析、抽样推论等等。详细介绍这些方法不是本书的任务,读者可以系统阅读专门的统计学书籍,这里不再赘述。

第七节   参考档案

一、参考档案的定义、特征和作用

(1)什么是参考档案

《辞海》给档案下的定义是,"凡有参考使用价值的、经过立卷归档、集中保管起来的各种文件材料。"参考档案是图书馆各种业务档案的一种,是参考部和参考馆员个人在工作中形成的、作为原始记录保存并经立卷归档以备查考的文字、图表、声像及其他各种方式和载体的文件材料。

这个定义说明了参考档案的几个特征:

①参考档案来源于参考馆员特定的实践活动。它的内容是记载同参考咨询有关的活动,如咨询提问记录(包括口头咨询笔录和咨询函件)、答复留底件;同管理活动有关的记录如工作计划、工作总结、统计资料、读者意见,以及参考馆员个人的工作日志、业务鉴定等。在有关业务和学术活动中形成的、反映参考服务成绩、工作人员业务能力和学术水平的文件材料也属于参考档案的范围。

②虽然参考部的各种载体的材料是参考档案的来源,但并不等于就是参考档案。组成参考档案的材料是有条件地转化而来的:第一,办理完毕的材料才能作为档案保存,而正在处理的材料不能作为档案;第二,对参考业务和学术研究有查考价值的材料才有必要作为参考档案保存。例如记载读者的咨询问题和提供答案的全部文字材料,由于工作的持续和发展,这类记载日后还需要查考,并不因为时间的流逝而失效。但有的文件则与参考档案无关,如上级下达的一般行政公文、个人的履历材料(属于人事档案)。第三,散乱的文件材料不是档案,只有按照一定的方法整理、保存、并按特定系统排列、有利于查考的文件材料才能成为档案。

③同一般档案一样,参考档案是由形式各异的文件组成的。参考服务是长期的、由各种工作组成的,因而反映各个时期、为各种特定工作所必需的文件材料也是多种多样的。从载体形式上看,有纸张、胶片、磁带;从记录方法上看,有手写、油印、铅印、摄影、录像、录音;从表达方式上看,有文字材料,音像材料,还有对读者教育很有用的实物资料等,从分类上看,有"工作计划"、"业务会议记录"、"问卷调查"、"工作日志"、"咨询记录"、"统计资料"等。

(2)参考档案的作用

①参考档案为参考工作人员提供了丰富的经验成果。正如医生要参考病例档案来处理疑难杂症一样,一个记载详尽、保留完整、查阅方便的咨询记录档就像一位经验丰富的参考馆员一样可以随时向查档者提供解决同类问题所需的工具书、检索策略和失败的教训,以免再走弯路,提高检索效率。查档者当然还可以把自己新的经验增补上去,天长日久,积少成多,前人的知识和经验就不会因组织形式的变化和工作人员的流动而消失。

②参考档案可以作为参考部管理工作的凭据。部门领导在考虑计划、总结工作、制定规章、处理各种问题时,可以从参考档案中

查找以前工作的记录,便于研究过去的经验,寻求新的见解和管理方法。参考馆员业务档案可以作为评价工作业绩、职称评定、业务培训的依据,较好地避免"长官意志"、"主观印象"这类弊病。

③参考档案是参考服务研究的基础。一切研究必须充分占有材料。参考档案是参考服务实践的真实记录,有丰富的咨询个例、读者反映、各种事实和统计数据,这些丰富的原始材料对研究参考服务是非常宝贵的。

④参考档案还可作为宣传教育的资料来源。如果通过橱窗宣传、办展览等形式把参考馆员怎样利用图书馆的收藏、解决哪些读者问题、取得怎样的效益公布出来,那么利用图书馆和参考服务的意识就会在公众中间逐渐普及开来。例如湖北孝感市图书馆展出为一家农场成功的试验所提供的所有资料档案,内容是如何用煤渣灰作畜禽饲料添加剂,结果就有 30 多位农民前去询问详情,索取资料。

可见,如果疏忽参考档案的建设,也是一种资源浪费。

二、参考档案的内容

(1)咨询记录。

咨询记录就是对读者的提问和答复的翔实的记载,包括咨询登记表(见表 20)、电话咨询笔录、咨询函件和回复留底,以及馆际协作咨询委托单(见表 11)。

咨询记录在参考档案中的重要性是显而易见的。它们不仅是评价咨询工作的依据,也是一种可供反复使用的解答工具。在咨询工作开展不久或接受提问不多的图书馆,这类记录的利用率可能很低,但日积月累,记录丰富以后,就可用来作为解决同类问题的参考。可以说咨询记录积累越多,反复利用的机会也越大。

(2)参考馆员业务记录。

这类记录包括参考馆员的业务总结、鉴定、成绩,学习考核记录和教师评语,参加学术研究的情况、业务记事和书信。这些记录较全面地反映了参考馆员的工作成绩,业务能力和专业水平。掌握这些材料有助于部门管理人员根据个人专长分配具体工作,组织力量,考核工作。

工作量记录也属于这一类档案。表 21 是美国拉姆齐县公共图书馆(Ramsey County Public Libray)为了解参考馆员的工作量而设计的原始统计记录表,亦可称为工作日志。

表 20　南京大学图书馆咨询登记表

编号:

咨询者姓名		系科、班级或教研室 (外单位名称)		日期	
通讯地址			电话:		
咨询项目	要解决什么问题或需求什么资料?				
	咨询的目的与用途已查过或掌握哪些资料?				
本馆答复					
	解答者		解答日期		档案号
读者意见					

表 21　拉姆齐县公共图书馆工作人员日志

姓名＿＿＿＿＿＿

＿＿＿＿月＿＿＿周

周一　　周二　　周三　　周四　　　周五　　周六

每格内填上各项活动所花费的时间（小时,可精确至一刻钟）,及必要的细节。

	周一	周二	周三	周四	周五	周六
1. 咨询台工作						
2. 选择书刊资料						
3. 编制文档索引						
4. 答问及处理材料						
5. 管理、监督、训练						
6. 会议（请说明）						
7. 馆际互借						
8. 集体工作,如图书馆巡阅、指导等						
9. 编制小册子、通报、书目等						
10. 代班（请说明在何处）						
11. 阅读专业材料						
12. 其它						

［说明］

　　用于午餐、晚餐及工间休息的时间不应包括在内。记录实际工作的时间,不必顾虑每天工作累计是 6 小时还是 3/4 小时。我关注的仅仅是用于各项业务活动的时间。

　　（材料来源:King, G. B. "Try it – you'll like it：a Comprehensive management information system for reference service." In Reference Services Administration & Management p. 77）

　　（3）各种参考服务统计的原始记录和报表。

　　（4）各种问卷调查表。调查结果虽经加工后产生总结报告,但原始记录仍有存档价值,许多用户（或非用户）的评语、建议等文字日后仍需要查考。

（5）反映读者意见的各种记录，如意见箱中的信件、意见簿、座谈记录等。这些意见有的针对资料提供工作，有的针对藏书排架和工具书缺漏情况，有的批评服务态度……这些都是了解读者、改进工作的最宝贵的材料。

（6）参考工作成果。这里所说的成果主要指提供给读者的文字材料或资料线索留底件。其中有些成果是难以在咨询记录单上全面反映的。特别是那些在科研、生产中形成的参考服务的成果，如科研方案的修改、定型，生产中关键问题解决的经过，新的科学理论、观点与技术工艺的论证材料，对科技成果的经济效益和社会效益的评价资料等。这些得益于参考服务的成果可以反过来向社会宣传图书馆和参考服务的价值。此外，参考馆员自编的专题目录、索引、读者指南、专题文献研究也应尽可能留底保存，可以作为以后修改的基础。

（7）业务工作文件，包括制定的规章制度、工作计划、总结等等。

（8）读者服务档案。可以为一些经常利用参考咨询服务的个人或团体立档，记录他们的课题、科研计划和情报需求，以便针对性地、主动地提供资料。有的科研人员大部分时间在实验室或外出考察，忙时抽不出时间来工具书室翻阅资料，一来就是急需。这时如果建立读者服务档案，平时有意地积累文献，在做题录卡时看到有某读者需要的资料就记在档案卡上，就可减少临渴掘井的现象，也提高了文献利用率。

三、参考档案的建立和管理

（1）收集

参考服务过程中会产生很多有用的材料，但散失的不少。要使参考档案丰富起来，首先应建立健全归档制度，制度的内容应包括归档材料的范围和标准,负责参考档案管理的人员及其任务和要求,档案材料整理的规范、保管措施和使用办法,特别是参考档案的主要来源——各种日常咨询记录。应有定期收集的办法,并把好质量关。一些不太容易收集的材料如参考服务效果跟踪调查,用户需求调查、读者意见和建议等也应主动搜求,广开渠道,有时还要走出单位,多作宣传,争取更多的人关心。搜集档案材料不能坐等接收,也不能只重视外形整齐划一、便于保管整理的资料,轻视那些规格不一、内容水平参差不齐的材料,或者只重视新材料,轻视旧材料。在评价接受材料的价值时,应用全面的和发展的眼光来看待。所谓全面,就是从整个参考服务的需要出发来衡量其价值,而不能只根据某个工作岗位或个人的需要与否,所谓发展,就是要预计档案在未来工作中的作用,而不是仅仅考虑眼前是否有用。许多事例也表明,一些以前无人重视的咨询记录有一天居然会派大用处。当然作出恰当的判断不是一件容易的事,有关管理人员可以多听听各方面意见再作取舍。

(2)整理

参考档案的整理工作包括分类、组卷、案卷排列和编制案卷目录。

档案分类可有以下几种:

①按档案的内容种类,可分为咨询档、统计档、读者档、问卷档、工作人员业务档、工作计划档、会议资料档等。

②按时间分,即根据档案材料产生和形成所属年代分类。时间是个不容易忘记的记忆要素,如果把某些档案材料如工作计划、业务讨论纪要、来往咨询函件按时间顺序排列,就比较容易回忆和查阅。统计资料按时间排列还可以看出业务工作逐年发展变化的情况。

③按学科类别分。作为辅助检索工具的咨询档案最适合于按学科分类,或按主题词排列,戚志芬先生在《参考工作与参考工具

书》一书中推荐了这样的方法："文学类可排文字第×号，历史类可排史字第×号。按类收入大文件夹（袋），排在档案柜里。另立档案卡，也加盖档案号，档案号与底件存档次序相符。提取底件时，可按档案卡提取。档案卡可按分类排列或按主题排。一般说，按主题排更便于查找。"按学科分类，要设计好类目，但不宜照搬现有的分类法，需要根据读者咨询的实际情况设类，不宜归入某一类的咨询记录可以入综合类，待材料积累到足够数量时再单独设类。

④按人名分。读者档案和工作人员业务档案以人立类比较合适，这样涉及某人的材料可全部集中在一起。

上述几种分类在实践中可以综合运用：先把全宗内的材料按主要内容或作用分开，再按时间顺序和学科主题确定个别案卷在每类中的位置，并用参照的办法保持案卷之间的某种联系。案卷排定后，为了管理和利用上的方便，要编上顺序号即案卷号。

参考档案的利用离不开案卷目录。案卷排列好以后，要把编号逐卷登记到案卷目录上。案卷目录可视需要制成书本式或卡片式的，从方便检索看以卡片式为好。案卷目录可有以下几部分构成：

①目录标识。在书本式目录封面或卡片式目录抽屉标识牌上，说明目录名称（类别名称、年度、或立档者姓名）、目录号。如果档案已分成若干套、袋，则还应注明第×套：

参考档案全宗	
第　　号目录	
第　　套	
	目录名称：
	咨询档——史学类

②说明。对案卷数量、分类、立卷整理情况、存在问题、查找要

284

领作简要说明,目的是为利用者提供方便。

③目录主体。不论是书本式还是卡片式的,每一个款目应包括案卷号、案卷标题、立档时间、估计页数和保管期。

参考文献

1.胡伟.图书馆系统管理——现代管理方法在图书馆的应用.沈阳:辽宁人民出版社,1987.209页

2吴廷华.目标管理与图书情报工作.天津:南开大学出版社,1984. 243页

3. Voigt, Kathleen. Selective guidelines for a beginning manager of an academic library reference department. In: katz, Bill. ed. Reference services administration&management. The Haworth PressInc. , 1982. p 39 – 49.

4.斯图亚特,伊斯特利克.图书馆管理.北京:书目文献出版社,1984. 243页

5.薛文朗."参考服务与参考资料".在《图书馆参考服务》之理论与实务.台北:台湾学生书局,1981.261页

6.希克斯.现代图书馆管理.北京:书目文献出版社,1989. 209页

7.张德芳.图书馆科学管理.成都:四川省中心图书馆委员会, 1983.142页

8.布雷德福,科恩.追求卓越的管理.北京:中国友谊出版公司, 1985.288页

9. Lushington, Nolan. Libraries designed for users: a planning handbook. Library Professional Publications, 1980. 286p.

10.李景春.图书馆统计学.大连:东北财经大学出版社,1987. 260页

11.王学熙,丁宏宣.图书馆规章制度新编.南京:江苏图书馆学会1986. 656页

12.戚志芬.参考工作与参考工具书.北京:书目文献出版社,1988. 723页

13.邓绍兴,陈智为,新编档案管理学.北京:档案出版社,1986.524页

14.于鸣镝.图书馆管理学纲要.沈阳:辽宁人民出版社,1986. 289页

15. 陈俊民. 试论读者统计工作. 见:读者学与读者服务工作论文选. 北京:书目文献出版社,1989 p. 310 - 316

16. 程仲琦,张德芳. 图书馆参考工作. 成都:四川省图书馆学会,1984. 144 页

17. 卢子博,倪波编. 参考咨询基础知识问答. 北京:书目文献出版社, 1986. 127 页

18. Katz, Bill. ed. Reference and online services handbook: guidelines, policies, and procedures for libraries. Neal - Schuman Publishers, Inc., 1982. 581p.

19. 张帆. 咨询馆员. 图书馆学、情报学、资料工作. 1988(7):31

20. 范铮. 美国和加拿大大学图书馆的咨询服务及其优先规定. 大学图书馆学报,1989(1):21 - 23

21. Galvin, Thomas. Education of the reference librarian. Library Journal, 100: 727 - 730

22. Holland, Barron. Updating library reference services through training for interpersonal competence. RQ, Spring, 1978. p. 207

23. Wyer, James I. Reference work. Chicago:American Library Association, 1930.

24. 陶炼. 试论高校图书馆参考工作的组织. 图书与情报,1986(1 - 2):123

25. 乔好勤. 省(市)图书馆书目参考部组织管理刍议. 湘图通讯,1982 (3):5 - 9

26. Murfin, M. E. paraprofessional at reference desk. Journal ofAcademic Librarianship. 14:10 - 14 March. 1988.

27. 考特诺斯,马丁 P. 戈希,洛利·A. 研究笔录——在参考工作中非专职人员的使用. 图书馆学通讯,1986(2):73

28. Deed, David. Staffing the reference desk. Librar Journal, Sept. 1980. p. 1708 - 1711.

29. Thomas, D. M. The effective reference librarian. New York:Academic Press,1981. 213p.

30. Rowland, R. Reference services. Hamden: The Shoe StringPr.,

1964. 259p.

31. Bunge, Charles A. Strategies for updating knowledge ofeference resources and techniques. RQ, Spring,1982

32. 邱永清. 如何提高参考工作人员的素质. 图书馆工作与研究,1986,(3):27

33. 曹聪. 问卷调查与情报调研. 情报业务研究,1986(3):27

34. Katz, Bill. ed. Reference services administration&management. New York:The Haworth Press, Inc,1982. 147p.

35. 冯白云. 现代化高校图书馆与专门咨询队伍的建设. 北京高校图书馆,1986(2):65—69

36. 王东艳. 图书馆指示系统及其设计原则. 黑龙江图书馆,1984(3):18

37. 潘岩铭. 信息革命对我馆参考工作的冲击. 北图通讯,1984(12):12—19

38. 曲广田. 我在参考咨询工作中不断增强情报意识的体会. 图书馆学研究,1987(3):99

39. Hallman, Clork N. Desiging optical mark forms for reverencestatistics. RQ. Spring 1981 p. 257—263

第七章　参考工具书的藏书建设

在缺乏参考工具书的图书馆,无论参考馆员的业务技能多么娴熟,检索策略多么正确,也只能是"巧妇难为无米之炊",最终无法满足读者的需求。参考书藏是参考服务的物质基础,高质量的参考书藏是高质量的参考服务的重要物质保证。

工具书的收藏情况如何同图书馆的藏书利用率也有密切关系。许多图书馆,一方面资料缺乏,另一方面大量资料又无人利用。假如读者要借研究中东政治的专著,图书馆这方面收藏很少,或重要的已借出去了。这时,他可以利用期刊索引先查期刊中的所需要的论文,再利用馆藏期刊目录得到原文,或利用报纸索引寻找报纸中的文章、利用文集索引查找淹没在大量图书中的不为人知晓的论文,利用年鉴找到大量事实资料和综述。如此利用作用各异的工具书,在浩如烟海的资料中披沙拣金,就能得到一些有价值的资料,而那些长期压在书库中无人问津的资料,特别是合订的过期报纸刊物,通过工具书就可以利用起来。

工具书藏书建设指的是如何根据既定的参考服务的性质、方针、任务和服务对象的需要,通过有计划的收藏,使工具书的藏书结构达到最佳状态,并通过优良的管理,使工具书在参考服务的各项工作中发挥最大的作用。因此,工具书藏书建设包括了从选购、交换、典藏入库到调拨、组织、维护、剔旧等一系列工作,是收集和管理两大职能相互联系、紧密结合的过程。R. 克罗尔(RebeccaKroll)指出,在着手进行这项工作前,应首先回答这样三个问题:什么是参考藏书,谁来负责这项工作和怎样开展工作。第一个问题指的是参考藏书的范围、内容和主要职能。第二个问题指的是参考部门在工具书藏书建设中的作用。长期以来,国内许多图书馆是由采购部门负责搜集工具书,分编部门负责图书加工,典藏部门负责分配,流通部门负责保管,而参考部门只是"坐等"接收调拨来的书和维护工具书阅览室里的藏书。参考馆员没有或很少参与工具书建设的过程,结果是买来的书和实际需要脱节。第三个问题涉及工具书藏书建设的方法,如工具书收集的标准,组织藏书的原则,维护藏书质量的措施,包括调拨、剔除、退库和检查评价的方法等。

参考部开展工具书藏书建设工作的基本内容包括如下五个方面:

(1)调查了解图书馆服务对象的基本状况,包括他们的情报需求和对图书馆的了解程度。这是开展工具书藏书建设最根本的依据。

(2)根据对读者的了解、本馆的藏书特点、参考部门的目标和任务,制定工具书藏书建设方针,明确发展的方向、收藏的范围、重点和标准。

(3)根据已确定的长远的和当前的规划,通过选订、调拨、交换、复制、剪辑、制作等方式,获得参考服务必需的工具书。

(4)搞好工具书阅览室的管理工作。根据工具书类型和用书特点合理规划藏书布局,及时整架、定期清点、剔除陈旧过时、利用率很低的工具书,不断补充新书,增加品种,健全目录,完善标识体系,使工具书的书藏成为一个能适应参考服务要求的,读者容易使用的情报检索体系。

(5)开展工具书藏书评价工作是确保工具书收藏质量的重要措施。

第一节　什么是工具书

工具书（reference sources/books），顾名思义，是一种作为查找文献信息的工具而使用的特殊类型的图书。英文 Refer 意即"指点""求助"、"查询"，加上后缀成为 Reference，表示"出处"、"参考"，也就是说可用来查找特定的文献线索、数据、事实等信息的书。国内外给工具书下的定义有几十种之多，本书采用夏名锱同志的定义："工具书是广泛汇集有关的文献资料，按规定的符号系统或知识体系编排和检索，供查资料或线索的书"（《关于工具书的几点思考》，《图书馆学研究》87（6）：106—108）。戚志芬先生更明确地把工具书的特征归纳为三个：（1）不是为阅读，只是为翻检，收集资料，解决疑难；（2）取材广泛，特别是综合性工具书为最典型；（3）编排特殊，便于检索。

定义和解释都是清楚的，但图书馆员在组织工具书藏书时仍然时时碰到难题。因为在大量的图书中，既存在着符合定义的正规工具书（formal reference books），也存在着不太符合定义、但确有参考价值的"边缘性工具书"（Borderland books,），例如按常规的章节次序详述事实或汇集材料的大型专著、史籍、教科书等，常常能在参考工作中发挥很重要的作用。

一、工具书的模糊性

（1）工具书和非工具书名实不符

难以确定什么书是工具书的原因之一在于工具书和非工具书名实不符，有的书有工具书之名无工具书之实，但有的书无工具书之名，却有工具书之实。究其原因，既有历史的因素，也有工具书发展中出现的问题。从历史上看，百科全书、索引、年鉴等名称是近代从国外传入中国的,而我国历史上有检索性质的大部头书籍早已大量存在,如《说文解字》、《大清会典》、《艺文类聚》、《四库全书》,以及《十三经》、《二十四史》、《百子全书》等,它们当中大部分不仅没有今天的工具书之名,而且与现在严格意义上的工具书大相径庭。《吉尼斯世界纪录大全》曾在 1977 年把类书《永乐大典》列为世界上最大的百科全书,后来还是删去了这部书,因为它毕竟不是百科全书。但是没有工具书之名不等于没有检索的作用。实际上,《永乐大典》、《四库全书》等类书都是查阅中国历史文献的最有用的工具书。有的参考部把它们摆在书架上,是为了让读者查阅而不是为了通读的。至于现在出版的图书中无工具书之名却有工具书之实的例子仍比比皆是,以名录、手册和专科百科最为常见。名录是介绍机构概况的工具书,许多这类书的书名却是"简介"、"概况"、"介绍"、"通讯录"、"一览"等。手册类工具书往往没有"手册"字样却冠以"指南"、"大全"、"概貌"、"概览"、"总览"、"要览"、"一览"、"必读""问答"、"讲座"、"大观"、"入门"以及"××例"、"××怎么办"。外文工具书也有这类例子,很负盛名的图书馆学、情报学文献索引 Library Literature 和著名的世界学术机构名录 World of Learning,从题名上都看不出 Index 或 Directory 这些工具书类属词。

有工具书之名却无工具书之实的现象也很普遍。随着工具书作用被越来越多的人了解和认同,出版商或为打开销路,或追求编法新颖,在书名上越来越多地采用工具书名。例如《唐诗鉴赏词典》,就无法与辞典相提并论,因为它不是以语词或诗句为检索点和著录对象,实际上是一本带有注释的唐诗名篇赏析或荟萃的一般图书。《中国内科年鉴》从 1987 年起就以文章为主,仅"一年回顾"和"内科文选"还有年鉴的痕迹,但作为年鉴必须要有的综述、人物和机构、动态、统计资料、大事记等项目都没有,实际上成了年刊,无法作为检索信息之用。美国的《科学年鉴》(Science Year)

是以介绍美国和其他国家科技进展和成就的年刊,也不能成为年鉴。

(2)工具书和非工具书的界线淡化

名实问题是工具书和非工具书界线淡化在文献外表特征上的反映,从实质上看,这一现象与工具书和非工具书的共性呈发展趋势密切相关。所有图书的共同职能都是汇录知识,教育宣传,工具书也不例外,只不过相对普通图书而言,工具书的教育职能比较弱罢了。长期以来,教育作用和检索作用,可读性和非可读性这一对矛盾一直是工具书编纂者们讨论的焦点,百科全书的大条目主义和小条目主义之争持续到现在就是典型的例子。不仅百科如此,辞典、年鉴、手册、文摘也都有同样的问题:要突出教育职能和知识的系统性,虽然增加了可读性,但势必减弱检索的功能;而强调检索的功能就必须减少条目的篇幅,使排列易于查检,结果破坏了知识的系统性,削弱了教育的功能。现在许多年鉴,不再是信息密集、便于检索的多功能年度出版物,其中的专文、回顾、展望、人物介绍、书刊选介等栏目的篇幅和一般刊物中的大文章很难区别,在内容上融进了风云人物的踪影、政治内幕、外国秘闻、大幅照片,很有吸引力和可读性。语文词典也正向着百科词典发展,不仅条目篇幅在扩大,还增设了人名、地名、事物名称等知识性条目,以图代文,扩大附录,减少缩略语的使用都是为了增加知识性和可读性。即使是纯检索性工具书也出现了一般图书的特征:有的文摘一半以上的文字内容不再是摘要,而是改写或缩写的文章,甚至是原文,例如《新华文摘》,人们并不是把它作为检索刊物,而是作为欣赏和系统阅读的期刊来看待的。工具书的发展出现上述情况,主要是由于传统工具书本身的局限性使然:时滞过长,工具书出版跟不上社会知识信息生产的步伐,过分强调检索作用而忽视可读性,使读者不到万不得已不去使用它,揭示知识不够全面、系统等等。这些局限性大大限制了工具书的发展,甚至可能危及某些工具书本身的生存,于是出版商们都在千方百计改变这一状况,通过增加教育性、可读性和知识性来吸引人们使用工具书。

另一方面,非工具书出现了"工具书化"的趋势。表现为:①书后附索引,为检索一本书中所含有的特定资料提供方便;②附录增多,使非工具书的资料性得到加强,读者可以得到大量与主题密切相关的统计数据、重要公式、术语、撰稿人简介、历史背景等,其中许多资料是在一般工具书中难以找到的;③参考书目以及脚注,是极有价值的信息源,是寻找与图书主题有关的书籍和论文的重要途径。利用书后的引文追溯相关文献往往比利用索引还有效;④在编排上采用工具书的结构,一些专著将篇章型结构改为按分类或主题阐述。武汉大学出版社1985年出版的杨鸿年著《汉魏制度丛考》一书将汉魏制度方面的问题分为"官省制度"、"官卫制度"等47个专题,每个专题又分为若干小专题,分别采集有关资料加以考证。如"婚"这一专题下又分"乱婚"、"早婚"、"再婚"、"结婚"、"离婚"、"一夫多妻"、"一妻多夫"六个小专题。这种论著,是一部丰富的汉魏制度资料大全,其编排方式既可系统阅读又可按需查阅。⑤丛书的迅速发展。丛书中的每种书并没有较强的检索性,但组合起来后整部丛书就相当于一部大部头工具书。如湖南教育出版社1987年以来出的《世界著名学府》丛书;书目文献出版社1982年以来出的传记丛书《中国当代社会科学家》,不仅汇录一大批专家学者的学术生涯,还附有著作及论文目录,又如1986年底发行的系列文化遗产丛书《十大文艺集成》等。⑥某些刊物虽不是检索刊物,但开辟的专栏具有工具书的检索功能,如中华书局编纂的《文史知识》杂志辟有"文学史百题"、"文化史知识"、"人物春秋"、"文史工具书介绍"等专栏,都兼具阅读与查阅双重功能,长期订阅,等于得到一部文化知识大辞典。

从上述事实可以看出,由于工具书与非工具书分别吸收了对方的长处以弥补自身的不足,它们的共性——教育性和检索性呈发展趋势,致使一般图书和工具书的界线淡化,产生了大批使参考馆员颇为困惑和棘手的"中介参考文献",名称也五花八门,如"广义工具书"、"准工具书"、"边缘工具书"等,给工具书的选择、鉴别、收藏、排架带来了困难。

(3)工具书类别界划的问题

对工具书的分类标准尚无完全一致的意见,其原因在于人们类分工具书的着眼点不同,角度不同,工具书的品种和形式的多样化,也导致了划分工具书的不同看法。但是,以下工具书的类型是普遍公认的,即书目、索引、文摘、百科全书、语文词典、年鉴、手册、机构名录、传记资料、地理资料、统计资料。这些类别一般都由相应的类属词表示,但书名混用类属词和跨类收录材料使某些工具书难以明确归类,给按类型排架造成困难。例如,"词典"常被广泛地用来命名百科全书性质的工具书,《英国百科全书》写道:"甚至到今日,一部现代百科全书还会被称作一部词典",而有的真正的词典又被冠以"百科全书"之称。"书目"一词是指收录图书或期刊的工具书,"索引"则是收录在刊物、报纸或文集中的文章的工具书,但那些冠以书目或索引字样的中外文工具书往往既收录图书,又收录文章。指南(Directory)一词既可用于书目,又可用以命名机构名录和传记工具书,译成中文后出现"指南"、"名录"、"便览"三种译名混用的情况。各类工具书你中有我,我中有你,使分类更为困难。美国大型书目《艾尔报刊指南》(Ayer Directory of Publications)包括了大量地图及美国州、县、镇的地理知识概述,有的工具书指南就把它列到地理资料中介绍,《中国历史学年鉴》中收录的图书和文章线索占全书篇幅近一半,可作书目或索引使用。至于手册一类工具书,更难以与专科词典、专科百科分辨清楚。

294

二、确定工具书的几种做法

（1）根据书名区分

有的编目部门为了便利组织参考书藏,在进行图书加工时把书名带有工具书类属词的书一律划归工具书,并在卡片和书标上标上记号（如"R"）以示这是工具书不投入流通。这是一种简单的、一目了然的办法,但并不可靠,因为这种鉴定仅根据文献的外表特征,难以处理那种工具书与非工具书之间相互交叉,似是而非的现象,结果把有工具书之名而无工具书之实的书归为工具书,而把无工具书之名却有工具书之实的书漏掉了。

（2）按文献加工层次来区分

程三国同志在"试论工具书学"一文中指出,工具书是一次文献的代用品。文献系统的层次结构中,凌驾于一次文献的二次文献和三次文献皆为工具书。……工具书是对一次文献进行替代（书目、索引、文摘）、重组（手册、表谱、名录、词典）、综合（百科全书等）和对二次文献再进行替代（书目之书目、文献指南）而成的。与一次文献不同的是,工具书通常能广、快、精、准地解决一次文献所不能解决的疑难问题。因此,根据对文献的加工层次而不是仅仅根据书名是确定工具书归属的方法之一。

（3）按查检性和可读性的强弱区分

工具书从普通书中分离出来是从整理知识开始的。人类知识的急剧增长和文献出版量的日益增多产生了整理和检索人类知识的需要,产生了内容广泛、叙述扼要、概括性强的书籍,这些书的编排既兼顾到其内容的内在联系,又注意了简单易查的特点——按分类、主题、题名、作者、时间等顺序组织材料,使读者能快速而准确地找到所需资料,于是就形成了工具书。正如《图书馆学、情报学百科全书》的定义所指出的,"工具书是为查询而非连续阅读用的书。"这一特点成为区分工具书与非工具书的重要标准。当然,有时候用查检性和可读性区分并不容易,因为工具书既然是书,也具有记录知识,宣传教育这些书的共性,即使是最纯粹的工具书也不是没有一点可读性,因此,工具书与普通书不存在可读性有无的问题,而是强弱的问题,碰到那些既可系统阅读又可查阅的书,如《二十四史》、《百子全书》、《全唐诗》,Great Books of the Western World（Encyclopedia Britannica, Inc. 出版的五十卷的西方著名思想家、科学家著述选编）等,还要根据收藏目的来区分,如果供系统阅读用,可以投入流通或放在普通阅览室供阅读,如果仅供查阅,则要放在工具书阅览室。

　　工具书的模糊性,从主观上看,是由于编纂者和使用者对工具书的性质特点认识不同造成的,从客观上看,也反映了工具书发展的趋势。它说明,工具书与非工具书之间,工具书类型之间,以及形式和内容之间是相互联系、相互渗透、相互转化的,而客观事物的类属和性质也往往缺乏明晰的界线或精确的划分。这就要求在划分工具书时注意以下两点:

　　①考察工具书时不能只注重名称,而忽视对其内容和作用的审查,有的书不是严格意义上的工具书,但只要对参考咨询工作有价值就应收藏。如果其中一部分内容有价值,应及时记录建卡、以备查用。

　　②工具书的模糊性告诉我们考查工具书时,不能只孤立地、片面地看待工具书的某一特征,以及工具书与非工具书,各类工具书之间的区别,也应从整体上把握它们的共性和联系。这种联系在客观上是不可分割的,即使人为地划界,也会是藕断丝连。认识这一点,不仅有助于我们拓宽检索思路,活用一般图书和各种工具书,而且还提醒我们在组织藏书布局、建立工具书目录时采取相互参照的技术措施,使工具书书藏成为一个有内在联系的、有机的整体。

第二节　工具书藏书建设方针

一、为什么要制定工具书藏书建设方针

工具书藏书建设方针是参考部门进行工具书藏书建设工作的准则和指南。它以书面文字的形式向每一个参考馆员，以及图书馆采、编、典藏等有关部门描述了工具书藏书的范围、重点、选购原则、组织原则、剔除原则，以便有关人员在工作中前后一贯地遵照执行。

如果图书馆有了一个总的藏书建设方针，还有没有必要制定工具书的藏书建设方针呢？回答是肯定的。图书馆的藏书建设方针是把全馆藏书作为一个整体来考虑的，而参考部门的工具书藏书建设方针是从参考工作的角度来考虑的，两者对藏书发展方向的设想、范围、重点、布局原则和评价方法等方面都不尽相同，例如下述问题是图书馆藏书建设总方针难以考虑周全的：

· 参考工具书的数量与全馆总数藏书量保持什么比例较为理想？常用工具书的复本怎么控制？

· 参考工具书藏书的重点是什么？藏书的种类、范围如何确定？在经费有限的情况下，怎样既保证藏书的系统性，又保证藏书的连续性？

· 工具书的选购权由谁掌握？是参考部负责还是采购部负责？或者怎样进行分工协作？

· 工具书如何进行合理布局，如何处理集中和分散的问题？如何对待参考部与图书馆有关业务部门争书的问题和截留现象？工具书的分配权由哪一部门掌握？

· 工具书的剔除、退库、调拨的标准和程序是什么？

·如何进行工具书藏书建设评价？

回答上述问题，涉及到工具书发展的方向、藏书建设工作内容、任务、费用和人员，由此可见，工具书藏书建设方针有其独特的作用：它提供了处理藏书建设中各种问题的原则和方法，使工作人员有方向可遵循，有准则可依据，能较好地避免盲目购书，或坐等接收，听任工具书书藏无目标地自生自长的状态。此外，工具书藏书建设方针还可作为协调的工具。工具书的收集和维护实际上不是一个部门的事：参考、阅览部门要把读者对工具书的需求反映给有关人员，采购、交换部门要负责具体的订购和交换业务，编目部门负责加工，典藏和流通部门负责分配、保藏，直至参考部门负责日常维护和向读者提供使用。从使用角度来看，工具书的种数、复本都较少，但读者、参考馆员、图书馆各业务部门以及检索课的学生都需要它们，因此，处理好这一系列分工协作，解决各方的需求以及由此产生的矛盾，需要有一个各方都可以遵循的统一的行动准则，工具书建设方针就是这样一种准则。

二、工具书藏书建设方针的内容

（1）藏书目标的分析

目标分析包括两个方面，一是工具书藏书的服务对象，二是目标本身的说明。工具书要满足使用者需要，就首先要分析他们的专业背景、教育程度和平时要求，才能有的放矢地开展收集工作，由此建立的书藏才有针对性。当然满足需求只能是相对的，在现有经费条件之下，只能在某一范围内满足一部分读者的需求，因此，在目标说明中应确定工具书的收藏级别，如重点完整级（保证几个重点学科的工具书收藏完整）；研究级（保证研究课题收集资料所需的工具书）；学习级（保证学位论文或平时作业所需的工具书）等，并详细说明工具书书藏的性质、主要作用，要达到的规模（包括种数、册数）以及收藏特点。

298

（2）指导选书的重点和范围

①学科。本馆应收藏哪些学科的工具书？以哪些学科为重点？兼顾哪些相关学科？

②类型。对各类型工具书的收藏要求应具体一些。例如，是否要收藏大型综合性百科全书或是卷帙浩繁的书目？传记工具书，是收藏专科的还是综合性的，是着重当今人物还是历史人物？除了国内的，是否还要收世界性的？再例如语文字典，要收藏哪些多语种对照字典？是否要收藏小语种外文词典？

③语种、地区和国家范围。外文工具书书价昂贵，条件不同的图书馆尤其应确定收藏水平，使之形成特色。仍以词典为例，收藏的外文词典是限于学校正在进行教学的语种，还是收录一切语种以满足所有可能的需求？

④时限。工具书的价值同它们的时效性（Currency）有密切联系。对于要求购买的工具书有哪些不同的时限标准？工具书室的年鉴是年复一年地完整地保留还是规定陈列的年限？以年度出版的机构指南是每年更新还是跨年收藏？已经藏有月刊、半月刊形式的书目索引是否还要订购跨年累积本？百科全书是否要每版更新？

⑤对原来基础雄厚，已有特色的工具书书藏继续保持的程度应做出具体的规定。

⑥工具书复本的规定。

⑦确定边缘工具书入藏的标准。

⑧确定工具书的载体形式。是否要收藏以缩微平片或胶卷出版的书目、文摘、索引？如果决定收藏，怎样提供阅读条件？散页宣传品（如产品广告、厂商介绍、新书目录、旅游指南等）和小册子是否要作为参考资料收藏陈列？

⑨数量与经费。是否应确定一个工具书收藏数量与总藏书量的比例？或者是合理的增长率？每年需多少经费来保证一定数量

和质量的工具书藏书？

⑩资源共享。决定收藏某种工具书,尤其是昂贵的工具书时,是否要考虑其它图书馆有无收藏？馆际资源共享在多大程度上影响着购书决策？

（3）选书的职责和程序

①选书的责任是由参考部门承担还是由采购部门承担？一般说参考馆员比采购人员更熟悉工具书的需求和收藏情况。因此补充什么,补充多少,参考部至少应提供意见,这对于提高藏书质量是很重要的。

②程序。购买工具书的程序包括搜集需求信息,检查书目确定订购信息,寻找书评,评估工具书价值,查重、送审、批准、制订单和排订购片等。如果是昂贵的工具书,还要通过讨论,集思广益后再作定夺。制定购书程序的目的是谨慎地选择以确保藏书质量,尽量减少因订购出错而造成的损失。

（4）藏书组织

①书库和阅览室。部分工具书放入书库,不仅是因为工具书阅览室空间有限,也是为了使阅览室的工具书保持一定的数量和质量,具有良好的推荐性,避免读者在良莠相混、拥挤不堪的书藏中费尽识别挑选之苦。"藏书方针"应订出入库工具书和陈列工具书的标准和有关的调拨手续。

②集中和分散。在高校图书馆,工具书也有集中和分散的问题。工具书是供全体读者查阅的,而且很少购置复本,应该相对集中,但某些专业性较强的工具书放在系图书馆或资料室利用率会更高。因此馆系之间应就这个问题协商,就中外文工具书,以及综合性的、跨学科的、专科性的工具书订出集中和分散的标准。同样,对图书馆各业务部门所需要的工具书如各种书目,字典等也应在方针里订出有关规定,防止擅自截留。

③工具书阅览室或参考咨询区的工具书组织原则、排架形式

和维护措施。

（5）剔除

流动性是工具书阅览室藏书的特点之一。把那些随着时间流逝而失去大部分使用价值的工具书退回书库或从图书馆藏书中剔除出去，并不断地补充新购的工具书，这是参考馆员的一项经常性工作。藏书建设方针回答这方面的问题有：是否要对已有的藏书进行定期评价？评价标准是什么？由谁进行？怎样进行？剔除和退库的工作程序是什么？

工具书藏书建设方针虽具有特殊性，但它与图书馆藏书建设总方针仍有着密切联系，是局部和整体的关系，它的各项内容与采、编、流通、典藏各部门也密切相关，因此，制定工具书藏书建设方针决不是参考部一个部门的事，而要在各有关部门的积极参与配合下，在图书馆藏书总方针的指导下，经过认真的调查研究和充分讨论后制定，并且要随着情况变化，不断修订，逐步完善。

第三节　工具书的搜集

一、制订搜集计划

工具书的搜集计划是有系统、有步骤、有重点地补充工具书书藏的蓝图，也是落实藏书建设方针的具体措施，如果没有计划地听任藏书自然发展，工具书收藏的系统性、连续性就会因经费的增减或人员调动等因素遭到破坏。

藏书计划可分长期的，如三年、五年或十年；短期的，如一年、一学期。长期计划规定藏书发展的总方向、总指标以及按轻重缓急次序分期分批、循序渐进地推进计划的途径。短期计划在内容上更为详尽，可具体到在一定时期内搜集什么工具书，通过什么方式去搜集以及经费预算。

制定计划时要注意以下两点:

(1)要有重点

现在任何规模的图书馆都不可能,也没有必要把全部工具书都收齐。所谓要有重点,有两个含义,一是围绕重点学科、重点专业购置所需的各类型工具书,使该学科范围内的工具书相对齐全,二是把有限经费用来首先保证与本馆任务最密切的、读者最急需的或参考价值最高的重点项目,例如一部大型书目或索引,或一套大型综合性百科全书,逐步形成有若干重要工具书的藏书特点。

确定收藏重点,是百年大计,要特别慎重,不可心血来潮,主观地随意决定。要作周密的调查研究,了解本单位或本地区图书馆服务对象的主要需求,本馆工具书的收藏现状,已有哪些特点或优势,哪些是薄弱环节,以及周围图书馆工具书的收藏情况。重点一旦确定,就应坚持不懈地进行搜集、补缺,长期积累。当然对于非重点范围内的工具书,也应适当收藏,该更新的更新,该补充的补充,只是在品种、数量上加以控制。

(2)要有系统性

所谓系统性,一是指工具书类型和品种的配套齐全,二是指各语种、各学科、各类型工具书的比例恰当,三是指连续出版的工具书要保持相对完整和连续。所谓配套,就是注意工具书品种之间的相互关系。例如购买一套《传记和家谱总索引》(Biography and Genealogy Master Index),如果图书馆没有收藏一定数量的英文传记工具书就失去其使用价值,变得毫无用处。购买综合性百科全书,就应配置相应的百科年鉴以弥补百科母本动态性知识的不足。普通语文词典也要和专门的语文词典配套以满足人们进一步了解同义、反义、俚俗语的含义和用法。比例恰当与否,关系到工具书藏书结构是否合理。当主要读者群外语水平不高,外文书刊利用率很低时,购置大量外文工具书只能造成浪费;综合性图书馆要适当平衡各学科工具书数量品种,选书人员不能因对某一学科熟悉或偏爱而大量订购该学科的工具书,造成藏书单一化,使学科分布失衡。某些工具书的价值还与其收藏是否连续密切相关,尤其是文摘、索引、书目、年鉴、统计资料和传记资料,应尽量避免收藏出现"断层",如果因经费或其他原因不得不停订,也要千方百计通过交换、复制等其他手段补充缺卷。

二、工具书资源的调查

（1）了解出版社

出版社是补充工具书的主要来源,负责工具书藏书建设的馆员要注意搜集国内外工具书出版发行情况,例如,工具书出版发行总的趋势如何？有哪些出版质量较高的出版社？它们出版图书的历史和现状如何？适合哪些使用对象？有什么特色？了解这些情况是选购的依据之一。

①了解国外工具书

国外工具书品种多,数量大,给选购工作带来一定难度。仅《美国工具书年报》（ARBA）1970 到 1987 年就报导了 25,349 种工具书,近几年报导量每年达 1500 种左右,各种履历型人名录达千余种之多。如此多的工具书仅从商业性书目的介绍来判断其质量不一定可靠,以词典为例,打着韦伯斯特（Webster）旗号的词典数不胜数,但只有梅里埃姆公司（G. &. C. Merriam）出版的印有 Merriam – Webster 字样的韦氏系列词典（包括著名的足本语文词典——韦氏二版和三版新国际英语词典）才是正宗的韦氏词典,质量有一定保证。

美国大型工具书出版业已形成了分工,如鲍克公司（R. R. Bowker）以出版大型商业性书目著称,著名的《在版书目》（Books in Print）,《出版商年报》（Publishers Trade List Annual）,《在版书目主题指南》（Subject Guide to Books in Print）,《乌利希国际期刊指南》(Ulrich's International Periodical Directory)这类大型书目都出自该公司。早在 60 年代它就开始了计算机辅助编纂书目，不仅具有快捷、高效的编辑出版条件，还建立起了其他书商无法匹敌的全国性商业书目数据库，向用户提供在版、新版和绝版图书信息。与鲍克公司竞争最激烈的是另一家历史悠久的专出书目文献的大公司威尔逊公司(H. W. Wilson)，它出版的字典式目录《累积图书索引》(Cumulative Book Index)是世界范围的英文图书综合性目录，至今仍享有盛誉。为了保证双方的利益，威尔逊公司与鲍克公司之间就势力范围达成默契，鲍克公司放弃期刊索引，集中力量出在版书目、书业指南和参考馆员使用的各种参考书目，而威尔逊公司专出各种大型索引，它出版《期刊文献读者指南》(Readers' t Guide to Periodical Literature)、《人文学索引》(Humanities Index)、《社会科学索引》(Social Sciences Index)、《书评文摘》(Book Review Digest)等等。威尔逊公司的索引之所以受到图书馆界的普遍欢迎，重要原因之一是它与图书馆界保持密切联系，它鼓励公司职员参加图书馆的各种专业活动，请参考馆员担任公司要职，在美国图书馆协会下设威尔逊索引委员会，经常审查公司的编辑方针，调整索引收录的期刊范围，这样，读者和图书馆需求信息源源不断地输入公司的出版计划，对提高索引质量起了很大的作用。除了上述公司外，还有一批出类拔萃的工具书出版公司，如出版传记的马奎斯公司(Marquis)、盖尔公司(Gale)，(后者还出版各种机构指南)、出版百科全书的不列颠百科教育出版社(Encyclopedia Briannica Educational Corporation)、格罗利尔公司(Grolier Incorporation)，出版词典的有兰登书屋(Random House)，芬克和瓦戈纳尔公司(Funk&Wagnalls)，霍顿·米夫林公司(Houghton Mifflin)等等。这些各具特色的公司都是长期激烈竞争中因严格要求质量而站稳脚跟的佼佼者。

除了了解出版社的工具书出版范围、特点和质量以外，对出版或发行方式也应有所了解。威尔逊公司在出版方式上有两点与众不同之处,其一是"按户论价"的价格政策("on the service basis available"),即按照每个用户使用机会分别计价,图书馆规模越大,读者人数越多,订费越高,反之,则越低。这种浮动计价的办法使大中小图书馆都可买得起它的大部头索引,难怪公司自豪地声称每个图书馆都可见到威尔逊的索引;其二是根据读者对检索工具时效性的不同要求,规定了不同的累积周期和出版频率,如《期刊文献读者指南》时效性强,每半个月出版一期,再按月、季度和年度积累,使读者能及时查到所需期刊文献。传统的百科全书豪华、精致、经久耐用,但价格昂贵,小图书馆一般不敢问津,为了扩大销路,占领市场,百科全书出版商也开始大量出版普及型的纸皮书,价格相差很大,例如超级市场版的 Funk&Wagnalls New Encyclopedia 共 27 卷,价格仅 77 美元,极为畅销,有的超级市场版百科全书零售第一卷为 5 美元,或免费奉送,以招徕顾客,从第二卷起价格不同,但仍相当便宜,全套十几卷或二十多卷的百科加起来不过一百多美元。此外,百科全书出版商还对图书馆采取降价打折扣的办法推销,以求薄利多销。如 1982 年的《英国百科全书》最低零售价为 899 美元,而图书馆打折扣只需付 629 美元。为了克服大型百科卷帙多,价格贵,体积大,出版周期长、更新速度慢的弱点。近几年来美国书商越来越倾向于出单卷本或双卷本百科,专科性百科,还将百科年鉴、百科手册、百科词典成龙配套,搞一揽子销售计划来补遗填缺,增加销售额,这些趋势都是值得注意的。

了解国外工具书出版情况的途径有以下几条:

A、注意各种专业刊物和广告。国外图书的宣传广告战一向很激烈,无论是出版商,批发商还是零售商,都不惜投入重金。德国、美国、日本等每本书的广告费均占图书定价的 10%,英国的出版社一本书的广告费约 10—15%,激烈的竞争使图书宣传广告随处可见,以刊物和报纸为最。参考馆员在翻阅书刊时要做有心人,随时剪贴、摘抄、复印、制卡建档,以便向采购部门推荐。

B、从有关书目中搜集所需信息。典型的大型书商书目有《在版书目》、《在版书目主题指南》等。《出版商年报》的黄页书目有按学科排列的书商一览("Publishers' Classified by Subject")可以按学科查找出版商的书讯。在"参考和书目"("Reference & Bibliographies")部分中亦可查到综合性工具书出版商。中国图书进出口总公司发行的各种外文图书征订目录是了解外文工具书在国内发行情况的较好途径,从各地外文书店可以索取这些目录。此外,国外书商还经常印制各种单页印刷品,随书刊赠寄,这些设计和印刷非常精美的广告不仅是了解工具书出版信息的来源,还可贴在橱窗内作为宣传工具书之用。

②了解国内工具书出版情况

近 10 年来,我国工具书出版事业发展很快,书店可见一本本崭新的、装帧精美的工具书不断上架。从《全国总书目》的统计看,1980 年出了各类词典 90 种,而 1986 年一年出版达 400 多种。人物传记工具书 1980 年约 10 多种,1986 年达 50 多种。1980 年以前,年鉴还未引起足够重视,仅有 7 种年鉴,年鉴热出现以后,到 1986 年中期,平均每年递增 16 种,共计达 85 种。涉及政治、经济、文化、教育、电影、戏剧、文艺、小说、历史、新闻、医药卫生、工业技术各个方面,种类也从记述性年鉴发展到统计年鉴、百科年鉴、人物年鉴,现在各种地方性年鉴仍在迅速发展之中。

工具书不仅出得多,而且越来越"大"。仍以辞书为例,《英汉辞海》收词 52 万条,4000 万字,涉及 500 多个学科和专业,《现代科学技术词典》3 卷本,《英汉科技大词库》共四卷。一些计划中的大辞书在十卷以上者亦不少见,已经出书的有《中医大辞典》8 卷,《中国历史大辞典》14 卷,《经济大辞典》20 卷,《外国文学大辞典》12 卷,《科学家大辞典》10 卷。即使是单卷本,也出现了千页以上沉甸甸的大本子,如《中国读书大辞典》是大 32 开本,正文多

306

达 1464 页,而《日中科学技术词汇大全》更多达 2694 页。

　　相比之下,书目索引的发展不那么引人瞩目。70 年代末期以后,各地出版社先后出了一些质量较高的推荐性书目,如中国青年出版社的《中国古典文学名著题解》和《外国文学名著题解》,中国古籍出版社的《中国历史要籍介绍》等,这些书目继承了我国解题式目录的优良传统,扼要地阐述了作品内容,较好地指导了读者欣赏古今文献中的名篇佳作。但大部头书目所见不多,《中国国家书目》虽然问世,但规模未超过《全国总书目》,综合性大型索引仍以《全国报刊索引》一家称雄。但随着书目数据库的相继建立,收录文献多、报导范围广的大型书目也会很快出现。1990 年由书目文献出版社出版的五卷本《全国西文连续出版物联合目录》(1978－1984)就是计算机辅助编制的典型例子,收录范围之广,品种之全,报导的收藏单位之多是以往国内任何联合目录所无法比拟的。

　　工具书出版的迅速发展,也带来了一些问题,这就是竞相编书出书造成工具书出版的繁盛与庞杂同时存在,内容重复、质量不平衡的情况随之增多。例如,年鉴的主要任务应该是及时、准确、比较完整地报导各个领域的新成果、新进展、新动态,信息密度大,各种事实和统计资料丰富,内容新颖,能反映时代的脉搏,读后使人能了解事物发生发展的趋势。有的年鉴达到了上述要求,如质量较高的《中国百科年鉴》、《中国经济年鉴》等,但有的年鉴收录范围不宽,没有最大限度地收取该年鉴应收的内容,编排的手段少,统计、图表少,信息量小,及时性差,有的仅是年度性文章汇编。在名为词典、百科、传记、手册的工具书中,名实不符、编纂粗糙、错漏百出的情况亦不少见,相似之作,累见迭出。造成这些原因,有的是因为时间紧,为"抢先一步"或解燃眉之急而匆匆赶出来的,有的是相互转录,有的是为了销路或对各类工具书性质认识不清,随意命名,使本来作用十分明确的工具书变得模糊不清。

　　工具书出版事业的迅速发展不能不影响到图书馆的工具书采

购政策。如果说十年前有的馆还能采取"见工具书就买"的方针,那么现在几乎没有图书馆有能力这样做了。选书人员必须仔细审查工具书的质量,小心翼翼地避免采购作用基本相同的工具书。对待大部头工具书更要特别慎重,不仅是因为这类工具书价格昂贵,一旦误购损失较大,而且还因为这类大书所追求的"全"往往是以合并其他同类型中小型工具书为基础的,购买这种大书,意味着其他同类小型工具书的作用将被代替,因此经费拮据的图书馆在决定购书以前应作一番调查,了解一下本馆工具书的收藏,看看是否真有必要购买。各出版社的工具书出版情况当然也是判断质量的参考因素之一。我国专门的工具书出版社不多,仅有北京的书目文献出版社、中国大百科全书出版社、上海的辞书出版社,以及 1986 年才成立的《汉语大辞典》出版社。许多工具书是由综合性的大出版社出版的。如以编《辞源》等语文类辞书见长的商务印书馆,解放后已出各种语文词典和其他工具书 200 多种,英、法、德、日、西、俄、阿拉伯语均出了大型汉外辞书,其他语种如朝鲜文、罗马尼亚文、意大利文及世界语也印行了规模不等的词典。另一家老资格出版社——中华书局则以出历史年表、索引、大事记为特长。中国科学技术翻译出版社出版了许多质量较高的中外文对照科技工具书,而中国社会科学出版社出版的工具书则以政治经济方面为主。收集这些出版社的简介,了解它们的出版历史和工具书出版计划,比较它们的出书特点、编辑力量等情况,在选购工具书,尤其是同类工具书时就有了判断的依据。

(2)了解工具书馆藏情况

工具书阅览室的书源不仅仅来自出版社,如果把目光转向本馆的馆藏,就会发现相当多的工具书,或可用作工具书的书刊资料就隐藏在书库中,或分散在各阅览室、各系资料室,各业务部门。我国图书馆普遍设立参考部和工具书阅览室仅是近十年来的事,在这以前,工具书进馆后不是尘封在库里就是分散在各处,长期被

308

人们忽视。因此,要组织陈列有用的工具书,清清本馆的家底,这里面大有潜力可挖。

了解馆藏工具书的途径一般有以下几条:

①查阅馆藏图书公务目录和典藏目录,了解收藏了什么工具书以及可以在何处找到它们。查阅公务目录应从分类目录着手,按学科和类型搜集工具书线索。

②查阅馆藏中外文期刊目录。许多工具书,尤其是索引、文摘、书目是以刊物形式连续出版的,在书、刊分开管理的图书馆中,这些工具书从目录组织、陈列、装订、入库都与图书毫不相干。因此,要完整地反映全馆工具书情况,集中所有可用于检索的工具书,就应打破期刊和图书管理分割的状态,从书库和期刊库中挖掘宝藏,并且,就书刊调拨、退库、登记等业务达成统一管理办法。

③实地调查工具书的分散情况。除了在书库中调查中外文书、刊外,还要走访各业务部门、各系资料室或分馆。图书馆公务目录虽然是了解藏书的总钥匙,但由于种种原因,书刊变更收藏地点是常有的事,要了解工具书的实际位置及保存的状况,应实地了解,取得第一手资料。

④调查馆藏工具书分布的目的是将对参考服务有用的工具书集中起来,经过整理、排列,形成有实用价值的检索体系。因此,调拨,尤其是从各业务部门、各系资料室调拨所需之书是很重要的,也是颇为困难的。应该破除那些"备而不用"、"唯我独有"、"小而全"的思想,对那些确系有关部门需要而又无法购置复本的工具书(如外文原版书),应登记建卡,以便参考部同志需要时知道何处去找。

在调查工具书藏书时,不可忽视了那些边缘工具书。许多作为一般书刊处理的边缘工具书在咨询工作中可能有很高参考价值,如各种法规、标准,大型类书、图谱、便于查阅的教科书和史籍、学校介绍、电话簿、名人传记集以及各种起手册作用的"常识"、

"问答"、"要目"、"概况"、"大全"等。

（3）馆外资源的调查

馆外资源有两层含义，其一指其他单位可供出售或交换的工具书，例如各地外文书店业务上用的商业书目，这些书目时效性很强，每年几乎都要更新，替换下的书目可以折价出售，是图书馆补充大型商业书目的一个来源。又例如各图书馆编印的新书通报、馆藏书本式目录，可以通过交换获得。各图书馆剔除的书中不乏工具书，以及书店清仓或书市出售的折价工具书也都是添购复本，或补充缺藏的来源。馆外资源较为丰富的是各情报机构内部编印的检索资料。如快报、动态、综述等，较大的单位还编制一些书目、索引、文摘以及资料汇编，如中科院情报所的《国外社会科学情报》、《国外社会科学论文索引》、《当代国外社会科学手册》、《中国社会科学文献题录》等，各地情报所编印的资料目录一般供内部或交换用，不通过征订获得。

馆外资源的第二个含义是指那些虽不能得到却可以利用的参考资料和参考服务，如其他图书馆的参考馆藏，又如各情报所开展的对外服务，包括文献借阅、复制服务、声像资料服务、科技信息交流，以及政策、管理、工程、技术等各种咨询。图书馆可以索取这些机构的工具书目录和服务介绍，建档备查。报社、电台、电视台近几年来积极开展信息咨询服务，有的报社建立了信息中心或咨询部门为社会服务。当读者从广播或电视中得知某消息，但还需更详细的信息时，可以向上述机构询问。电台、电视台编辑的资料较多，但播放得较少，播后一律存档，读者可利用这些资源获得生产、科技、文化、生活、健康等各方面的知识，图书馆如果详细掌握这些情况，可以把在本单位无法解决问题的读者或不属于服务范围的咨询问题，有的放矢地介绍给上述有关单位去解决。有效地利用这些馆外资源，可以使读者得到更好的服务，也可以在一定程度上减轻图书馆工具书建设的费用。

三、了解工具书的途径

要从数量庞大的工具书中挑选适合本馆的书,只有利用工具书书目控制体系。这个体系包括各种工具书指南、专科文献指南、工具书教科书和研究专著、工具书书评刊物。这些书目工具各有特定作用,它们相互补充,分别从不同的角度,以不同的深度对工具书进行报导,描述和评介,熟悉这个书目控制体系对建立和发展参考书书藏是极为有用的。

(1)工具书指南

工具书指南是一种分类提要书目,它的主要功能并不是系统报导所有工具书,而是有选择地报导重要的和优秀的工具书。它不仅详细著录工具书的基本书目信息,还在每本工具书的提要项简略描述该工具书的特点,并在全书各部分之前加注导言,指导读者选书,起着推荐作用。

在国外综合性工具书指南中最著名的是美国的《工具书指南》(Guide to Reference Books)和英国的《参考资料指南》(Guide to Reference Material)。两种指南都介绍了广大读者适用的综合性工具书和各个专门学科的专科性工具书,它们的收录范围都是国际性的,以本国出版的工具书为重点,且不同程度地反映其他国家和地区出版的工具书,收录的工具书形式以传统的印刷型为主,也包括了近年来出现的缩微型和机读版工具书,从收录时间上看,它们不仅报导了新出版的工具书,还收录了过去早已出版的重要的工具书。

《工具书指南》初版于 1902 年,书名为 Guide to the Study and Use of Reference Books。那时仅收书 800 余种,全书 104 页,到 1986 年第 10 版,收录的工具书已达 14000 种,1560 页。过去的版本曾分别按编者姓氏称为"Mudge"和"Winchell",从第 9 版起由哥伦比亚大学图书馆参考部主任希伊主编,习惯上又称此书为

"Sheehy"，这几位都是西方图书馆界闻名遐迩的专家，具有丰富参考工作经验的图书馆员。全书收录精审，评论客观，著录准确，索引完善。80多年来，这部指南始终赢得图书馆界的赞赏，是国外众多工具书指南中最重要的一部。《参考资料指南》是由沃尔福特（Albert John Walford）主编，初版于1959年，1965年出补编、1980年至1986年出第4版，增至3卷，收工具书15000种，全书按国际十进制分类法编排，第一卷收录科技工具书，第二卷收录社会科学、历史、哲学、宗教类工具书，第三卷收录综合性以及语言、艺术和文学方面的工具书，全书提要和评论较详尽，有的附有权威性评论的出处。该书不采用补编形式来补充新材料，而采取各卷依次循环修订。两种指南的收书范围各有侧重，希伊偏重美国和加拿大的工具书，沃尔福特偏重英国和欧洲的工具书，因此，合用两种指南可以相互补充。除了两种英美的指南外，查前苏联的工具书可以参考英文本的《苏联工具书指南》（Guide to Russian Reference Books），该指南拟出6卷，到1986年已出一、三、五卷。查日本的工具书可用《日本工具书总览》（日本の参考图书解说总览）由日本参考工具书编纂委员会编辑，日本图书馆协会出版，收录工具书约5500种。

综合性工具书指南编纂修订费工费时，因而时差也大，往往修订版刚出来时，所收录的工具书在市场上已有了新工具书或新版本代替。再说综合性指南覆盖面大，而容量有限，各学科的重要工具书难免有缺漏之处，因此，国外工具书指南还有其他形式来弥补这些不足：①出版各种专科文献指南，如《社会科学情报源》（Sources of Information in the Social Sciences. 3rd ed. ALA. 1986）是报导社会科学领域里的工具书的重要书目。这类专科文献指南的特点是不仅收录该学科的工具书，还介绍重要的专著和期刊，提供学科概述，学科的文献结构和书目知识。因此，就某一学科而言，专科文献指南比综合性工具书指南内容更丰富，更实用，指导性更强。它们收录的材料往往是综合性工具书指南没有的。②出版逐年评介新工具的年报,将每年新出版的工具书系统地、无一遗漏地介绍给读者,如《美国工具书年报》(American Reference Books Annual)。③出版适用于中小型图书馆选书的工具书书目,如《中小型图书馆工具书》(Reference Books for Smalland Medium – Sized Libraries)。④专门报导价格低廉的工具书书目,如《平装本工具书提要指南》(Reference Books in Paperback:an annotated guide)。⑤出版机读版检索工具指南,如《机读数据库指南》(Computer Readable Data Bases:a directory and source books)和季刊《联机数据库指南》(Directory of Online Databases)等。⑥出版综合性工具书指南的简明本,如英国的《参考资料指南》出了简本《沃尔福特简明参考资料指南》(Walford' sConcise Guide to Reference Material)。

国内尚未见到像国外那样系统、全面报导各类工具书的综合性指南,许多冠以"中文工具书"的书目实际上是中文文科工具书,并不包括科技工具书,而且这类书目大多是专著式教科书的性质。目的是指导学生使用图书馆的工具书。1985 年上海交通大学出版社出版的《国内工具书指南》,以介绍建国以来国内出版的各类辞书为主,如语文词典、百科和专科词典等,约 2400 种,兼收台湾、香港地区的辞书以及建国前部分主要辞书和部分翻译过来的国外辞书。已出版的有辞书部分和手册部分,主要来源是交大图书馆的藏书,因而仍有一定的局限性。我国各类专科工具书指南较多,如《语言文学文献利用指南》(学苑出版社,1988)、《环境科学文献实用指南》(清华大学出版社,1988).《史地文献检索与利用》(吉林文史出版社,1987)等,这些指南在指导各学科学生利用本学科工具书起了很好的作用。

(2)工具书教科书

国外工具书的教科书和工具书指南原先是源出一处的,例如美国的《工具书指南》早期版本也是图书馆学系学生的工具书课的教科书。随着工具书数量增加以及专门化程度的提高,工具书教科书逐渐从指南类书目中分离出来,其特点是:①目的不在于收录和报导工具书,而在于选择工具书范例,着力于理论上的阐述,如阐明特征性质,介绍渊源类型,评价优缺点,分析编排结构,研究历史沿革等等;②虽然也一一介绍一系列工具书,但注意将同类型工具书作比较,评价优劣得失,使读者从比较中得知工具书的使用价值和特点;③偏重综合性的、基本的工具书,数量少而精,专科和新版工具书较少见诸于工具书教科书;④注意使用方法的介绍,许多书不惜篇幅使用样页和列举检索事例。国外较有影响的工具书教科书是肖尔斯(Louis Shores)的《基本工具书》(Basic Reference Books),该书于1954年第三版时改名为 Basic Reference Sources,卡茨的《参考工作导论第一卷:基本参考源》(Introduction to Reference Work Ⅰ – Basic Information Sources)是美国各图书馆学校普遍使用的工具书教材,该书中译本已由书目文献出版社1986年出版。

我国已有的工具书教科书和著作达50余种,主要的有武汉大学图书馆学系编的《中文工具书使用法》(商务印书馆,1982年)。该书39万字,分上下两编,上编为工具书介绍,7章,集中介绍了有代表性的工具书共370种,同类性质的或较次要的则在各章后附列书名,共810种。下编介绍专题文献资料查找方法。南京大学编纂的《文史哲工具书简介》(天津人民出版社,1980年正式出版)是1979年就开始使用的大部头工具书教科书,共55万字,收录哲学、社会科学和综合性中文工具书1300余种,重点工具书详列版本,说明编著情况,列举使用方法,一般性工具书则只作解题性叙述,其他则仅仅保留书目。全书编排根据查阅文献的需要,第三到第六章从查词语到篇目、书刊、分章介绍各种工具书,第七到第十章按问题的性质,分时间,地点、人物,事物分别说明有关工具书的使用方法,每章开始都简述有关的基本知识。北京大学的《中国文史工具资料书举要》(中华书局,1982)涉及的工具书虽不多,但评价各书得失比较详尽,非同一般的"书目提要"或"要籍解题",不仅对学生掌握工具书有用,对参考馆员学习和选书有很大参考价值。

(3)工具书书评

通过工具书指南和工具书教科书来了解工具书的出版情况有两点不足,一是不能及时了解新书或新版的情况,尽管出版商们采取种种措施如缩短再版时距,增加补编,但等到指南或教科书报道了某种"新"工具书时已经至少有一年时差了。第二个不足之处是指南和教科书报道工具书以描述为主,评论为辅,许多条目之下甚至没有评论性文字,对于选书人员来说这显然是不够的。因此,工具书书评以其报道快和评论性强的特点正好弥补了这两点不足。

西方图书馆把书评作为选书的重要依据,已有很长的历史了。美国图书馆协会 1926 年设立了"预订图书委员会",现名为参考与预订图书评论委员会(Reference and Subscription Book Review Committee),负责百科全书、词典及其它重要工具书的质量评审和预订工作,并于 1930 年建立书评刊物《预订图书通报》(Subscription Book Bulletin),1953 年该委员会发布《术语报告》(Teminology Report)以求统一描述与评论工具书的基本术语。1970 年创立年刊《参考与预订图书评论》(Reference and Subscription Books Reviews),成为专门评论工具书的重要刊物。该刊选取的工具书主要针对中小型公共图书馆、学校图书馆及部分学术图书馆的收藏需要,对于重要的工具书给予重点评论,每期刊登重点评论 100 多篇,评论方法是由委员会委员和特邀评论员传阅初评稿,集议后再交编辑部按集体意见修改发表,这种汇集了各位专家意见的评论具有一定的可靠性、准确性和权威性。缺点是时差较大,但有的用户认为由于这种评论参考价值大,等待一些时日也是值得的。另一重要的工具书评论刊物是《美国工具书年报》,它不加选择地报导上一年度美国出版的所有工具书,评论文字较长,而且多数来自不同的书评刊物,评论末尾有书评撰写人的署名和书评引文出处,可以据此进一步查阅评论原文。除了专门的书评刊物外,许多图书馆学刊物也刊登工具书书评,比较重要的有以下几家:

《参考季刊》(RQ. ALA,1960—)由美国图书馆协会下属的参考与成人服务部(RASD)编辑,是研究参考服务的最重要的刊物。该刊评论的工具书并不多,每年度从150多种新出版的工具书中挑出35~40种登在书评专栏"参考书"中,已出版一年以上的工具书、修订本、国外工具书均不在收选之列。评论文字不长,但都由参考馆员、教学人员和专家们撰写,着重介绍工具书的特点,主要价值、评论其优缺点。

《学院和研究图书馆》(College and Research Libraries 1939—)是研究美国高校图书馆工作的核心刊物,辟有专栏"工具书选登",由希伊任主编,大学图书馆参考馆员和教师供稿,每期评论二十多种工具书。

《图书馆杂志》(Library Journal 1876—)是美国历史最悠久的图书馆刊物。从1940年起在书评部分的"工具书"专栏下刊登综合性工具书的书评,每年4月15日在"最佳工具书"一栏下登载上一年出版或再版的优秀工具书。这些工具书是由参考和成人服务部的最佳工具书评委会(Outstanding Reference Books Committee)筛选出来的。这个评委会从1958年成立起到1981年已为中小型图书馆推荐了1500种工具书。

《威尔逊图书馆通报》(Wilson Library Bulletin. H. W. Wilson Co. 1914—)辟有"近期工具书"专栏,专门评论近期内出版的工具书,开始由肖尔斯负责,后由查理·邦奇一人主笔撰写所有书评,每期收书20—30种,并用A、B、C评分等级。由于邦奇是位经验丰富的专家,所有书评又出自他一人之手,体例一致,标准相同,成为工具书评论中的一大特色。

《选目》(Choice,1964—)是一家颇有声望的综合性书评刊物,每年收选 500～600 种工具书,占所评图书的十分之一。每本工具书的评论文字从 120 字到 500 字不等,最重要的特色是几乎所有评论都将新书与同一领域里出版过的工具书作比较,这在其他书评刊物中难以找到,这一特色对于因经费紧张在购书时必需作出选择的图书馆来说是非常有用的。

美国的书评有两个特色,一是严,二是快。《参考季刊》对所评工具书持肯定意见的占 66%,《参考和预订图书评论》是 74%,《选目》的评论不署名,这更有助于评论者直抒己见,毫无顾忌。此外,对新书预订来说,书评刊登越早,就越有价值,最好是当选书人员看到广告时还能看到书评。美国许多书评刊物在图书印刷阶段就开始刊出书评了。《纽约时报图书评论》(New york Times Book Review)、《出版商周刊》(Publishers Weekly)在新书发行前几周就提供书评,《图书馆杂志》上的书评与出版时间也只有半个月的时差。

查找工具书书评除了直接翻阅有关期刊以外,还可以利用索引。《参考服务评论》更编纂了索引反映 1970 到 1975 年间从百余种期刊上收录的工具书书评的出处。在此以后,皮里埃公司出了专门的工具书书评索引年刊——《参考资料》(Reference Sources. Ann, Arber: Pierian Pr. 1977—　　)每年可提供出现在 300 多种期刊中的 4000 余种工具书的 5000 多篇书评出处,并有主题索引。此外,利用《书评索引》(Book Review Index. Gale, 1965—)《现期书评引文》(Current Book Review Citations. Wilson, 1976—　　)也是查找工具书书评较快捷的途径。

我国的工具书书评近几年也有发展。书评文章主要出现在图书馆学刊物上,如《书刊资源利用》、《四川图书馆学报》、《图书情报工作》、《图书馆杂志》、《江苏图书馆学报》、《资料工作通讯》、《云南图书馆》,可常见工具书书评。《世界图书》也常刊登评论国外工具书的文章。我国尚无专门刊登工具书书评的刊物,但《辞书研究》1989 年起设有"辞书评论"专栏。还有许多工具书书评收录在综合性书评报刊上,如《书林》、《博览群书》、《文汇读书周报》、《中国图书评论》等。《中国读书大辞典》设有"读书报刊综览"类,搜集并介绍有关书评的中外报刊百余种,可资参考。与国外工具书书评相比,我国的工具书评论尚有较大差距。表现为:①数量少,有的专业刊物虽辟有专栏,但数量很少,而且不是每期都有。一般的书评刊物收录工具书书评的更是凤毛麟角;②与国外书评相比,我国的有关工具书的文章描述和介绍多,但能称得上评论的少,公开持批评甚至否定态度的更少。这些不足之处将会随着工具书功能的日益突出和书评界对工具书的日益关注而逐步得到纠正。

查找我国工具书书评,可以利用专业刊物索引。如河南大学图书馆编的《图书馆学、情报学论文索引(1981—1986)》,在"工具书评价与使用"这一主题下可查到书评文章出处。如果要查近期书评,可利用《图书馆学文摘》,或查阅年度累积索引。《辞书研究》1987 年第 3 期到第 5 期连载了 1980—1986 年的"辞书学文章索引",并可查到散见于各报刊上的工具书书评文章。

四、收集工具书的方式

(1)预订

订购外文原版书主要是通过中国图书进出口总公司统一办理业务,一些有硕士以上学位授予权的高校还可通过教委"中国高等学校人文社会科学图书基金会"用文科专款购书经费订购少量外文原版工具书。中图公司编有各种新书征订目录,如《美洲、大洋洲新书收订目录——TASA》,《西欧各国新书收订目录——

ET》、《苏联出版科技图书预订目录——ST》、《亚非新书收订目录——FT》。这些营业书目每期都收录一些工具书,有中外译名对照和外文内容简介。圈选以后,填写预订单,在截止期前寄交中图公司指定的收订外文原版图书的代办机构——外文书店或新华书店外文部。

如此众多的图书馆,对工具书的需求千差万别,都通过中图公司几个处编印的目录来选书显然是不够的。因此直接使用国外的书商书目是订购工作必不可少的补充手段。如果已知书名,可直接在各国在版书目(Books in Print)中核对准确书名、在销情况、当前价格、ISBN 号、出版商名称等,如果需要某一学科或某一类型的工具书,可以按主题或分类查书商书目。例如用美国的《在版图书主题指南》,在"Reference Books""Encyclopedias and Diction – aries""Biography""Bibliography""Indexes"等标题下圈选,亦可在有关学科标题词下选用代表工具书类型的二级标题,如寻找语言学方面的研究文献书目,可在 Linguistics—Bibliography 下面列出的十几种书目中挑选,选中以后,打印订单,以零订方式通过中图公司向外商订购。

我国的出版社,据统计截止 1986 年,已有 443 家,有数百种各种类型和用途的营业性书目——出版社编辑的,书店自行编印的,还有个体书商编的;有的是综合性的,有的是专业性的或围绕某一个专题的;有公开的,也有内部发行的,它们通过各种不同渠道,流向社会,沟通用户。与国外书商书目相比,我国的营业性书目大多是征订目录,以统一报纸型规格 4 开对折,订单与书目一体,书目与图书宣传一体,有的还附有收据,可读性强,不仅可通过这种书目查到工具书的征订信息,还可了解其内容、特点及有关评论。营业书目中最大的是《全国新书目》(月刊),按学科分类编排,是全国各地出版社新书汇编。其次是《科技新书目》(半月刊),由新华书店北京和上海发行所编,每期编入各地出版的各种新书预告,每月可预告初版或重版书 500 余种,是寻找科技工具书的最好途径。除了营业书目以外,各种专业性刊物的新书预告栏也是获得工具书书讯的来源,如《辞书研究》的"辞书架"专栏,每期都刊登新出版的工具书的消息。

无论订购中文的还是外文原版的工具书,应注意几个问题:

①要综合审查书名、编者、出版社、版次、价格等各个要素,不能只顾其一,不顾其余。有的书名看起来很适用,买来一看并无多大价值。有的书内容一样,书名却有两个或两个以上。英国出的书到了美国书商手中,书名可能就有变动。如杰弗里·格莱斯特(Geoffrey Glaister)编的《图书词汇》(Glossary of the Book, London: Allen, 1960)到了美国就成了《图书大全》(Encyclopedia of the Book. Cleveland: World, 1960)。而美国的《美国黑人俚语词典》(Dictionary of Afro—American Slang. New York: International Publishers, 1970)到了英国就成了《黑人俚语》(BlackSlang, London: Routledge & Kegan Paul, 1971)。因此,除了看书名,要注意这部书是否初版。价格当然不是判断工具书价值的决定因素,但也值得参考,一些著名出版社的工具书装帧精美,质量较好,价格也就比同类工具书偏高。如果一部工具书一再出新版,或多次重印,则可能说明资料更新速度快,并且很受欢迎。版次和页数可以结合起来考虑,一本标明"新"的工具书,如果页数无甚变化,就要打问号了。

②要防止重购。重购是图书订购中的老问题。对于昂贵的、不流通的工具书来说,如果不是有意订购复本,则重购造成的损失就更大。有许多重购是出版社发行的目录造成的。我国营业性书目报道范围的规定性管理不好,各种书目之间分工协作不清楚。中图公司的原版书目录刚刚订出去,光华出版社的同一类书的影印目录也到了;《英汉大学词典》在《科技新书目》和《社科新书目》上都征订,两者相差两个月,某些连续出版的工具书这一种出

现在图书目录上,另一种出现在期刊目录上。如此种种,如果不建立订购目录并详细著录,专人排卡,仔细审查,就可能造成重购。

(2)交换

交换是以有易无,对双方都有益处的图书补充方式。这里所谓交换,是指国际交换,即用我们已有的中文书向国外图书馆换取所需的外文原版工具书。西方图书馆由于受空间限制,有了新版就往往剔除旧版,有了缩微版或机读版就剔除印刷版,有了累积本就剔除月刊、季刊本。如果我们的图书馆主动、积极地开展交换工作,就可以获得一些时效不太强的工具书如传记、百科、索引、书目、引语工具书、语文词典等,可补充一些缺藏的连续性的工具书,增加品种,获得复本,节约购书经费。

与某一图书馆建立交换关系前,首先要进行可行性预估,如本馆可供交换的出版物、馆藏特色,包括邮寄费在内的经费开支,有无了解国际规则、通晓外语的人才和办公空间等条件,其次要对交换单位进行调查,摸清该图书馆藏书性质和规模,研究或教学所需的中文资料。一些基本情况可以通过图书馆指南(如 American Library Directory)来了解。

建立交换关系的一般程序是:

①发函。主动地、有计划性地向一些图书馆探询建立交换关系的意向,内容包括:a)本馆希望得到的资料和工具书;b)本馆可供交换的出版物;c)关于平衡交换的办法,例如是等量交换、等价交换还是自由交换。如果双方就上述三点达成协议,那么两个图书馆之间所往来的函件就构成了"交换协议"。

②提供交换物。按要求寄送对方索求的书,如果无法满足需求就应在格式信上作出适当回答。为了提高交换信誉,平时应按对方总的要求做好零购、调拨书库和校内书刊资料的工作。发送工作基本上是图书馆自己进行,也有委托书店代办的,一般有三种寄送方式:a)作为印刷品;b)作为包裹;c)作为货物。很难说哪一

种最好,个别情况应个别处理。如果加速运送是主要的,则要付较高的邮费。印刷品邮寄是较快的办法。

③接受交换物。收到对方的出版物后,要填写交换书刊登记卡,排入目录,以便掌握收到情况,然后移交书刊部门进行加工。

④建立交换档案。如果交换单位多,最好以卡片形式记录交换单位名称、地址、需求、建交起始日期,再按某种规则排列起来,便于查找。有关礼仪信件、交换统计、评估总结、发送记录、帐目情况等材料也应作为档案妥善保存。

类似的方法亦可用于国内交换。

交换是件费时费力的工作,一般由专人负责。如果参考馆员不直接从事这项工作,那么也应经常向交换工作人员提供本馆工具书需求情况,圈选对方提供的交换书单,或提供可建立交换关系的国内外图书馆的情况,主动协助交换人员做好这一工作。

第四节　工具书的组织和管理

"如同一堆砖瓦和灰沙不等于是宫殿一样,没有组织的文献也不能算是图书馆的藏书。"这段比喻也恰如其分地说明工具书藏书组织的重要性。工具书的质量和数量对参考服务固然是重要的,但这只有通过良好的组织才能体现出来,同样质量的工具书,用不同的方法组织会产生不同的使用效果,而数量少但组织得当的工具书比数量庞大但组织混乱的藏书往往更能发挥其作用。

工具书的组织,具体地说,就是指工具书在图书馆中的分布位置,在工具书阅览室的陈列方式和在书架上的排列顺序。

一、工具书藏书的布局

（1）工具书藏书布局的依据

①图书馆的建筑格局和空间容量

工具书阅览室的位置,陈列工具书的数量以及室内排架方式都受制于图书馆的建筑格局和空间容量。一般说,一座图书馆的建筑在设计时就应考虑参考服务点和工具书的布局的特殊要求(见第三章有关咨询环境的讨论和第六章"参考部门的组织")。但由于历史的原因和传统观念的影响,我国许多图书馆过去和现在的设计没有充分考虑服务对布局要求的特殊性,把工具书的陈列作为一般阅览室看待,等到发现一般阅览室的空间容纳不了日益增长的中外文工具书,发现工具书室如果不从高层搬到低层或门厅的位置将会严重影响读者的查阅和提问,发现咨询台、参考部、工具书室彼此隔绝造成诸多不便甚至难以使咨询服务维持下去时,为时已晚。

②工具书收藏情况

工具书的数量、文种、学科结构、载体形式和各类工具书的独特作用对工具书排架方式有很大影响。工具书数量达到一定程度,势必减少阅览座位和读者走动、查阅的空间,造成座位拥挤,书架通道窄小,找书不便。所陈列的书是多文种的,就要考虑是按文种分别排架还是混合在一起,再按工具书类型或学科排架? 如果按社会科学和科学技术来划分工具书阅览室,则综合性工具书(大百科、索引、年鉴等)放在何处? 怎样解决跨学科查找的问题? 载体较大的工具书如地图,是否要设专架和专门的阅览桌? 以缩微形式出版的书目、索引、文摘是否要有专门的陈列地方以及开辟专门的区域放置阅读设备?

③读者要求

读者的需求和使用工具书的不同方式是决定工具书室内布局的出发点。工具书阅览室与一般阅览室有共性的一面,也有特性的一面,其最大不同之处是工具书阅览室是供查阅而非系统阅读或读书自学的场所。这一区别不仅要求工具书室的位置要根据读者一般情报行为的特点安排,而且室内布局也必须最大限度地适合不同读者的不同情报行为方式——有的读者仅需几分钟查阅时间,匆匆而来,匆匆而去;有的则需要较长时间坐下来细细翻阅摘记;有的习惯按学科找书,有的喜欢按类型找书;有的要肃静,不希望有噪音干扰,有的要求馆员释疑解惑,给予具体的指导和帮助。为了解决由此产生的种种矛盾,参考馆员在排架时就要把某些快速查阅的工具书集中在一起,放在最方便查阅的位置上或者把那些需要潜心阅读的工具书置于远离产生噪声的咨询点的地方。

④图书馆原有的藏书分布状况

在规划工具书藏书状况时,参考馆员面临着的是图书馆原有的藏书布局。工具书阅览室的建立或分合搬迁都是"牵一发而动全身"的事,不得不受到左邻右舍的限制。此外,工具书也需要经常在阅览室和书库之间流动,为退库、调拨的方便,就要考虑工具书室与书库的位置。工具书室的规划还要考虑到它同目录厅、同各咨询服务点的特殊关系。这一切都要集思广益、充分讨论,避免确定以后再作过多变动。

(2)工具书藏书布局的要求

一个理想的工具书藏书布局应满足以下要求:

①读者在没有帮助的情况下也能比较方便地找到所需的工具书。

②有利于参考馆员发现需要帮助的读者并及时提供指导。

③有利于参考馆员和读者之间进行信息交流,而又尽可能不妨碍其他读者。

④有利于参考馆员在解答咨询时最快捷地获得常用工具书。

⑤可容纳一定数量的工具书和读者,并使主要藏书维持相对的稳定性。

⑥室内设施(书架、桌椅)可视需要作出调整。

⑦有助于发挥工具书的整体效益和每一种工具书的作用。

324

西方图书馆工具书的藏书布局是受馆藏图书总体布局影响的,在藏、阅、借同存于一个空间的模式中,没有一个个相互隔绝,"分兵把守"的阅览室,常用工具书陈列于图书馆入口处附近的参考区,利用率低、专门程度高的工具书则排入开架书库的有关类中,并在工具书目录和书架上作出参见指示。参考区内,大致可分为以咨询台为中心的读者接待区,以索引,书目、文摘和部分便捷型工具书为主的检索区,以及可读性较强的工具书构成的阅读区这样三个层次。这样布局的优点是:首先,馆藏目录、工具书和咨询服务台"三位一体",使查目录、查工具书和咨询不再是人为分割、各自孤立的情报行为,加强了三者之间的相互联系和相互利用,既方便了读者,也方便了参考馆员的工作;其次,由于工具书相对集中,并置于读者入馆必经之处,不仅提高了工具书使用率,而且提高了工具书的宣传效果;再次,充分考虑了不同情报行为对环境的要求,使咨询,快速查检和阅读既有联系也有区分,尽可能地减少了相互干扰。

我国图书馆的建筑格局基本上是藏、阅、借分离的模式。工具书的布局受制于现有的闭架格局,只能以阅览室的形式陈列必要的工具书,而将不常用的工具书归入闭架书库。工具书以阅览室方式组织的局限性本书已经在第三章第二节中讨论过,在现有体系中,要尽可能大地发挥工具书作用,工具书室在全馆的位置和室内布局方式就成为很重要的因素。但从现状来看,位置的重要性尚未引起领导们足够的重视。一些馆因为工具书室利用率低而将它置于建筑高层或冷僻之处,这就更难为人们所知晓,利用率就更低,形成恶性循环。

(3)工具书室内的布局

①室内空间的充分利用

工具书阅览室要充分容纳藏书、阅览桌椅和足够的接待读者咨询的空间,就要精心设计书架排列方法,可以考虑以下几种形式:

A、周边式布局

沿周围的墙布置书架(图 18 所示),咨询台可位于阅览室入口处。这种方式的好处是阅览区大,工具书一览无余,缺点是书架分散,读者取书路线较长。适合于工具书较少,建筑结构上承重量较小的房间。

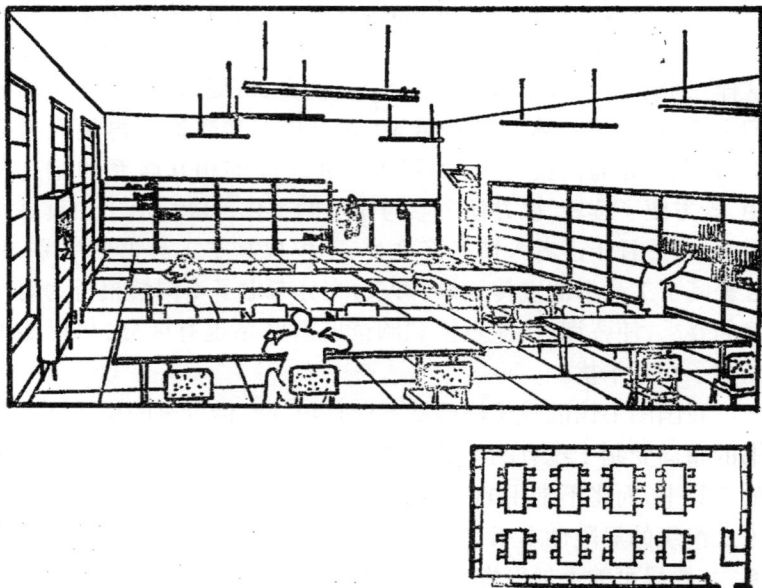

图 18　周边式布局

B. 凹室式布局

这种布局是将阅览室的书架与窗户垂直,一排排书架将阅览室隔开(图 19),使阅览室为一个个小凹室,容书量增加,避免了选书与阅读的干扰,读者拿到书后可就近入座。咨询台设于门口,亦可设于中央(图 20),使参考馆员有机会观察读者,随时提供帮助,在陈列厚重工具书的阅览室,这种布局尤其方便读者。

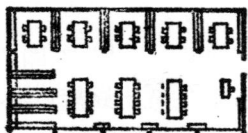

图 19　凹室式布局

图 20　北京图书馆外文新书阅览室的室内布局和咨询台

C. 集中式布局

这种布局是将书架集中排列在阅览室的某一区域,如图 21 所示,阅览桌靠近书架。这种方式也缩短了读者的取书路线(图 22),增加了容书量,减少咨询对话对阅览的干扰。如果阅览室有足够的高度,可容纳两层,则书架可集中设在上下两层上(如图 23)。

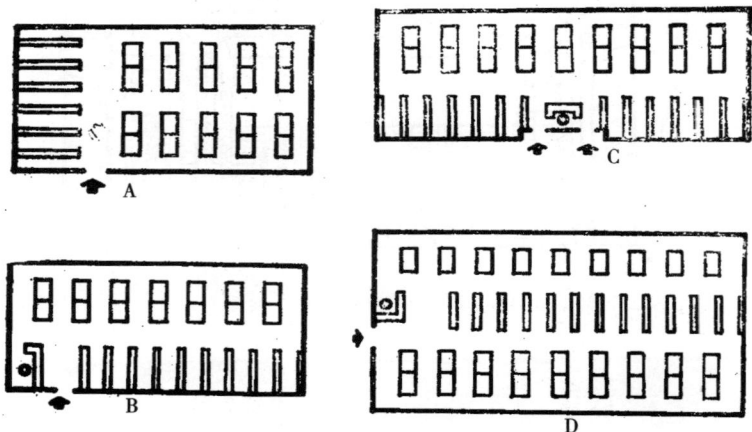

图 21　集中式布局

D. 阅览室与辅助书库相结合的布局

如果使用者较多,或者工具书较多,但又必须留有足够的阅览空间,则可采取由一个半开架或闭架的辅助书库和一个以阅览为主,陈列为辅的阅览室组成的格局,阅览室内陈列最重要的、或最常用的工具书,仍有使用价值但使用率不太高的工具书(如装订了的过期检索刊物)则放在辅助书库中,以供少数读者入库查阅或按要求调出使用,用完后归库。

(图 18、19、21、23,摘自吴晞:《藏书组织学概要》)

②排架的问题

排架的方式涉及图书在书架上的位置和次序。工具书的排架大致有三种方式,一是按类型排,二是按学科排,三是类型和学科

328

图 22　集中式布局:书架置于中央,四周放置阅览桌

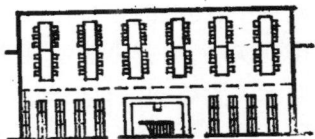

图 23　有夹层的集中式布局

混合排列。

　　图尔逊（Stanley Truelson）说，当一位读者要查阅一个单词时，什么排架方式最有助于他进行查找？按学科排列就要把与词典同一学科但不同类型的工具书都排在一起；按类型集中则把不同学科的词典都集中在一起；像书库藏书那样按学科分类排列并不有利于读者查找。而先按类型集中，再按学科排列最有利于读者查找到他所要的词典。

　　按类型排列符合一部分读者按类型找书的检索习惯，如果查书，可直接去书目部分，查文章可去索引、文摘部分，查人物可去传记部分……初具工具书知识的读者可以自己按图索骥，在相应的区域里寻找所需工具书。缺点是打乱了分类体系，因而也破坏了另一些读者按学科知识的逻辑体系查找所需资料的检索习惯。此外，跨类的工具书或类型界线模糊不清的工具书难以排架，给管理带来困难，例如一种文学评论文摘，可以放在文摘部分，也可放在查人物的传记部分，如果各人看法不一，做法不一，就会造成排架混乱。

　　按学科排架可以看出排列图书的知识体系，便于按学科查找也便于排架。但缺点在于，各类型工具书被分散在按学科组织的藏书中，类型的独特作用被掩盖了，按索书号排列是一种单线顺序排列次序，这就可能使某些重要的工具书被放在最不起眼的地方，而无关紧要的工具书却放在了最佳位置；另外，读者在查阅前要大致上弄清分类体系，历史悠久的图书馆如果存在几种分类法，那么工具书在架上的位置就更复杂了。

　　两种方法各有其优缺点，将这两种方法结合起来，有利于扬长避短，即综合性工具书按类型区别，专科性工具书中常用的工具书按类型并入综合性工具书中，不太常用的仍按学科排列，被抽走的工具书在空缺处作出参见标识。国外有的图书馆将这种标识做在一块木制的图书模型上，排在原书位置上。这样按学科查找工具

330

书的读者在读到参见指示后可以找到它的位置。这种方法，较好地解决了按学科和按类型排架所产生的问题，只要仔细做好参见和标识系统，混合排架所带来的矛盾是可以克服的。

混合排架体现了工具书排架的特殊性和灵活性，主要遵循的是以下三条原则：

A. 频率原则：使用频率最高的工具书应放在使用者最容易使用的位置上；

B. 价值原则：依工具书价值大小灵活调整在架上的位置，最重要的工具书应放在突出位置上。

C. 职能关系原则：彼此职能相关的工具书依其相关性大小排列，如索引、文摘靠在一起，一般性年鉴和统计资料靠在一起，百科年鉴与百科靠在一起。

③开架的问题

工具书是供查阅浏览的，一个问题往往要遍翻多种工具书才能得到答案，因此闭架或半开架都不是好办法，而全开架必然带来乱架的问题。急于查找答案的读者在将图书归架时随意放置，为以后的读者找书带来麻烦。解决这个问题不能靠闭架，闭架（甚至半开架）带给读者的不便足以使他们放弃查找。有的馆采用代书板的办法，有的图书馆规定下架以后的书读者不得自行上架，而由工作人员定时上架整理。这是国外图书馆克服乱架问题较普遍的方法。还有的图书馆采用色标法，即在书脊贴上组合式彩色书标，如图24所示，边色代表大类，中间色代表小类，这样按颜色排的书上架方便迅捷，可解决一、二级类图书的乱架问题，适用于藏书量较小的工具书藏书。色彩种类不宜过多，相邻类的色彩不宜相近，否则眼花缭乱，反而难以辨认。

④工具书室内的标识系统

在开架的阅览室，读者找到自己需要的书并非易事。要让读者体会参考馆员的排架意图，充分利用所有陈列的工具书，必须靠

浅色,填入
排架号

相同的。
较深的颜色

图 24　书脊色标示意图

设计周详的标识系统。这一标识系统是由位于书架两端的指示牌、书架搁板上的指示签、阅览室工具书分布总示意图和分区指示图组成。

　　两端指示牌的作用是表明这一排工具书的性质和内容,由类号和类名组成,高度和大小以读者容易看到为宜(图 25),内容较复杂,可以在书架适当位置的搁板上放置指示签(如图 25 – D)。如书架排列较长,同一排书架上种类和学科混杂较多,可在书架两

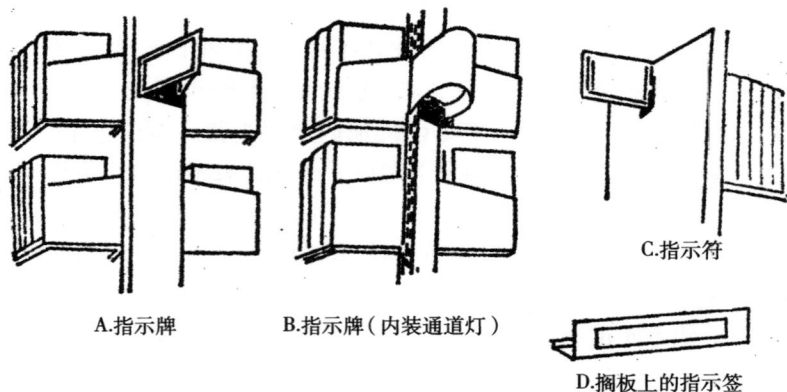

A.指示牌　　　　B.指示牌(内装通道灯)

C.指示符

D.搁板上的指示签

图 25　指示牌和指示签

端贴上指示说明,详列这一排工具书的种类和学科内容,使读者在查阅前一望就知。除了指示牌,还应在全阅览室最佳位置张贴或

是挂平面布局图,告知各种类、各学科工具书的位置,相互关系,附以必要的文字说明。在阅览桌上可以摆放文字简练的工具书使用指南,告诉读者在该阅览桌附近书架上的重要工具书使用方法。总之,一个设计周到的标识系统可以代替几个参考馆员起着宣传工具书、指导使用的作用,参考馆员应在设计这类标识上多下功夫,时时、处处从一个对图书馆完全不了解的读者的角度来考虑设计方案。

二、工具书藏书的剔除

工具书剔除可包括两个含义,一是把失去了使用价值的工具书从图书馆藏书中淘汰掉(genuine weeding),二是将使用价值降低了的工具书从参考区或工具书室清理出来,退回书库,这些书或将作为工具书继续保留而不投入流通,或作为一般图书允许外借(Pseudo – Weeding)。

(1)工具书剔除的必要性和现状

剔除,首先是为了解决不断增长的工具书数量和日益缩小的空间之间的矛盾。为了保证读者最起码的活动空间,也为了能够接纳有价值的新书,工具书藏书必须定期进行剔除工作。

其次,剔除是保证藏书质量的重要措施。同世界上任何事物一样,藏书也要吐故纳新,只有将实属陈旧失去价值的书剔掉,并不断入藏新的有价值的工具书,藏书才能满足不断变化了的读者的需求。

有效地使用工具书同剔除工作也有密切关系。当价值不大的工具书充塞于书架时,会严重影响检索效率,尤其是那些对工具书不太熟悉的读者,费九牛二虎之力找出的书翻阅之后却不尽满意,事倍功半。

从恩格尔丁(Eugene A. Engeldinger)1986 年发表在《参考季刊》上的调查来看,在 264 个美国图书馆中,81.4% 进行过参考书的剔除,在310个图书馆中,有工具书剔除方针的占81%,在剔除频率方面,有24.3%的图书馆实行连续剔除(Continous weeing),15.3%一年剔除一次,9%两年剔除一次,31.7%不定期地剔除,从不剔除的占19.7%。在如何处理剔除的工具书方面,把少量工具书(25%以下)转入流通的图书馆占一半以上,把大部分剔除工具书(50%以上)转入流通的图书馆约占1/3,丢弃少量剔除书(5–10%)的图书馆占14.3%。从上述统计可以看出,美国大部分图书馆已把工具书的剔除作为工具书藏书建设的一项经常性工作。

我国多数图书馆对图书剔除呼吁的多,实行的少,进行工具书剔除的更少。许多人认为工具书无论怎样陈旧都或多或少存在着参考价值。凡查过人物传记、统计资料、历史事实或进行学术研究综述的读者都有这个体会,从陈旧的工具书中挖掘资料是没有止境的。因此开展工具书剔除是一项极为慎重的事,要根据各个馆的具体情况订出剔除的原则和有效的实行办法。

(2)剔除的一般原则

卡茨认为,各馆都有各自特定的需要和读者类型,没有成文的现成标准可借遵循。各馆都必须制定各自的一般性和特殊性原则,但有些公认的标准值得一提,这就是:

·适时性:大部分用于便捷型参考的工具书必须有所更新,陈旧的工具书虽有一定历史价值,但对于查找近期资料却无甚用处。

·可靠性:数据和观点日新月异,这种变化必须在参考藏书中得到反映,过去对某事物或现象的确切解释可能不会长期适用。

·可用性:读者的需要在不断地变化,所以昔日有价值的工具书,今天的参考馆员或一般读者也许不再加以利用。

·外形条件:破损的书而又无法修补的,必须剔除,用新版取代。

·最新版本:多数著名的工具书均多次再版,所以,保存同一标准的以前各版一般没有意义。另一与之相联系的情况是资料的重复。某一工具书在4—5年前是独一无二的,可是现在这一领域又出现了更新的、质量更高的同类工具书,遇到这种情况,则应考虑剔除旧书。

·文种:因无人使用,有时可对某一种外文工具书加以剔除。不过,购买某种文字的工具书时,往往是在考虑到该种文字对图书馆很重要的情况下进行的,因此需要审慎考查一段时间。

以上原则,并无等级次序之分,美国图书馆在作出剔除决定时,有的以某一、二个原则为主要依据,有的则以另一原则为依据。恩格尔丁的调查表明,在377个图书馆中,把材料新旧程度作为主要考虑因素的图书馆占89.1%,新版到馆后剔除旧版的占93.9%,根据使用频率多少为主要标准的图书馆占54.4%,其他原因如根据语种、书上积灰,或外形条件作出剔除决定的占23.9%。

卡茨还就各类型工具书的剔除提出一些建议,这些建议多是根据美国图书馆的情况,对我们来说,仅可作为参考:

·机构指南:这类工具书要常常更新。因机构变化随时间推移变化很大,一旦有了新版,旧版的参考价值就不大了(个别情况除外)。

·地理资料:廉价的地图集可在5—10年之后剔除而无损害。那些内容广泛或价格较高的地图集则有保存价值。事实上很多这类资料过了若干年后仍然既有研究价值,又有经济价值。

·年鉴:人们利用年鉴主要是为了解新的情况或动态,因此这类工具书常被新卷代替. 不过年鉴的特点是各卷内容很少重复(除 Almanacs 以外),保留一段时间的年鉴对读者进行回溯性检索是很有用处的,百科全书如果配齐各年的百科年鉴,可弥补百科母本动态性材料的不足。卡茨建议,对以前各版起码保留5年,最好是10年。

·词典:除非为同版书更替,这类工具书是不会没有用处的,因而也不在剔除之列。但节略本案头词典可能是例外。足本词典和各专科词典都具有长期保留价值。

·传记资料：入藏的传记工具书越多，回溯性资料就越多，其参考作用就越大。只有在个别情况下，才在极小范围内剔除。

·百科全书：卡茨建议应保留尽可能多的旧版。但起码每5年，最好是每一年收进一部新版。百科编辑尤斯特（Waller Yust）也告诫说，一部百科的材料大约75%是不经常修订的，而余下的25%也并非每年修订。百科全书是以收录基本材料著称的，其稳定性远较其他工具书强，1911年的第十一版EB关于文学的条目至今仍可推荐给学生。普里查德（Hugh Pritchard）认为，应从读者的角度来看这个问题。百科读者显然不是专家，有的仅需要了解他们不熟悉的事情，有的借助百科复习忘却了的知识，这样的读者难得需要最新的进展情况。

·书目：卡茨未对书目提出具体建议。其实，商业性书目，如《在版书目》的主要作用是了解图书出版和在销情况，且每年重复收录的图书的比例很大，保留价值很小。但国家书目、联合目录，各专题书目、推荐书目宜逐期保存下来。

卡茨同时还提出了剔除工作应注意的事项，这就是：

①对藏书全面认识。参考馆员应懂得怎样利用和由谁来利用馆藏图书。哪些书应当完全剔除？哪一新版书应予以购进？哪些类似的书应在考虑之列？所有这些问题均因各种不同的具体情况而异，而且只有其工作与藏书、读者关系密切的参考馆员才能答复。

②对其它资料的认识。了解地区和国家图书馆的藏书情况是必要的。即如果地区或国家图书馆保留了复本以备日后使用，那么本馆不必再保留这些工具书。当然卡茨也指出，任何纯粹的地方资料（特别是小册子或临时性资料），或者出版已逾50年，或者使用价值有问题的资料，首先应该在本地区的大馆中加以清理。像这样的资料也许破旧不堪，无甚用处，但也许是海内孤本。

③值得保留的陈旧资料。应该认识到,时间并非是决定剔除的因素,任何有价值的参考资料,即使过了时也仍有参考价值。如《社会科学百科全书》(Encyclopedia of the Social Sciences),以及多年前出版的书目和指南,它们到目前仍然是基本的工具书。

对于使用率低的工具书要作具体分析。恩格尔丁的调查表明有近一半图书馆未把使用率作为剔除标准。这是由于一方面单靠使用频率高低并不能判定工具书的价值大小,另一方面使用率低的工具书并非都是价值低而造成的。工作上的失误,宣传不够,放置位置不当都有可能造成低使用率,这时应采取措施,如改变放置位置,加强宣传,征求读者意见等等,进行一段时间的观察以后再作决定。确与读者需求不对路,长期无人问津的才能剔除。

工具书的剔除是一项慎重严肃的工作,既要克服那种"养兵千日,用在一时"、"唯我独有"的思想,又要避免那种"旧的不去,新的不来"的马虎草率的态度。我们需要的是认真评价,周密考虑,慎重行事的工作态度。

(3)剔除的方法

①组织剔除班子

工具书的淘汰或退库涉及图书注销等工作,因此这不仅是参考部门的事,还需要采购、编目、典藏、流通部门的配合。组织经常从事这项工作的班子是必要的,班子的核心成员是熟悉工具书的参考馆员,同时也需要其他部门的同志群策群力,各司其职。

②了解工具书利用情况

读者是工具书利用的主体。了解工具书利用情况的最常用的办法是在要审查的工具书内放置书条征集对剔除的意见,以便确定该书是保留、退库、流通还是淘汰。书条在工具书里最少保留一年,留条前要将有关书做个记录以便利收回留条。书条的格式如表22和23所示。

将要审查的书公布于阅览室内,通过口头或书面征询意见也是一个办法。在收集读者意见的基础上,由参考馆员集体商议,仔细评价每一本图书,再作出取舍决定。

表22　淘汰征询意见条

————————报废————————

确定日期:＿＿＿＿＿＿

馆员姓名:＿＿＿＿＿＿

电话号码:＿＿＿＿＿＿

说明:这本书即将报废。

如果您认为这样做不合适　请在下面说明自己的看法,并将此条交咨询台。

这本书不要报废的理由:

————————————

————————————

————————————

————————————

如果您愿进一步讨论这一问题,请留下您的姓名、住址或电话号码:

姓名:＿＿＿＿＿＿

电话:＿＿＿＿＿＿

住址:＿＿＿＿＿＿

日本一些公共图书馆还有独特的方法——在图书工作目录上标出“长期保留”、“十年后剔除”或“五年后剔除”,用不同颜色和位置的标号示之,以区别新书到馆年限。这对于以时间作为重要剔除根据的图书馆来说是一个值得参考的方法。

③剔除的善后工作

剔除下来的书,为了慎重起见,最好另放在专架上陈列,进一步征求读者意见,这样做可减少因仓促决定而带来的损失。

表 23 退库征询意见条

```
——————退库贮存——————
        确定日期：_____

        馆员姓名：_____

        电话号码：_____

    说明：这本书即将送贮存书库（在另一地点，用
       来存放不常用的书）。

    如果您认为这样做不合适，请在下面说明自己
的看法，并将此条交咨询台。

    这本书留在书库的理由：

            _____

            _____

            _____

            _____

    如果您愿进一步讨论这一问题，请留下您的姓
名，住址或电话号码：

        姓名：_____

        电话：_____

        住址：_____
```

　　退库的工具书要按一定程序办理交接手续，在读者目录和典藏目录中改变藏书位置的记录，避免"有目无书"的现象。将投入流通的书还要在卡片上销掉工具书标识以便让读者知道可以借阅。淘汰的书有三种处理方法：一是与别的图书馆调剂，互通有无，使本馆无用的书在其他图书馆发挥作用，使"死书"起死回生。二是无偿赠送，满足其他图书馆的需要。三是折价出售，满足部分读者需要，淘汰掉的书要作好财产注销手续，并在参考工作档案中留下记录。

参考文献

1. 贺剑锋. 工具书个性发展及工具书与非工具书同一性问题初探. 图书馆,1989(1):26-30

2. 王世伟. 论工具书的模糊性. 图书馆学通讯,1987(2):45-48

3. Kroll, Rebecca. The place of reference collection deveolopment in the organizational structure of the library. RQ, Fall 1985 p. 96-100

4. 程三国. 试论工具书学. 湖北高校图书馆,1987(4):66-71

5. 曹江东. 工具书定义的新变化及其影响. 赣图通讯,1985(3):47

6. 王世伟. 工具书名实论. 情报资料工作,1989(4):42-44

7. Katz, Bill ed. Reference and online services handbook: guidelines, policies, and procedures for libraries. v. 2. New York: NealSchuman Publishers, Inc. ,1986

8. 戴克瑜. 图书馆藏书建设. 成都:四川图书馆学会,1985. 120 页

9. 邵萍. 美国最大的书目文献出版社——H. W. 威尔逊公司. 世界图书,1985(6):15-16,40

10. 吴光伟. 英美百科全书发展的十大趋势. 世界图书,1935(7):40-43

11. 孙东升. 年鉴述评,世界图书,1987(1):33-35

12. 罗紫初. 国外图书发行事业的主要特点. 世界图书,1987 (12):3-6

13. 朱建亮. 中国信息机构指南. 长沙:湖南大学出版社,1989.586 页

14. 周耘. 试论我国年鉴发展的不平衡性. 图书馆学研究,1987 (4):98-99

15. 包中协. 五年来编纂出版工具书概述. 四川图书馆学报,1985 (1):60-63

16. 王秀兰. 外文工具书目控制方式述略,(上)(中)(下). 图书情报知识,1986(1)(2)(3)

17. 朱建亮,单昭红. 几部有关中文文科工具书的专著述评. 世界图书,1985(3):32-34

18. 王正兴,蒋夏宁. 中国的书业书目. 世界图书,1987(10):36-38

19. 吴晞. 藏书组织学概要. 北京:北京大学出版社,1987. 131 页

20. Truelson, Stanley D. The totally organized reference collections In: Reference Services. ed. by Arthur Ray Rowland. Hamden: The Shoe String Pr. , Inc. , 1964. p. 97 – 99

21. 卡茨. 参考工作导论——基本参考工具书. 北京：书目文献出版社，1986. 482 页

22. Pritchard, Hugh. Does continuous revision require confnuous replacement? College&Research Libraries, March 1957. p. 144 – 146

23. Engeldinger, Eugene. Weeding of academic. library reference collections: a survey of current practice. RQ 25:366 – 371 Spring1986

第八章　参考服务评价

　　参考服务评价是衡量(Measure)和评估(Evaluate)参考服务的质量和效益的过程,其目的在于发现参考服务各项工作中的缺点,提出改进的最佳办法,促进参考服务更好地开展起来。参考服务评价是参考部门的基本工作之一。

　　我国图书馆的参考服务评价从理论研究到实践经验都很缺乏,其原因一方面在于缺少理论的指导和方法的研究,另一方面在于思想重视不够。一些图书馆员认为,不搞评价,参考服务照样进行,这也是在图书馆界普遍存在的现实。如果访问某一个参考部,对方也许会报出一长串服务项目,但如果在读者中调查一下,就会发现对这些服务项目知之者甚少,许多人甚至全然不知图书馆里除了借书还可以解答他们的问题。参考服务和其他任何服务性工作一样是以得到它的服务对象承认为其存在的前提的,正如放了一张咨询台不等于有了咨询服务一样,如果某项服务没有人利用就不存在这种服务。因此,参考部除了设立服务项目,还应该知道该项服务在读者心目中的地位如何,有多少人知道并利用了参考服务,咨询工作能在多大程度上解决读者的问题,工具书书藏在多大程度上能满足读者的需求,用户教育是否有效,能使多少读者真正重视图书馆资源并获得有效地使用图书馆的技能等等。所有这些情况,只有通过系统的、全面的、科学的评价才能得到。

　　参考服务评价也是改进参考部门管理工作的依据。制定的工作计划完成得怎样? 在多大程度上达到了预期的目标和目的? 参

342

考馆员的素质与工作要求存在多大差距、表现在什么地方？图书馆在参考服务上投入的人力、物力、财力是否达到了预期的效益？究竟是高投入、低产出还是相反？怎样才能降低投入提高效益？只有通过评价,管理人员才能知道在管理中存在什么问题、需要改进的地方、何时采取措施、通过什么方法和程序去进行。

开展评价工作,还可以促进参考服务的研究。研究所需的统计数据正是评价分析必须依赖的基本材料;研究的课题,诸如怎样提高咨询提问率、工具书利用率低的原因、读者利用参考服务的障碍分析等都是评价的重要项目。理论研究可以为评价工作实践提供方法指导,而评价工作实践又为理论研究提供了大量有待研究的课题和丰富的材料。

西方图书馆的参考服务评价几乎和参考服务同时产生的,这方面的经验很丰富。美国仅从 60 年代起到 1982 年止,专题论述参考服务评价的文章就有近 300 篇,还有许多教科书和专著辟有专章论述,内容涉及评价的理论和方法、现状综述、个例分析、咨询接谈评价、检索过程评价、参考馆员评价、读者教育评价、参考书藏评价等等。我国图书馆这方面的工作还未开展起来,有关文章寥如晨星。因此,有必要借鉴国外的经验和研究成果,引进适用的理论和方法,同时勇于实践,大胆摸索,争取在不太长的时间内改变这方面的落后状况。

第一节　评价标准和评价指标

一、关于评价标准

标准是衡量或评估事物的准则。好与差,高效与低效,总是针对一定的标准而言的。有了标准,进行总结评比时才有了准绳,收集统计数据时才有了方向。

我国许多图书馆是以"岗位责任制"来代替标准的,有的则订立了考核制度或评比条例规定。所存在的问题是,第一,缺乏专门的评价参考服务的标准。参考服务的考核大多并入"读者服务工作"、"图书馆员服务态度""阅览室评比标准"等,与阅览部门、流通部门采取同样的标准;第二,列出的标准不够全面,有的侧重服务态度,有的侧重检索效率,一些重要标准如参考书藏的质量、参考馆员的素质等均未涉及;第三,标准比较模糊,没有规定详细的指标,因而使评价活动的可操作性差。如"态度和蔼"、"语言美好"、"主动热情"、"百问不厌"、"一视同仁",以及"快、准、全地提供所需资料"等都比较笼统,究竟怎样才算快?怎样才知道提供的答案是准确的、全面的?如果缺乏明确、具体的规定,对标准的解释就会产生相当大的随意性。

美国参考服务评价研究把标准大致分为两种,一种是从各图书馆参考服务目标管理的角度所制定的标准(goal – based stan – dards),另一种是根据社会对参考服务的要求所制定的标准,称为专业标准(professional standards),

(1)基于目标管理的评价标准

这类标准是各图书馆根据本馆制定的参考服务的目标、服务对象,以及资金、人员、空间等客观物质条件制定的。它只能用来评价某一个特定图书馆的情况,但不能用于评价其他图书馆。我们以艾尔弗雷德·陶布曼医学图书馆(Alfred Taubman Medical Li-brary,或 TML)为例,说明这种标准产生的过程。

TML 在 1982 到 1983 年就制定了参考服务的目标,接着计划建立评价标准。最初的设想是建立评价参考馆员工作表现的指标体系,因此首先在集体讨论的基础上开列了被认为是从事优质服务的工作人员必须具备的特征、知识和技能:

行为特征——平易近人;服务的意愿;友善,但非优越感或教

344

导式的态度;沟通能力;能理解正在等待着的读者;办好事情的决心;与坏脾气打交道的能力;积极主动地接受问题;对需要帮助但并不提出要求的读者保持敏感。

知识——对馆藏资源的了解;对其他资源的了解;知道何时把无法解决的问题推荐给有关人员;对本校情况的了解;与其他图书馆沟通的知识;专业学科知识;正确使用所有工具书的知识;通晓本校和图书馆的各项规章制度。

咨询技能——详细了解和分析问题的能力;知道何时用简洁的答复解决问题;向读者提供查找的方法;处理不予受理的问题的方法;清晰的、有逻辑的思维;使用所有资源的能力,包括计算机和电话;知道如何掌握和利用时间;"理解迅速"(快速应答的能力);对话效率,能了解读者真正的问题所在。

第二步是组织讨论。参考部选择了一批关于参考服务评价标准和方法的重要的文章分发给个人,让每个成员了解怎样评价参考服务,在周会上报告各人的发现和观点,然后相互补充,适当作些增减,如服务的可及性(Accessibility of service)、读者等待的时间、费用、服务的一贯性、服务层次、参考书藏的质量等。第三步是合并相同的指标,并按重要性赋于先后次序,成为参考服务的五条标准,即:

①参考馆员应具有鼓励读者提问的态度和工作方式;

②提供与读者需求水平相一致的帮助;

③具有了解各种资源的全面的知识;

④能制定并有效地执行检索策略,解决较复杂的咨询问题;

⑤了解图书馆的各项服务及其规定,并能在恰当的时候向读者解释。

这五条标准中,两条涉及参考馆员知识的广度和深度,两条涉及和读者的关系,一条涉及查找技能。为了便于考核,各条标准之下又订立了具体的细则,被称为衡量标志(Indicators)。例如标准

2 "提供与读者需求水平相一致的帮助"的衡量标志是:

·确定读者的真正的需求,不断提问直到明确了对方的问题;

·弄清楚读者是否知道了怎样使用提供给他的资料源。在他使用所提供的资料时给予必要的指导(资料源包括卡片目录、联合目录、索引和其他工具书);

·提供其他资料源,包括其它图书馆或非图书馆的资料;

·必要时建议利用其他服务并提供有关的信息(如查找数据库、推荐图书等);

·在读者要求的时间期限内答复问题。

有了这些标准和细则,就可以有针对性地进行评价。TML 在评价时把符合标准的程度分为三个层次:①始终保持在需要的水平上;②有时符合要求;③需要改进。然后通过问卷或咨询统计单收集数据。

(2)专业标准

如果说,上述标准是某个图书馆自己制定而且只能适合于该馆的参考服务评价,那么专业标准则是一个地区或系统的一批图书馆集体制定并适合该地区或系统的所有图书馆的参考服务评价。一般说,专业标准是以社会对图书馆参考服务的要求为基础的,通常由性质相近的图书馆共同商讨,在地区或系统的图书馆协会主持下制定。例如,"公共图书馆参考服务标准"(Standards for Reference Services in Public Libraries)就是英国图书馆协会(Library Association of Great Britain)在英格兰和威尔士公共图书馆服务标准的要点上总结而成的。该标准的内容涉及参考服务的组织形式、参考服务的设备、工具书的范围、数量、参考馆员的数量、资格等等。1979 年英国的"公共图书馆研究组织"(Public Library Research Group)发布了一个用于评价参考服务有效性的指南。这个指南把目标、实现目标的活动和衡量指标三者结合在一起,为把以目标为基础的馆订标准和以社会要求为基础的专业标准结合在一起作了尝试，但未见有进一步的使用情况的报告。美国图书馆协会参考和成人服务部（RASD）下属的标准委员会（Committee on Standards）由著名的图书馆学家肖尔斯任主席，负责审议和制定各类型图书馆参考服务的标准。1968 年，该委员会对亚特兰大地区的图书馆参考服务作了详细调查，发现进入图书馆的读者中只有三分之一需要参考馆员帮助，其中的三分之二是在进行系统的研究活动。读者对服务一般表示满意，但高校的读者比公共图书馆的读者更多地持批评态度。在 108 个被调查馆中，参考服务每周达 40 小时的占一半，保持咨询统计记录的仅一半多一些，其中大部分只是简单的人数统计。约百分之十八从未进行过任何形式的用户需求研究，只有百分之十的馆积累了用户满意与否的资料。此外，大部分馆没有书面的服务方针，一些高校尽管开展了情报服务，却未明确服务的目标。根据上述情况，委员会决定制定参考服务标准，以期做到：

①图书馆必须规定和发布参考服务的目标，使读者知道可供利用的服务。

②图书馆应制定参考藏书建设的方针以便指导日常的工具书藏书建设工作。

③改变现行的作息制度，任何时候咨询台都有人值班。

④根据读者意见，咨询台应位于读者流动的主要线路附近。

⑤改进当前的服务方式。

⑥加强正式的和非正式的图书馆资源利用教育。

还有一些问题是当时未涉及的，如图书馆网络服务，参考馆员的素质等。RASD 在 1976 年为评价工作起草了"发展纲要"（ACommitment to Information Services：Developmental Guidelines）都不同程度地对上述问题作了补充，1979 年又在服务范围、咨询环境、人事、评价和服务道德诸方面作了更完整的规定。此外，美国高校图书馆协会（ACRL）和公共图书馆协会（PLA）也在这方面作了努力。

应该指出,由各图书馆协会制定的参考服务的专业标准只是一种宏观标准,它们对各图书馆评价参考服务有一定的指导意义和参考价值,但很少取代图书馆自己制定的标准,原因是由于各馆在服务目标、服务对象、资金、人员、空间、藏书等客观条件方面存在差异,因此很难在质和量上作统一的规定,正如 RASD 指出的,由于服务的多样性,在数量、质量、内容、层次、正确性等方面规定统一的标准几乎是不可能的。

二、关于评价指标

指标是反映社会现象数量特征的概念和数字,由指标名称和指标数值组成。缺乏具体指标的标准是难以衡量和评估参考服务的。例如《大学图书馆标准》(Standards for University, Libra – ries)的条款 C 规定"一个大学图书馆应有足够的各种专业人员来组织和维护藏书,提供参考咨询和情报服务"。要落实这条标准,就应有相应的指标,"标准"中人数的指标是根据学生、教员人数与图书馆员的比例来确定的,如每 1000—3000 名在读学生配备图书馆员的最低指标是 2.5 人,辅助人员 5 人。其中"图书馆员""辅助人员""在读学生"都是指标名称,人数(或比例)则是指标数值。用实物单位表示的指标叫实物指标。如"公共图书馆参考服务标准"规定,开架工具书数量每 1000 人不少于 200 卷,参考区阅览座位每服务 500 人就应有一张座椅。用货币单位表示的指标称价值指标,常用来衡量费用和效益情况。反映咨询工作总量的指标称数量指标,一般用绝对数表示,如读者人数、提问数量、开放总时数、工具书使用次数和卷册数等。反映服务工作的程度、平均水平、比例关系和效益的指标称质量指标,一般以相对数和平均数表示,如查准率、查全率、提问率等等。统计中表示实际已经达到水平的指标称统计指标,表示计划应该达到的水平的指标称计划指标。标准中列出的指标可以仅指指标名称而不包括指标数值。

一般说,评价图书馆的参考服务比评价藏书建设、流通阅览等其他工作难度更大一些。仅就咨询工作而论,要准确衡量馆员的帮助是否能让读者满意就涉及馆员的答问情况、读者的心理、答案的正确与准确程度、耗费的咨询时间、检索效率等多种因素。因此评价参考服务的指标是一个涉及各方面的指标体系。下列仅是一部分指标。

(1)咨询工作评价指标

a. 提问者的数量、包括总量和分类统计,如各年级、各专业、各种教育背景的读者;

b. 提问类型及其在时间上的分布;

c. 寻求其他服务部门帮助的读者人数;

d. 转交其他部门和其他图书馆处理的问题的数量(分类);

e. 电话咨询的数量:

f. 信函咨询的数量;

g. 使用各种手工检索工具的数量。使用卡片目录的可用人次作指标值单位,使用工具书的可用次数作单位进行分类统计。"使用"的含义指阅读(read)、翻阅(browse)和复印;

h. 用一次文献回答问题的数量(可按期刊、专著、专刊、报告、标准、会议论文等分别计算);

i. 为解决一个问题而使用二种以上工具书的情况;

j. 解决一个问题所花费的时间;

k. 提供答案的数量;

l. 通过"检索后接谈"或问卷调查,确定全解或半解的问题的数量;

m. 读者对咨询满意、不满意或不太满意的人数。

在上述数量指标的基础上可以确定相应的质量指标,如咨询提问率、答复率、查全率、查准率、单位时间内提供正确答复的检索效率,以及各类型问题占提问总数的百分比。这些指标值的大小可用来衡量咨询工作质量的高低和宣传工作的效果。

(2)读者教育评价的指标

a.知道图书馆有参考服务的读者人数;

b.举办各种活动的统计指标,如报告会、座谈会、讲习班、展览、图书馆参观的次(期)数,发行宣传品的数量等;

c.读者参加活动的人数;

d.参加检索知识测验或考试的人数,以及考核情况的统计指标;

e.通过各种调查手段了解的对读者教育满意与否的人数。

(3)定题服务评价的指标

a.调查及确定选题所耗费的人力、费用等;

b.查找、筛选答案和制卡或建库过程中所耗费的人力、时间和费用;

c.提供情报的数量及用户满意的答案的数量;

d.机检费用、复制费用及其他有关费用。

在上述数量指标基础上确定有关的质量指标和效益指标

$$\frac{有用文献量}{投入费用}$$

(4)参考书藏评价的指标

a.参考工具书的总量,以及各类型、各学科、各语种工具书的数量(种数);

b.近期出版的工具书所占的比例;

e.工具书使用的次数;

d.工具书采购、交换等的费用,

e.工具书占据图书馆的面积;

参考书藏的质量指标包括工具书的使用率、通过校对标准书目、推荐书目确定的优秀工具书在本馆收藏中的比例。

（5）参考服务设施的评价指标

a.每千人服务对象在查阅活动中应占用的面积和工具书室、检索室、目录区、咨询区等实际空间的面积。

b.参考室用阅览桌椅的数量和读者的比例关系；

e.其它服务设备的统计指标。

（6）参考馆员评价的指标

评价参考馆员最重要的是个人的素质，由品德素质、能力素质和智体素质组成。

a.品德素质　从事参考服务也是一种科学的劳动，但与其他科研工作的主要不同点表现在劳动的成果和工作方式方法上。参考馆员的劳动成果多半不能立见功效，无法像其他科研工作那样显示其成绩。参考馆员能否甘于默默无闻的工作，在没有社会监督的情况下仍全力奉献自己的精力、才华，保持旺盛的工作热情和进取心，这些都取决于他有无献身图书馆事业的自觉性和主动性，这就是品德素质的含义。具体评价的指标有事业心、纪律性、工作作风、团结精神、职业道德和责任心等。

b.能力素质　姚继民等同志在《情报人员素质及其评价》一书中指出，能力素质可分三类：认知能力、认识能力和实践能力。认知能力指学习能力和记忆能力；认识能力指对客观世界的反映能力，主要包括观察力、想像力和判断力；实践能力指能动地物化处理情报信息的能力，包括运用各种载体的能力、交流信息的能力以及承担咨询业务的能力。评价时可根据决策能力、管理能力、表达能力、应变能力、操作动手能力、消化吸收能力、协作能力、独立工作能力和反馈评价能力这些指标作出鉴定。能力素质的评价主要靠在实践中观察，如果资料不全，也可进行现场抽样测试，但要连续测试起码一周以上，美国图书馆通常用模拟试题以公开测验（Obtrusive testing）或隐蔽测验（Unobtrusive testing）的方式评价参考馆员解决咨询问题的能力（在下一节详述）。

c. 智体素质　"智"指基础和专业知识,以及从事参考服务所需要的一切技能。"体"指身体条件能否胜任本职工作。智体素质是能力素质的后盾,评价数据可以来自个人档案和平时的考勤记录。

参考馆员的整体评价主要指队伍的整体素质和数量。整体素质包括年龄结构、文化程度、外语结构、各学科专业结构和图书馆学、情报学专业知识所占的比重。人员数量关系到服务范围和质量,目前未见较权威的评价指标(有关讨论参见第六章的"参考馆员人数")。《中华人民共和国高等学校图书馆工作条例》第 22 条规定的图书馆工作人员数量是在考虑藏书量和服务对象的基础上制定的,参考部门的人员指标也可参照这一原则,但同时要结合考虑参考服务各项工作的具体情况来确定。

要指出的是,参考馆员是最复杂的评价对象,因为人是复杂的,人的各项素质虽然通过不同形态表现出来,但毕竟不是物质实态。素质是可变的,即使是有较强的先天性质的心理素质和智体素质也会随环境的变化而变化,因此在评价时不能用被评者以往的一时一事做固定的、一成不变的判断,而要用变化的、发展的观点来对待。其次,素质指标是比较模糊的,无论评价方法多么先进,得到的结果只能近似于实际的人,无法做到绝对真实,因为人是活动的、发展的,每个个体各不相同,而指标则是死的、相对稳定和统一的。这就要求评价前必须根据某一类人员所处的环境、所从事的同性质工作、所遵循的共同规则来设计相应的指标。

确定了评价指标,并产生了相应的指标数值以后就可以进行纵向和横向评价。纵向评价就是将有关的参考工作在各个不同时期达标的情况相比较,指标值的变化就反映了工作进退的情况;横向评价就是将各馆同一类指标相比较,方法如下:①分别按各单项考核指标值的大小排列各单项名次;②分别按各单项考核指标名次打分,考核指标最末的单位打 1 分,最后第 2 名打 2 分,余类推,第1名加分;③或根据指标重要程度不同,将考核指标分为甲乙丙丁等若干级,确定其中一级(如乙级)为标准分,甲级按标准分加倍,丙级减三分之一,丁级减半等;④按单位把各单项得分相加,以总分多少排出名次。

有了评价指标以后,还可以对参考服务的效益进行评价,即

$$服务效益 = \frac{有用文献情报传递量}{投资费用}$$

这里,有用文献情报传递量包括参考馆员向读者提供的一、二、三次文献的册次、复制件数量、读者通过检索工具查到原始文献的数量、有效解答咨询的次数、编制或散发各种目录、文摘、索引、快报、通报、书评的册次或份数,参加讲座、短训、参观、文献检索课的人数等等。而投资费用包括人员工资(含奖金)、业务用品费、工具书购书费、设备占用费等。复制费、有偿服务费、办班的费用等收入应从费用中扣除,因为这些费用属于回收的投资费用。得出的结果不是一个精确数,但大致可以知道图书馆投入参考服务中一元钱平均传递的有用文献量,这就得出参考部门在某一时期内的效益指标值。为了提高效益,参考部就必须通过加强宣传、开展用户教育、提高服务质量、延长服务时间来增加分子的值,同时通过精简不胜任的人员、提高工作效率,剔除占据着空间的无用工具书,提高工具书和有关设备的利用率、节约各项业务开支等措施来减少分母的值。

三,制定评价指标的原则

(1)目的性和针对性

不订毫无意义的指标,在指标体系中每一指标须有明确的目的,也不与其他指标相混淆,相抵触。检查指标是否具有针对性可以问:在管理中,这条指标说明什么问题? 在决策中可以发挥什么作用? 如果指标值出现高中低的情况,可以采取什么对策?

（2）恰当和有效

"恰当"是指根据本馆和本地区的实际情况制定评价指标。指标值定得过低达不到改进服务的目的,过高又会因无法做到而使指标流于形式。"有效"是指订出的指标确实能反映出被评价对象的实际状况。例如设计这样一条指标"读者对咨询服务有用与否的反映"来评价咨询工作的质量,但收集到的数据多半是读者的愿望或出于礼貌的答复,并不能真正反映咨询服务在读者心目中的地位,这样的指标就缺乏有效性。如果换成"读者使用咨询服务的方式"以及"读者利用咨询结果的情况"就能较客观地反映咨询工作的实际状况。

（3）可解释性

制定评价指标要含义明确,措辞简练,能让别人理解,必要时应附以说明或注释。如果模棱两可,就会给评价工作造成困难。例如对咨询满足率（Reference Fill Rate）的解释是:"每个工作日结束时已解答的问题占接受问题总数的百分比。"

（4）可比性

为了便于进行纵向和横向对比,指标应具有可比性。可比性的原则要求指标名称标准化,指标数值的计算方法也应一致。

（5）可行性

订立指标时要充分考虑测量该指标时所需要的客观条件,是否会超过经费、人力所允许的范围。有的指标尽管有用,但由于测试费用昂贵而无法用于评价。

（6）时间因素

指标的时间因素表现为三个方面,一是由于评价活动要在一定的时间内进行（如申请年度预算前）,有关数据就必须在规定的时间范围内收集,这时订立指标就要考虑收集数据所需要的时间;二是指某些指标数据的收集要考虑到评价对象活动的时间分布规律,例如咨询提问数量在高校图书馆每天有高峰和低潮之分,每学期有忙季和淡季之分,设计咨询提高率就要考虑这些特点,否则会影响评价的准确性;第三,订立指标并非是一劳永逸的事,有的指标值会因时间的推移而失效,如工作量指标,有的指标会因工作性质的变化而失去原有的评价意义,因此要随着客观情况的变化及时作出修订。

上述原则可以通过表24中的例子体现出来。

表24　指标举例

指标名称	指标目的	指标数值	解释	计算方法
量级指数	测量文献相对完备程度;评价学科之间文献收藏的完备情况	100%	量级,指该学科文献国内收藏最多的一个馆的收藏量,既可近似地作为该学科相对完备性的一个标准,也可用其去比较学科间文献量的大小。量级指数是测量相对完备程度的指标。	量级指数 = $\dfrac{某馆某学科文献量(种)}{量级}$ $\times 100\%$

举例说明

北京图书馆哲学类图书在国内收藏最丰富,有 63,121 种图书,因此哲学类量级即为 63121。北大哲学类藏书 35,802 种,量级指数为 $\dfrac{35802}{63121}\times$ $100\% = 56.7$,表示北大哲学类藏书相当于全国最大收藏馆的 56.7%。

第二节　评价方法

国外对参考服务评价方法的研究是多层次、多角度的,一般可分以下几个方面：

从评价者的角度来分，评价方法可分为自我评价（Self‐eva‐luation）、上级评价（Supervisor evaluation），同事评价（Peer re‐view）和用户评价（Patron evaluation）。其中，上级评价是较为普遍的。约翰逊（Marjorie, Johnson）在1972年美国高校图书馆的调查中发现，约74%的图书馆领导已经或正在参与对参考服务的评价。特里·威奇（Terry L. Weech）则认为，由于时间匆忙等因素，领导作出的评价往往是不够全面的，尤其是对参考馆员在咨询台的工作难以作出客观的评价。同事评价也是较为通行的方法，约翰逊的调查发现29%的图书馆有一个或多个委员会或评议组参加评价工作，其中多数是进行人员的评价。自我评价是参考馆员对照事先制定的标准进行自我估测和总结，美国有的研究者认为这是"最无威胁"和"最不挑剔"的评价，由于评价者对自己的问题缺乏敏感因而不一定可靠。许多人认为，最好的评价应由服务的对象——用户作出，用户是参考服务的使用者，也是评价者。用户评价可有两种方式，一种是主动地向读者征求意见，如发问卷表、开座谈会（Solicited evaluation），另一种是接受读者书面的或口头的褒贬之议（Unsolicited evaluation），后者虽是评价过程中不可缺少的一部分，但不够系统。

从评价方法的性质来分，又可分为定性的和定量的评价。定性法和定量法孰优孰劣是一个有争议的问题。自六十年代情报学和定量方法兴起后，定量法一直是美国图书馆学研究的主要方法，包括对参考服务的研究评价。定量法依赖的数据来自通过问卷调查、咨询记录所收集的日常统计资料，然后运用统计学方法进行变量分析。定量方法具有描述事物严谨、精确的特点，有利于研究者摆脱纯粹的经验主义和主观臆断，帮助他们克服物质和人的感官上的局限，去探索、把握客观规律。但定量方法也有其局限性，它只注意了数量上的递归关系，忽视定性逻辑分析。在分析、评价有强烈社会性的、以人际交往为主要特点的参考服务时,评价者不能只注意被评对象的共性,还要注意其个性。在评价个人的行为,尤其是分析对人的行为有很大影响的心理、情绪、习惯等因素时,数学的方法难以作出客观、准确的评价。正如卡茨所说,统计数字不能说明一切,"需要为参考服务的评价建立某种能反映社会的和人类行为的模式。"美国北伊利诺大学图书馆学教授戴维·谢费特(David Shavit)更明确地指出,仅靠定量方法回答有关参考服务的情况是不够的,评价的目的不在于测量参考馆员答复读者的问题有多么准确,而是要回答为什么答复不够准确;不仅仅要评价读者已经得到的服务,还要解释为什么有些服务没有被充分利用,读者对参考服务的反应和期望是什么。要回答这些问题,定性评价方法大有用武之地,因为运用定性的方法有这样一些优势:1)评价者注重的是参考过程(Reference process)而不是结果(Outcomes)或情报产品(Products);2)评价者倾向于非归纳性分析而不是寻找数据去证实或推翻假说;3)统计数字不再是评价数据的唯一来源,而对事件、个人行为、人际交往关系的描述、直接引证人们的经验、态度、观点和想法,以及原始文件、记录和个案材料都是重要的评价数据来源;4)数据收集可以采用参与性观察(Participant observation)、非参与性观察(Nonparticipant observation)、访谈法(Interviewing)和文献分析法(Document analysis)。

还有一些学者,如 D. W. 金,布赖恩特(E. C. Bryant)和兰开斯特(F. W. Lancaster)把评价分为宏观评价(Macroevaluation)和微观评价(Microevaluation)两种。前者衡量系统运行状况和服务水平,主要用数学的方法表示分析结果,但这一方法不能解释系统为什么能在这一水平上运行以及如何改进现状,而后者能够回答这些问题。例如,宏观评价可以确定某一数据库在一个学科领域中的文献覆盖率是72%,而微观评价则要探索怎样提高文献覆盖率,即找出为什么那28%的文献未被利用,并且提出相应的解决措施。在咨询工作方面,微观评价要回答的是为什么有的问题可以找到答案,而另一些问题无法找到答案,或者,为什么有的问题比另一些问题解决得更快。兰开斯特还认为,宏观评价多是用定量的方法,而微观评价则要采用分析判断(analytical diagnosis)的方法,因而更多地属于定性的方法。

从数据收集方式来看,参考服务评价方法又可分为观察法、问卷法、测试法、目标分析法、实验模拟法等。

一、观察法

(1)什么是观察法

所谓观察法就是在现场直接感知和记录观察对象所表现出来的有关信息的方法。要知道人的行为和态度固然可以通过调查,但由于被调查者可以有意识地掩饰自己的行为和态度,调查法仍有一定的局限性,但是观察法可以通过人们行为中必然透露的各种表现找出规律性的东西,因而在评价馆员与读者信息交流过程和文献情报检索过程中有独特的作用。

系统地收集视觉资料是最普通的观察方法。这种视觉资料决不是平时随便看看或偶尔视之的结果,而是为了某一特定的目的将观察对象置于视觉控制之下,例如馆员与读者交流时的音容笑貌、言行举止所产生的反应,以及花了多少时间、翻了多少工具书、解决了什么问题,读者在不同环境中的不同行为和态度等等,将这些信息记录在适当的载体上就构成了评价所依赖的重要材料之一。

(2)观察要素

约翰·洛夫兰提出的6个观察要素可作为我们观察活动的基本内容,这就是事件、活动、意义、关系、环境和参与。就参考服务而言,"事件"指在咨询环境中发生的提问、检索或辅导工具书使用等具体的行为。"活动"指维持时间较长的行为(数天、数周、甚至数月)。如果评论者以读者或馆员的身份一起参与某种服务工作,如课题检索,就有机会更全面地了解被评论的对象。"意义"指对观察对象的行为的定义或解释,通常是将各种行为分类,找出各类行为的特点,探索这些行为的意义。"关系",就是观察行为者相互之间的关系,在参考服务环境中指读者与馆员之间的关系。"环境",是指观察行为者所处的环境以及环境对情报行为的影响。"参与",是指观察人们对某种状态的适应程度和感兴趣的程度,例如通过观察读者入馆后的情报行为(打听、寻找、咨询等)来评价读者对图书馆环境的适应程度以及参考宣传工作的效果。

(3)观察者

观察者可用两种身份进行观察活动,一种是隐瞒自己的观察者身份和目的,以读者的身份考察参考馆员的工作表现,或者以工作人员身份与参考馆员一起工作。这种方式的优点是观察对象可以在没有"受监视"的压力下发挥平时状态下的工作水准。但这种双重身份可能会影响对观察结果的评价。例如,同样的咨询结果,作为读者和作为观察者就会产生两种不同的评价。另一种是以观察者的身份进行观察活动,但并不介入咨询过程,有的文献称为"非参与型观察"。这种观察有利于观察者保持更客观的、超然的态度进行冷静地分析,但如果观察对象知道自己正处于被评价之中而导致言行举止更为小心,那么观察得到的结果不一定就是典型的。

(4)观察方法

①拟订观察计划。首先明确观察目的,确定观察对象;其次确定观察者身份,妥善处理好与观察对象的关系;再次选定观察方式、观察时间、地点和观察用工具。观察方式可分两种:一种是直接观察,即凭借感觉器官直接从外界获取感性材料;另一种是间接观察,如通过摄影、摄像、录音等技术手段记录下观察对象的活动,然后进行分析评价。

②记录观察内容。准备好记录表格或观察日志。标准的表格应按记录事项分类,如参考馆员姓名、读者教育程度、问题类别、接待时间、咨询结果等。按表格记录的优点是快捷方便,数据形式统一,便于整理,但不能作详尽描述。观察日志则可以系统描述所见所闻,缺点是记录项目不统一,给数据整理带来困难。

记录技巧对观察质量很有影响。速度是关键之一。为了记录快速准确,可以准备好一些助记符号,亦可采用分段记录法,用单词或短语将关键信息记下来,事后再连接成句。要注意的是,记录不是整理,应尽可能记录客观现实,不能代之以自己的主观感受。不要过分相信自己的记忆力,如果无法当场作好完整记录(特别是以隐匿身份进行观察时),应在事后尽快补充。

完成观察活动后,应将原始观察记录整理出来。其内容应包括观察的时间、地点、使用的方法、观察对象的特性等等。

③观察的原则。

首先,要坚持观察的客观性。观察的过程也是感觉因素和思维因素参与其中的过程,只有思考才会对观察中出现的变化和差异特别敏感,因此,在记录观察内容时,不仅有看到的和听到的,也夹杂着想到的。要警惕的是,应尽量避免主观印象的影响。所谓客观,就是如实反映观察对象的所作所为,不能用个人的观点或偏见对"看到的"和"听到的"内容进行选择性记录。

其次,要求观察系统和全面。所谓系统,就是坚持观察活动的连续、完整,不随意间断,浅尝辄止;所谓全面,就是反映观察对象的全貌。各种活动都有假象,假象也是一种客观存在,只不过不能完整、准确地表现事物本质。假象的揭露,有待于事后分析,也有待于观察全面,应尽可能从各方面考察,把各种因素的关系理正分清。为了使观察结果更接近于客观事实,可以对结果进行检查:①与观察对象谈话,了解情况,纠正不客观的记录;②查阅与观察事件有关的资料、记录、统计等;③增加观察者人数,然后进行对比;

④向同事或同行送交观察报告副本,请他们再次进行观察。

二、问卷调查法

问卷调查是收集人们对某事物的看法的最普遍的方法。在评价工作中使用这一方法有助于从读者方面了解对参考馆员的素质、服务态度、检索效率,以及管理制度、藏书质量、布局等各种看法及有益的建议。设计周密的问卷还有助于消除数据收集过程中的差异,便于事后进行统计分析。此外,填答问卷可以在没有"监视"的环境中进行,消除了答卷者在会晤、观察或模拟实验等数据收集方式中会产生的那种压力,因而可以提出更坦率的意见。

用问卷法收集评价数据大致有以下几个步骤。

(1)设计调查程序

是评价咨询解答工作还是评价参考书藏?或者几方面的内容兼而有之?这就要求首先明确调查目的。调查目的含糊不清会影响提问项目的设计,导致漫然地收集数据,结果难以说明问题。其次,要确定调查总体。一个总体是指任何一批读者,他们至少有一个共同特点,例如,是使用过工具书的读者还是指利用过参考服务的人,是指全体学生、教师还是工程技术人员。总体可以很大、很复杂,范围涉及一个学校、一个地方,也可以很小,仅指某专业某年级的学生。调查者应根据调查目的、内容和经费情况选择调查总体、样本类型和容量大小。第三,进行抽样设计。要了解总体中每个个体的态度是难以做到的,一个可行的办法是通过了解一部分个体的意见来获得代表总体的意见,选取这一部分个体作为调查对象的过程就是抽样,抽样是问卷调查成功与否的关键之一,抽样不好,会使调查结果偏离客观实际情况。抽样一般有以下几种:一是简易抽样(自然抽样),也就是随意地发一些问卷给读者。这种方法的优点是简便,缺点是调查对象缺乏代表性,如果碰巧拿到问卷的大部分是低年级学生,而设计的调查总体是"全校学生",就

361

会得出错误结论。第二种是随机抽样,使用这种方法可使总体中的每个个体都有中选的机会。随机抽样又可分为简单随机抽样,系统抽样和分层抽样。简单随机抽样是在抽样名单(如点名册)上为每个个体编码,然后根据随机数字表取样;系统抽样是从名单上每隔一定数量取样。如果名单上有 10,000 个个体,样本容量为 1,000,则抽样间隔为 10;分层抽样是先把调查总体分成若干同质层(如根据学生的年级、性别、专业等分层),然后按照总体中各个同质层所占比重分配名额,再采用简单抽样或系统抽样。

(2)问卷设计

这一工作包括筛选提问项目,考虑措辞和设计问卷格式。问卷设计得如何关系到答卷质量和分析评价的准确性,评价者应注意以下几个问题:

①应尽量从方便读者答问的角度来设计提问。有的评价者担心问卷太长而把几个问题并成一个,这反而会使读者在填答时颇费思虑,无所适从。

②掌握先易后难、先简后繁的顺序。开始宜用提问明确、答复迅速的封闭式提问。让读者在"是"或"否"的答案中选择,然后逐步地提出略费时间、有一定难度的开放式提问。概括性强的问题不宜在一开始提出,以免读者在填答以后的具体问题时与前面的答案自相矛盾。问题的排列可采用漏斗型技术——简易的问题作前驱性问题,具体的、较难的作为后续性问题。然后用箭头把有关问题联系起来,全部问题的排列呈漏斗型,越问越窄,越问越明确。

③封闭式提问难以征求到倾向或程度不同的表态性意见,这时采用里科特尺度法(Likert Scale)来设计问题就比较恰当,如下面是表示意见的语义差异标度

完全同意 1,2,3,4,5,6,7,8 完全不同意

　　强 7,6,5,4,3,2,1　弱

表 25 是用里科特尺度法表示倾向性意见。

④提问措辞应仔细推敲,避免使用那些含糊不清,或容易造成歧义的词句。

表25　对咨询台参考馆员的评价

	☹	☹	😐	🙂	🙂
服务态度好					
答问迅速					
满足了需求					
提供有用的建议					
主动辅导使用工具书					

⑤每种问卷应有简单明确的答问指导,告诉读者填卷方法和注意事项。如果问卷较复杂,需要分成几个部分,则应把有关指示分别列在各部分前面而不是集中在开头部分。

⑥问卷设计完后,最好进行试验性调查,检验提问能否被理解,并进行必要的补充和修改。

(3)分发和回收

问卷的分发对象大致有两种人,一种是发给利用参考服务的读者,通常是在接谈结束或读者进入工具书室时分发,读者离开前收回,这样回收率较高。亦可利用读者登记表上的地址姓名随机地邮寄问卷,但回收率较低。第二种是发给图书馆应该服务的对象而不问其是否利用过图书馆和参考服务。回收率的高低在很大程度上取决于发放和回收方式,如果采用邮寄,则附上回函信封、地址和邮票回收率较高;如果采用非邮寄方式,除了现场发放回收外,利用同学、朋友、同事等关系亦有较高的回收率,但这种方式不适用于大面积调查。

回收率高低直接影响样本的代表性,因为高回收率所产生的统计偏差显然低于低回收率。因此,评价人员应该做好回收统计,仔细研究问卷的发放、催询和回收方式,应尽量避免那种"广种薄收"所造成的浪费。

三、实验法在评价中的应用

(1)什么是实验法

在社会科学中,实验法一般用于假设检验:实行某项措施,然后观察其效果。评价参考服务也可采用这一方法:选择一组评价对象,采取某些措施,然后根据效果进行分析。具体地说,实验法涉及以下三对要素:自变量与因变量、事前测量与事后测量、实验组与控制组。

①自变量与因变量

检验自变量对因变量的影响是实验的基本内容之一。自变量在实验中是刺激因素,且多为二项变量(只有两个取值的变量,即刺激因素存在与不存在)。例如,如果读者认为"工具书阅览室对我无用",因而对工具书室视而不见。评价者可以设立这样的假设:读者对工具书室不屑一顾的态度源于缺乏对工具书作用应有的认识,而宣传可以改变这一认识。在采取了某种措施如开办讲座后,就要检验这种刺激因素(自变量)对读者的态度或认识(因变量)能否产生预期的影响。

②事前测量与事后测量

在实验设计中,先用因变量来度量实验对象(事前测量),经过实施自变量这一刺激因素之后再用因变量来重新度量实验对象(事后测量),因变量在前后两次度量中的区别就可以归因为自变量的影响,而区别的大小则可认为是自变量影响的程度。在上例中,先用问卷征询实验对象对工具书室的看法和整个实验组的平均程度,举办过讲座后再用同一问卷进行事后测量,度量个人和实验组全体改变看法的程度。如果在事后测量中发现对工具书室的认识确有转变,则可得出"举办讲座是转变人们对工具书室认识的有效措施"这一结论。

但是,在实践中也面临这样的情况,即使实验对象的态度未改变,他们的第二次回答也可能同第一次不同。巴比在解释这一现象时认为,有时实验本身会改变研究的对象。例如,第一次测量时实验对象不明白测量的目的,而事后测量时他们可能已经发现实验者的目的在于测量他们对图书馆的了解程度。为了不愿被视为缺乏这方面常识,他们改变了答案。

③实验组和控制组

这一情况说明,仅仅从事后测量结果还无法完全证实开办讲座对提高读者认识的作用。防止实验本身影响实验对象的主要方法是设置控制组(亦可称为参照组),不对其实施实验刺激而仅供比较实验结果。进行实验时,首先要求两组成员填写同样问卷得到事前测量结果,然后只给其中一组自变量刺激(举办讲座),然后再次在两组中进行事后测量。如果参加实验这件事本身会影响测量结果,则两组会出现同样程度的变化("提高"了认识),如果只在实验组出现了变化,或者两组都有变化,但实验组变化更大,则说明自变量刺激对因变量是有作用的,变化越大说明这种刺激越有效。

由此可见,在参考服务评价中,尤其是在检验采取了某项服务措施后的效果时,引进实验的方法,不用通过大规模问卷调查,只要选取一组对象进行实验,也可以收到异曲同工的效果。

(2)实验对象的选择

仅仅测量自变量对因变量的刺激程度,则实验对象的选择可以参照前述的抽样方法抽取适当的样本;如果进行分组实验,实验者可以随机地把一大组实验对象分为实验组和控制组,可以用随机数字表分组或按单双数分组。假如征集到40名实验对象,并将其随机地分成二组,则两组的情况应十分相似才具有可比性。实验对象的数量是重要的,人数越少,两组相似的可能性就越小。如果只有两个或四个对象,则抽样的方法就不适合了。另一种是用匹配的方法,即如果有 12 人,其中 6 人是高年级本科生,另 6 人也应选自高年级本科生,而不是教师和研究生,而且专业背景、年龄、性别等比例大致相当。当然,实验对象在哪些变量上相匹配要根据评价的目的而定。巴比认为,应该使实验对象在那些与因变量有关的变量上相匹配。例如,要评价用户教育的效果,则两组实验对象在教育程度、使用图书馆的经历、专业背景上相似。

人是最复杂的实验对象,有各种因素可导致实验失真,使实验结论并没有正确反映客观现实。坎波贝尔和斯坦富总结的部分因素值得我们注意:

· 在持续时间较长的实验中,人们的态度也在不断变化;

· 实验对象可以掩饰自己的真实想法,或在行为上表现得比平时更好些;

· 事前测量与事后测量的度量尺度不同而影响实验结果;

· 实验对象选择不当,使实验组与控制组产生偏差,组与组之间失去了对比性;

· 实验期间,实验对象因故脱离实验致使实验结果不可信;

· 实验条件不理想,实验组和控制组并没有完全隔离,使实验措施扩散。如实验组成员把自己在参加讲座期间的收获告诉控制组成员,后者受到感染,实际上也在某种程度上接受了自变量的刺激。

其它因素如人的情绪、配合程度等都可影响实验结果,这是我们在使用实验的方法进行评价时应注意的。

四、测验法(Testing)

测验是衡量受试者是否达到了预期的水准的最常用的手段,在考核参考馆员业务水平时尤其有用。例如,要衡量参考馆员在

366

咨询工作中是否做到了提供答案准确、正确、全面、迅速,需要收集大量统计数据,需要许多读者配合,即使有读者愿意合作,不仅要详细记下他们的问题和所获得的答案,还要抽调人员随访,或者为复核每个答案配备更有经验的参考馆员;如果要评价电话咨询的质量则更困难了。这也就是为什么许多馆难以在人力物力极为有限的条件下开展参考服务评价的原因之一。

实验法已经告诉我们,在现实环境中不易进行的测量可以在模拟的环境中进行。从这个意义上讲,测验法与实验法是相似的。测验法就是模仿读者的提问设计一套题目,然后用这套题目对参考馆员进行考核,把考核结果与事先建立起来的标准相对照作为评价的结论。美国图书馆很早就采用这种方法来评价参考服务。1958 年,纽约州公共图书馆服务委员会(Committee on Public Library Service of the State of New York)设计了 10 个问题,包括一般常见的问题和较难的问题来考察在 33 个公共图书馆中,哪些可用本馆资源解决,哪些需要用馆外资源。1967 年,邦奇用这种方法在一些中型公共图书馆的参考馆员中进行测验,目的是查验答复咨询的成功程度与专业教育水平是否有关。七个馆的九对助理参考馆员接受测验,每对受试者都经过匹配以使他们的教育水平、工作经验和图书馆学专业训练程度大致相当。测验题选自各县中型公共图书馆的大量事实型咨询问题,涉及不同的难度、形式和学科。经过反复筛选确定 27 个题目,其中有 17 个问题被受试者试着作过解答。测验时,评价人员在场,记下找到的答案和所花费的时间,在观察表上记下每个受试者的检索步骤、所使用的资料等,最后综合起来得出结论。

用测验法进行评价具有其他方法没有的优点。第一,与上述方法相对而言,测验法只需较少的人力和经费;第二,来自实际又经过筛选的模拟试题有一定的代表性,可以真实地了解参考馆员的水平;第三,评价标准统一,难度相同,测验的结果具有可比性;

第四,可以通过试题分析,找出差距和不能解决问题的原因所在。

测验的方式有两种,一种是公开型测验,受试者知道自己正在接受测验,这也正是这种测验法的局限性,因为受试者在那种压力下的操作要么超常发挥,要么因过分紧张和敏感而发挥失常。正如兰开斯特所指出的,在计时器下的操作所产生的巨大压力会破坏受试者的工作效率,比平时犯更多的错误。另一种方式可称为隐蔽型测验,受试者并没有意识到一场悄悄的测验正在进行着。美国的克劳利(T. Crowley)和奇尔德斯(T. Childers)在其论著《公共图书馆的情报服务》(Information Service in Public Libraries:two studies. Scarecrow Press,1971)详细介绍了这一方法。测验题有 8 个,有的须使用三次以便测试答复是否前后一贯,所有题目都经过预试,去掉那些绝大多数馆都能够或无法正确回答的问题,使试题难度适中。所有问题都属于事实型问题,以便保证答案有唯一性和明确性。在十二个馆测验时,一半问题是克劳利本人通过咨询台接谈或电话咨询提出的,其余的均由代理人提出,提问时间分布平均,既有在咨询台空闲时提出的,也有在咨询高峰期提出的,但每个问题在各馆的提出时间都是一致的。由于参考馆员不知道自己正在接受测验,其工作表现基本上和平时一样,这就使测验结果较具真实性和可靠性。

麦克卢尔(C. R. McClure)在评述隐蔽型测验时认为这种方法还可用于以下方面:

　　·比较电话咨询与咨询台接谈的准确性;

　　·评价咨询接谈时所需的时间和服务的质量;

　　·评价解题时所使用的工具书;

　　·评价非语言交流的技巧;

　　·评价人际关系的处理技巧;

　　·比较不同类型图书馆的参考馆员的素质;

　　·评价受试图书馆对其参考馆员正确处理问题的能力的

影响；

    ·评价数据库的检索；

    ·评价读者教育的效果。

不管是公开型的或是隐蔽型的测验,试题要经过周密准备和反复筛选,使测验能反映参考馆员的实际能力。此外,了解他们在正常条件下的工作表现,可以为在测验中鉴别受试者的表现是超常还是失常提供有用的依据。

除了上述四种方法之外,还有一些其他方法也是很有用的。例如同参考馆员、部门领导、图书馆负责人进行交谈(Interview),其方式可以是集体座谈、也可以是个别交流或随访,可以不受时间、地点的限制,比较自由。美国"学院和研究图书馆组织"列出了交谈评价的三项具体内容:①在抽样的学生中询问获取资料的难易程度;②向抽样的师生了解他们对服务的满意程度;③在主要的服务点同参考馆员交谈,了解图书馆在读者心目中的地位。由于交谈是面对面的沟通,访问人员可以获得问卷所无法得到的信息,尤其是一些敏感的问题有了间接的答案。卡茨指出,训练有素、富有经验的访问人员能够通过交谈从大量以偏概全的一己之见中鉴别出事实来。当然,问题在于许多变量会掺和在交谈中,如访问人员个人的主观看法会不知不觉地影响他客观地记录事实;带着先入为主的倾向对被访者提出某些诱导性的问题;有的读者出于礼貌,或为取悦于访问人员而掩盖部分事实;交谈形式,内容变化多端,因而不容易收集到较整齐、统一的数据;费用大,时间长,需要的人手多而合格的人员少等等,由于这些局限性,交谈法不宜用作规模较大的评价。

再例如,对照事先已制定好的标准和具体指标进行总结评议,检查哪些工作达到了要求,哪些仅是部分达到,哪些还没有达到,这一方法可称为标准对照法(checklist method)。

还有一种被称为是个例研究(Case study)的方法,如要找出为

369

什么 x 类读者不利用参考服务,可以从读者中选出符合该类特征的几个典型加以分析研究,从中总结出带有普遍性的问题,这是一种以一斑窥全豹式的评价方法。

上面介绍的种种评价方法各有其独特作用和局限性。观察法获得的评价数据虽具有原始性、直接性的优点,但现象的描述只宜作定性分析用,难以转换成供定量分析用的数值型数据,而且观察到的数据要进行整理加工,避免掺杂观察者主观的看法。观察法的不足可以用问卷调查法弥补。问卷法采用的样本量不仅比观察法大得多,而且得到的数据可以很方便地用于统计分析。但由于问题的设计要求规格化,统一化,常常导致削足适履,难以包容纷繁复杂的现象,探索这些现象后面的真正的原因,较难得到面对面交流时可以获取的信息。这一不足恰恰正是交谈法和观察法的优势,总之,针对评价的目的,评价对象的特点和具体情况,选择合适的一种或数种方法,相互取长补短,有利于作出全面的、比较符合客观实际的评价结果。

各种方法虽各有侧重,仍有一些需要注意的共同的法则,查尔斯·H·布沙概括如下:

①确定评价什么,以及评价的理由;

②按要求订立被评价客体的性能水平,要特别参照现有的标准、目标和目的;

③选定适当的调查技术,如果有必要,制定合适的标度或衡量标准来测量性能水平;

④测量或检验受试者(客体)以确定实际的性能水平;

⑤比较方案的目标和它的目的(即判定目的达到的程度);

⑥根据分析过的数据评价该方案。

第三节　咨询工作评价

咨询工作评价就是对咨询接谈、检索过程和提供答案三大环节进行分析，检查参考馆员在这一流程中的工作情况，发现存在的问题，找出改进信息交流的技巧，提高检索效率和咨询答复的质量。

一、数据的收集

兰开斯特在《图书馆服务的测量和评价》(Measurement and E-valuation of Library Services. Information. Resources Pr. ,1977)一书中概括了咨询工作评价的五种数据：

①接受问题的总量(在特定时期内)；

②馆员试图回答的问题所占的比例；

③经过尝试，馆员已提供了答案的问题所占的比例，

④提供了完整、正确的答案的问题所占的比例；

⑤回答一个问题所需的平均时间。

但是兰开斯特还指出，上述数据仅能为宏观评价提供依据，如果进行微观评价，也就是说要回答一系列为什么，还需要更详细的数据。

(1)了解咨询接谈过程

玛里琳·D·怀特(Marilyn D. White)在"咨询接谈评价"一文中更详细地列举了评价人员应了解的有关情况及其方法：

①观察并记录咨询接谈的全过程。使用摄像技术是最好的方法，因为这可以使评价人员分析交流双方的语言和非语言信息，但这种方法也是最具有"侵犯性"的。使用录音技术虽然损失了可视信息，但可以通过直接观察法弥补。单独使用直接观察法并不值得推荐，因为评价人员难以胜任同时观察和评估许多要素的沉

重任务。了解参考馆员在接谈中的表现应尽可能反映出他在平时的行为。为了防止产生霍桑效应,观察应分多次进行或延长观察时间以便降低人们对受到观察的敏感。为了使评价结果具有普遍性,应选择各种类型的问题和读者,采用分时定额抽样来选择要记录的接谈也是一个好办法。

②收集参考馆员在咨询接谈后答复评价人员的谈话,或在听、看录音带、录像带时所作的解释。这种随访活动可以了解到参考馆员在接谈期间的思维过程,包括对读者提问的逻辑推理、非语言信息的判断以及对已知信息作出的种种假设。

③经过初步分析和评议后再同参考馆员交谈。评价人员可以提出自己的问题,澄清疑义或含糊不清之处。

④对答案的准确描述。

⑤读者对答案相关性的鉴定。

⑥读者对答案有用性的鉴定。为了确保这种鉴定的有效性和准确性,读者的意见可以通过自填问卷收集,或由其他人(非评论对象)与读者接触后获得。

⑦对答案质量的评估。

⑧对读者基本情况的描述。

⑨对咨询环境基本情况的描述,包括读者等待的情况、咨询时间、参考馆员人数、咨询台制度等。其中若干因素,如关于问题难度和时间限定的规定,会影响接谈的进展。

⑩对参考馆员基本情况的描述,如经验、年龄、专业和对馆藏熟悉的程度。

(2)了解检索过程

检索过程既是一个查阅文献资料的行为过程,也是一个分析问题、确定检索语言、考虑检索步骤、不断修改检索方案的思维过程。迄今对这一过程的评价还未见有令人满意的方法。通常的做法是用对检索结果的评价来代替对检索过程的评价,但这样就难以回答是什么原因导致检索成功或失败。即使查到了若干有用的文献,评价人员也无法肯定是否还漏掉了更重要的文献,或者,读者看到的只是一种失败(检索结果无用),而不能看到另一种失败(无法查到有用的文献),对后一种失败的认识只有通过分析检索过程才能得到。兰开斯特说过,如果不去准确地认识失败及其原因,要得出改进咨询服务的结论是极其困难的。从这个意义上说,对检索过程的评价是咨询工作评价不可缺少的部分。

评价检索过程的困难在于不容易收集所需数据。1966年,在美国国家科学基金会(National Science Foundation)的支持下,一些学者采用实验的方法收集这类数据。兰开斯特把这些方法归纳为四条:笔录法(Written protocol)、口录法(Oral protocol)、导引法(Guided protocol)和拍摄法(Observer photographic protocol)。

笔录法就是要求检索者将查找时的思考过程写下来,说明采取了什么步骤以及为什么要这么做。评价人员可以从中了解到他的检索思路,知道尝试过哪些途径,使用过什么检索语言。但这方法并没有收到预期的效果,因为对大部分检索者来说,边查边记会影响检索效率,而事后回忆也并非易事。

口录法就是检索者随身携带一只小录音机,在检索过程中口录每一步骤。评价人员就可以根据录在磁带上的信息进行整理分析。这一方法被认为是较为简便的,愿意合作的检索者可以利用馆藏的任何检索工具随时随地记录下思考的过程。

导引法需要一名观察者作为检索者的陪伴,在查找过程中进行走动式访问(Running interview)。评价人员认为这一方法实用价值不大,因为观察者和检索者很难密切配合,边查边谈会干扰检索思路。

拍摄法需要摄影器材,并在预先布置好的检索台上进行(如图26所示)。

照相机每隔一段时间摄下检索者翻阅索引的经过。采用这一

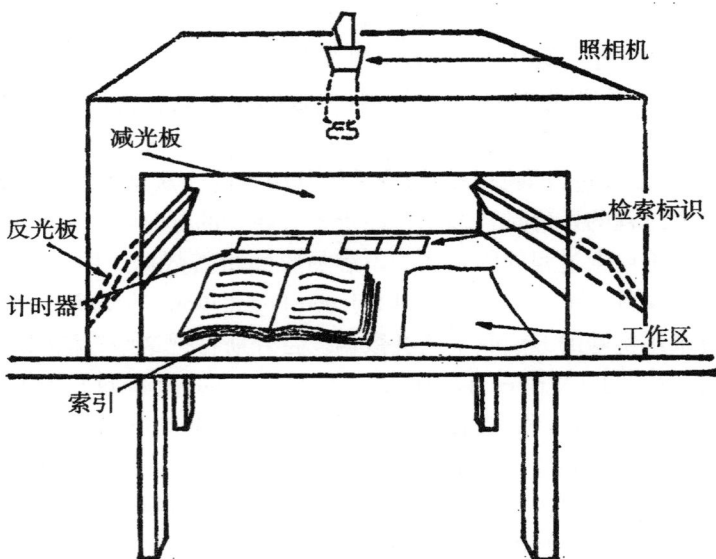

图 26　简易拍摄装置草图

方法的目的是要仔细分析检索者利用检索工具查找所需信息的过程,如查到相关引文的数量,浏览过不相关的引文的数量,使用过哪些标引词等等。

上述方法亦可以综合运用:一个同意合作的检索者以他通常的方式查阅工具书,观察者同时记录他的所有活动(如使用目录、期刊等)和所花费的时间。当用到某种检索工具书时,就在预先准备好的带有拍摄装置的检索台上进行,这时开动照相机,并继续笔录直到全过程结束。胶卷冲洗出来后,再同检索者交谈,补充有关细节。

上述方法可为评价检索过程提供较详细的数据,但只在有限的范围内进行试验,如美国国会图书馆、通用电气公司图书馆和国家医学院图书馆,尚未在更大的范围内采用。有效而又简便的方

374

法还有待于进一步摸索和探讨。

二、分析和评价

（1）对咨询接谈的评价

尽管咨询接谈形式各异，内容千变万化，但是，正如怀特指出的，一个好的咨询接谈总有这样一些基本特征：首先，接谈应有组织地、有条不紊地进行，在目标、内容和随后的检索行为之间有明确的联系；第二，接谈内容紧凑，各部分之间联系密切；第三，接谈的进程应迅速向双方的目标发展，节外生枝的干扰应降到最低。根据这些特征，怀特认为评价咨询接谈可从以下四个方面来考察：

①目的

咨询接谈的目的有两个，一个是识别读者的情报需求，第二个是为成功地检索收集必要的信息。两者相比，第一个更重要也更困难。读者表达的需求可能近似于实际需求，也可能与实际需求截然不同。参考馆员面临的这一情况犹如医生面对一位病人，好医生是不会全然根据病人的自诉症状开药方的，而是耐心地听完病人的自诉，仔细分析病状，确诊病因后才开药方。读者对情报需求的描述有时恰如病人自诉病情，有的准确，有的模糊。一个好的咨询接谈不应以满足读者的要求（demand – oriented）为目的，而要以真正了解读者需求为目的。评价人员在分析接谈记录时，应注意参考馆员是否运用经验、专门的知识和对情报系统的熟悉来帮助读者明确需求。

②内容

咨询接谈的内容应围绕弄清读者的需求及相应的检索任务展开，一般应涉及下述话题：

· 寻找读者提问（questions）中的问题（problems）；

· 所需情报的主题，以及与相关主题或学科领域的关系；

· 所需情报的深度、广度、数量和时效。确定最终情报产品的

参数,如计算机检索后的脱机打印件形式;

· 影响读者使用情报产品的内在因素,如阅读能力、教育水平和动机;

· 读者查找所需情报的经历;

· 对检索成败的可能性的估计。

对接谈内容的评价不仅可依据当时双方语言交流的内容,也可依据事后参考馆员的解释。评价人员应注意:涉及上述话题的有哪些,未涉及的有哪些,涉及的程度如何,花在重点话题上的时间和有关提问数量。这样做是为了找出隐含在检索中的错误来源,特别是那些凭主观想像而不是根据对实际情况的准确把握所造成的错误。

③形式

怀特还认为,咨询接谈应采取的形式取决于参考馆员打算怎样有效地了解读者的原意而同时又可以维护与读者的合作关系。评价时,可以从形式上注意以下几点:

· 馆员是否持有乐于助人的态度?

· 有没有可能导致读者产生戒备或防卫心理的行为? 例如,馆员使用了大量专业术语,表露出恩赐、或无所不知的态度?

· 是否在恰当的时候提出开放式提问?

· 是否在必要的时候采用了后续性提问技巧(follow – up question)作深入的了解?

· 是否在必要的时候采用了封闭式提问?

· 是否在全神贯注地倾听?

· 是否对读者的心情、措辞以及委婉用语保持敏感?

· 对较长的谈话是否及时作出小结?

· 有没有流露出不良的个人习惯,如手指敲击桌面?

· 还采取了哪些恰如其分的接谈技巧?

亚利桑那大学中央参考部(Central Reference Department)制

定了专供评价咨询接谈的行为对照表(Behavioral Checklist),评价人员观察或看过录像后在评议表上圈选行为频度等级("难得"、"不够频繁"、"有时"、"大部分时间"),然后综合评分。除了了解接谈技巧,评价人员还要评估这些技巧和提问之间的关系,是否行之有效,是否还有更好的方法获取信息。

④最终情报产品(End product)

虽然一个好的咨询接谈不一定就能保证提供好的情报产品,但无疑会增加这种可能性,因为检索方案就形成于咨询接谈之中。因此,评价所提供的情报产品的质量也就成为衡量咨询接谈的重要因素。如果产生的答案不是读者所需的,或者用处不大,就要重新估价咨询接谈,审查每一个重要的决策步骤。

(2)检索结果的评价

检索结果的评价不仅可以直接反映咨询工作质量,也可以反映包括参考书藏质量和参考馆员素质在内的整个参考服务系统的性能。对检索结果的评价,不能只由专门的评价人员进行,也要有读者参加,不能只从单一的角度考虑,还要从多方面衡量,这样才能得出较全面的、恰当的结论。兰开斯特列出了五个方面的评价标准。

在表26中,"费用"不一定仅指货币价格,它也意味着"代价",即读者在下述方面付出的努力:a)使用图书情报系统(以及学习怎样使用系统)所付出的努力;b)消化不同形式的检索结果时所付出的劳动;c)获取原始文献的过程。"答复时间"是指读者委托馆员检索时,从提出要求到拿到所需结果所等待的时间。读者自己检索时所耗费的实际时间也应作为付出努力程度的衡量指标。

表 26 "用户评价情报服务的标准"

费用(Cost)	直接费用
	耗费的努力
	与系统对话的难易程度
	提供的成果形式
	文献传递能力
答复时间(Response Time)	
质量(Quality Considerations)	
	范围
	查全
	查准
	新颖性
	准确性
费用有效性(Cost - Effectiveness)	
	提供的每一相关文献或线索的费用
	提供的每一新的相关文献或线索的费用
费用 - 效益(Cost - Benefit Considerations)	

(摘自 F. W. Lancaster: "Evaluation of literature Searching and information retrieval" In: The Measurement and Evaluation of Library Services, Chapter 4 p. 141)

"质量"是评价检索结果的主要标准,查全率(Recall ratio,简称 R)和查准率(Precision ratio,简称 P)是两个重要指标。确定查准率和查全率最常用的方法是用 2 ×2 表(表 27)。

表 27 文献检索结果 2 ×2 表

	相关文献	无关文献	总计
被检出文献	a	b	a + b
未检出文献	c	d	c + d
总 计	a + c	b + d	a + b + c + d

a. 表示被检出的相关文献,即查准的文献

b. 表示被检出的非相关文献,即误检的文献

c. 表示未检出的相关文献,即漏检的文献

d. 表示未检出的非相关文献,即正确拒绝的无关文献

存贮在文献检索系统中的参加检索的全部文献量为 a + b + c + d。从检索的角度看它们可分为两部分:一部分与检索策略相匹配,被检出的文献量为 a + b,另一部分与检索策略不相匹配,未被检出的文献量为 c + d。从读者要求看,参加检索的全部文献也可分两部分:一部分与读者需求相符,称为相关文献(a + c),另一部分与需求不相符,称为无关文献(b + d)。根据 2 × 2 表,可以确定查全率和查准率的计算公式:

查全率　　$R = \dfrac{\text{被检出的相关文献量}}{\text{相关文献总量}} = \dfrac{a}{a + c} \cdot 100\%$　　公式(1)

查准率　　$P = \dfrac{\text{被检出的相关文献量}}{\text{被检出的文献总量}} = \dfrac{a}{a + b} \cdot 100\%$　　公式(2)

此外,还可以得出与查全率和查准率相对应的漏检率和误检率。

漏检率　　$M = \dfrac{c}{a + c} \cdot 100\%$　　　　　　　　公式(3)

误检率　　$N = \dfrac{b}{a + b} \cdot 100\%$　　　　　　　　公式(4)

在上述评价指标中,查全率可以衡量检索者检出相关文献的能力,查准率则衡量检索者拒绝无关文献的能力。在理论上,这两个指标可以反映检索系统的性能和检索效果,但在实践中存在着模糊性和局限性,尤其在查全率,表现为:①怎样知道一个检索系统究竟有多少相关文献 a + c? ②不同的检索者对相关文献的认识不一致;③读者对相关文献数量的要求也不一致,例如,系统藏有与某一主题相关的文献 18 种,如果较方便地检出其中 3 种读者就比较满意,而获取另 15 种则要花费较大力气,那么用公式(1)

来评价就产生了矛盾。

为了使上述指标更具有实际意义,兰开斯特认为应对某些指标的计算方法加以改进。例如查全率可以分成绝对查全率(Absolute recall ratio)和相对查全率(Comparative recall ratio),后者如公式(5)所示:

相对查全率 $R = \dfrac{\text{检索者 A 检出的相关文献}}{\text{检索者 A,B,C,D,······N 检出的相关文献之和}} \cdot 100\%$

公式(5)

公式(5)表明,目的相同的检索可以由几个检索者在同一个馆进行,称为"平行检索"("Parallel"searches)。这种检索结果不是用作被评价的对象而是用作参照——将其结果同被评价的检索结果作对比。任何新发现的文献都送交读者进行相关性审查,中选的计入相对查全率的分母,即相关文献总量。

当然还有其他方法来考察文献检索的查全率,如采用模拟试题和测试法来求得查全率和查准率,不过这些方法更适合于评价在试验条件下进行的检索,而不是在真实的工作环境中进行的检索。

费用有效性标准是用来衡量检索的经济效果的,即检索服务的成本和时间的消耗。如果由读者亲自检索,则可用查到的每件文献所耗费的时间来表示;如果由馆员代表读者进行检索,涉及的因素很复杂,包括参考部门的费用、人员工资等,暂不在这里讨论。

在评价检索结果时,应考虑读者的要求。如果读者为综述文章或科研"查新"而需要较全面的资料,则应注意查全率和漏检率的指标,采取提高查全率的措施,如采用较为泛指的检索标识以及与主题相关的参照条目;如果读者希望为研究工作找一些针对性强的资料,则应以查准率和误检率为衡量指标,注意采用专指度适宜的检索标识。查全率和查准率的关系是互逆关系,在排除人为因素的情况下,任何旨在提高查全率的措施都会降低查准率,反之亦然,这是由于检索的对象——文献本身造成的,更确切地说,由于文献所反映的学科知识之间相互渗透、互相包容、盘根错节的联系使查全率和查准率不可能同时达到100%,而是成反比关系。但是这一矛盾并不妨碍采取同时提高查全率和查准率的措施,如采用几个不同的检索策略进行多次检索。

我们还可以借鉴加权的概念,由读者评议和加权,从各方面综合反映检索工作的成果。徐宽、王战林提供的数学模型可供参考,即:

$$A = \frac{F + T + U + S}{100} \times 100\%$$

其中,A 为检索成果的评估值,如果 A 大于65%,则可认为成绩较佳;F 为读者对资料查全、查准率的总评价($0 \leqslant F \leqslant 20$);T 为用户对资料提供的及时性的评价($0 \leqslant T \leqslant 20$);U 为用户对利用资料线索获取原文方便程度的评价($O \leqslant U \leqslant 25$);S 为利用了参考服务后的科研成果(经济效益)与利用前的相比较,对所产生的差额的客观分析估值($0 \leqslant S \leqslant 30$)。例如,读者对某科研课题所提供的资料的查全率、查准率大致满意,给出 F = 20;由于专业知识所限,给出资料的时间较晚,则 T = 10;给出的线索比较容易获取原文,则 S = 20。于是:

$$A = \frac{20 + 10 + 20 + 20}{100} \times 100\% = 70\% > 65\%$$

这一指标数值基本上是读者根据客观事实,通过加权的方式给定的。尽管某一个值可能不够精确,但经过计算后,从总体上看是接近于客观实际的。

第四节　参考书藏的评价

使用工具书阅览室的读者只有少数人是寻求参考馆员帮助

的,而多数人则自己利用工具书来寻求所需情报。即使馆员帮助读者查阅,不管采用的检索策略多么合理,工具书知识多么丰富,如果没有一定质量的工具书作保证,也只能是"巧妇难为无米之炊"。因此,定期评价参考书藏,就是为了找出工具书藏书建设的薄弱之处,为提高藏书质量提供依据。

什么样的工具书书藏才算是好的?是收藏量大还是大部头工具书多?一个特定馆的最佳藏书量应该是多少?应该包括哪些类型的工具书?一个综合性图书馆应具有什么样的工具书藏书结构?评价藏书质量的标准是什么?怎样分析和评价一种种具体的工具书?这些问题都是评价人员要研究和回答的。

一、参考书藏整体的评价

(1)数量

一个公共图书馆面临的情报需求来自工农业生产、科技、教育、文化、娱乐等各个方面。一个高校图书馆既要为教学服务,又要为科研服务,各专业系科都希望从工具书中得到所需情报。因此,工具书数量是衡量工具书藏书建设的一个不可缺少的指标,也是咨询工作质量的保证之一。R. 鲍威尔(Ronald Powell)的调查表明,咨询解答的正确率,在九个拥有 500 册工具书的图书馆中约为 47%,在九个拥有 1500—2000 册工具书的图书馆中约为 80%,而在十一个拥有 4000 册以上参考书藏的图书馆中达 92%。这一结果比专家们估计的要高,不一定具有普遍性(由于受各种因素制约,咨询解答的正确率实际上低于此数),但由此可见,工具书的藏书数量对咨询工作质量的影响是毫无疑义的。

由于各图书馆规模不同,建制各异,作用和经费情况各不相同,要确定一个通用的馆藏数量公式是不现实的。卡茨提出的几条原则可以供我们参考:

①大部分咨询问题都能通过参考书藏正确地解决,那么馆藏

数量就是合理的,否则就需要补充;

②某些工具书需要频繁地借自其他图书馆,或者需要利用其他图书馆的资源来解决问题,则要补充这一部分工具书;

③在某些方面读者不依靠参考馆员的帮助就难以找到资料,那么就要考虑补充这方面的工具书。所需数量和品种可以从接谈记录、咨询统计和日常观察中得到,亦可以直接向读者了解。

各种参考服务评价标准也不同程度地涉及工具书藏书数量,可以作为馆藏建设的参考标准。例如,英国公共图书馆参考服务标准(Standards for Reference Services in Public Libraries)按服务对象人数的比例把工具书藏书数量分为 A、B、C、D 四级,服务对象超过 300,000 人的确定为 A 级,100,000 到 300,000 人之间的为 B 级,40,000 人到 100,000 人之间的为 C 级,40,000 人以下为 D 级,然后将各类型工具书的收藏范围也相应地划分为 A,B,C,D 四级,其品种、数量和完备程度均按等级依次递减(详见附录 1)。卡茨认为,大型图书馆还可以参照工具书指南确定各自的数量和品种。如希伊的《工具书指南》和沃尔福德的《参考资料指南》列出了 10,000—15,000 种精选的工具书,可以作为大型馆数量和质量的参考标准。

保证工具书一定的数量不仅仅看总数,还要注意各种类、各学科、各语种的数量的合理比例关系。

(2)质量

①学科的全面性

根据参考工具书藏书建设方针所确定的读者对象及其学科专业背景,检查工具书反映的学科种类是否达到了要求。所谓"全面"是相对的,主要看是否选收了反映本单位的主要学科以及部分相关学科的工具书。"全面"并非面面俱到、多多益善。一个图书馆的经费不可能也无必要将现代科学的所有学科的工具书都收齐。工具书的收藏往往发生"全"和"专"的矛盾,其实"全"在这里是基于学科的发展一方面趋向更专门化,另一方面学科之间相互渗透和产生边缘学科的情况下提出来的。例如研究经济的,也要涉及许多非经济学科,如文化、地理、数学等,一个农业图书馆,其工具书收藏面要扩大到与农业相关的生物学、遗传学、化学、经济学等学科。因此,"全"和"专"可以相结合:专业图书馆在保证"专"的前提下适当增收相关学科的工具书,而综合性图书馆在适当选购各学科工具书的基础上突出重点学科,形成藏书特色。

②内容的新颖性

现代科学技术发展的主要特点是知识更新周期加快,为了满足读者对新情报的需要,参考书藏应注意内容的新颖性。检查的标准包括:是否致力于搜集新出版的、内容及时的工具书? 是否注意了反映新兴学科和交叉学科的工具书? 书目、索引、文摘等检索性刊物标明的出版时间与收录材料的内容存在多大的时差? 字典、百科所标明的版本年代与检查的时间有多大差距? 是否经常剔除内容陈旧的工具书? 各工具书补编的完整程度如何?

③类型的广泛性

读者的咨询,常常不是从学科的角度,而是从出版物类型的角度提出的。例如研究生和教师侧重期刊论文和专著,科技人员除了主要利用期刊外,对科技报告、专利文献、标准资料、产品样本、会议文献感兴趣。这是由各自的职业和工作性质决定的。因此,工具书的类型是否广泛,也关系到能否满足读者的需求。在评价的时候可以从这几个方面考虑:

· 按文种分。除中文工具书外,外文工具书是否包括了本单位科研教学需要的语种;

· 按工具书类型分。西方国家工具书传统上分为十三类,中文工具书也可依此划类,但还要包括类书、政书、年历、年表,以及经史子集方面的资料书;

按检索手段分,可分手工检索工具和机器检索工具;

384

按载体形态分,印刷型检索工具包括书本式(以图书和连续出版物形式)和卡片式,非印刷型检索工具包括缩微型、机读型、视听型。

文献检索类工具书还可进一步按收录材料的种类细分。以索引为例,检查是否收录了报纸索引、期刊索引、文集索引、会议录索引、专利索引、书评索引等(见表28)。

④普通书刊资料

有的咨询问题难度较大,涉及较专深的知识,工具书受自身特点的限制,不可能提供解决问题的所有知识。要较好地满足读者需求,就要借助于一些普通书刊资料。参考馆员平时应注意那些与日常咨询密切相关的非工具书类资料,如法令汇编、学科代表作、重要的、便于查阅的史籍、教科书等普通书刊,了解它们的收藏情况和排架位置,必要的话适量挑选一些陈列于工具书阅览室,这样既可以弥补工具书的不足,又可以避免因频繁调借或入库查询带来的不便。

(3)评价方法

几十年来,国外文献介绍的参考书藏评价方法有不少,归纳起来主要有以下几种:

①直观印象

通过观察,对收藏和陈列的工具书的数量、种类、新旧程度、使用情况等取得直观印象。

②书单对照

根据权威的工具书指南或专家推荐的工具书书单对照现有藏书,检查哪些缺藏,哪些过时。用这种方法可以不定期地评价全部藏书,也可以针对一两个学科范围(或类型)有重点地进行评价。

③使用状况调查

通过观察、问卷或日常统计,发现哪些工具书利用率高,哪些利用率低或根本没有触动。

④效益分析

质量高低与效益大小有直接的关系。分析工具书的使用效益,可以用有用文献传递量除以投资费用。有用文献传递量包括工具书室内阅览次数(包括复印次数)、利用工具书解答咨询的次数、检索文献被读者利用的篇数、编制、并散发的目录、文摘、索引的册数等;投资费用包括人员费用、购书费、设备费、占用馆舍费用,得出的结果就是一个时期投入或占用一元钱平均传递若干件有用文献。为了提高效益指标,就要千方百计降低成本的投入,包括节省购书费,提高工具书利用率、充分利用空间和参考工作人员。

⑤读者反馈

利用各种渠道收集读者对工具书书藏的意见。在美国高校图书馆这是比较普遍的做法,但公共图书馆较少使用这种方法。

⑥馆际比较

通过参观、年度报告和统计资料,把本馆同其他图书馆的参考书藏相比较。为了具有可比性,应注意寻找性质相同、规模相似的馆作为比较对象。

二、个别工具书的评价

对工具书藏书整体的评价离不开对个别工具书进行单独的评价,此外,为了更好地胜任咨询工作,也为了向读者推荐优秀工具书,需要经常地开展书评工作以便了解个别工具书的特殊作用和优缺点。

(1)评价要素

①编纂目的(Purpose)

了解一种工具书的编纂目的是为了决定图书馆是否要收藏(或陈列)这种书,以及打算取得什么预期结果。评价的最好办法是向该书提问:这本书陈列在阅览室可以解决什么咨询问题? 它适合于哪一学科、哪一水平的人查阅？把前言与内容比较一下,检查是否名实相符。

②收录范围(Scope)

考察一种工具书的收录范围,可以从以下几个方面来看:

·学科/主题范围。一种声称是综合性的书目,是包括了所有学科还是以文史哲图书为主?

·时间范围。要注意出版商标明的时间与实际内容反映的时间是否有差距。一本标明 1991 年的年鉴,实际内容可能只反映 1990 年的情况。

·地区范围。收录的材料是严格限于某一地区或某一国家呢,还是全世界的？如果是一本世界范围的书目或传记,就要看看收选的各国材料是否注意了平衡,还是仍以某一国为主。

·语种范围。

·收录材料的深度。这同工具书的编纂目的密切相关。同样是期刊索引,Readers' Guide to Periodical Literature(《期刊文献读者指南》)只收录普及型刊物,而 Humanities Index(《人文科学索引》)和 Social Sciences Index(《社会科学索引》)只收录学术性期刊,因此寻找同一主题的文献,用上述索引会得出深浅程度完全不同的答案。

·收录材料的广度。检查在规定的学科、时限、地域和语种范围内材料收录是否齐全。例如评价一种索引,要先查一下该领域内的期刊是否收全了,有无重大遗漏,除了刊物,是否还收会议录、论文、专著、报告等其他类型的资料。然后再与原文核对:取若干声称被收录的刊物,将目次页中的内容与索引条目核对,看看是否收全了,还是仅仅选收若干文章。如果是选收,取舍标准是什么？该标准是否适合于索引预订之需？

③权威性(Authority)

一种工具书的权威性可以从以下几个方面来衡量:第一,看著者、编者和撰稿者的资历。有三种快速查验的方法：a）认出一个知名人物的名字，特别是认出在该领域中最好的新书著者；b）选取一个熟悉的领域，迅速找一下这个领域中的出类拔萃之辈，看是否被列入撰稿者名单中；c）查一下著者资格（职务、学位、职业背景等），看是否与他所撰写的条目相关。第二，要看材料来源，编者用的是第一手资料还是仅仅转自其他来源的第二手资料。卡茨指出，在英美国家，有些小出版商随意剽录他人词典。他们先从不具有版权的词典中逐字逐句地抄袭词条，然后组织职业词典编纂者作一点极为有限的修改，有的出版商则几乎全盘抄录。第三，看出版商的信誉。一般说，享有极高声誉的出版商所出版的工具书质量有一定的保证，但要注意的是这些出版商的工具书不一定每一种都令人放心，正如卡茨说过的，"有些以出版一流工具书而负盛名的出版商也会有降低质量的情况，六本较好的工具书，第七本也许放个空炮"。第四，要看该工具书的出版历史，在数年的使用中，有什么成就，评论界反映如何，是否多次重印和再版。这些情况有的须借助其他评论资料来了解，有的可以从前言、护封、版权页得知。

④客观性（Objectiveness）

客观性是评价百科、字典、年鉴、传记等工具书的重要标准之一，也就是说对人物、事件的评论褒贬是用事实说话还是根据主观推测。传记工具书中的资料往往有意无意地带有偏见，或对被传者顶礼膜拜，夸大其辞，或由被传者自己提供资料，使条目中的描述言过其实。评价客观性的办法是注意条目的执笔者（编者？普通作者还是秘书？）、用什么方式搜集资料（如名人录采用自填式调查表）。另外，选一些有争议的条目，看看编者或撰稿者在这些问题上是否真正做到"述而不作"——把各方面的观点汇集起来，用事实说话，还是带有明显的个人倾向。比较不同的工具书对有关条目的处理也是可取的方法。当然，如何看待偏见，也存在不同的看法。施米特(Janine B. Schmidt)认为,评价客观性要考虑这样一个因素,即使一部工具书对于某些条目的处理偏向于某一种文化、地理、意识形态或道德观念,只要它已充分说明了自己的重点,仍不算是偏见,正如一部美国的百科全书主要营销市场是针对美国,它就必然会在美国事务和历史方面占用大量篇幅一样可以理解。《新天主教百科全书》(New Catholic Encyclopedia)也无疑会从天主教观点来阐释事物。偏见,是指没有说明侧重,或声称全面、客观、毫无偏见,但却悄悄地压制不同的观点,无视其他声音。

⑤可靠性(Reliability)

可靠性是指工具书的内容准确,正确,对事实的阐述和解释有根有据。即使是著名的工具书,也会出现谬误。哈维·艾因宾德尔(Harvey Einbinder)在《英国百科全书的神话》(The Myth of the Britannica. Grove Press,1964)一书中指出了这部享有盛名的百科全书中的许多事实错误。塞缪尔·麦克拉肯(Samuel McCracken)在"英国3的丑闻"("The Scandal of Britannica 3"Commentary Feb. 1976 p.63)一文中指出十五版《英国百科全书》把人物肖像图片和年代弄错了。当然,十全十美的工具书是没有的,我们要求的可靠性是允许那些还说得过去的错误。检查可靠性的方法是挑选最熟悉的条目仔细阅读,注意其中的数据和事实有无误差,或者对自己所清楚的确切答案提问,然后利用其他工具书查验核实,看看该工具书上的答案与其他工具书上的存在多大误差。

⑥可读性(Readability)

可读性较好的工具书如百科全书、年鉴等应具有文笔生动活泼、引人入胜的特点,至少术语和生词应尽可能减少,一部以中学生或大学低年级学生为目的的非学术性百科全书,如果大部分中学生看不懂,那么它的可读性就成问题。如果一本学生词典在某一定义中频频使用其他术语和生词,必须再借助查词典才能理解,那么它的可读性也是较差的。检查可读性的办法是选一段不熟悉的条目,试试能否看得懂,词典的例证,词源和释义是否易于理解,图表、绘画、照片、地图是否清晰,能否较好地起到解释正文的作用。排字密度、页边空白、开本大小、字间行距、字体的区分、文中小标题的位置等都会影响阅读。为了最大限度地容纳信息,工具书一般都采用小号字体,但字体太小太密则可读性就差了。

⑦易用性(Easy to use)

一种工具书利用率高低同它是否容易使用是分不开的。易用性主要体现在整体框架设计和条目的编排。在审查时要注意工具书的使用说明是否简明易懂,是否大量采用缩略语,插图是否配在有关内容的同一页上。最重要的是看主要检索系统的设计是否有助于提高检索效率,辅助检索系统是否有助于从各个角度揭示正文的信息,是否符合人们的检索习惯。《英国百科全书》15版30卷本之所以受到一些评论家的非议,部分原因就在于缺少索引卷,企图用"百科简编"(Micropaedia)代替索引,违反了人们的检索习惯,影响了利用率。于是不得不在十多年后重新增补二卷索引。

⑧适时性(Currency)

工具书的出版周期和修订方式是衡量适时性的要素之一,为了跟上知识更新速度,很多工具书出版周期在缩短,版本更替频繁,以周刊、半月刊形式出版的书目、索引、文摘屡见不鲜。一般说,出版社收到书稿到出版发行需要六个月到两年时间,根据卡茨的说法,英美工具书中所收资料的最后期限距版权年约六个月至一年时间。因此,书上的版权日期是一个可供参照的适时性标志。如果工具书经过修订更新,则版权时间一般与书名页上的出版时间相同;但如果两者有明显差距,就应引起警惕,应仔细审核内容的适时性。审核的办法是对内容抽样检查,查找现时的新闻人物、人口数字、地区疆界、成就记录、最新事件,以及其他符合该书收录范围和编纂目的的新资料。如果一种工具书是新版本,应检查那些该书自称经过修订的内容,将它与早期的版本加以对比,或者检验引证材料日期与出版日期之间的时差;如果是索引或文摘,应核对原文发表的时间与该索引或文摘出版日期之间的时差;检查词典适时性的办法是用新近出现的新词或旧词新义抽查词典条目。

（2）一般评价方法

①浏览

浏览是评价所有工具书最便捷的方法。上述评价要素几乎都可用浏览的方法得出初步结果。高效率的浏览应首先注意书名页和版权页。书名页包含着大量信息:书名和副书名揭示工具书的性质和收录范围,版次说明和出版年揭示收录材料的新旧程度;出版者则同工具书的权威性有一定联系。版权页的版权说明可揭示该书的出版历史,如果该书有较高的重印和再版记录则表明该书比较受欢迎;如果该书是在国外首次印刷的,则要查一查它在国内的版本原名,因为书商一旦得到在国外出版的版权就有可能改变书名。除了书名页和版权页以外,目次页、前言、护封都是审查一种书的信息来源。工具书外观也是浏览的一部分。破损到无法利用就需要修补装订或剔除更新,但破损书在某种意义上也意味着较高的利用率。崭新的工具书未必一定有保留价值,布满灰尘的新书要么说明使用价值不高而无人利用,要么说明须调整架位以引起人们的注意。

②邀请专家

专家在这里包括各学科的研究人员、学者、经验丰富的参考馆员,工具书出版编辑人员、书评工作者等。可以通过参观、问卷调查、座谈讨论等方法收集对工具书藏书建设的意见。值得注意的是,专家们的意见是重要的,但要在综合各方面的意见的基础上进行分析和取舍。由于使用工具书的角度和经验各不相同,专家的意见也都是仁者见仁智者见智,最终的结论还要在充分听取别人意见的基础上由自己作出。

③比较

有比较才能有鉴别,比较是评价常用的方法。可以将性质、作用相同或类似的工具书放在一起比,也可以将同一种工具书的不同版本进行比较。这种比较,同样要注意可比性,也就是说,应将足本词典同足本词典相比较,而不是同中型词典相比。

④利用书评资料

书评文章大多由经验丰富的图书馆员、教师和学者撰写,有较高的参考价值,是工具书评论的重要资料来源(参见第7章第3节"工具书的收集")。肯尼思·基斯特的书评专著如《百科全书购买指南》(Encyclopedia Buying Guide)、《词典购买指南》(Dictionary Buying Guide),不仅介绍了评价方法,还将这些方法运用在对一种种百科全书或词典的评论之中,值得我们在评论中外文工具书时借鉴。

参考文献

1. Schwartz, Diane G. &Dottie Eakin. Reference service standards, performance criteria, and evaluation. Journal of AcademicLibrarianship, 1986 12(1):4 – 8

2. Klassen, Robert. Standards for reference services. Library Trends, Winter 1983. p. 421 – 428

3. Standards for university libraries. College&Research Libraries, 1979. 40: 101 – 110

4. Draft: Statement on quantitative standards for two – year learning resources programs. College&Research Libraries, 1979. 40:69 – 73

5. Standards for college libraries: College&Research Libraries, 1975. 36 (5):277 – 279, 290 – 275, 298 – 301

6. Pierce. Sydney. In pursuit of the possible: evaluating reference services. In: Evaluation of Reference Services. p. 9 – 21

7. Zweizig, Douglas L. Tailoring measures to fit your service: aguide to the manager of reference servrces. In: Evaluation of Reference services, p. 53 – 61

8. Weech, Terry L. Who's giving all those wrong answers? Direct service and reference personnel evaluation. In: Evaluation of Reference Services p. 109 – 120

9. 姚继民等. 情报人员素质及其评价. 北京:科学技术文献出版社, 1989. 128 页

10. 胡伟. 图书馆系统管理——现代管理方法在图书馆的应用. 沈阳:辽宁人民出版社,1989. 209 页

11. 张学华. 我国的文献资源分布. 图书馆学通讯,1990(4):27

12. Shavit. David. Qualitative evaluation of reference set vice. In: Evaluation of Reference Services, p. 230 – 243

13. 王崇德. 图书情报方法论. 北京:科学技术文献出版社,1988. 214 页

14. Martyn, John&F. W. Lancaster. Investigative methods in libraty and information science: an introduction. Virginia: Information Resources Press, 1981. 260p.

15. 罗式胜. 文献计量学引论. 北京:书目文献出版社,1986. 428 页

16. 巴比,艾尔. 社会研究方法. 成都:四川人民出版社,1987. 388 页

17. Lancaster, F. W. The Measurement and evaluation of libiary services Washington:Information Resources Press, 1978. 395p.

18. McClure, Charles R. Output measure, unobtrusive testing, and assessing the quality of reference services. In: Evaluation of reference services, p. 215 – 233.

19. 布沙,查尔斯. 图书馆学研究方法. 北京:书目文献出版社,1987. 562 页

20. White, Marilyn Doinas. Evaluation of the reference interview. RQ. Fall 1985. p. 76 – 83

21. 胡安朋. 科技文献检索与利用. 天津:南开大学出版社,1986. 423 页

22. Young, William F. Methods fox evaluating reference desk perfor – mance. RQ, Fall 1985. p. 69 – 74

23. Katz, William A. Introduction to reference work. v. 2 Referenceservices and reference processes. 5th ed. New York: McGraw Hill, 1987. 237p.

24. 徐宽,王战林. 参考咨询服务成果的评价. 图书馆学研究,1987

（3）:108

25. Schmidt, Janine Betty. Apparatus: a mnemonic for the evaluation of reference resources. In: Evaluation of reference service. p:301 −311

26 Kister. Kenneth Encyclopedia buying guide. 3rd ed. New York:Bowker. 1981.

27. Freiband. Susan J. Evaluation of reference collection in public com − munity college and high school libraries. Collection Management,1979. 3（4）: 353 −361

28. W. A. 卡茨;戴隆基等译. 参考考工作导论——基本参考工具书. 北京:书目文献出版社,1986.482 页

第九章　关于参考服务的理论
和一些问题的探讨

　　图书馆参考服务随着时代的演进,和社会需要的不断变化和发展而逐步深入,同时,必然会在它的实践中陆续产生着各种各样的问题,而这些问题也跟着社会发展的步伐在起着变化,有的性质改变了,有的表现形式不同了,因此,我们必须时刻予以密切的关注、观察和研究它们,并设法在理论和实践中,寻求解决办法,不断改进。我们在本章中,对某些问题,将简要地介绍国外目前的研究情况,和一些图书馆学者对这些问题的个人观点,同时,也提出了著者的一些不够成熟的看法。这些都有待于大家今后不断地探索研究,以求得更为全面的切合实际的解决途径。

第一节　国外关于参考服务理论的一些论点

　　参考服务有没有基本理论? 有什么样的基本理论? 这个问题至今未有定论。到目前为止,国内外虽已产生了为数可观的研究文献,但绝大多数侧重于应用方面的研究或具体技术方法的讨论,其中也不乏一些理论,但多是运用各个学科知识解释具体事实的零散的理论罗列,缺乏作共性的科学概括和能够揭示各种现象的规律性和因果性的系统论述。参考服务的实践需要理论指导才能有所发展,参考服务的研究必须摆脱经验描述才能深化。因此,本节也介绍一些这方面的主要文献,仅供参考。

一、波普的"世界 3"理论和参考咨询

1967 年英国科学哲学家卡尔·波普(Karl Popper,又译作波普尔)提出了"世界 1,2,3"哲学理论,受到了哲学界和情报学界的重视。英国图书馆学与情报学家布鲁克斯(B. C. Brookes)在《情报学的基础》一书中指出:"波普的第三世界的理论应受到图书馆学家和情报学家的欢迎。这是因为它是第一次从纯粹实用的观点以外的角度,为图书馆学与情报学的专业活动提出了理论基础。"1985 年,美国图书馆学家尼尔(S. D. Neill)教授在《参考季刊》(RQ)上撰文,把波普理论同咨询过程结合起来,为建立参考服务的理论作了尝试。

由于波普理论曾在我国图书馆学基础理论研讨中引起热烈争论,因此在介绍尼尔的研究之前,先简要地概括一下波普理论。

(1)波普理论概要

波普的理论可概括为:①三个世界;②两个试验;③一个图式。

波普把世界划分为三个:1)物理状态的世界,即"世界 1"。它包括物质、能量,以及一切生物和人的大脑等;2)精神状态的世界,即"世界 2"。它包括全部感性知识,认识经验,创造性想象以及自我;3)客观知识的世界,即"世界 3"。波普认为这是人类精神产物的世界,是故事,科学理论(不管是真实的,还是虚构的),科学问题,艺术作品等的客观知识世界。世界 3 的许多对象存在于物质体的形式中,并在某种意义上既属于世界 1,又属于世界 3。例如雕塑、绘画、书籍。一本书既是一种物质实体,属于世界 1,又是人类精神的重要产物,属于世界 3。从发生的关系来看,先有世界 1,然后有世界 2,最后才有世界 3。但世界 3 一经形成,就是自主的。尽管它是人类的产物,但它对人类甚至第一世界有一种强烈的反馈作用。波普认为,这种人类用语言符号记录在载体上的

客观知识可以一代代传下去,并不断充实提高,促进人类文化科学的不断向前发展。一个人的主观知识将随着他的死亡而消失,但客观知识既可以在同代人中交流,又可以传之后世,永不消失。当然这种对世界1的影响,只有通过人的干预,更确切地说,通过人的把握(世界2的过程,或世界2和世界3相互作用的过程)才能实现。科学家们要对世界1知道得更多,就必须使用世界3的对象作为他们的工具。这迫使他们对世界3的对象更感兴趣,而且只有通过研究它们(世界2的过程)才能改变世界1。因此,世界3的对象和世界2的过程都是实在的。

为了说明世界3的作用,波普设想了两个思想实验。①如果我们人类的所有机器、工具都被破坏了,而图书馆还保存着,那么人类经过许多苦难,仍能够重新发展。②如果所有机器、工具连同图书馆一起被破坏了,那么人类从书本中学习的能力也就没有了。人类文明的重新出现,就会是几千年以后的事了。这也说明,第三世界存在的实在性,意义和自主程度,以及对第一、第二世界的影响。

此外,波普还提出一个认识的方法,称否证法或试错法,是用如下图式描述的:

$$P_1 \rightarrow TT \rightarrow EE \rightarrow P_2$$

这个图式的意义是指:我们从某个问题(P_1)出发,进而建立起一个试探性理论(Tentative Theory 或 TT)用来解释(→)某个问题。它也许是错误的(部分或全体),不管怎样都有待于消除谬误(Error Elimination,或 EE),这可以由批判讨论或实验检验达到,进而产生新的问题(P_2),由此推动认识运动的不断发展。

(2)波普理论在参考咨询的运用

尼尔教授认为,在咨询过程中,解决问题的关键不在于采取了哪些检索步骤,而在于参考咨询员在澄清用户问题时是怎么思考和决策的。波普的三个世界理论和否证方法可以用作指导这一过

397

程的理论依据。

参考馆员碰到的第一个问题是如何了解读者的提问。有经验的馆员很少用"为何"（Why）这一类提问来探明读者的目标和动机。通常他们是通过可视信息如衣着、性别、年龄、语言，当然还有读者提问本身作出判断的。第二个问题是如何识别真正的问题。从事联机检索的馆员在这一步要花费大量时间，确定能准确反映关键概念的检索词。如果馆员对问题所属的学科背景不熟悉，那么第三个问题就是要理解提问中的术语。如果提问太宽泛，那么通过咨询接谈，一步步地将问题具体化，就成为馆员要解决的第四个问题。最后，在提供答案时，馆员还要了解用户对所提供的情报数量和质量反应如何。尼尔认为，上述步骤与波普理论十分近似："从某个问题出发"就是要求首先理解用户提问；"建立试探性理论"就是在对用户的问题进行初步判断的基础上制定检索策略，而执行检索策略（查找）和提供答案的过程就是"消除谬误"的过程如果检索结果与用户要求不符，就要进一步澄清问题（提出新的问题）；如果相符，那么可能产生的新问题就是如何使用所提供的情报。

尼尔还认为，在参考过程中，世界1,2,3的区别是很明显的。无论是用户，还是参考馆员，都置身于这三个世界中，为了说明问题，他开列了长长的清单，以下仅是其中的一部分：

图书馆　·建筑（外部的、内部的、服务点的布局、标识符号）

　　　　·服务点（第一眼看到的人、来往于各服务点的人数、工作人员整体）

　　　　·家具、设备

各种物体无疑是世界1，包括各种穿戴的人。各种标识符号（包括指南、平面图等）都属于世界3。人们入馆后环视四周，解读各种标识的过程（世界2）将会影响他对世界1的认识。

用户·品质、人格和评价（影响参考过程的世界2因素）；

- 年龄(作为外观特征属世界 1,而年龄对馆员态度的影响属世界 2)
- 教育(世界 2 因素在参考过程中起作用);
- 知识(在运用过程中属世界 2,贮存于记忆中的文献属世界 3);
- 认知能力(世界 2 包括记忆的运用,解决问题的技能和认知方式);
- 沟通能力和方式(语言,世界 2;非语言信息的解读属世界 2,作为可视的非语言信息属世界 1);
- 对图书馆和馆员的理解(世界 2)

由于篇幅有限,这里不再一一枚举。总之,尼尔把这一尝试的目的概括为三点:1)清楚地认识咨询过程中各有关因素;2)所有这些因素都是可研究的,例如建筑物外部或入口,以及馆员接谈方式的影响等等;3)有助于构筑参考服务研究的理论基础。他也承认或许波普理论并非是解决问题的最好理论,但这是解决问题的一种模式,是图书馆员和情报工作者得以认识和研究事物的最便利的方法,它既能解释普遍现象,也能解释个别问题。

波普的哲学体系是庞大的,内容很复杂,许多合理的思想与错误的观念掺杂在一起,要详细评介已超出了本书的范围和能力。尽管其中有些论点令人迷惘困惑,但也有不少论点可以给人以启迪。例如,波普的试错法对于丰富检索理论有积极的意义。目前,图书馆界、情报学界对检索理论的探讨多是经验描述性的,还没有在哲学的高度进行概括和总结。卡茨对检索方法的描述多少表达了这种思想,他说:"就某种意义上来说,检索策略相当于一个假设,然后通过查找来证实这种假设的有效性。"

解决问题的能力,即执行检索的过程并不仅仅在于图书馆员对现有馆藏和问题的认识,而且也在于在认识过程中作出改变。卡茨的经验描述与波普在哲学上的总结是一致的。至于三个世界的划分能否作为参考服务理论基础还要进行大量探索和深入思考,这里暂时不下定论。但作为一种哲学见解,值得我们汲取其中有积极意义的成分是波普对精神产物的强调。用图书馆学的术语来说,这首先是文献情报,它是人类精神活动的产物,不管人们有没有意识到,有没有人去查询利用,它都是一种客观存在,而且对人们从事物质和精神活动有巨大的反馈作用,以帮助人们开发利用这个巨大宝库为职业目标的参考馆员应该认真地研究。因此,尼尔的论文是个有价值的探索,他把世界 3 在参考过程中存在的形式以及对世界 1 和世界 2 的相互作用作了初步表述,对构筑参考服务理论是有意义的。

二、传播学与参考服务理论

传播学(Communication),主要是大众传播学,是西方四十年代至五十年代兴起的一门边缘性学科。近十年来,这门学科已逐步健全了自己的理论体系,取得了丰硕的研究成果,并对图书馆学研究产生了很大影响。

美国图书馆参考服务研究早在 60 年代就引进了传播学理论。埃利斯·芒特(Ellis Mount)在"交流障碍和参考问题"(Communlcation Barriers and the Reference Questions. Special Libraries,1966)一文中就归纳了咨询接谈中的各种沟通障碍。诺尔马·J·肖希德(Norma J. Shosid)在"弗洛伊德,弗来格和反馈"(Freud,Frug,and Feedback. Special Libraries,1966)一文中讨论了咨询接谈是如何受到语言和非语言沟通的影响的。

S. 罗伯特·泰勒(S. Robert Taylor)在"图书馆咨询接谈和情报查询"(Question – Negotiation and Information Seeking in Libraries. College & Research Libraries,1968)文章中不仅描述了传播在图书馆中的作用,而且重点分析了图书馆员如何去发现读者想要知道而又无法准确表述的东西。泰勒的研究被以后的研究文献频繁地引用。诺曼·J·克拉姆(Norman J. Crum)在"顾客关系：满足情报需求的动力"(Customer Relationship：Dynamics of Filling Requests for Information. Special Libraries, 1969)探讨了由于物理的、心理的、语言的和个性的因素引起的沟通障碍，认为提高馆员对于读者需求的敏感性(Sensitivity)是改进咨询接谈中的人际关系的最有效方法。进入70年代以后，传播学的理论运用在咨询过程的研究就更普遍了。

传播学理论能否作为参考服务的理论基础？在回答这个问题前，让我们先看看传播学主要的研究内容能否与参考服务要研究的内容相匹配。

西方传播学界把人类传播行为作为一个运动过程来研究。将复杂的传播全过程分为若干部分，然后再分别深入研究各个部分在传播全过程中所处的地位和作用。1948年美国学者拉斯韦尔将复杂的传播模式分为五个部分，即"谁传播、传播了什么，通过什么渠道传播、向谁传播和传播效果如何"。在拉斯韦尔模式的基础上，美国传播学者对传播全过程进行了五项专门研究(即传播者研究、信息研究、媒介研究、接受者研究和传播效果研究)。根据美国参考服务研究文献来看，大致上也是分这五个方面来研究的：

传播者研究　主要对参考馆员的研究，内容包括参考馆员的特点、作用、地位、资格、职业道德、服务态度(包括移情研究)、在职训练、感受性训练(Sensitivity Training)疲竭现象(Burn out)、各种心理特征、检索技能、知识结构、馆员评价和人事管理。

信息研究　也就是传播内容的研究。信息按感知方式可分为直接信息(人从社会现象和自然现象中直接获得的信息)和间接信息(文献、数据、手势等)；按形式分可分为内储信息(经人脑加工储存在人脑信息库中的信息)和外化信息，即以符号形式存在于一切精神产物中的信息；按外化结果可分为有记录信息和无记录信息;按符号种类可分为语言信息和非语言信息。西方参考服务研究在这方面的探讨,主要集中在各种信息在传达传播者意图中的作用以及受传者同信息之间的联系,包括语言和非语言的作用和技巧(本书前几章已略有论述)。内容涉及提问分析,各种沟通障碍分析,馆员和读者的相互关系等等。

传播媒介的研究　传播媒介指信息载体。在参考服务中,信息主要是通过二次、三次文献来传递的,因此,对检索工具的研究,包括收集、组织、评价以及各类检索工具的关系和在传播信息中的作用都属于这一范围。

接受者研究　在参考服务中,信息接受者主要指服务对象,即情报用户(包括非用户)。这方面已有了大量文献,内容涉及需求研究,读者行为研究和心理分析,寻求情报的方式,利用参考服务的情况调查和分析,用户和馆员及图书馆的关系,用户教育问题等。

传播效果的研究　高效能地传播信息涉及传播者的技能和传播媒介的质量。因此对咨询接谈以及对检索方法的研究和评价构成研究参考服务中的传播效果的主要方面。

向用户传播文献信息是参考服务的主要职能,对这一服务方式的研究必然找出规律和本质所在。但过去的研究多半停留在经验描述阶段。很多理论来自不同学科,其理论依据不一,体系不够完整严密。而传播学理论,为参考服务提供了从定性到定量,从实验到理论,从具体到抽象,从现象描述到本质分析等一系列理论依据。上述五个方面最本质的关系是信息源和信息接受者之间的关系,这正是参考服务致力于研究的核心,而参考服务的实现不仅依赖信息从馆员到用户的单向传递,也依赖于通过各种渠道回收接受者的反应,建立这种反馈系统也正是传播学研究的主要内容之一。因此,可以认为,传播学理论应作为参考服务的基础理论,它是信息科学在信息服务这一分支中的具体应用。

三、瓦夫雷克和卡茨的观点

美国图书馆学家伯纳德·F·瓦夫雷克（Bernard F. Vavrek）对参考服务的理论研究发表过一些有影响的文章。他在早期的论文"参考服务的理论"（A Theory of Reference Service. College & Research Libraries, Nov. 1968）中，把艾伦·里斯（Alan Rees）的观点"参考（服务）就是图书馆服务"（Reference Is the Library）作了进一步的阐述。他认为，参考服务包含了所有存在于读者和情报之间的变量，直接或间接影响图书馆的全部活动都应看作是咨询过程中的变量，每个个人包括专业人员和非专业人员都应是咨询过程的一部分，图书出纳、编目、流通、管理，甚至更新布局也都是参考服务的组成部分。所有这些变量都有潜在地影响用户利用情报服务的可能。如果要评价这些服务就要评价整个图书馆参考服务，而不仅仅限于是参考部，但重点当然应放在直接作用于情报传播的那些服务工作上。不过，瓦夫雷克也觉得，这个范围可能太大，他后来补充道，"如果这个思想站不住脚，它至少也为进一步提炼打下基础"。70 年代以后，瓦夫雷克在他的参考服务理论研究中把注意力转向了传播学理论。1974 年，他在"参考工作的性质"（The Nature of Reference Librarianship. RQ, 13（3）: 213 – 217）一文中提出把有效的人际信息交流理论作为参考服务的基本理论，瓦夫雷克强烈地主张参考理论的中心焦点在于对馆员与读者关系质量的研究，他强调，过去的理论研究特别重视常规的内部管理和参考馆员对于资料方面的知识掌握。掌握资料源的知识，仅是参考馆员达到调整知识与知识用户之间供需关系这一目的的手段，他的结论是：参考理论的基础必须非常坚实地建立在用户的需求和参考馆员对那些需求的理解能力，并且能够满足这些需求等方面，而不是建立在参考馆员仅作为一个资料的组织者和保管者的作用上面。他指出参考课应研究人的因素和人际关系，激励参考人员的工作热情。瓦夫雷克的观点基本上和卡茨是相似的,他主张用户需求至上,这一点必须是参考馆员学习和研究的基础,认为参考服务事业是任何类型图书馆职能的灵魂和中心,因此参考理论也必须以这个作为核心。他还建议把这一理论运用于参考服务的评价中去。即不单是考虑参考馆员处理多少咨询问题,增加了多少资料收藏,更主要地是衡量用户满意的程度如何。

　　一些美国图书馆学家们认为,参考服务理论的研究目的就是要找出一切参考服务实践中的障碍,以期使用户得到最大的情报满足。其中卡茨的观点最鲜明,他反对那些对参考馆员提供情报服务的种种审查和限制的规定。他说:"'运动之中产生创造力'(imagination in motion)这句话,对于给参考服务下一个定义提示了一条途径。提出一个问题要求有创造力,把问题转换为得出答案的术语,需要创造力,获得一个满意的解答,就需要更多的创造力。"他认为不给参考馆员提供情报的自由,他们的创造力就受到限制。因此,参考服务理论的研究核心就是参考馆员所强烈反抗的审查和限制提供情报的一切企图,因为这种企图是参考馆员保证用户充分使用情报的障碍。他坚持主张对情报用户必须在任何时间内提供任何类型的情报,都要给予充分满足。这意味着,参考馆员在寻求咨询解答或提供情报上所用的时间可以不受限制,任何用户都一律平等地享有这种待遇。

四、麦克卢尔和谢拉的观点

　　麦克卢尔(E. R. McClure)比瓦夫雷克还要更进一步,他认为只有受过专门大学教育的馆员们才能为学科专家提供专业情报服务,才能保证参考服务充分地满足需求,他十分肯定地断言,没有专门学科知识的帮助,参考馆员的作用是极为有限的,如果参考馆员不能接受图书馆是传播特定情报的这一基本理论,这就说明参考馆员仍然保持着书籍保管员这一已过时了的观念,假如图书馆不能满足读者的情报需求,参考馆员仅是训练读者如何使用书藏,保存在图书馆内的情报不能检索出来,图书馆作为社会的一个独立的实体就没有任何作用。他认为图书馆在社会中的意义和作用是对情报用户提供服务,而不是保管资料和管理。

麦克卢尔主张参考馆员必须为情报用户准备尽量详细的文献摘要,摘要中包含有针对用户提出的咨询问题的解答。

他的论点中最有意义的一个就是对图书馆人员政策的必要改革,要求大型图书馆聘用一批学科专家,他们能够长期地为一个个读者的情报需要提供服务。

麦克卢尔的论点强调了图书馆事业是由馆员所做的一种需要高度评价的学术活动,也是以学科为基础的智力活动,而不是一种纯粹依赖技巧的训练和技术的职务。在麦克卢尔看来,图书馆员只有丰富的知识还不够,还应具有把有关情报从情报源中选择出来的能力,并能够区分优劣。他认为参考馆员给予用户的服务层次和提供服务的质量及经验就是对咨询工作进行理论考察的根本问题。

谢拉(Jesse Hawk Shera)也像麦克卢尔一样,认为参考服务的根本问题在于应在学科专业化方面来改善参考馆员素质。在现代这个过渡和改革的时期,多面手式的参考馆员已不能适应时代的需要,而将由在图书馆工作的学科专家所代替,他的这种主张意味着,参考馆员不只要具有图书馆学的知识,还必须掌握某一学科领域的知识,才能为专家学者们提供满意的服务。

五、三个层次的理论

在第二章中,我们已提到参考服务有三个层次之分,这是怀尔概括了当时美国图书馆自建立参考服务以来的三种论点,并称之为参考服务的理论,或称三个层次,即:保守的、适度的和开放的三种服务。这种提法虽已普遍使用,但各图书馆究竟以采用哪一种层次服务为宜,却议论纷纷,莫衷一是,至今还没有得出一致的结论。因为这个争论是随着社会文化的发展而起伏波动,这个问题本身的性质与参考服务的职能问题有着密不可分的联系,而参考服务的职能也在逐渐发展演进,成为争辩的一个焦点。因此,要想单纯给这个问题做出一个定论,就比较困难了,但这却是一个值得仔细研究的问题。在评论三个服务层次的理论之前,有必要再回顾一下原始的保守派的主要观点,因为它一直影响着参考服务实践顺利发展,关系到参考服务的方向、目的、职能等许多方面。

(1)原始的保守派

艾恩沃斯·兰德·斯波福特(Ainsworth Rand Spofford)最早提出了参考工作(应作咨询工作)的范围应该仅限于辅导读者使用目录,帮助读者选择所需的书籍而已,图书馆员所要做的,只是知识的指引者,如用路标只能指示途径,至于道路还是要由读者自己去走,他的论据主要有两点:一是参考馆员的时间有限,而读者的需求是大量的,如果单独对一个读者提供广泛的服务,则势必损害了对其它读者的服务。另一点是:这种广泛的服务对被服务的读者也是一种损失,因为服务目的是要帮助读者自己获得解答问题的技能,这种技能将会使读者在治学途径中一生受益,如果参考馆员直接解答了读者的问题,就是使他丧失了这种可贵的受益过程。

斯波福特的论点是强调参考馆员的时间应该花费在值得出力的问题上,而对琐碎的问题则不要去浪费时间,他把咨询问题分为七个等级,以资区别问题的重要程度。

贾斯廷·温莎(Justin Winsor)也是最早的保守派之一,他在1878年就已提出了馆员的主要作用是教读者学会自己从书里找出解答。

威廉·W·毕晓普(William Warner Bishop)先后在1908、1915年撰文论述关于参考理论方面的问题,均指出参考馆员应该致力于教育读者如何利用图书馆,着重指出参考馆员的作用是帮助读者自己查找情报,而不是替读者查找情报,他的基本观点是普通的参考馆员面对各种学科领域的问题,不可能提供超过最小限度的服务。

约翰·科顿·戴纳(John Cotton Dana)在1911年提出参考馆员的主要目的是去训练读者学会使用图书馆,而不是去提供咨询问题的解答,是参考服务保守论的提倡者。

这四人主张对读者提供最低限度的服务,那是在参考服务建立的早期,我们从第一章参考服务的起源与发展中,可以了解到,在初期,美国社会的看法与图书馆自身都处在消极状态,刚刚摆脱了馆员只是保管图书的旧观念,社会上大部分人们,尤其是学者们,其中还包括图书馆馆员自己,都认为图书馆只能在指导读者使用目录方面起作用。搜集各学科领域的情报,是学者和研究工作人员们自己的事。上述四人主张提供最小限度服务,实际上代表着那一时期流行的看法。

针对保守派的论点,其后,很多学者都提出了不同的看法,下面就是一些比较主要的论点。

(2)怀尔对三个层次的概括

关于服务的方式和服务层次问题的提出,如上所述,始于19世纪末至20世纪初期,但专业图书馆兴起以后,实行了高层次的服务,怀尔针对当时各种服务形式的不统一的情况,进行了概括,指出了三种层次服务的不同之处。怀尔是一个高层次服务的积极支持者,但其论点比较客观冷静,并不超越现实,对最低层次的服务,怀尔的看法是训练读者使用图书馆是一种自私的做法,所谓受了训练的读者可以自助地使用图书馆,从而使馆员腾出手来为更多的读者服务的理由,是不能令人相信的,普通读者经过那种简单的指导,是否就能有效地使用图书馆? 所有参考馆员是否能够从查找事实和检索的工作中解脱出来? 都是可质疑的。一个设备很好,又有可能胜任提供高层次服务的图书馆,却偏偏限制提供高层次服务,仅仅指导读者去查目录,这是一种不可宽恕的、十分可怜的的政策。怀尔对高层次的服务誉之为进步的和开明的理论,但这个理论是基于这样一种假设:每个馆员都愿意对参考服务的需求给予最大的关注,它的重要的一点是,坦率地承认了图书馆员有提供这种无限度服务的义务。最后,怀尔认为这种论点在当时看来,仅是日臻完善的一个目的而已,要做到这种要求,还有待于未来。他乐观地说:"今天的梦想将是明天的现实"。与此同时,他认为目前的实践,还应以适中限度为基础,作为参考理论的起点。

（3）罗斯坦的评论

他对保守派的观点进行了深入的分析和评论,他认为,有限服务论是建立在平衡图书馆经济能力（人力、财力等）和读者自助的教育价值的基础上的。然而,这种理论所依赖的假设存在着很多问题,根据保守的论点,图书馆是不可能有更多的人手提供更广泛的服务的。因此,第一,图书馆绝不可能得到足够的财力去实现他们理想的计划;第二,参考服务就得永远保持这种服务层次。

罗斯坦指出:事实上,保守理论的根据是完全不能成立的,因为:

①图书馆是可以获得足够的资助,用以做他们想要做的事的。另外,也可以缩小其它活动,以提供更多的参考服务。

②保守理论的所谓指导读者比直接提供情报更为优越,也是站不住脚的,图书馆还不是一个教育机构,尤其对公共图书馆来说,更是如此。保守论者丝毫没有把对读者的指导与直接提供情报相对照,哪个效果更好？事实证明,读者并没有一定要掌握使用图书馆技能的兴趣。

③关于参考馆员不可能胜任涉及各学科领域的各种咨询的说法,只能适用于个别馆员,而就参考馆员整体来说,情况则不是这样。在理论上,图书馆完全可以按需要增加参考馆员,其中将会不乏提供主要知识门类的专家、学者。

④保守理论的假设是依赖于读者会满足于最低层次的服务，因此，可以假定那些需求高层次服务的读者会遭到拒绝，或者让他们认识到指导比直接提供情报受益更多，这样就和参考服务的传统目的产生了矛盾，格林等先驱者们的思想是参考服务越扩大，图书馆就会受到社会更多的欢迎和资助，如果读者在需求上不能得到真正的满足，则参考服务就与它初始的宗旨背道而驰。

（4）阮冈纳赞（Shiyali Ramamrita Ranganathan）的五定律和参考服务

阮冈纳赞在他的《参考服务》一书中，特别强调图书馆的所有活动，如图书的采访、分类编目等，最终目的是要使参考服务更为行之有效，他的主张也是以最大限度的服务来最大限度地满足读者的需求的。

因此，他在书中提出图书馆的五定律，来阐明他对参考服务的看法：

第一定律　图书是为利用而存在的，图书馆员必须准确地将图书送到最需要它的读者手上，也就是说，帮助读者找到他确实需要的资料，使馆藏资料得到最充分的利用，发挥馆藏的最高功能。

第二定律　每个读者要有他自己的书。这里所谓的书，包括图书馆各类型的资料，参考馆员应该主动介绍读者所需要的资料，使他能更广泛地接触馆藏。

第三定律　每本书都要有它的读者：图书资料一旦列入馆藏，就一定具有参考利用的价值，参考馆员应该加以推荐介绍，扩大馆藏的效用。

第四定律　节省读者时间：要求参考馆员不但要熟悉馆藏一般性的图书资料，还要对所有参考工具书也能熟练地使用，才能尽快地帮助读者获得他所需要的资料，节省读者搜寻资料的时间。

第五定律　图书馆是一个不断成长的有机体：是指图书馆的图书资料的数量与种类均不断地增加，参考馆员掌握着日益增长的资料,按读者的需求,来充实服务内容,使读者得到合理的满足。

在阮冈纳赞的一些著作中,虽然他都讲到中层次服务,指出参考服务的范围和深度应按照读者的特点和图书馆的类型而有所不同,在某种情况下,读者教育还是适用的。然而,从他的这五个定律和根据它们给参考服务下的定义看来,却不是支持这样主张,他很明确地要求所有各类型的图书馆应该提供最高层次的服务。

(5)卡茨对三个层次服务的分析

卡茨从现代参考服务的实践出发,作了观察和分析,他研究了参考服务的层次问题与咨询接谈这一环节的关系,参考馆员对各层次服务的处理态度和表现,以及三个层次服务问题在现代化技术应用中受到的影响和变化。下面是他对这些方面的见解和评论:

①咨询接谈与参考服务层次的关系:卡茨指出在咨询接谈时,就要接触到给予用户哪一种层次服务的问题了。因为用户指出咨询问题的类型和需求直接决定着服务的层次,而给予用户哪一种层次的服务是由馆员来决定,这就和参考馆员的能力和经验有关。

②表现:有的用户得到的可能是低层次的服务,而有的用户就可能得到高层次的服务,与馆员的情绪和感情有关。例如有的参考馆员嫌麻烦,知道问题的解答资源,却不愿离开座位帮助查找,或者,接谈时,只提问到某种程度,只要了解到能够得到一个解答的参考源,就戛然而止;如果在接谈中,发现解答成功的希望不大,就草草结束;或者,只是挥挥手,指示用户去查卡片目录。由此看出,不同的服务态度,结果就不同。

③三个层次服务对用户的反应:对图书馆的用户来说,在咨询时,无法知道参考馆员将会给予他怎样的帮助,因此,往往对咨询台后面的参考馆员加以选择,可能是选择一个较为空闲的咨询台,希望参考馆员由于比较空闲,而情绪和态度会较好,会受到高层次的服务;或者选择一个受人喜欢的参考馆员,用户在提问时,常常

410

是采用一种试探的问询方式,来探测能得到什么样的服务。在用户中,有人强烈地感觉到,参考服务常常是看参考馆员的方便而定,却不是为了用户的方便。这样,使得用户对于究竟是哪一种参考服务层次,没有一点概念,对于一个急于寻求文献来解决研究或工作中问题的用户来说,只要能找到一些资料,哪怕是一点点也好,都会使他们如获至宝,兴高采烈,也就不会计较服务的层次. 但是那种不负责任的参考馆员的敷衍塞责,时常提供错误的解答,结果使用户对参考服务本身产生了不好的印象。

④应用电子计算机以后的变化:卡茨更进一步地分析了参考服务应用了电子计算机以后的情况,他指出电子计算机的应用完全改变了有关参考服务层次和用户教育的争论情况,因为使用电子计算机检索数据库,对用户的服务是一种不折不扣的高层次服务,不但提供了解答,还可以为用户直接把解答内容打印出来,如:所需要的有关的专题书目,或是文献资料中有关的部分。另外,电子计算机的应用也改变了检索的程序,如果是非委托性检索:即由用户自己上机检索,这就提出了要指导用户自己动手查找答案的方法的问题。卡茨还指出了一个潜在的差异,那就是参考馆员使用终端为用户检索,不管他是否愿意. 都是被迫要提供高层次的服务。而在咨询台的参考馆员则有可能提供低层次的服务。

从这种比较,他又引申到高层次参考服务的收费问题,他认为电子计算机检索提供高层次服务虽然收费,但用户获益较多,图书馆参考服务如要存在下去,就必须与众多的现代新技术竞争,来适应人们对服务更高的要求。他指出:只有当馆员所提供的服务层次是在别处所不能得到时,人们才会感到对参考服务的需要。

卡茨的观点无疑是提倡高层次服务的,他认为主张提供最低层次服务的人,总是声称这是教育过程的一个组成部分,而实际上,却并不是这样,他还批评提供中层次服务,是一些参考馆员不愿意提供超过便捷型服务的水平,或者是由于他们没有掌握某些参考源,又不愿暴露了自己的无知。

从以上的各种观点看来,可以知道参考服务的三个层次问题,由最初提出,到现在新技术的应用后,已经从简单的职能问题,扩展到参考馆员与用户双方的关系,和诸如收费与否这一类管理问题了。需要我们结合实际,对这样一个问题重新加以研究分析,进行一些全面而深入的观察和思考,才能得出较为恰当的结论来。

第二节　一些问题的探讨

一、参考服务发展中的一些问题

(1)收费问题

国内称为"有偿服务"与"免费服务"。图书馆传统的各项服务一直是无偿的,在国外,参考服务作为有偿服务的形式最早出现是在 20 世纪的 40 年代,那时的形式与现代的形式不同,也不普遍,那就是工业或商业机构类似委托和资助式地付出一笔基金,由图书馆根据需要提供定题文献服务。这种情况仅是个别的,并没有得到扩展。

有偿服务问题的争论,形成于 20 世纪的 70 年代,这时国外电子计算机技术在图书馆的应用逐渐深入,国家的和国际间的情报网络系统日益建立,情报以数据库的形式成为商品,从而出现了内容和形式丰富多彩的情报产业,图书馆的参考服务也就必然地跻身于这种和私人情报商的竞争之中,图书馆参考服务给予用户的服务,要与私家情报公司提供的一样。就在这种情况下,有一些图书馆率先打破常规,开始采用有偿服务的方式。有偿服务是以使用联机检索服务开始的,但收费远比情报经纪人索费低得多,后来又扩展到馆际互借的收费。

412

①国外的争论

对于有偿服务问题,国外一直存在着分歧,形成两种不同意见的对峙,他们的基本论证要点综述于下。

A. 反对收费的论点:持这种论点的,主要是从"情报自由"这一传统观念出发,认为检索和使用情报是所有公民的权利,检索和使用情报收费既限制了那些有付偿能力的用户自由检索使用情报,也剥夺了那些无力付偿的用户检索情报的权力,尤其对于那些由地方税收作为经费来源的图书馆来说,包括使用数据库检索在内,一切服务都不应该收费。在美国,这种论点的理由,可以大致综合为下列几点:

• 经过大多数馆员通过,美国图书馆协会作出了不得收费的决定,已有记录在案。

• 美国的图书馆历来就树立了免费检索情报的观念,收费则是直接违反了这个传统。

• 许多图书馆的经费来源中有税收的资助,意味着公民已对图书馆的服务付过费用,现在再收费,就等于二次纳税。

• 很多电子计算机检索的进展是由于国家研究成果的转让才有可能实现,也就是说在前一阶段的研究中,"公民"已付出了费用,在享受其成果时,就不应当再收费了。

• 一旦控制预算的人员意识到图书馆既然能在服务方面收费,他们就要削减经费,而且认为图书馆如果在某一项服务方面收费,获得自给自足,那末,在其它服务方面,也可收费。

• 通过对收费问题的一项研究 得到的结论是:实行征收费用后,对这种服务需求则减少百分之五十至百分之七十五。

• 为了收费,还要增加一系列的收费手续的繁重工作,还不如不收费时省钱。

• 一般来说,电子计算机检索花费少,因此被看作是昂贵的手工检索的替代者作为替代者,可以节省更多的钱。

·如果征收费用的话,对大学图书馆来说,无异于让已缴学费的学生再次付款。

B. 赞成收费的论点:

·收费的范围仅限于一些特殊的服务,一般是应用电子计算机技术的。这种服务成本昂贵,难以由图书馆单独承受这种花费。

·虽然用户在税收中已付过款,但对具体个人来说,获得了他们所要的资料实物。

·即使让用户们重复付款,但是所收的款可以用来提供新的或扩大情报服务,还可以间接地减少从税收中提取的资助。

·在图书馆经费缩减的情况下,对一些非基本用户收费是向他们开放图书馆资源的一种办法。

·过去,图书馆已经在某些服务方面实行收费,如照相复制等。

·参考馆员对某一研究课题的分析,提出检索方案和解答,也无异于医生的处方和律师的咨询解答,收费是正常、合理的情况。

·用户对收费的看法并不一定是否定的、因为用户由于情报的提供,在研究方面或事业方面,可直接或间接地收列实际效益,远远超过所付的费用。

另外,有的学者如安妮·K·博宾(Anne K. Beaubien)对这种收费的特性和收费的因素还作了种种分析,指出了在提供文献、用户进馆、参考咨询、联机检索方面进行收费是有它们的道理的,根据经济学的原理,是符合原则的。

目前这种争论虽然还未消除,但事实上有许多图书馆已在实行收费,当然,在收费的范围和收费标准上是各自为政,根据各馆情况自定。

②我国图书馆界对有偿服务问题的讨论

我国关于图书馆各项服务的有偿与无偿的讨论,到现在已经历了好几年了,这方面的文章扬扬洒洒,蔚为大观,各抒己见,其中颇多独到之处。观点大致有三种,即图书馆全部服务实行有偿、有偿服务与无偿服务并存及无偿服务。然而,从趋势上看来,无论从理论上,还是从实践上,都趋向于实行部分有偿服务。当然,这还不能就作为定论,一项事业的改革并非一朝一夕即可骤然做出决断,也不可能由任何个人来决定,总要经历一个实践阶段,摸索出适合我国图书馆事业实际的经验来,才能做出恰如其分的抉择。

从有偿服务论者所持的论点来看,远比国外现代的有偿论点深刻很多,他们从知识的特性、图书馆的性质、服务的实际情况、发展状况,以及面临的形势等各方面来分析论证,提出了图书馆服务实行有偿是必要的,也是合理的。

对有偿服务的范围问题,也发表了各自的看法,主要还是实行部分有偿服务和全部有偿服务两种,前者又将这部分服务进一步分为硬型服务和软型服务;复杂劳动的服务和简单劳动的服务;有经济效益的服务和无经济效益的服务;传统服务和科技情报服务等类别。

根据前面所列服务类别中来看,参考服务中的许多工作是属于应收费的范围,包括:咨询服务、提供情报、文献翻译、手工检索和计算机检索、提供研究综合报告、动态报告等,这些都属于硬型服务、复杂劳动的服务,又常常是有经济效益的服务,也多是科技情报服务。

这里必须明确表示的是,本书著者是持部分服务有偿论者,首先是对参考服务中上述的那些服务内容,应该酌情收费,但我们要指出的是:

①不论收费与否,都不能丝毫影响服务质量,这是最首要的,离开了这一点,就失去了参考服务的主要目标,收费的出发点是为了更好的为用户服务,否则,有些文章所提出的有偿服务的许多重要意义就将成为空无一物,这一点对图书馆其他服务也一样适用。

②在有的文章中,流露出了似乎一旦实行了有偿服务,图书馆

的工作面貌就会大大改观的看法。其实,有偿服务的实行也仅仅是图书馆工作改革中的一项。在管理上还有许多问题要解决,许多开创性的事情有待我们去做,有偿服务的实行并不能代替图书馆管理的改革,而且随之而来的,却是需要加强管理、注重服务质量、改进服务态度、提高人员素质结构等一系列要求,这些都应与实施有偿服务同步改善,否则就会形成为了单纯创收而收费,把有偿服务这项改革引入歧途。

③情报信息既作为商品,也必然受价值规律的制约。服务质量如何,直接影响提供的情报的是否正确、时效性和针对性强弱的问题。图书馆参考服务实施收费,就是意味着已跻身于情报市场中的竞争,要保持在情报市场的一定地位,就要在服务质量上狠下功夫。另外,收费的标准应该符合情报供需的情况而定。除特殊情况外,不可过高,要注意价格的合理性。如果收费标准过高,用户就会减少;但如果情报加工的成本过高,则所收费用又难以抵偿成本费用。因此,从收费一开始,就要注意成本的核算。设法降低成本费,提高功效,保证服务质量,这样,才能使图书馆参考服务在新的时代中迅速发展。不顾用户利益任意收费,则完全可能因收费高昂而使用户却步不前,不敢问津。

(2)参考服务的职能问题

是提供教育,还是情报服务的职能之争,一直伴随着参考服务的实践与发展,从未停止过。职能问题与提供服务的层次问题密切相关,如前所述,在本章第二节中提到的保守派就是坚持主张参考服务的职能应该只限于教育用户,培养他们独立使用图书馆的能力,因此,只需提供低层次的服务。与此同时,也反映了19世纪末至20世纪初,这一时期,社会及图书馆界自身对参考馆员的评价和看法,认为参考馆员不具有专业知识和提供高层次情报服务的能力,而研究人员自己完全可以为自己的情报需求找到资料。然而,自40年代以来,情况则大有变化,科技的发展,科技情报数

416

量迅猛增加,使得研究人员面对汹涌而来的情报资料,无能为力,再也不能凭个人精力去逐篇浏览自己所需要的情报资料,结果不得不求助于图书馆参考服务部门,用户们的需求向参考馆员提出了挑战——提供高层次服务。因此,情报职能占据了主要地位。

其实,那种以教育职能为主的根深蒂固的观念仍然无时无刻地在抑制和阻碍着图书馆提供参考服务的能力,情报服务论始终受着压抑,使参考馆员和用户总是处于一种困难的氛围之中,双方要想提供或获得直接的情报服务,简直无比困难,例如在大学图书馆,大学生不应该享受情报服务,只能接受如何使用图书馆的技能训练,这个论点一直束缚着参考服务向高层次服务迈进。

主张教育职能论者,强调让读者自己去查找所需情报,把参考馆员的责任仅限在指引途径,而情报服务却是提供高层次服务,两种相反的服务哲学却同时要为一个共同目标服务,因此,这两种职能不但不能相互补充,反而是降低了参考服务应有的效果。

另外,还有一种矛盾现象,教育职能的观点来源于美国早期图书馆的传统。在公共图书馆始创之时,创建者们就已确立了宗旨,那就是提倡教育机会均等,促进科学研究,使青年人可以很好地利用时间,通过提高人民的素质,藉以改进社会。因此,强调图书馆的各项服务都要体现教育职能。可是,到了现代,接受正规教育的人口比例已经很大,对情报需求却大大提高,要求图书馆有一套新的服务措施跟上目前的需要。然而,旧的教育职能的观点仍然作为决定参考服务层次的标准,这就出现了矛盾,图书馆本应对真正的研究,毫不吝惜地提供资料,可是当学生需要情报时,却又重重限制,使这些用户满怀期望而来,却弄得快快失望而去。

到60年代以后,电子计算机的应用逐渐打破了这种局面,使人们越来越明确了参考服务的情报职能,因为这项新技术的应用为情报服务创造了现代化的物质条件。另外,情报要求、资料源均不断扩大,知识日趋专门化,这些都使人们集中注意在参考服务的情报方面。

　　至 70 年代,情报已成为一种经济资源,新的情况不断涌现和影响着情报的传播,当传统的意识、思潮还在时刻想极力缩小图书馆提供情报职能的时候,而情报经纪人、数据库制造商、检索服务出售商等一拥而起,早已把情报服务放在重要地位了,结果,图书馆却逐渐成为引进电子情报服务的初期市场。这不能不说是图书馆界自己的失策,把本来自己具有发展事业的优越条件,让别人捷足先登。同时,也可以看出那种保守的、顽固的旧有观点所起的危害作用。

　　在现代参考服务领域内,面临着急剧变化的新形势,对过去许多问题的观点都在转变着,向用户提供教育还是情报服务的职能问题已不再是中心议题。然而,作为教育职能的问题却再次以新的面目提出,这就是用户教育问题,用户教育的本质完全脱离了陈腐、主观的早期观点,它的产生是出于日益复杂的新的形势要求,大量新的参考工具书纷纷出版,被用来满足对各种各样情报的需求,同时,用户对检索的要求也越来越高;书目辅导已成为一个获得情报的重要途径。因此,用户教育自然而然地和情报检索结合在一起,难以分别彼此。70 年代中期,甚至美国图书馆协会在内部也建立了图书馆教育圆桌会议(LIRT),说明用户教育已作为参考服务的一个新的课题,受到重视。

　　虽然,这个多年之争已悄然结束,但面临的问题却仍然严峻,私人的情报工业迅速地崛起,纷纷在寻觅它们为个人和商业服务的市场,图书馆的参考服务究竟应往何处发展,如何以发展求生存? 正在有待着图书馆界做出审慎的考虑。

　　无论是国外,还是我国,图书馆的参考服务都必须正视与现代新技术竞争的挑战,情报早已作为商品进入了图书馆,许多检索服务公司也都把目光投向图书馆,说明图书馆所固有的对社会、个人的情报作用,仍然为人们所瞩目。因此,图书馆参考服务必须进一

418

步强化和改进情报服务,适应人们对服务的更高要求,如卡茨所说:"只有当参考馆员所提供的服务水平是别处所不能得到的,人们才会感到对参考服务的需要。"

二、情报服务与情报化问题

既然现代参考服务的主要职能是情报服务,就要提供名实相符的文献情报服务,来开发和利用馆藏,满足用户的需要。

如前一小节中所述的,参考服务一直具有教育和情报两种职能,由于坚持教育职能论观点的影响,以及经费、人员素质结构等问题,使参考服务的情报职能没有得到充分体现,然而,在实践中,情报工作已逐渐积累了一套完整的工作方法和理论,经过历史的总结,形成了独立的工作系统,理论上也产生了情报学,这正如目录学是在图书分类编目工作中孕育而成为一门独立学问一样。但是目录学仍然继续在图书馆工作中为"我"所用,并且在运用的过程中,不断发展自己的理论。对情报学来说,也应该是这样,情报工作是"伴随书刊资料的传播而形成的,是图书馆工作深化的分裂物",德国克鲁茨(R. Kluth)在 1970 年就说过:"从情报交流的观点来看,文献中心是图书馆的一种变体,"这说明了情报工作也好,情报机构也好,都脱胎于图书馆,本来都是源自图书馆的参考服务,但我国很多文章一提到情报工作和参考工作的差别时,总是把开发文献内容的工作称为情报工作,把情报工作人为地从参考工作中割裂开来,其实,这完全是对参考服务业务的误解。我们只要回顾一下参考服务的发展历程,就可以知道,在参考服务的工作中很早就已经开展文献情报的分析、整理和加工等工作了(参见本书第 1 章和第 2 章第 3 节)。现在要做到这种情报服务,实际是"深化服务",也就是历来所说的提供高层次的服务,有针对性地利用丰富的馆藏资料,进行发掘、提取、加工和浓缩,成为再创造的文献情报产品,提供给需要的用户。

我国图书馆自本世纪20年代才开展参考服务,那时也只有咨询解答和书目参考两项内容,虽然没有像国外的那些关于职能的争论和限制,但长期以来,受到经费和人员等问题所限,都未能在各类图书馆深入开展情报服务工作,因而,人们心目中逐渐形成了一种错误印象,总认为图书馆的服务仅是提供整本著作,或书或刊,只此而已。自改革开放以来,百业待举,百废俱兴,各项科学技术研究纷纷提上日程,一瞬间的巨变,使我们的参考服务还处在捉摸、犹豫、徘徊的境地,本应由图书馆承担的大量工作只好拱手让给社会上的其他情报业去做。

对我国图书馆参考服务来说,现在要强化情报服务,充分发挥其情报职能,是必然的趋势,是信息时代的需要,也是名正言顺,顺理成章的。因此,我们认为,所谓情报化之称,是不必要的,而只需在原有的工作基础上,进一步开展深度的情报服务,利用图书馆的庞大的书刊资源,不仅深入细致地,有针对性地继续做好书目参考和咨询解答工作,并且开展对文献进行研究、分析、浓缩和预测等深度加工的工作,来满足情报用户的需要,是不难做到的。当然,在实践过程中,会出现许多难题,需要我们不断地去研究、解决,总结出一套自己的经验。称为情报化,不是指参考服务向情报工作转化,放弃原有的工作,去进行文献的分析加工,而是在原有基础上进一步深化。这是原来就应做到的本职工作,只不过是因为前面已经叙述过的种种原因,做得很不够而已。时代和社会的需要迫使图书馆参考服务必须迎接这一挑战,来加强情报职能,才能奋起直追,适应新的需要,我们从表29中,可以看到参考服务一栏中情报服务的主要内容与情报学教科书开列的主要内容,完全一致。然而图书馆参考服务的情报服务却早在本世纪20年代中已有开展,但在后来,情报职能没有能得到很好的发展。至50年代以来,情报工作则独树一帜,发展迅速,在理论和实践上,逐渐充实,建立了一整套技术和方法。因此,图书馆参考馆员要想加强情报职能,深化情报服务,还必须学习掌握情报工作理论,使其为参考服务所用,这是很重要的一点。

表29　参考服务和情报服务工作的比较表

特征	参考服务	情报工作
创立时期	1876	1950－1960
主要文献类型	各种工具书、各种书刊、非书资料	以文献本身为主
文献获得方式	购买、交换、赠送	购买、交换、赠送
主要任务	指导读者解答咨询、针对性地提供用户所需情报和情报源	收集加工和储存文献及情报,针对性地提供用户(群)所需情报
情报服务 主要内容	直接提供情报 文献检索(包括手工检索和机检) 文献情报研究 文献定题服务 编制书目、文摘、索引 书刊展览 文献代译	文献资料阅览,流通和复制 二次文献报导 咨询服务 情报翻译服务 提供情报分析研究成果 定期定题情报服务
工作人员名称	参考馆员 文献学家	情报员 情报专家
备注	主要内容栏参考沈继武编著《藏书建设与读者工作》	主要内容栏参考邹志仁主编《情报学基础》

三、从历史经验来看参考服务的发展

我国图书馆参考服务起步较晚,在缓慢的历史进程中,工作内容停留在咨询工作和书目参考两大项,而范围又多限于书目参考工作,解放以后,仍然保持着这种状态。自改革开放以来,虽然有基础的图书馆在参考服务方面做了比较多的情报服务工作,但大部分图书馆的步伐还没有跟上当前形势的要求,总的来说,是居于落后的状况,当然,处于这种状态的因素很多,有客观的,也有主观的;有外因,也有内因。我们认为最主要的是内因起着决定性的作用。

不妨分析一下美国参考服务的发展历史,做一对比,就可以较明显地看出以下两点:

(1)参考馆员强烈的服务意识是强大的动力:19世纪后半叶,当时客观的形势是经济繁荣,公众迫切要求文化知识,科学研究蓬勃兴起。在初期,大部分馆员仍然固守着"图书保管员"的观念,而无动于衷。1876年,格林的创见性的文章唤醒了美国图书馆员,使他们陆续地意识到图书馆馆员有责任帮助在寻求情报中遇到各种困难的读者。由于意识的转变,纷纷投身于参考服务的实践,从被动转为主动,从最初的出于礼貌和同情的接待成为一项正式的帮助读者的服务。正是由于有了这种服务的意识,才有了参考服务的发展,服务内容才不断随着用户需要的变化,逐渐丰富起来,使之长盛不衰。

(2)图书馆领导人员的重视和提倡,加速了参考服务的发展:在参考服务发展历史上,令人不能忘怀的是那些热心提倡和开创参考服务事业的先驱者们,如格林、杜威等人,他们都以图书馆馆长的职责,大力开创参考服务,尤以麦尔维尔·杜威的功绩更为卓著。

以上两个重要因素,不可或缺,既要求参考馆员具有强烈的服务意识,又要有重视参考服务、能够给予全力支持的领导,否则,即使客观条件具备,参考服务这项工作仍然不会有所作为。这说明了人是决定的因素,另外,也符合"内因是事物变化的依据"这一辩证规律。

对照我国参考服务的现状来看,恰恰是缺少这两个内在的发展依据。回顾1978年以来,我国经济形势日趋繁荣,科学技术受到重视,科学研究工作蓬勃展开,人民追求知识,要求学习,心情若渴,出现了读书热的浪潮,为了购书、阅览等活动,许多读者,其中更多的是青年人,在书店、图书馆门前,蜂拥排队,很可惜的是,我们的许多图书馆那时没能够及时地把握住时机,针对当时的大好形势,主动迅速地开展参考服务,为读者提供阅读指导和情报服务,坐失了服务良机,同时也失去了发展自己的机会,这不能说不是一个相当大的损失。为什么客观形势非常好,而参考服务却不能兴旺发展呢?究其原因,就是缺乏服务意识和具有远见卓识的领导管理所致。

直至现在,我国图书馆的参考服务仍不能说是走上理想的发展道路,许多参考馆员还不具有参考服务的专业知识,尤其是自觉服务的意识。有一些图书馆的参考部,把临时工作人员安置在同读者打交道的第一线,这就充分说明了图书馆管理上的低水平。我们很难想像,一位对参考服务没有任何理解的馆长能够重视和支持这项工作,也很难想象具有高学历、高职称却缺乏服务意识的参考馆员能做好这一工作。

参考馆员有了服务意识以后,下面的问题就要接踵而至,提高参考馆员业务素质和能力问题、制订参考服务的计划问题、规章制度问题、用户研究问题等等,这些都需要有一个强有力的管理者。因此,首先就要求改变领导观念,使参考服务真正受到应有的重视,才会充分发挥参考馆员的积极性。

参考馆员只有增强了服务意识以后,才会主动地了解用户和他们的需求,才会千方百计为用户提供帮助。在这个基础上,才能真正实现参考馆员应有的媒介和桥梁作用,使潜在于庞大的文献资源中的有用情报被释取出来,发挥它们无尽的能量。

参考馆员只有增强了参考服务的意识以后,其它外在条件对参考服务才会显现出积极意义,参考馆员对外在事物和形势就会敏感起来,就会增加他们的紧迫感,感到社会和用户需要他们,从而也才会认识到参考服务和自己的存在价值。

　　参考服务的发展史已清楚地展示了过去百余年中参考馆员们不懈地努力奋进,创造了参考服务这一人类社会必需的事业,参考服务在某些国家的良好声誉是同那些国家一代代参考馆员所具有的服务意识,以及他们的知识和经验分不开的。今天,在信息时代中,在我国改革开放中,参考服务的发展与创新,首先需要参考馆员具有强烈的服务意识,这一点是最最重要的,也是最根本的东西。我们以深切企盼的心情拭目以待。

参考文献

　　1. 蔡公天,李耀彬. 试论图书馆学新的理论基础. 图书馆学刊,1983(2):6-12

　　2. 波普及其"世界3". 广东图书馆学刊,1984(1):66-68

　　3. 周庆山. 传播理论与现代图书馆学研究. 图书馆学研究,1986(2):9-10

　　4. 曾芸. 图书馆工作与信息传播学. 图书情报知识,1984(4):10-19

　　5. Neill,S. D. The reference process and the philosophy of Karl Popper. RQ, 1985 Spring. 309-319.

　　6. Murfin, Marjorie&Lubomyr R. Wyner. Reference sezvice: an annotated bibliographic guide. Littleton, Colo. : Libraries. Unlimited, Inc. , 1977. 294.

　　7. Rettig, James A theoretical model and definition of the reference process. RQ, Fall 1978. P. 19-29.

　　8. Wynar, Bohdan S. Reference theory: situation hopeless but not impossible. College&Research Libraries,Sept. 1967 p. 377-342.

　　9. Vavrek, Bernard F. Nature of reference libiarianship. RQ17: 213-217.1974.

　　10. Butler, Pierce, ed. The reference function of the library. Chicago:The Univ. of Chicago Pr. , 1943.

　　11. Wyer, James I. Reference Work: a textbook for students of library work and librarians. Chicago:American Library Association. 1930.

12. Vavrek, Bernard F. A theory of reference service. College&Research Libraries. 1968. (Nov.):508 – 510.

13. Schiller, Anita R. Reference service: instruction or information. The Library Quarterly, 1965(35):52 – 60.

14. Schiller, Anita R. Instruction or information: what's changed? The Reference Librarian, 1981 (1/2):3 – 11

15. Rettig,James. The status of reference librarians:or,waiting for the revolution. The Reference Librarian,1981(1/2):59 – 68.

16. Katz, William A. Introduction to reference work. 4th ed. v. 2. New York: McGraw – Hill,1982.

17. Rothstein, Samuel. The development of reference services through academic traditions, public library practice andspecial librarianship. Chicago: Association of College andReference Libraries, 1955.

18. Chappell,Marcia H. The place of reference service in Ranganathan's theory of librarianship. Library Quarterly,1976. 46(4):378 – 19.

19. Davinson, Donald Reference Service. London: Clive Bingley, 1980. Chap. 2.

20. Dana, John Cotton Misdirection of effort in reference work. Public Libraries, 1911(16):108 – 109.

21. Bishorp, William W. The theory of reference work. ALA Bulletin, 1915 (9):134 – 139.

22. Winsor, Justin Library questions&answers. Library Journal, 1878 (3):159.

23. Beaubien, Anne K. Fees or free. In: Lee, Sul H. ed. Reference Service: A perspective, pp.99 – 111.

24. 谈大军. 关于图书馆"有偿服务"与"无偿服务"讨论综述. 图书学研究,1987(2):15 – 18.

25. 〔西德〕克劳斯·赖齐本等著. 实用情报文献工作基础(上册). p. 131

26. 戚志芬编著:参考工作与参考工具书. 北京:书目文献出版社,1988. 723 页

附录

I 公共图书馆参考服务标准

（Standards for Reference Services in Public Libraries * ）

1 The needs of various sections of the community

All sections of the community at some time demand information on the widest variety of subjects and the Reference, Special and Information Section of the Library Association has conducted a Survey[1] in an attempt to analyse the various groups of users of public libraries and the nature of their requirements.

The family needs help in two ways: in an educational context (as part of formal education, and informally as self – education), and in matters relating to the home (e. g. consumer material, gardening, cookery) and careers. Students are a distinct group, with different

---

* Approved by the Council on 7 November 1969. Copies availa – ble to members on application to the Secretary.

1957 年,英国政府指定教育部长罗伯特(Sir Sydney Robert)为主席,成立了专门的委员会着手改革英国公共图书馆制度。1962 年,根据罗伯特的委员会提出的原则制定了较详细的标准即著名的 Standards of Public Library Servicein England and Wales. 但该标准对参考服务语焉不详,于是在 1969 年针对公共图书馆的参考服务另提出一份专门的报告,这就是"公共图书馆参考服务标准"。这是个国际上较早的,也是具有较大影响的参考服务标准。

我国图书馆参考服务的发展与当时的英国很相似,目前尚未有专门的标准,因此,这个标准虽距今已有 20 多年,但对我们制定标准仍具有一定的参考价值。

needs from other information seekers, and teachers also make special demands on information services. Closely related tofamily activities are the local societies, with their need for materialon social, leisure, cultural and political activities. Local businessand industry contribute a body of users that may well be particularly demanding in its requirement of commercial and technical information. Among other groups and organizations to be served, local government has special needs; some of these are indicated in the Report on *Scientific library services* (1968). [2]

2 The sources of information available

What is clear is that information, in the broad sense, can be sought by the potential user in a variety of ways from a varietyof services. The information network is extremely complex and interlinked and no set pattern can be created to the right route inthe information gathering processes. What can be stressed, however, is that the public reference library should be regarded as aclearing house capable of directing enquiries to other sources, as well as a major source in its own right. The advisory, interpretative and referral services should increasingly become the responsibility of public libraries.

In addition to local government services (e. g. public libralies, local record offices, local museums, town halls, municipal informa – tion bureaux, citizens' advice bureaux, police), information can be obtained through channels such as:

a Professional services, e. g. solicitors, bank managers, estate a- gents, consultants, doctors and dentists, etc. ;

b Central government service, e. g. Department of Health and Social Security, Board of Trade, public authorities, the British Museum and other national libraries;

c Academic Institutions, e. g. Universities, Colleges, Institutes, polytechnics, etc. , and their libraries;

d Special and Industrial Libraries;

e Societies, clubs, associations, e. g. Learned Societies such as the RIBA, the RIIA, the AA, the RAC, chambers of commerce, trade associations, research associations and the libraries of these bodies;

f Commercial services, e. g. travel bureaux, GPO, railway and busstations, etc. :

g Information service as ancillary to other activities, e. g. *Encyclopaedia Britannica*, *Daily Telegraph* Information Bureau;

h Subject specialists known personally to the enquirers. Libraries traditionally have restricted their activities to providing the more permanent records of communication, e. g. books, maps and periodicals. Public libraries exist to house this type ofmaterial and in the past the preservation aspect has often predominated. Increasingly, however, the information – giving aspect isbeing stressed and is resulting in more specialized services in public libraries. The layman is coming to demand more services from his public library (e. g. gramophone records, tapes, films).

3 Present standards for reference services

The Public Libraries and Museums Act, 1964, requires library authorities to provide a comprehensive and efficient service: so far as this relates to reference services, Department of Education and Science Circular 4/65 indicates the main points in the report ofthe working party on *Standards of public library service in England and Wales*, HMSO, 1962 (The Bourdillon Report) as:

a The purchase annually of not less than 300 volumes (excluding pamphlets) to augment or replace existing reference stock;

428

b The purchase of a basic list of not less than 50 periodicals of general interest, with additional titles reflecting local industrial and business interests, periodicals of a local or regional nature and at least three major daily papers;

c The provision in reference departments of up – to – date editions of the majority of the items listed in the Library Association's *Basicstock for the reference library* or suitable alternative titles;

d Access to equipment for documentary reproduction;

e Adequate and qualified staff.

The above requirements are for libraries providing the "basiclibrary service',i. e. the smallest authorities,The BourdillonReport also discussed briefly:

f The need for larger libraries to exceed this basic provision;

g The advantages of running a citizens' advice bureau in association with a reference library;

h The importance of local co – operative schemes;

i special problems in the London area;

j The need for photocopying equipment, microreaders, and Telex.

The Bourdillon Report also quoted, and commented upon, the following standards for public library buildings published by the Inter – national Federation of Library Associations, and similar standards published by the Library Association, with particular reference tothe needs of "medium-sized" libraries serving populations between35000 and 60000:

k *Area.*

A minimum of 75 sq. ft. per 1000 population served for reference and reading rooms (compared with a minimum of 100 sq. ft. per

429

1000 population served for the adult lending library). The Bourdillon Working Party considered that there was a need to provide additional accommodation for children doing homework.

l *Shelf capacity*.

The total open shelf capacity should be 1000 volumes per 1000 population served, of which 20 per cent (i. e. 200 volumes per 1000 population served) should be in the reference department and reading room. The Library Association recommended 175 volumes per 1000 population served in the reference department, but the Working Party took the view that all books should be more generally accessible to the public.

m *Seating*.

About two seats per 1000 population served should be provided in the reference library and reading room The Working Party considered that this was fully justified in areas where there was a large student population, but that it might be too high elsewhere.

It is hoped that all public libraries in England and Wales are striving to maintain or achieve these standards, but studies of existing conditions of library authorities suggest that many are not yet providing a satisfactory reference service. For example, in the smallest population group[3] (under 40,000) only half the authorities have separate reference libraries, and of these 80 per cent have no qualified reference librarian. In the next group (40,000 to 100,000 population) three – quarters of the authorities have separate reference libraries, and a-bout: 15 per cent have no qualified reference librarians. Nearly all libraries serving populations between 100,000 and 300,000 have separate reference libraries, but even here 10 per cent have no qualified reference librarian. In the over – 300,000 group, as might be expected, all libraries have both separate departments and qualified staff. The quality of the stock of reference librariesvaries considerably and is often seriously inadequate.

4 Proposed standards for reference services

Reference material. The library should be able to provide, on demand and largely from its own resources, information on all topics of public interest and concern. This information should beavailable not only to personal enluirers but also, within reasonable limits, to those who find it more convenient to seek the aid ofthe library by telephone or letter. The stock should contain:

a A range of standard works. The basic library unit (as definedin the Bourdillon Report) should have at least those in the latestrevision of the Library Association's *Basic stock for the reference library*; guidance for the larger authorities is given in the appendix;

b Additional reference works related to particular local needs (e. g. education, commerce, industry, recreations);

c Material such as maps, pamphlets, government publications, filesof newspapers and periodicals, chosen with special regard to their value in providing information commonly requested;

d Information files and indexes compiled by the staff, with particular regard to current local information not available in publish – ed form;

e Reference material relevant to a library's responsibility under cooperative subject coverage schemes.

Where a library is unable to provide information from its own resources, it should either obtain it on the enquirer's behalf from some other agency, or else advise the enquirer how he may obtain it himself. To this end the library should include in its basic stock. a collection of bibliographies, indexes, and national and local directories of libraries and information bureaux, and the staff should maintain close liaison with all the local institutions (libraries, museums, local government departments, citizens' advice bureaux, chambers of commerce, regional government offices, individual specialists, and the like) most likely to be of help to them in their day-to-day information work.

Organization

At or about a population level of 300,000 the size and com – plexity of the stock renders it impossible to give a reference servicein equal depth for every subject without some division of responsibi – lity. This specialization can be accomplished in three ways. In the first case the reference library stock may be retained as a single large unit with the responsibility for certain subject fields or services being delegated to individual members of the staff or teams of staff. In the second case (Subject Specialization), large, easily identified subject fields are separated in toto or in part, administered as separate reference services with their own specialist staff (e. g. Commerce and Industry, Science and Technology, Fine Arts, etc.). In both the above cases the services provided are purely reference, the lending services in the appropriate fields beingprovided by a large, general, lending library. The third method (Subject Departmentalization) takes the second a stage further in that both the reference and lending services are combined in separate departments devoted to subject fields, with the same specialiststaff responsible for both aspects of. the service. Successful examples of all three types of organization exist and provided largereference collections are divided into efficient units, the final decision as to which of the three courses is most suitable for localneeds

432

and conditions is one for the authority concerned. Havingin mind the seating capacities below recommended, it would seem that a number of smaller departments will help in limiting the areas to manageable proportions.

Accommodation and facilities. As part of its reference service the authority should provide accommodation for readers who wish to use library premises for study. Reference service requiresseparate provision with adequate open shelf space, well – lit desks and a quiet atmosphere. A postal survey of existing referencelibrary services carried out by the Reference. Special and Information Section in February, 1967, indicated that libraries need to provide one reference seat for each 500 population served (confirming the Bourdillon Standard) ; tht floor area for each seat shouldbe 25 sq. ft. The amount of open – shelf reference stock should be not less than 200 volumes per 1 , 000 population served with a floor area of 90 sq. ft, per 1 ,000 volumes. The remaining reference stock housed in stack requires a floor area of 45 sq. ft, per 1 ,000volumes. Periodical provision should be at the rate of I sq. ft. offloor space per periodical for current periodicals on. open access ,75 sq. ft, per 1 ,000. volumes in stack when bound. The use of rolling or other compact shelving in the, stack will redttce thestandard area needed. Special factors that may demand departurefrom these figures include : any unusual reading and study needs of the community, other accommodation in the building (e. g. forchildren) , location (conurbation centre, isolation, or proximity to a large reference library) , the existence and acilities of local colleges and universities, special collections attracting people fromoutside the area, and the potential demands resulting from the Open University. Adequate space must be provided for readers working with maps, newspapers and other large materials, and provision should be made for microtext readers where appropriate. The hoursduring which the library is open should be generously based on acareful assessment of the needs of the community: in most casesevening opening will be expected. An adequate, cheap and speedy photocopying service, is essential. Special facilities may be necessary, e. g. for the use of typewriters and tape – recorders.

Research. Only the largest public libraries can be expected to provide research materials on a wide range of subjects, but all public libraries should assume the responsibility of building up and organizing for effective use a comprehensive collection of materialson local history and affairs. In defining the limits of this collection, with regard to the area covered and the nature of the materials to be collected, the only significant limitations should be those designed to avoid unnecessary and unprofitable duplication with neighbouring libraries and other organizations and should be determined if necessary by agreement between authorities. Analytical indexing in depth of all types of such material must be undertaken, and a dynamic approach should be made to the collection of a wide range of material (e. g. tape – recordings).

In addition, many, if not most, reference libraries may possess research materials in depth in one or more fields for a number ofreasons (bequest, collection on a specific industry, profession, individual or author, etc.). These can vary in size from unique and massive collections, such as the Shakespeare Library of 40,000 inapproximately 100 languages at Birmingham or the Thomas Greenwood Library of 25,000 volumes at Manchester, to the smaller but none – the – less unique collections such as the Colman Norfolk Libraryat Norwich and the special collection on Robin Hood at Nottingham. These existing

434

collections of research materials, and any similar ones being built up today or in the future, should be housed, analysed and exploited in a similar manner to the local history collection.

Any library which has research material in any category may need to provide special accommodation for readers over and above the norms mentioned previously. Such collections are also likely to attract not only readers from well outside the locality but written, telephone and Telex enquiries requiring special attention from what may be the only major source of information on the topic.

Staff. Size of population served offers a useful guide to mini – mum requirements, in spite of differences of character between towns of similar sizes. A staff sufficient to deal with the demands of today may not be large enough to plan and prepare those exttnsions of the service necessary to meet the demands of tomorrow. Furthermore, improvements will inevitably lead to increased use, for in reference work, as in other departments of library activity, supply encourages demand. Libraries serving small populations do not always provide separate reference departments, and in such libraries the whole of the book stock must be brought into action. In these libraries the chief librarian or a qualified senior memberof his staff might be expected to deal with much of the information work, while there should always be on duty at least one member of the staff qualified and trained for reference duties. In population groups of 40,000 upwards the minimum staff for the reference library should consist of a qualified librarian, at loast one full – time assistant and necessary relief. Except in the larger libraries referred to below, the ratio of staff to population served in municipal reference libraries should be 1 :20,000. This represents one – eighth of the total staff of the library service recommended in the Bourdillon Report for a library providing only a foundation service of average use. To serve an urban population of 300,000 a staff of twenty or more is normally necessary because of the specialized reference services demanded in communities of that size. The larger reference libraries with regional responsibilities will, of course, need a considerably higher ratio of staff.

Staff: qualifications, experience and salaries. All senior pro – fessional staff in reference libraries should be Chartered Librarians. The duties which reference library staff are required to perform call for a high level of intellectual ability; it is therefore to be expected that many of them will have a good honours degree. The work also demands of the reference librarian and his staff an intimate knowledge of reference materials and the library's own stock inparticular, familiarity with other resources, and a close study of local demand and need, both current and potential.

Salaries should be such as to attract and retain the right calibre of recruits to reference and information work, and to encourage them to specialize. The recommendations set out below are based on the responsibilities of the work in different population groups.

Salary recommendations approved by the Library Association Council at their meeting on 7 July 1967.

The reference librarian in a basic library service (i. e. under 40,000 population) : not less than AP 3.

The reference librarian of a library in the population group 40,000 to 100,000 : not less than AP 4.

The reference librarian of a library in the population group 100,000 to 200,000 : AP 5 or Senior Officers' Grade, to the bar.

The reference librarian of a library in the population group

436

200,000 to 300,000: Senior Officers' Grade, beyond the bar.

The reference librarian of a library in the population group above 300,000: Principal Officers' Range 1.

Posts for departmental librarians and subjeot specialists in theover 300,000. group should be graded In either she Senior Officers'Grade or Principal Officers' Range 1, according to the size and scope of the department or the range and depth of the specialization in their work. In all cases in the over 300,000 population group, where libraries have major regional responsibilities, these posts should be graded in the Principal Officers'Range 1.

Staff:responsibilities. Subject to the general direction of the chief librarian, the reference librarian should represent his library on local societies appropriate to his work. If the reference librarianis to discharge his functions well, he must be given the greatest possible amount of freedom of action. The responsibility for stockselection and purchase for his own department within the necessary financial limits should be normally delegated to the reference librarian. He should control the times and duties of the staff in his department. The policy for the general and specialized cataloguing and indexing for the reference library should be agreed by him, and where the preparation of the reference library catalogues and indexes is not the responsibility of the chief cataloguer this works hould be under the reference librarian's supervision. He should be responsible for the drafting of correspondence concerning his department. He should attend (accompanying the chief librarianor representing him when necessary) all meetings which concernthe work of the reference library. Co-operation with outside bodiesin reference work should be as much as possible in his hands. He should be encouraged to establish direct contact with other libraries and sources of information, and he should be encouraged to attend appropriate meetings of the Library Association and other similar organizations. Wherever matters affecting the reference and information services are concerned he should be consulted.

5 Encouraging the use of the Library

The reference services offered by the library should be continuously and widely publicized by whatever means seem most likely to prove effective, as for example by publications (guides to the service, bibliographies), intramural and extra – mural exhibitions talks by the staff to local organizations, and guidance to groups of students. The Reference Librarian should regard it as his responsibility to stimulate research into local material and to add to the resources available, e. g. by encouraging photographic surveys

6 Wider area of service

Use of the Reference Library cannot be restricted to local residents; this is implicit in section 7 of the Public Libraries and Museums Act, 1964. The minimum standards quoted and proposed in this Report apply to all sizes of authority, but reference libraries will often need to provide for readers from outside their authorities'area. A county town or market town, for example, will need toprovide reference service for many nonresidents, and the large city libraries have for many years served as Regional Reference Libraries.

While it is true that the standards of Reference Library Ser – vices should apply to all sections of the community, there will be variations in their applications caused by local circumstances. A County Reference Library Service has to meet the requirements of

a Urban populations;

b Small towns and village communities;

438

c Isolated hamlets and dwellings.

Reference Library provision in urban areas within a County Library system should conform to the normal standards. All other areas should be examined to ensure that a reference and information service is available in each locality within reasonable reachof residents. Special attention should be paid to catchment areasin deciding where Reference Libraries should be established. All sub – branch libraries should be provided with a standard collectionof up-to-date quick reference books.

The organization of the Reference Library and information services is a county should be under the direction of a County Reference Librarian, and in counties which are organized on a regional basis, there should be a Regional Reference Librarian in each region responsible for ensuring that there is an effective communication link with all service points in the region.

Maximum use of the telephone, Telex, and other communication media should be encouraged at all levels, and the photocopying facilities should be exploited to the full.

All library authorities should examine thier services in the light of the Scientific Library Services Committee Report. Many recommendations of the Report are most relevant and their implementation should be considered with all possible speed – in particular the recommendation that local library authorities should, aspart of their statutory duties under the Public Libraries and Muscums Act of 1964, take the initiative in ensuring that satisfactory scientific, technical and information services are developed. (See paragraphs 1. 33 – 1. 37, inclusive, and the Proposed Structures setout on pages 10 – 11 of that Report.) This may call for co-ordination or co-operation with universities and local education authorities, both in providing services to their institutions and ensuring that the largecollections of specialist books and journals in their libraries are exploited to the full at both local and national levels.

These arrangements, however, should not be limited to technical information. It should be emphasized that these standards are minimal and are designed to raise reference and information servicesto a satisfactory level throughout the country.

APPENDIX

Standards for provision of reference material

It is obviously not possible to list titles in detail for all sizes of library, but this appendix indicates levels of provision by giving examples for each library authority according to population served.

A Over 300,000.

B 100,000 to 300,000.

C 40,000 to 100,000.

D Under 40,000.

The list indicates a minimum provision; current editions should be provided, with retrospective files where appropriate.

1 *Encyclopaedias*

A A comprehensive range in the major languages.

B Multi – volume encyclopaedias in the major west European languages; single volume works such as *Nouveau Petit Larousse*, in addition to the titles listed in *Basic stock for the reference library*.

C Single volume works such as *Nouveau Petit Larousse*, in addition to the titles listed in *Basic stock for the reference library*.

D The titles listed in *Basic stock for the reference library.*

2 *Language dictionaries*

A The major national dictionaries (of the type of the full *Oxford English dictionary*) of all languages for which they exist; all general dictionaries listed in Walford's *Guide to reference material*; a wide range of special subject translating dictionaries.

B Bilingual dictionaries for the major European languages at thelevel of *Harrap's standard French and English dictionary*; a selection of special subject translating dictionaries; monolingual dictionaries for the major European languages at the level of the *Shorter Oxford English dictionary.*

C Bilingual dictionaries for the major European languages at the level of *Harrap's standard French and Englisn dictionary*; generaltechnical translating dictionaries for the major European languages; monolingual dictionaries of French and Geiman at thelevel of *Sprach-Brockhaus.*

D The titles listed in *Basic stock for the reference library.*

3 *Directories and guides*

A All telephone directories for the British Isles, western Europe, Commonwealth countries and major American centres; all directories listed in Henderson´s *Current British directories*; a comprehensive range of general commercially published foreign trade directories; commercially published business information services (e. g. Moodies, and Exchange Telegraph statistical card services, for British and foreign companies); guide books forall countries.

B All telephone directories and kelly's (or similar) place directoriesfor the British Isles; one commercially published general trade directory for each country with which Great Britain trades (e. g.

441

Kompass); telephone directories for capital towns in major European countries; a wide range of specialized trade directories; all British professional directories; commercially published business information services (e. g. Moodies) for British companies; guide books for major countries.

C All telephone directories for the British Isles; Kelly's (or similar) place directories for the local county and for large towns in Britain; all professional directories for Great Britain; trade directories for major British industries; a commercially published foreign directory for each important trading country; guidebooks for major countries; all official guides for. Great Britain.

D The titles listed in *Basic stock for the reference library*; local directory, and directory for nearest large town; official guides and street plans for main cities and tourist areas.

4 *Maps and plans*

A Great Britain. All $2\frac{1}{2}$", 1" and smaller scale Ordnance Suaivey maps; all 6" and 50" Ordnance Survey plans for own. region; Geological Survey 6" maps for region; complete sets of soil survey and land utilization maps; Ordnance Survey historical maps *Foreign*. 1:1,000,000 for world; 1:200,000 for western Europe; 1" for Ireland; town plans for the major towns of the world.

B *Great Britain*. All 1" and smaller Ordnance Survey maps; all $2\frac{1}{2}$" Ordnance Survey maps for local counties; all 1" GeologicalSurvey maps; Ordnance Survey historical maps; all available street plans; all maps for area within local authority boundary. *Foreign. Ireland* 1"; 1: 200,000 for western Europe; town plans for major foreign cities.

442

C *Great Britain.* All 1" Ordnance Survey maps; $2\frac{1}{2}$" Ordnance Survey maps for local county (or 25 – mile radius); all 1" Geological Survey maps; Ordnance Survey historical maps; all available street plans; all maps for area within local authority boundary. *Foreign.* Hallwag or similar maps for Europe; street plans of major foreign cities.

D All 1" Ordnance Survey maps; all maps for area within local authority boundary.

5 *Periodicals*

All groups. Take and file quality newspapers. A majority of periodicals to be permanently filed, bearing in mind the availability of files in other libraries, and with emphasis on those covered byindexes such as the *British humanities index and British technology index.*

A A minimum of 1,500 titles, excluding donations; take and filemajor foreign newspapers.

B A minimum of 500 – 1,000 titles (excluding donations) depending on population; take and file major foreign newspapers,

C A minimum of 100 – 250 titles (excluding donations) depending on population.

D A minimum of 60 titles (excluding donations).

6 *Time – tables*

A All British and west European time – tables; United States railway time – tables.

B All British and west European time – tables; United States railway time – tables.

C The titles listed in *Basic stock for the reference library, Cook's continental time – table;* British Railways' continental time – tables; all the main British bus operators' time – tables.

D The titles listed in *Basic stock for the reference library.*

7 *Government publications*

A All HMSO sale publications, and those of other British official bodies (e. g. the British Museum) ; all United Nations and agency publications; selected publications of foreign government and other international bodies.

B All public bills; all individual acts (public and local) ; all-command papers and House of Commons papers; all individual statutory instruments; complete Hansard; all COI Reference Division publications' wide range of non-parliamentary publications.

C All individual public general acts; those parliamentary papers listed in the *British national bibliography*; cumulated volumes of statutory instruments; Hansard (Commons and Lords) daily;

majority of non – parliamentary publications.

D Royal commission reports and other reports on matters of specialpublic concern; public general acts; Hansard (Commons and Lords) daily or weekly; annual reports of main government departments; selected non – parliamentary publications.

8 *Statistics*

A All British statistical publications; international organizations statistical publications; a wide aange of foreign statistical publications, including all official statistical year books of main foreign countries.

B All HMSO statistical publications; most semi – official British statistics; most United Nations and other international bodies statistical publications; official statistical year books of western Europe, the U-nited States and the British Commonwealth.

444

C Most HMSO statistical publications; all British Census of population reports; main United Nations statistical year books

D The titles listed in *Basic stock for the reference library.*

9 *Standards*

A Complete set of British Standards (BSI) ; standards issued by government departments (e. g. Ministry of Defence) and professional bodies (e. g. Institution of Electrical Engineers) ; selected foreign national specifications (e. g. ASTM, DIN).

B Complete set of British Standards (BSI) ; selected British and foreign standards based on local industries.

C Complete set of British Standards (BSI).

D Selected British Standards (BSI).

10 *Trade literature*

All groups. All those relevant to local industries; all those published locally.

11 *Patents*

A Complete set of British patents; abridgements for the United States and major industrial foreign countries.

B All abridgements and indexes of British patents; United States Patent Office *Official gazette.*

C Selected abridgements of British patents relevant to local in – dustries.

12 *Standard works*

Standard works should be provided for the whole range of know – ledge. It is impossible to specify them in detail but some examples can be given from the field of history. A and B libraries, for instance, would be expected to have complete sets of *Victoria county histories* and the volumes of the Royal Commissions of Ancient Monuments; the various Oxford and Cambridge histories would be included at all four levels, although D might confine some of them to the lending library.

13 *Bibliographies*

A National bibliographies for major foreign countries; large – scale abstracts (e. g. *Chemical abstracts*) ; catalogues of government publications for the British Commonwealth and major foreign countries; all Wilson indexes.

B National bibliographies for major foreign countries; large – scale abstracts; catalogues of government publications for the British Commonwealth and major foreign countries; main Wilson indexes.

C The most – used foreign bibliographies (e. g. *Biblio*) ; a range of indexes including *Engineering index*, *Applied science index*.

D The titles listed in *Basic stock for the reference library*.

14 *Biography and genealogy*

A and B *Who's whos* and national biographical dictionaries for major countries; specialized biographical dictionaries such as *American men of science*; major British genealogical material (e. g. published parish registers, Harleian Society publications).

C Selection of biographical dictionaries.

D The titles listed in *Basic stock for the reference library*.

15 *Local material*

All libraries will collect local material comprehensively for the area within their local authority boundaries; larger libraries will cover a wider area because of their regional responsibilities. The following are examples of the type of material that should be collected by all libraries:

Printed material. Periodicals, including parish magazines; newspapers; electoral registers; maps; telephone directories; council mi-

446

nutes; local acts; illustrations; ephemera such as programmes, invitation cards, sale catalogues; annual reports of societies andfirms.

Non – printed material. Photographs, including those from local photographic surveys; theses; index of (or where possible photo – copies) unique local material held elsewhere, e. g. in the Public Record Office and in private collections.

References

1. Library Association. Reference, Special and Information Section. *Survey of reference library users*, 1967 (unpublishedbut a Report on the Survey is available for consultation in the Library of the Library Association).

2. Library Association. *Scientific library services*; Report ofthe Association's Committee on Scientific Library Services. The Association, 1968.

3. In this Report consideration haq been given to the require – ments of four population groups: under 40,000; 40,000 to 100,000; 100,000 to 300,000; over 300,000.

（摘自: Library Association Record 72(2):53. 57）

II-1 图书馆参考咨询服务利用情况调查表[*]

系_____专业_____年级或职称_____

为了解包括您在内的本校图书馆广大用户利用参考咨询服务和对参考咨询服务的评价等情况,以便我们根据您的意见有的放矢地改进工作,请您填写下表,在您认为合适的答案前的方框内打"√"。或根据您的选择,标上先后次序,如①,②,③…

1. 您是否知道校图书馆能提供参考咨询服务?

　　□知道　　　　　　□不知道

　　如果知道,您是否在有问题时经常向它求助?

　　□是　　　　　　　□否

　　　　如果答案是"否",那么是因为

　　　　□没问题可问　　　　□自己可以解决不需帮助

　　　　□不知道向谁提问　　□馆员太忙

　　　　□问题太琐碎不值得提问　□估计馆员无法解决

　　　　□怕有损自尊　　　　□其他:_____

2. 如果您不知道怎样利用图书馆及其藏书或者要为某一研究课题收集资料,您首先

　　　　□请教咨询馆员　　　　□自己查找工具书,找不到

□询问老师、同学或朋友　相关资料再请教馆员

□自己查找工具书,找不到相关资料后放弃

3. 如果您经常使用工具书,您最常用的工具书有(勾出 3 种):

□反映馆藏的卡片目录	□学校介绍	□字典词典
□书目	□机构指南	□百科全书
□索引	□年鉴	□统计资料
□文摘	□手册	□其他

4. 这些工具书向您提供的答案(在适当的地方划"√")

不满意　　　　　　　　　　　　　　　　　　　满意

    A   B   C   D   E   F   G

如果答案为不很满意或不满意

□您向馆员请求帮助

□求助于其他工具书

□请教老师、同学或朋友

□放弃

5. 如果您请求咨询馆员帮助,咨询馆员的帮助是否让您满意

□满意　　　　　□不太满意　　　　□无可评论

□基本满意　　　□不满意

如果答案为"不满意",您认为原因是

□馆员没有理解提问　　□没有合适的检索工具

□自己表达不清楚　　　□其他:

6. 您认为馆藏工具书是否丰富?

□丰富　　□较丰富　　□欠缺　　□太少

7. 比较起来,中外文工具书哪一种工具书您使用得多些?

□中文　　□日文　　□英文

□法文　　□俄文　　□其它:＿＿＿＿＿＿＿＿＿＿＿

8. 您对我们的参考咨询服务有什么建议和要求?

_____

_____

II-2　参考服务调查问卷

APPENDIX A.　GLS SURVEY

1. Which of the following best describes you?

   _____freshman, U. of C.　　　　　_____faculty, U. of C.

   _____sophomore, U. of C.　　　　 _____Regenstein staff

   _____junior, U. of C.　　　　　　_____U. of C. staff

   _____senior, U. of C.　　　　　　_____alumni, U. of C.

   _____master's candidate, U. of C.　_____visitor

   _____candidate for Ph. D., M. D,　_____other _____

   or J. D., U. of C.

2. _____ Female　　　　　　　　　_____ Male

3. In the past two weeks approximately how many times have you used the main card catalog in Regenstein?

   _____0 　_____ 1 – 3 　_____4 – 7　_____8 – 11

   _____12 or more

4. In the past two weeks appoximately how many times have you consulted a member of the Regenstein reference staff?

   _____0 　_____1 – 3. 　_____4 – 7 　_____8 – 11

   _____12 or more

5. About what percentage of the time do you find what you. are looking for in the Regenstein card catalog?

   _____0%　_____ 1 – 25%　_____ 25 – 50%

   _____50 – 75%　_____75 – 95%　_____95 – 100%

6. About what percentage of the time do you ask a reference librar – ian for help with a Regenstein card catalog search that is difficult

451

or unproductive?

_____0 %   _____1 – 25%   _____25 – 50%

_____50 – 75%   _____75 – 95%   _____95 – 100%

IN EACH OF THE FOLLOWING QUESTIONS, PLEASE CHECK
THE RESPONSE MOST INDICATIVE OF YOUR EXPERIENCESIN
REGENSTEIN.

7. When a catalog search is unproductive, I might use one of the following tools or services.

Books in Print	_____yes _____no
	_____never considered it
National Union Catalog	_____yes _____no
	_____never considered it
interlibrary loan	_____yes _____no
	_____never considered it
microfiche in – process list	_____yes _____no
	_____never considered it

8. Virtually every book owned by Regenstein is listed in the cardcatalog.

_____agree _____disagree _____not sure

9. Most Regenstein reference librarians have at least a master's degree.

_____agree _____disagree _____not sure

10. I know where the general reference services are located in Regenstein.

agree _____disagree _____not sure

11. Regenstein reference librarians have an extensive knowledge of the catalog.

452

_____agree _____disagree _____not sure

12. Regenstein reference librarians have usually been willing to assist me.

_____agree _____disagree _____not sure

13. Regenstein reference librarians have usually been of help to me when assistance was sought.

_____agree _____disagree _____not sure

14. Most nonbook material (such as magazine articles, maps, and phonograph records) is listed in the card catalog.

_____yes _____no _____not sure

_____never thought about it

15. I am not always sure who the reference librarians are in Regenstein.

_____agree _____disagree

16. Regenstein reference librarians primarily help in long research questions rather than brief catalog problems.

_____agree _____disagree _____not sure

17. Regenstein reference librarians sometimes look too busy to help. me in a catalog search.

_____agree _____disagree _____not sure

18. I might feel awkward if I asked a Regenstein reference librarian. for help in a card catalog search.

_____probably _____possibly _____not likely

_____not sure

19. Regenstein reference librarians have been rude to me in the past.

_____agree _____disagree _____do not remember

20. If I can not find what I want in the card catalog, then the reference librarians probably cannot find it either.

_____agree _____disagree _____not sure

REMEMBER TO PUT THIS IN THE BOX MARKED "GLSSURVEY"
AT EXIT CONTROL.

THANK YOU！！

(This survey is for thesis research only and is not sponsored by the
Regenstein Library. Any comments you have concerning the catalog or
thereference staff would be useful to my research. Please use the spa-
cebelow for comments)

(摘自 Westbrook, Lynn. Catalog failure and reference   service
RQ. Fall,1934 p. 90)

Ⅲ-1 咨询工作评价用测验题
样例之——引文核实测验①

a) 试题说明

Instructions for Staff – Mediated Citation
Cleaning Performance Test[32]

---

1. The aim is to clean and complete as many of the sample cita – tions as possible in a 4 – hour period. *They do not have to be done in any fixed order*, and it is expected that the " easy" ones will be selected to be done first.

2. All citations should be verified by the staff member who *customarily* handles such work in your library. Whatever is the customary practice with regard to consulting other members of the staff may be followed, but the work *cannot be divided* up among several individuals. Likewise. *usual* practices in asking-help from other libraries may be followed as *long as no mention is made that this is a test situation.*

3. Citations may be verified either with original documents or with one of the standard bibliographic tools. If the tool used-happens to give an incorrect citation, it will not be countedas an error.

4. The correct citation should be written below each of the items together with a note specifying the verifying source, giving the page if a bibliographic tool is used. Also note the time that the verification was completed.

5. The test will be scored on the basis of the number of completeand correct citations verified within the 4 – hour period. If all elements required for a complete citation cannot be verified (e. g. , the title of a chapter in a contributor – type book). Partial credit will be given.

6. For the purposes of this test, a complete citation includes all details that any journal might require for a bibliographic entry. Such details include the following, *in addition* to the minimum bibliographic information necessary to identify the document uniquely:

   A. Last names and initials of all the authors. (If the cita – tion is to a specific section of a contributor – type book, the authors of the section *as well as* the editors of the book should be included.)

   B. *Inclusive* pages for journal articles and for cited sectionsof contributor – type books.

   C. Titles of journal articles or sections in contributor – type-books. (These may be given in either the original lan – guage of publication or in English translation.)

   D. Titles of serials may be given in full or as abbreviated in any of the *standard* bibliographic tools used for verifying the citation.

NOTE TO TEST ADMINISTRATOR: The test questions on the attached sheets should be cut apart, and each of the citations should be mounted at the top of a blank sheet of regular size paper. The individual taking the test will then be able to sort the citations as desired and will have adequate space for answers.

456

b) 试题

Illustrative Sample of 10 Test Items
for Citation – Verification Test[32]

---

1. About humoral choliriesterases. Histochemistry of Cholinesterase, Symposium, Basel, 1960. Bibl. anat. 2, 228 – 235 (1961).

2. Proc. Conf. of Profess. Sci. Soc. Chicago, 1963

3. Dordick, H. S. , et al. IRE Tr. 4th Internatl. Conf. on Medical Electronics, July 1961

6. Behnke, A. R. & W. A. Taylor. 1959. Some aspects of recent findings pertaining to the body composition of athletes. obese individuals & patients. U. S. Naval Radiological Defense Lab. Rept. TR – 339. San Francisco. Calif.

8. Broca, A. & Sulzer, D. , 1902. La sensation lumineuse en fonction du temps. J. Physiol. et Path. Gen. 4. 632.

10. Conway, W. J. Microdiffusion Analysis & Volumetric Error. London. Crosby Lockwood. 1947.

12. Erickson, E. H. (1959). Identity and the Life Cycle. New-York : International Universities Press.

13. Estes, W. K. & Skinner, B. F. Some quantitative properties of anxiety. J. Exp. Psychol. 29 : 390. 1941.

15. Friedman, M. H. J. Am. Vet. Med. Assoc. 130. 159 – 62 (1957)

16. Goldiamond, I. & Hawkins, W. F. Vexierversuch : The log relationship between word – frequency and recognition obtained inthe absence of stimulus words. J. exp. Psychol. 1958. 56. 457 – 463.

c) 试题评分方法

Scoring Procedure for Citation –
Verification Tests[32]

In scoring the results of the staff – mediated test, not only the *number* of citations verified in the 4 – hour period, but also the *accuracy* of verification (judged by comparison with the criterion set) have to be considered. Errors and omission of details that would prevent or slow location of the cited document, or replicating the document once it is found, should carry a greater penalty than errors and omissions that do not have such practical consequences. Since a user should be able to trust the accuracy of acitation that has been verified by a librarian, it seemed that themore serious errors should carry a greater penalty than no verification at all. Based on this philosophy, and a maximum score of 100% if all 50 citations in a test sample are fully and correctly verified, the following tentative scoring procedure was adopted forthe pilot trials:

For each citation matching the criterion set $+2.0\%$

For citations with a *wrong* article title, journal or -1.0%
book title, volume, year, or initial pages; or with
journal or book title, year, or initial page missing

For citations with errors in last page, or edition $+0.5\%$
(for books); or with the name of first authormissing

For citations with last page or article title missing $+1.0\%$

For citations with miscellaneous small errors or $+1.5\%$
omissions (e. g. . incomplete journal title; author
initials incorrect, author names misspelled, series
note missing, editor not given, conference sponsor
not given, all authors not given. etc)

458

Weighting for scoring can, of course, be varied to reflect whatever value system one desires. The above method was adopted for the pilot trials on a tentative basis and, for any definitive tests, should probably be validated by group consensus.

（摘自：Lancaster, F. W. The Measurement and Evaluation of Libraryservices p. 86 – 87）

①引文核实测验的目的是考察参考馆员核实不完整的或不正确的书目引文的能力。被测试的馆员接到 50 条参考文献的引文，要求在 4 小时之内尽可能多地纠错补缺，测试方法见"a)"，试题样本见"b)"，评分方法见"c)"。测试时提供书目索引等二次文献。核实书目引文是咨询工作的一部分，通过测试可以有效地评价参考馆员的检索能力，以及某馆二次文献收藏的质量。

III-2 咨询工作评价用测验题
样例之二——事实型问题的测验

Test Questions Used in Childers Study[14]

---

1. What is the gap specification for the 1963 Chevy Corvair? (2)

2. What is the two-letter Post Office abbreviation for Alaska? (6)

3. Who is the poet laureate of the United States? (5)

4. Could you identify this piece of poetry for me: "O pardon me, thou bleeding piece of earth..."? (4)

5. What was the federal budget expenditure in 1936? (3)

6. What is the long word that means stamp collector? (1)

7. How do you pronounce Gibran's first name? (8)

8. What are the names of the books that make up Henry Miller's Rosy Crucifixion? (7)

9. How many families are there in [this] county? (9)

10. Is Jack Ruby dead? If he is, when did he die? (8)

11. Where is the nearest commercial airport to Rio Grande. Ohio? (9)

12. Who painted the "Yellow Christ"? (5)

13. What was the Pulitzer Prize novel of 1930? (7)

14. What does the O.J. in O.J. Simpson stand for? (5)

15. How much does an assay ton weigh? (2)

16. What is the translation of this phrase from a Christmas card from Hawaii "Hauoli makahiki hou"? (1)

17. Would you tell me where to look for man-made satellites to-night-with a telescope? (9)

18. What was the slogan of Henry Krajewski, the pig farmer from New Jersey, who ran in three presidential elections? (8)

460

19. What does the phrase "gnomes of Zurich" refer to? (1)

20. Who is the author of the poem that goes something like: "Thou mayst in me behold that. time of year/When yellow leaves or none or few do hang/Upon those boughs. . ."? (4)

21: What is the book that the. Peter Sellers movie "The Battle of the Sexes" was taken from? (7)

22. What is the salary of the President of the United States? (2)

23. When was the fraternity Alpha Tau Omega founded? (3)

24. What is the address of the J. B. Van Sciver Co. , a manu – facturer of furniture? (6)

25. Do I need a passport to visit the Bahamas? (9)

26. What were the exact words of John F. Kennedy when he wasasked how he became a war hero? (4)

Categories of Questions

Type of question	Number in the test
1. Meaning type	3
2. Numerical or statistical type	3
3. Historical type	2
4. Exact wording type	3
5. Proper names	3
6. Addresses of individuals or societies	2
7. Books and publishing	3
8. Biography	3
9. Geographical facts	4
	26

(摘自:Lancaster. F. W. The Measurement and Evaluation of Library services p. 100)

附录 III－2 的事实型问题的测验是 T. Childer, 在"Managing the quality of reference/information service"一文中所使用的隐蔽型测验方法, 所有问题都通过电话以同样方式提问, 提问者由家庭主妇和研究生担任, 25 个被调查的馆员是随机选出的。该文章研究目的在于了解图书馆经费开支大小与参考馆员的答问正确率是否存在着相关关系。详细分析方法参见 F. W Lancaster《The Measurement and Evaluation of Library Services》第三章"Evaluation of reference service"p. 99－196.